21世纪经济与管理精编教材

工商管理系列

现代企业管理

（第二版）

Modern Enterprise Management

2nd edition

荆全忠　安…　　　编著

北京大学出版社
PEKING UNIVERSITY PRESS

图书在版编目(CIP)数据

现代企业管理/荆全忠,安景文,张志强编著. —2版. —北京:北京大学出版社,2016.4
(21世纪经济与管理精编教材·工商管理系列)
ISBN 978-7-301-26750-9

Ⅰ. ①现… Ⅱ. ①荆… ②安… ③张… Ⅲ. ①企业管理—高等学校—教材 Ⅳ. ①F270

中国版本图书馆CIP数据核字(2016)第009722号

书　　名	现代企业管理(第二版) XIANDAI QIYE GUANLI
著作责任者	荆全忠　安景文　张志强　编著
责任编辑	李　娟
标准书号	ISBN 978-7-301-26750-9
出版发行	北京大学出版社
地　　址	北京市海淀区成府路205号　100871
网　　址	http://www.pup.cn
电子信箱	em@pup.cn　　QQ:552063295
新浪微博	@北京大学出版社　@北京大学出版社经管图书
电　　话	邮购部 62752015　发行部 62750672　编辑部 62752926
印刷者	北京宏伟双华印刷有限公司
经销者	新华书店
	787毫米×1092毫米　16开本　21.75印张　557千字 2012年4月第1版 2016年4月第2版　2020年6月第4次印刷
印　　数	10001—13000册
定　　价	45.00元

未经许可,不得以任何方式复制或抄袭本书之部分或全部内容。
版权所有,侵权必究
举报电话:010-62752024　电子信箱:fd@pup.pku.edu.cn
图书如有印装质量问题,请与出版部联系,电话:010-62756370

第二版前言

随着社会经济的发展和科学技术的进步,人们在社会生活中的交往越来越频繁。因此,必要的管理学与经济学知识是现代人知识系统中不可或缺的一部分。

管理是无处不在的,无论国家、行业、企业还是个人每时每刻都会涉及许多管理问题。企业是现代社会经济的细胞,企业兴则国家兴,企业强则国家强。无论是发达国家还是发展中国家,无论是先进的企业还是落后的企业,管理都是影响其兴衰的重要因素。管理是个常论常新的问题,在快速变化的世界中,我们总是要面临管理新问题的挑战。企业管理的基础理论与方法是现代大学生走向社会应当掌握的必要知识。

本书旨在介绍企业管理的基础理论知识及相应的管理方法和工具,同时把管理学与经济学的相关知识点进行了结合,便于读者对管理形成系统、全面的认识。

本书共分为四篇,分别为基础理论篇、企业资源篇、生产管控篇和经营战略篇。基础理论篇主要介绍管理的基本概念和理论,企业资源篇主要针对企业的各种资源展开论述,生产管控篇主要论述与企业生产相关的各方面工作,经营战略篇主要论述企业战略管理等相关内容。同时,在第一版的基础上,针对本科生的知识结构,优化了教材内容和体系结构,提高了教材的理论宽度,以更加完整地表达本课程应包含的知识。

本书在每章开篇都列出了本章的"学习要点",在正文中设置"参考知识点",每章结束时都安排一定量的习题,方便读者加深对重点概念的理解,有利于其自主学习。每章配备精选案例,帮助读者对所学知识进行思考和应用,增强其学习兴趣。同时,本书结合企业管理理论和实践的新发展,对第一版中的有关管理理论及案例进行了更新,便于读者了解最新的管理理论和实践。

本书既可作为高等院校本科生教材,也可作为相关从业人员系统学习企业管理知识的参考书。

　　本书由荆全忠、安景文、张志强编著。徐玮云、颜华、潘竞红、王晓川等诸位老师直接参与了本书的编写工作，并对教学过程中产生的问题进行了指正。本书写作的具体分工如下：第一章、第十章由安景文执笔；第二章、第六章、第十一章、第十二章由荆全忠执笔；第三章、第八章、第九章由张志强执笔；第五章、第七章由徐玮云执笔；第四章由颜华执笔；第十三章由潘竞红执笔；第十四章由王晓川执笔。荆全忠、安景文负责全书的总纂。

　　王龙康、朱伟、鲁强、孔德泰、李焕焕等参加了资料的搜集和整理工作。在编写过程中，编者参阅了国内外相关书籍的内容，在此特向作者表示诚挚的感谢！

　　由于编者水平有限和管理实践的浩瀚丰富，书中难免存在错误和遗漏，敬请读者沟通指正，以便不断改进完善。

编者
2016 年 3 月

目 录

第一篇 基础理论篇

第一章 管理的发展 ... 3
第一节 管理概述 ... 3
第二节 管理者 ... 7
第三节 管理理论的发展 ... 11

第二章 管理职能 ... 26
第一节 计划职能 ... 26
第二节 组织职能 ... 35
第三节 领导职能 ... 43
第四节 控制职能 ... 50

第三章 企业与企业管理 ... 56
第一节 企业概述 ... 56
第二节 企业管理概述 ... 61
第三节 现代企业制度 ... 65

第四章 管理经济学基础 ... 73
第一节 管理经济学概述 ... 73
第二节 市场供求理论 ... 76
第三节 弹性理论 ... 84
第四节 成本理论 ... 90

第二篇 企业资源篇

第五章 人力资源管理 ... 97
第一节 人力资源管理概述 ... 97
第二节 工作分析与人力资源规划 ... 101
第三节 招聘与配置 ... 105
第四节 员工培训与人力资源开发 ... 107
第五节 绩效管理 ... 109

第六节　报酬与激励 ·· 112

第六章　财务管理 ·· 119
　　第一节　财务管理概述 ··· 119
　　第二节　资金时间价值 ··· 122
　　第三节　筹资管理 ·· 125
　　第四节　投资管理 ·· 127
　　第五节　营运资本管理 ··· 130
　　第六节　成本费用管理 ··· 133
　　第七节　收入和利润管理 ··· 135
　　第八节　财务报告与财务分析 ·· 139

第七章　物资与设备管理 ··· 150
　　第一节　物资管理 ·· 150
　　第二节　供应链管理 ·· 159
　　第三节　设备管理 ·· 162

第八章　信息管理与知识管理 ·· 172
　　第一节　信息与知识 ·· 172
　　第二节　企业信息化与信息系统管理 ··· 179
　　第三节　知识型企业组织的构建及应用 ··· 188

第三篇　生产管控篇

第九章　生产管理 ·· 199
　　第一节　生产管理概述 ··· 199
　　第二节　生产过程组织 ··· 204
　　第三节　生产计划与监控 ··· 212
　　第四节　现代生产管理方式 ·· 216

第十章　质量管理 ·· 225
　　第一节　质量管理概述 ··· 225
　　第二节　全面质量管理 ··· 230
　　第三节　质量管理常用的统计控制方法 ··· 234
　　第四节　质量管理体系 ··· 240

第十一章　安全管理 ·· 249
　　第一节　安全管理概述 ··· 249
　　第二节　事故致因理论 ··· 251
　　第三节　企业安全管理 ··· 256
　　第四节　危险源辨识与安全评价 ·· 261
　　第五节　企业应急预案 ··· 267
　　第六节　职业健康安全管理体系简介 ··· 269

第四篇　经营战略篇

第十二章　企业战略管理 ... 277
第一节　企业战略管理概述 ... 277
第二节　企业战略的类型 ... 280
第三节　战略管理的方法和工具 ... 284

第十三章　市场营销 ... 292
第一节　市场营销概述 ... 292
第二节　市场调查 ... 299
第三节　市场细分与目标市场选择 ... 302
第四节　市场营销组合 ... 307

第十四章　企业文化 ... 323
第一节　企业文化概述 ... 323
第二节　企业文化建设 ... 329
第三节　企业文化与社会责任 ... 334

参考文献 ... 339

第一篇
基础理论篇

第一章 管理的发展

【学习要点】
- ◆ 管理的概念及特征
- ◆ 管理者的角色与技能
- ◆ 管理理论历史演进
- ◆ 管理理论的新发展

管理活动起源于人类生产实践,至今已有数千年的历史。科学技术是生产力,管理也是生产力,管理与科学技术是推动社会发展的两个轮子。随着社会和生产活动的复杂化,管理显得越来越重要。管理学是在社会和生产实践中逐渐形成的一门独立的学科,对社会经济发展起着重要的作用。

第一节 管理概述

一、管理的概念与特征

1. 管理的概念

管理活动存在于社会生活的各个领域,小至家庭、学校、医院、企业组织,大至国家、社会,都与管理息息相关。

从字面来看,管理一词有"管辖""处理""管人""理事"等含义,但从科学的角度给管理下定义,则是仁者见仁,智者见智。20世纪以来,各种不同的管理学派,对管理概念有不同的解释,其中较有代表性的论述见表1-1所示。

表1-1 管理的定义

管理学派	人物	对管理定义的描述
管理科学理论	泰罗	管理就是确切地指导别人做什么,并使他们用最好、最经济的方法去做
组织管理理论	亨利·法约尔	管理是所有人类组织的一种活动,这种活动由五项职能组成,即计划、组织、指挥、协调和控制

(续表)

管理学派	人物	对管理定义的描述
行为学派理论	梅奥	管理就是做人的工作,其主要内容是以研究人的心理、生理和社会环境下的相互影响为中心,激励员工的行为动机,调动人的积极性
决策理论学派	赫伯特·西蒙	管理就是决策
管理过程理论	哈罗德·孔茨	管理就是设计并保持一种良好的环境,使人在群体里高效率地完成既定目标的过程

总之,管理就是在一定的环境下,通过计划、组织、领导和控制等职能,按照客观过程的规律性,采取不同的方式,利用各种资源,处理各种社会关系,以便有效地实现组织的目标。

2. 管理的特征

为了更全面地理解管理的概念,理解管理学研究的范围、内容和特点,可以从以下几方面进一步把握管理的一些基本特征:

(1) 管理是普遍存在的社会活动。在我们的社会中,管理是普遍存在的,无论是一个国家,还是一个企业;无论是外国,还是中国,只要有人类社会存在,就有管理存在。

(2) 管理的"载体"是"组织"。管理活动总是存在于一定的组织之中。组织是指由两个或两个以上的个人组成,为实现共同的目标而进行协作活动的集体。所谓协作,是指许多人在相同或不同的但相互联系的社会活动中,有计划地一起为实现共同目标而工作。

(3) 管理的核心是处理各种人际关系。对管理者而言,管理是要在其职责范围内协调下属人员的行为,要让别人同自己共同去实现组织目标的活动。组织中的任何事都是由人来传达和处理的,所以管理人员既管人又管事,但事是由人来完成的,管理活动自始至终在每一个环节上都是与人打交道的,因此管理的核心是处理组织中的各种人际关系。

(4) 管理具有自然属性和社会属性,也称管理的二重性。它是由分工协作的集体劳动所引起的,社会劳动过程包括物质资料的生产和生产关系的再生产,因此对劳动过程的管理存在两重性:与生产力相联系的自然属性,表现为按客观规律组织社会生产活动的特性;与生产关系相联系的社会属性,表现为处理各种人际关系和社会矛盾,维护生产关系的特性。

(5) 管理是科学与艺术的结合。管理是一门科学。管理作为一项活动,其间存在着一系列基本的客观规律,它以反映客观规律的管理理论和方法为指导,有一套分析问题、解决问题的科学的方法论。管理又是一门艺术。由于在管理过程中存在很多不确定的因素,包括突发性、偶然性等因素,这些因素复杂多变,管理者必须在管理实践中发挥人的积极性、主动性和创造性,灵活地把管理知识与具体的管理活动结合起来,才能获得满意的管理效果。

管理是科学与艺术的结合,要求管理者既要注重管理理论的学习,又要重视灵活地运用管理理论,这是成功管理的一项重要保证。

二、管理的作用

在现代社会,管理的功能不断发展和完善,管理的社会作用得到了充分展现,在社会生产和生活的一切领域,都可以看到管理的积极作用。具体来说,管理的社会作用可以概述如下:

1. 管理是维系人类正常社会生活的条件

人类一切有组织的社会生活都离不开管理。有组织就有管理,因为组织的存在需要协调内部成员的活动,决定成员共同遵守的纪律并处理违纪成员。随着人类社会文明程度的提高,人们交往的增加，生产和生活的社会化程度越来越高，管理也就越来越重要了。

2. 管理是社会资源有效配置的手段

任何管理活动都离不开相应资源的支持，人力、物力、财力、信息、技术等资源是一切管理活动的基础。管理正是通过有效配置资源并使其充分发挥作用去实现组织目的的。

3. 管理是社会生产力实现的基础

管理在社会发展中的作用，主要体现在它对生产力的作用上。在现代社会，管理已经贯穿生产力的具体结构中，是社会生产力实现不可缺少的要素。首先，管理影响着生产力的存在状况。一定社会都有其相应水平的生产力，但这一生产力在不同管理条件下其存在状态不同，有时被压抑，有时被解放。这中间的原因主要取决于管理。其次，管理规定着生产力的实现程度。生产力的实现必须借助于管理，科学管理是充分发挥生产力作用的前提。

三、管理的原理

管理原理是指对管理活动的本质及其基本运动规律的抽象认识。具体来说，管理原理是对管理对象、过程、动力和目的等管理工作的实质内容进行科学分析、归纳和总结出来的，并经过实践验证具有科学性的知识。它不仅与管理实践活动有着直接内在的、逻辑的对应关系，而且对管理活动具有普遍的指导意义。管理原理主要可归结为系统原理、人本原理、权变原理、效益原理等。

1. 系统原理

系统是指由若干相互联系、相互作用的部分组成，在一定的环境中具有特定功能的有机整体。而管理就是由一系列相关的活动组成的有机整体，所以它具有系统的特征。系统管理原理认为，任何一种组织都可视为一个完整的、开放的系统或为某一大系统中的子系统，在认识和处理管理问题时，应遵循系统的观点和方法，以系统论作为管理的指导思想。

系统原理要求在实际管理工作中不能孤立地看问题，必须用系统分析的方法，分析实际问题。正确处理组织内部与外部、局部与全局、眼前与长远利益的关系。

2. 人本原理

在管理活动中，对管理效果起决定作用的因素是人。从事管理活动的是人，被管理者也是人；而且在管理对象中其他要素的管理也都与人的参与不可分割，必须由人对财、物、时间、信息等资源进行管理。总之，管理对象支配的所有要素和整个过程都需要人去掌握和推动，这正是人本原理指导管理实践的根本思路。

人本原理就是以人为核心，关注人的权益、人的成长和人的贡献。人本原理要求将组织内的人际关系处理放在首位，将管理工作的重点放在激发被管理者的积极性和创造性方面，努力为满足被管理者的自我实现需要创造各种条件。

3. 权变原理

所谓权变，即权宜应变，就是根据具体情境而变或依具体情况而定。权变因素是指管理活动中对管理效果的影响因素。管理活动是动态的，时时处处都在不断地运动、变化着，因此要求管理者必须认真分析各种影响管理有效性的因素，随机应变地实施管理。管理工作实质上就是针对管理对象运动变化的情况而实施动态管理的过程。它强调对目标、计划的内容，以及对组织、指挥、督导、控制评估的方式、方法要及时不断地做出调节，以保证管理系统正常运转并发挥整体功能。

4. 效益原理

效益原理是指组织的各项管理活动都要以实现有效性、追求高效益作为目标的一项管理原理。人们在管理活动中追求的效益包括经济效益、生态效益和社会效益。管理活动要讲究实效,力求用最小的投入和消耗创造最大的效益。管理的目的是"整体大于部分之和",发挥协作生产力的"放大作用"。管理的这种"放大"作用,不仅仅是规模的"放大",还有效益上的"放大"。

上述诸原理,反映了管理过程的客观规律和指导思想。在管理实践中只有灵活、综合地运用各个原理,才能成功地实施科学管理。

四、管理方法

管理方法是在管理活动中为实现管理目标、保证管理活动顺利进行所采取的工作方式。它是管理理论、原理的自然延伸和具体化、实际化,是管理原理指导管理活动的必要中介和桥梁。管理原理必须通过管理方法才能在管理实践中发挥作用。管理方法可分为行政方法、经济方法、教育方法和数学方法。

1. 行政方法

行政方法是指依靠行政组织的权威,运用命令、规定、指示和条例等行政手段,按照行政系统和层次,以权威和服从为前提,直接指挥下属工作的管理方法。行政方法的实质是通过行政组织中的职务和职位来进行管理。它特别强调职责、职权、职位,而并非个人的能力或特权。行政方法的主要形式有命令、指示、计划、指挥、监督、检查、协调等。

行政方法的主要特点有权威性、强制性、垂直性、稳定性和时效性。行政方法的局限性为:由于强制干预,容易引起被管理者的心理抵抗,单纯依靠行政方法很难进行持久有效的管理。

2. 经济方法

经济方法是根据客观经济规律,运用各种经济手段,调节各种不同经济利益之间的关系,以提高整体经济效益与社会效益的方法。宏观管理中的经济方法主要形式有价格、税收、信贷等;微观管理中的经济方法有工资、奖金、罚款、经济责任等。

经济方法的主要特点有利益性、平等性和关联性。其局限性表现在:可能产生明显的负面作用,会使管理者过分地看重金钱,影响工作的主动性和创造性。

3. 教育方法

教育方法是一种通过说服教育的方式把管理意志传达给被管理者,以求得到被管理者的响应和配合的管理方法。在表现方式上,管理者极力通过对管理系统目标、政策、法令的宣传和理想、道德的教育,以及其他精神激励,去提高人们的认识,改变人们思想,使人们建立起与管理系统一致的价值观念,自觉地为实现管理系统的目标而努力。

在管理活动中,进行思想教育是最为灵活的工作方法,它需要针对不同的对象,根据不同的情况采取不同的形式。经常使用的形式有:做报告、讨论、谈心、家访、典型示范、劳动竞赛,以及形象教育、感化教育、对比教育等。

4. 数学方法

数学方法是指用科学的理论及数学模型或系统模型来寻求优化方案的定量分析方法。数学方法能使管理进一步定量化、合理化、精密化。

数学方法在管理中具有非常重要的作用。但由于人的因素难以用数学模型来描述,以及管理活动的复杂多变,数学方法也有其局限性。只有各种方法综合运用,相互补充,才能更好地发挥每一种方法的作用。

五、管理的环境

一般而言,管理者做决策时,同时受组织外部环境与组织内部环境的影响,如图1-1所示。组织外部环境包括一般环境和行业环境,一般环境也被称为宏观环境,包括可能影响组织的广泛的政治法律条件、经济条件、社会文化条件、技术条件等,这种一般环境对于所有在一定范围内的组织都是一样的。行业环境也叫竞争环境,这种环境对每一个组织随具体条件的变化而不尽相同,包括顾客、供应商、竞争者和各种利益相关方等。组织内部的环境主要指组织的内在结构、组织的文化、人、财、物、信息、技术等情况。

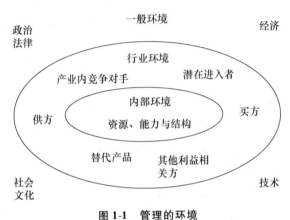

图1-1 管理的环境

组织的生存和发展都离不开一定的环境条件,企业经营管理者必须对所处的环境有充分的认识和理解。21世纪以来,管理所面临的外部环境已经发生了巨大的变化,主要表现在:① 在经济全球化的趋势下,管理者需考虑全球市场经营的机遇和挑战;② 面对现代科技革命的变革,管理者需考虑用技术手段取代传统生产和应用;③ 在实现经营目标的同时,企业需考虑自然、经济和社会的和谐发展。

第二节 管 理 者

一、管理者的概念及分类

(一) 管理者的概念

传统的观点认为,任何组织中的成员都可以简单地分为两类:操作者和管理者。前者是指在组织中直接从事具体业务且对他人的工作不承担监督职责的成员,如工人、营业员、医生、教师等;后者是指在组织中指挥他人完成具体任务的人,或者说是从事并负责对组织内的资源进行计划、组织、领导、控制的人员,如经理、校长、院长等。

但是,随着社会经济的发展,组织以及工作的变化模糊了管理者和非管理者的界限。管理者除了指挥别人完成某项具体工作以外,也可能承担某项具体的工作。许多传统的非管理职位现在都已经包括了管理性的活动,特别是在团队中。例如,团队成员通常要制订决策计划以及监督他们自己的绩效。正是由于这些非管理者承担着过去管理者的一部分职责,所以不能再用过去的定义来描述今天的各种管理环境。对此,美国学者罗宾斯指出,管理者是综合利用和分配资源,通过协调其他人的活动与他人一起实现组织目标的人。

(二)管理者的分类

在一个组织中有许多管理者,他们的责任、权限不同,其地位和所起的作用也不同。

1. 按管理者的层次分类

一般而言,组织的管理机构呈金字塔形状,管理者可以按其所处的管理层次划分为高层管理者、中层管理者和基层管理者,如图1-2所示。

图1-2 管理者的层次

(1)高层管理者是指对整个组织的管理负有全面责任的人,是重大问题的决策者。其主要职责是:制定组织的总目标、总战略,掌握组织的大政方针并评价整个组织的绩效。在外界的交往中,他们往往代表组织,以"官方"的身份出现,如总经理、校长、院长等。

(2)中层管理者通常是指处于高层管理者和基层管理者之间的一个或若干个中间层次的管理者,是对决策的贯彻执行者。其主要职责是:贯彻执行高层管理者所制定的重大决策,监督和协调基层管理者的工作。与高层管理者相比,中层管理者更注重日常事务管理,如部门经理、车间主任、处长等。

(3)基层管理者又称一线管理者,是组织中处于最低层次的管理者,他们所管辖的仅仅是作业人员而不涉及其他管理者,如领班、科长、班组长等。其主要职责是:给下属作业人员分派具体的工作任务,直接指挥和监督现场作业活动,保证各项任务的有效完成。

2. 按管理者工作的性质和领域分类

按管理者工作的性质和领域,管理者可分为综合管理者和专业管理者。

(1)综合管理者是指负责整个组织或组织中某个事业部的全部活动的管理者。对于小型组织来说,可能只有一个综合管理者,那就是总经理,他要统管组织内的包括生产、研发、营销、人事、财务、后勤等在内的全部活动。对于大型组织来说,可能会按照产品类型分别设立几个产品分部,或按地区设立若干个地区分部。

(2)专业管理者是指仅仅负责管理组织中某一种职能的管理者。根据所管理的专业领域性质的不同,可以将管理者划分为生产部门管理者、研发部门管理者、营销部门管理者、人事部门管理者、财务部门管理者等。

二、管理者的角色

20世纪60年代,加拿大管理学家亨利·明茨伯格(Henry Mintzberg)对管理者的工作进行了深入观察,提出了管理者角色的新理论。这种理论对当时流行的对管理者角色的看法提出了挑战。当时人们认为管理者是深思熟虑的思考者,在做决策之前,他们总是仔细和系统地处理信息。而明茨伯格却发现,管理者经常陷于大量变化的、无一定模式的或短期的活动之中,没有时间深思熟虑。经过仔细观察,明茨伯格提出了管理者究竟在做什么的新观点。他把管理者特定的管理行为定义为管理者的角色,提出管理者扮演的三大类型、十种角色的理论,详见表1-2。

表1-2 明茨伯格的管理角色理论

角色	描述	特征活动
人际关系角色		
1. 挂名领导	象征性首脑,必须履行许多法律性或者社会性的例行义务	迎接来访者,签署相关文件
2. 领导者	负责激励下属,负责人员配置、培训以及相关的职责	实际上从事各种有下属参与的活动
3. 联络者	维护自行发展起来的外部关系和消息来源,从中得到帮助和消息	发感谢信,从事外部委员会的工作,从事其他有外部人员参加的活动
信息传播角色		
4. 监听者	寻求和获取各种内部和外部的信息,以便透彻地理解组织和环境	阅读相关报告,与相关人员保持联系
5. 传播者	将从外部和内部人员那里获取的消息传递给相关的组织及其成员	举行信息交流会,用各种方式传达信息
6. 发言人	向外界发布组织的计划、政策、行动和结果等	召开董事会,向媒体发布信息
决策制定角色		
7. 企业家	寻求组织和环境中的机会、制订改进方案以应对将要发生的组织变革	组织战略制定和检查会议、开发新项目
8. 混乱驾驭者	当组织面临重大的混乱时,负责采取纠正行动	组织应对混乱和危机的战略制定
9. 资源分配者	负责分配组织的各种资源——制定和批准所有有关的组织决策	调度、授权,开展预算活动,安排下级的工作等
10. 谈判者	在主要的谈判中作为组织的代表	参加与工会的合同谈判等

三、管理者的技能

管理者要管理好组织、做出正确的决策,就需要特定的技能来履行他的职责。根据罗伯特·卡茨(Robert L. Katy)的研究,管理者需要具备三种基本的技能,即技术技能、人际技能和概念技能。

1. 技术技能

技术技能是指使用某一专业领域内有关的工作程序、技术和知识完成组织任务的能力。对于基层管理者来说这些技能是最重要的,因为他们要直接面对雇员所从事的工作。同时,技术技能还包括管理专业的基本技能,包括财务分析、计划制订、过程控制、质量管理等相关技术和方法。

2. 人际技能

人际技能是管理者与他人一起有效工作的能力,包括激励、指导、协调、领导、沟通和解决冲突等能力。这些技能对于各个层次的管理者都是必备的,具有良好人际技能的管理者能够使员工在良好的人际环境下,舒心地工作,做出最好的业绩。

3. 概念技能

概念技能是管理者综观全局，进行抽象和概念化的技能，也就是洞察企业与环境如何相互影响的能力。拥有这种技能的管理者能够将组织看作一个整体，理解各部分之间的关系，帮助组织适应它所处的环境。概念技能又分为理性技能和设计技能。理性技能是指能够在纷繁复杂的现象中梳理出头绪，找出问题的实质，发现事物的规律性的能力；设计技能是指能够在实际工作中提出解决问题的方案和方法的能力。

不同层次的管理者对于这些技能的掌握有所不同，比如，对于高层管理者来说概念技能要求更高些，而对基层管理者来说技术技能格外重要。人际技能对各层次管理者来说都是很重要的。图 1-3 表示了这些技能与各层次管理者之间的关系。提高管理技能的基本途径一是通过教育，二是通过实践锻炼。

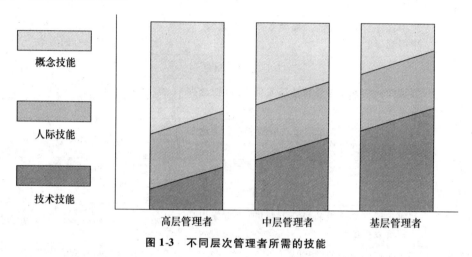

图 1-3 不同层次管理者所需的技能

四、管理道德

管理者不仅需要具备知识、身体和心理等方面的基本素质，还需要注重管理道德。管理道德是管理者在工作中应遵守的与其管理活动相适应的行为准则与规范的总和，是一种特殊的职业道德，具有规范管理者所从事的管理活动的特殊性。基本的管理道德有以下几种：

1. 忠于职守

在管理系统中，管理者处于一定的管理岗位并担负着相应的管理职责，对他们来说，忠于职守是天职。一个管理系统的正常运行，是建立在管理者忠于职守的前提下的，如果每一位管理者都能够做到忠于职守、坚守岗位、尽职尽责，那么这个管理系统就是一个高效率的系统，如果其组织目标正确的话，那么这种高效率就会创造出高效益。

2. 实事求是

实事求是，一切从实际出发，按客观规律办事，是一切管理活动都必须遵循的基本原则。要重视调查研究，反对主观武断；坚持表里如一，反对弄虚作假。管理者要坚持真理，对自己工作中的错误，要勇于承认，勇于纠正。

3. 团结协作

管理人员在行使权力，实施管理时，必然会与他人发生互动和交际行为，相互之间的理解、协作、配合是实现管理目标的首要条件。要自觉服从上级领导，严格按照上级指示工作；对下级要平等相待,尊重下级的人格、意见、职权和工作自主性;同事之间应真诚相待,相互之间应理解、团结、友好、互助,不可相互攻击、拆台,更不能搞宗派。

4. 尊重人才

人才是管理系统生命活力之源,尊重人才往往是现代管理成功的关键,因而,现代管理者的一个主要品德就是尊重人才,尊重知识。对人要量才而用,不搞亲亲疏疏、裙带关系。嫉贤妒能、压抑人才、埋没人才是不道德的行为;尊重人才、量才而用才是管理者应有的管理道德。

第三节 管理理论的发展

随着管理活动的不断丰富,人们逐渐形成了一些对于管理实践的认识和见解,即管理思想;通过进一步地总结与提炼,逐渐把握了其中的规律和本质,最终归纳出了属于管理活动的独立的一般性原理知识体系,即管理理论。

一般来说,管理理论的形成和发展可分成两个大阶段:第一阶段是早期管理思想形成到管理理论产生的萌芽阶段;第二阶段是从20世纪初开始,以泰罗为代表的管理学形成并发展至今的阶段,这其中又分为古典管理理论、行为科学理论以及现代管理理论三个阶段。本书主要介绍这三个发展阶段的主要理论及管理理论的最新发展。

一、古典管理理论

古典管理理论是以"经济人"假设为基础的管理理论,其出发点是经济利益是驱动员工提高劳动效率的主要动力。在研究方法上侧重于从静态的观点分析管理过程的一般规律。其代表性的理论有泰罗的科学管理理论、法约尔的一般管理理论以及马克斯·韦伯的行政组织理论等。

(一) 科学管理理论

从19世纪80年代起,泰罗(Frederick Winslow Taylor)及其同事不断在工厂进行实地试验,系统地研究和分析工人的操作方法和动作所花费的时间,实行了一系列改进工作方法和报酬制度的措施,逐渐形成了一套独特的管理体系。泰罗先后出版了《计件工资制》《车间管理》《科学管理原理》等。其中,1911年出版的《科学管理原理》阐述了应用科学方法确定从事工作的最佳方式,标志着科学管理理论的正式形成。由于泰罗在手工操作中运用科学管理原则的奠基性研究,他被誉为"科学管理之父"。

泰罗的科学管理的核心是提高劳动生产率。他认为要抛弃根据经验和主观假设来管理的做法,用"科学"的观点去分析工作,制定出有科学依据的工人合理的日工作量,让每个人都用正确的方法作业,并用此方法对工人进行指导训练来提高劳动生产率。科学管理理论的主要内容有:

1. 劳动方法和工作时间的标准化

给工人设计最佳的操作方法,而不是凭各自过去的经验进行工作。通过研究工人作业动作的合理性,去掉多余的动作,改善必要动作,同时对工人劳动操作的工时消耗进行科学的实验研究,将劳动时间定额作为安排工人任务、考核劳动效率的依据,制定出能显著提高效率的标准工作方法。

2. 挑选和培训工人科学化

因为每个人的天赋和才能不同,他们所适宜做的工作也各异。管理人员必须经常地、长期地仔细研究每个工人的特点、性格和工作成绩,发现他们的局限性和发展的可能性。然后,有系统地训练、帮助、教育他们,尽可能使他们承担所能胜任的最高的、最有兴趣的、最有利的工作。

3. 实行差别计件工资制度

泰罗提出实行刺激性的差别计件工资制度,即按照工人是否达到"合理的日工作量"而采用不同的工资率,以提高工人劳动积极性。按照标准的工作任务(工作定额),确定两种不同的工资率。对完成和超额完成工作定额的工人,以较高的工资率计件支付工资;对完不成工作定额的工人,则按较低的工资率支付工资,甚至使他们得不到基本的日工资。

4. 专业职能制管理

泰罗主张把计划和执行职能分开,成立专门的管理部门负责调研、计划、培训以及发出指示和命令;所有工人和部分工长只承担执行职能,即按照管理部门制定的操作方法和指示,使用规定的标准工具,从事实际的操作。将管理工作细分,使所有管理者只承担一种管理职能。他设计出八个职能工长代替原来的一个工长,其中四个在计划部门,四个在车间,每个职能工长负责某一方面的工作。泰罗的这一思想为以后职能部门的建立和管理专业化提供了启示。

5. 对组织机构的管理控制实行例外原则

泰罗认为规模较大的企业组织管理必须应用例外原则,即在规模较大的企业,高层管理人员为了减少处理日常繁杂事务的麻烦,需要把日常工作事务授权给下级管理人员去处理,自己仅保留对例外事项(重大事项)的决策权和监督权,如企业的大政方针政策的制定、重要的人事任免以及新出现的重要事项等。这一思想后来发展为管理上的分权化原则和实行事业部制管理等。

6. 为实现科学管理应开展一场"心理革命"

泰罗认为劳资双方应开展一场"心理革命",变互相指责、怀疑、对抗为互相信任和合作,共同为提高劳动生产率而努力,这才是科学管理理论的真谛。他强调,必须使工人认识到,科学管理对他们有好处,只有在改善操作方法的条件下,才能不增加体力消耗而实现提高劳动生产率,从而使工人工资得以提高;也只有实现科学管理,才能够降低成本,满足雇主的利润要求。

泰罗的科学管理理论倡导在管理中运用科学的方法,用调查研究和科学知识代替管理者个人的主观判断与经验。正是科学管理理论的出现,才使人类的管理由经验走向科学,不断创造和发展出一系列有助于提高劳动生产率的技术和方法。

当然,由于受历史条件和个人经历的限制,泰罗的科学管理理论也存在局限性。一是其单纯的经济观点,把操作者当作"经济人"来看待,认为只要用经济刺激就能调动工人的积极性,没有从心理和社会层面来理解人和工作;二是仅重视技术因素,忽视社会、群体因素对管理的影响;三是注重基层管理或车间管理,忽视企业作为一个整体如何经营与管理的问题。

(二)一般管理理论

泰罗的科学管理理论开创了西方古典管理理论的先河。在其产生与传播之时,欧洲也出现了一批古典管理的代表人物及其理论,其中影响最大的是法约尔的一般管理理论。泰勒等人重点研究提高操作层的效率,而法约尔则关注整个组织,研究管理者做什么、如何做好等管理问题。

法约尔(Henry Fayol),法国工业家,长期担任法国一家矿业公司的总经理。他根据自己五十多年的管理实践,于1916年出版了著作《工业管理与一般管理》,标志着一般管理理论的形成。他提出的一般管理理论成为管理过程学派的理论基础,对以后各种管理理论和管理实践的发展也起到了重要作用,因而被誉为"现代经营管理之父"。一般管理理论的主要内容有:

1. 区分了经营与管理,总结了经营的六项活动

法约尔认为,经营和管理是两个不同的概念,管理包括在经营之中。通过对企业全部活动的分析,他总结出企业的六项活动:技术活动(生产)、商业活动、财务活动、安全活动、会计活动和管理活动。管理活动从企业活动中独立出来,成为一种重要的经营职能。所有的组织成员都应具备上述六种活动能力,但对不同层次和不同组织的人员来说,这些能力的相对重要性不同。

2. 概括并详细分析了管理的五项职能

法约尔认为,管理活动本身包括计划、组织、指挥、协调、控制五项职能。这些职能广泛应用于企事业单位和行政组织,是一般性的管理职能。法约尔以管理的五项职能为核心内容,构造了具有权威性的管理职能及管理过程的一般框架。

3. 阐述了管理教育和建立管理理论的必要性

法约尔详细地研究了企业各级人员必须具备的素质问题,特别强调管理教育的必要性,在他看来,管理知识是可以通过教育获得的。他指出,企业高级管理人员单凭技术教育和业务实践是不够的,随着管理层级的不断上升,管理能力越发重要,所以管理教育应当普及。当时缺少管理教育是因为缺少管理理论,因此法约尔强调了建立管理理论的必要性。

4. 提出了有效管理的14条原则

任何组织的活动都存在共同的管理问题,人们在管理实践中要遵循一些一致的原则。法约尔根据自己长期的管理经验,提出14条管理原则,如表1-3所示。

表1-3 法约尔"14条"原则

序号	原则	含义
1	劳动分工	劳动分工可提高劳动的熟练程度和准确性,从而提高效率;劳动分工不仅限于技术工作,也适用于管理和其他工作,但劳动分工要有一定的限度
2	权力和责任一致	责任是权力的孪生物,是权力的当然结果和必要补充,凡有权力行使就有责任。法约尔把权力分成两类:制度权力和个人权力,前者是由职务和地位而产生的,后者则与担任一定职务的人的智慧、学识、经验、道德品质和领导能力有关
3	纪律	任何组织的有效活动,都必须有统一的纪律来规范人们的行为
4	统一指挥	一个下属人员只接受一个领导人的命令
5	统一领导	每一组具有统一目标的组织活动,应当在一位管理者和一个计划的指导下进行
6	个人利益服从集体利益	任何雇员个人或雇员群体的利益,不应当置于组织的整体利益之上
7	合理的报酬	报酬是人们"服务的价格",应该合理,并尽量使企业和所属人员都满意
8	集中	集中是指下级参与决策的程度。决策制定是集中(集中于管理当局)还是分散(分散给下级),只是一个适当程度的问题,管理当局的任务是找到在每种情况下最适合的集中程度
9	等级制度	等级制度是从组织的最高权力机构直至低层管理人员的领导系列,它是组织内部命令传递和信息反馈的正常渠道。按层次逐级沟通保证命令统一是必要的,但这会产生信息延误现象。为解决这个问题,法约尔提出跳板原则,但只有在有关各方都同意且上级知情的情况下才能这样做

(续表)

序号	原则	含义
10	秩序	对人对物都应各就各位,按部就班
11	公平	管理人员待人要公平与善意
12	人员的稳定	雇员的高流动率是低效率的,管理者应当提供有规则的人事计划,并保证有合适的人选来填补空缺的职位
13	主动性	管理者应激励和调动人们工作的积极性和主动性
14	人员的团结	组织的领导人应强调和鼓励其部属发扬团结合作精神,加强组织内部的融洽统一

法约尔的一般管理理论具有更强的理论性和系统性,他对管理职能、管理原则的概括和分析为管理学提供了一套科学的理论框架和内容,对现代管理科学具有直接的重大影响。他从企业最高管理者的角度概括总结的管理理论更具有普遍意义,也适用于其他管理领域,故称一般管理理论。不过,由于他过于追求管理理论的一般性,因而对具体的管理过程重视不够。

(三)行政组织理论

德国社会学家韦伯(Max Weber)与泰勒、法约尔是西方古典管理理论的三位先驱。韦伯是近代社会学的奠基人,对经济、社会和管理思想的发展都有着深远的影响。他在管理理论上的研究主要集中在组织理论方面,主要贡献是提出了"理想的"行政组织形式,也称为官僚制组织,对组织理论的影响重大,被誉为"组织理论之父"。韦伯对组织形式的研究是从人们所服从的权力或权威开始的,其主要理论观点包括以下三个方面:

1. 权力的类型

韦伯指出,任何一种组织都必须以某种形式的权力为基础,才能实现其目标,权力可以消除组织的混乱,使得组织的运行有秩序地进行。如果没有这种形式的权力,其组织的生存就是非常危险的,更谈不上实现组织的目标了。韦伯把这种权力划分为三种类型:一是理性的、法定的权力,以对法律确立的职位权力的服从为基础;二是传统权力,以对社会习惯、社会传统的尊崇为基础;三是超凡权力,以对领袖人物的品格、信仰或超人智慧的崇拜为基础。韦伯认为,以传统权力或超凡权力为基础建立的组织是不科学、不理想的组织;只有建立在理性、法定权力基础上的组织,才能更好地开展活动,成为理想的组织。理想的行政组织是通过职务或职位而不是通过个人或世袭地位来管理。

2. 理想行政组织的体系结构

韦伯认为,理想行政组织结构分为三层:最高领导层(高级管理阶层)、行政官员(中级管理阶层)、一般工作人员(基层管理阶层)。企业无论采用何种组织结构,都具有这三层基本的原始框架。

3. 理想行政组织的基本特征

韦伯归纳了理想行政组织的基本特征:① 明确的分工。每个职位的权力和职责都应有明确的规定,并作为正式职责使之合法化。② 等级制度。组织内的职务和职位按等级制度的体系进行划分,下级服从上级。③ 人员任用。要根据职位的要求,通过正式考试和教育来实行人员的任用。④ 职业管理人员。管理人员有固定的薪金、明文规定的晋升制度和严格的考核制度,是一种职业管理人员。⑤ 遵守规则和纪律。管理人员必须严格遵守组织规定的原则、纪律和办事程序。⑥ 组织人员间的关系。组织人员之间是一种指挥和服从的关系,只是职位关系而不受个人情感的影响。

韦伯认为,这种高度结构的、正式的、非人格化的理想行政组织体系是人们进行强制控制的合理手段,是达到目标、提高效率的最有效形式。这种组织形式在精确性、稳定性、纪律性和可靠性方面都优于其他组织形式,能适用于各种管理工作及当时日益增多的各种大型组织,如教会、国家机构、军队、政党、经济企业和各种团体。

古典管理理论的广泛流传和实际运用,大大提高了效率。但古典管理理论侧重于生产过程、组织控制方面的研究。它片面强调对工人的严格控制而忽视人的情感需要和社会需要,引起了工人不满、劳资关系恶化。这促使管理学家开始重视生产中人的工作行为的研究。一些学者运用心理学、社会学等理论和方法,从人的工作动机、情绪及其与工作环境之间的关系出发,探索影响劳动生产率的因素,并导致了行为科学理论的产生。

二、行为科学理论

行为科学理论产生于20世纪二三十年代,从其产生和发展来看,可分为早期与后期两大阶段。其中,早期行为科学又称人际关系论。1949年在美国芝加哥召开的一次跨学科的世界性会议上,正式将人际关系论定义为行为科学。

(一) 早期行为科学理论

早期行为科学理论的代表人物是梅奥(Elton Mayo)。他是澳大利亚人,从事哲学、医学、心理学方面的研究,后来移居美国并开始研究工人问题。

1924年,美国国家科学院的全国科学研究委员会在西方电器公司的霍桑工厂做一项实验,本意是确定照明同工人工作效率之间的精确关系。由于得不出明确结论,他们又依次进行了工资报酬、休息时间、工作日与工作周的长度等对效率影响的实验。但进行到1927年,仍然得不出结果。梅奥在这种情况下应邀参加并主持这项实验。梅奥主持下的霍桑实验一直持续到1932年。他们分析了车间照明对生产效率影响实验失败的原因,在全公司开展对工人的访谈活动,听取工人对公司规划、政策、工资、工作条件、管理人员态度等各方面的意见,最后进行了非正式组织的研究。结果表明:工人的心理因素和社会因素对工人的劳动积极性影响很大。梅奥在1933年出版了《工业文明中人的问题》,对霍桑实验的结果进行了总结,创立了人际关系理论,主要观点如下:

(1) 工人是"社会人",而不是简单追求物质利益的"经济人"。梅奥认为,工人并不是简单追求金钱收入的,他们还有一种社会、心理方面的需要,即追求友谊、安全感、归属感等。因此,除了工作条件、报酬的改善外,还要从社会、心理方面来鼓励工人提高生产率。

(2) 非正式组织对生产率的提高有很大影响。梅奥等人认为,组织中除了正式组织外,还存在非正式组织,并对生产率有很大的影响,而古典管理理论只注意到前者的存在。正式组织是为实现组织目标,规定组织中各成员间相互关系和职责范围的一种体系;而非正式组织是组织成员由于共同的爱好、兴趣等形成的非正式团体。必须正确对待非正式组织,使工人保持"效率逻辑"与"感情逻辑"的平衡。

(3) 生产率的高低主要取决于"士气"和工作态度,而"士气"又取决于人际关系。工资报酬、工作条件等不是影响生产率的首要因素。为此,不仅要为工人提供舒适的工作环境,还要创造一种工人参与管理、自由发表意见、同事之间及上下级之间坦诚交流的和谐的人际关系。因此,管理人员要善于正确处理人际关系,善于听取员工的意见,以提高员工的积极性、达到提高效率的目的。

梅奥的这些观点,导致了人们对组织中"人"的重新认识,引起了管理方法的转变。与古典管理理论相比,这一时期的主要变化是:由原来的以"事"为中心,发展到以"人"为中心;由原来对纪律的研究,发展到对行为的研究;由原来的监督管理,发展到"人性激发"的管理;由原来的独裁管理,发展到参与管理。梅奥创立的人际关系理论为行为科学发展奠定了基础。

(二)后期行为科学理论

后期的行为科学理论主要集中在四个领域:有关人的需要、动机和激励问题的理论,与企业管理直接相关的"人性"问题的理论,非正式组织以及人与人之间关系问题的理论,有关领导方式问题的理论等。其中,最具有代表性的有:

1. 马斯洛的需要层次理论

需要层次理论是美国心理学家和行为科学家马斯洛(Abraham Maslow)提出来的。在1943年出版的《人类动机的理论》中,马斯洛将人的需要分为五个层次,如图1-4所示。

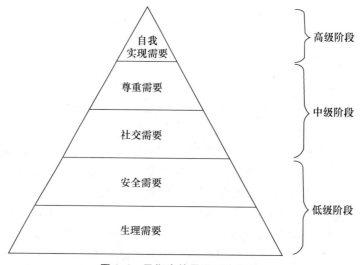

图1-4 马斯洛的需要层次理论

第一层次为生理需要,包括维持生活所必需的各种物质上的需要,如衣、食、住房、医药等。这些是人们最基本的需要。

第二层次为安全需要。这是有关免除危险和威胁的需要。人们不仅追求人身安全,而且还要求生活有保障、职业有保证、老年有所依靠等。

第三层次为社交需要。人们一般都愿意与他人进行社会交往。人需要友谊、爱情和群体的归属感,人际交往需要彼此同情、互助和赞许等。这一层次的需要得不到满足,可能会影响人的精神上的健康。

第四层次为尊重需要。这里包括自尊和被人尊重。人们一般有自尊心、自信心、知识、成就、名誉地位等方面的需要,并要求得到别人的承认、尊重等。这一层次的需要一旦得以满足,必然增强信心。

第五层次为自我实现需要。这是最高一级的需要,是指通过自己努力实现自己对生活的期望,从而对生活和工作真正感到有意义。随着其他需要的基本满足和人们文化教育水平的提高,这种需要会变得越来越重要。

这些需要的层次并不是一定按照生理需要、安全需要、社交需要、尊重需要和自我实现需要的顺序存在,有时候人的需要是模糊不清的,对某种需要的程度也不一样,以上对需要的划分只是提供了一个大概的需要层次;人的需要是由主导需要决定的,比如英雄主义者,可以为了实现自我价值而不考虑安全需要;在同一个人身上,这几种需要可能同时存在,并且人的需要带有发展的、动态的性质;管理人员必须根据不同人的不同需要,研究调动人的积极性,开展具体的管理活动。

2. 赫茨伯格的双因素理论

美国心理学家和行为科学家赫茨伯格(Frederick Herzberg)在其1959年出版的著作《工作的激励因素》中提出了著名的双因素理论,又称激励保健理论。他把影响人们心理和行为的多种因素分为保健因素和激励因素。

保健因素是指公司政策与管理方式、上级监督、工资、人际关系和工作条件五种因素,是属于工作环境和工作条件方面的因素。这类因素不具备或强度太低,容易导致员工不满意,但即使充分具备、强度很高也很难使员工感到满意。保健因素没有激励作用。

激励因素是指成就、赞赏、工作本身、责任和进步五种因素,是属于工作本身和工作内容方面的因素。这类因素具备后可使员工感到满意,但员工感到不满时却很少是因为缺少这些因素。这些因素能激发起人们在工作中的积极性、创造性,产生使员工满意的积极效果。

赫茨伯格的双因素理论与马斯洛的需要层次理论具有相互对应关系,马斯洛提出的高层次需要即赫茨伯格所谓的激励因素,而马斯洛列举的为维持生活所必须满足的低层次需要则相当于保健因素。赫茨伯格明确划分了激励因素与保健因素的界限,为更好地开展管理工作提供了指导。

3. 弗鲁姆的期望理论

期望理论又称作"效价—手段—期望理论",是由北美心理学家和行为科学家弗鲁姆(Victor H. Vroom)于1964年在《工作与激励》中提出来的一种管理心理学与行为科学理论。

弗鲁姆认为,人们采取某项行动的动力或激励力的大小,取决于他对所能得到结果的全部预期价值(效价)和他认为可能得到该结果的概率(期望值)。用公式表示为:

$$M = V \times E$$

式中,M代表激励力量,指直接推动或使人们采取某一行动的内驱力,即一个人受激励的程度;V代表效价,是对行动结果的价值评价,它反映个人对某一成果或奖酬的重视与渴望程度;E代表期望值,指某一行动会导致预期成果的概率,它是个人对行为导致特定成果的可能性或概率的估计与判断。

弗鲁姆的期望理论辩证地提出了在进行激励时要处理好三方面的关系,这些也是调动人们工作积极性的三个条件:① 努力与绩效的关系;② 绩效与奖励的关系;③ 奖励与满足个人需要的关系。

人们总是希望通过一定的努力达到预期目标,如果个人主观认为达到目标的概率很高,就会有信心并激发出很强的工作力量;反之,就会失去内在的动力,导致工作消极。人们也希望取得成绩后能够得到奖励(包括物质上和精神上的),如果他认为取得绩效后能得到合理的奖励,如奖金、晋升、提级、表扬等,就可能产生工作热情,否则就可能没有积极性。人们还希望自己所获得的奖励能满足自己某方面的需要,人的需要是不同的,因而同样奖励对不同人的激励力量不同。即使是同一个人,其需要也是不断变化的,管理者应根据不同情况区别对待。显然,只有当人们对某一行动成果的效价和期望值同时处于较高水平时,才有可能产生强大的激励力。

4. 麦格雷戈的 X—Y 理论

美国著名的行为科学家麦格雷戈（Douglas McGregor）归纳了基于对人性的不同看法而形成的 X 理论和 Y 理论两种理论。

麦格雷戈认为，传统理论是以"人本恶"的看法为基础，这种理论认为人天性厌恶工作，逃避责任，不诚实和愚蠢等。因此，为了提高劳动生产效率，就必须采取强制、监督、惩罚和金钱刺激的方法。麦格雷戈把这种理论称之为 X 理论。他认为，虽然当时工业组织中人的行为表现同 X 理论所提出的各种情况大致相似，但是人的这些行为表现并不是人固有的天性所引起的，而是工业组织的性质、管理思想、政策和实践所造成的。

与 X 理论消极的人性观点相对照，麦格雷戈提出了 Y 理论。其基本观点是：人并不是被动的，人的行为受动机支配，只要创造一定的条件，他们会视工作为一种得到满足的因素，就能主动把工作干好。因此，对工作过程中存在的问题，应从管理上找原因，排除职工积极性发挥的障碍。麦格雷戈把这种理论称之为 Y 理论。他认为 X 理论是一种过时的理论，只有 Y 理论才能保证管理的成功。在 Y 理论的假设下，管理者的重要任务是创造一个使人得以发挥才能的工作环境，发挥出职工的潜力，并使职工在为实现组织的目标贡献力量时，也能达到自己的目标。此时的管理者已不是指挥者、调节者或监督者，而是起辅助者的作用，从而给职工以支持和帮助。

5. 亚当斯的公平理论

美国心理学家亚当斯（John Stacey Adams）于 1965 年提出公平理论，又称社会比较理论。该理论侧重于研究工资报酬分配的合理性、公平性及其对职工生产积极性的影响。

亚当斯认为，当一个人做出了成绩并取得报酬以后，他不仅关心自己所得报酬的绝对量，而且关心自己所得报酬的相对量。也就是说，人们总会自觉或不自觉地将自己付出的劳动代价及其所得到的报酬与他人进行比较，并对公平与否做出判断。如表 1-4 所示，A 代表某员工，B 代表相关的参照他人。

表 1-4　公平理论

感知到的比率比较	员工的评价
$\dfrac{A 所得}{A 付出} < \dfrac{B 所得}{B 付出}$	不公平（报酬过低）
$\dfrac{A 所得}{A 付出} = \dfrac{B 所得}{B 付出}$	公平
$\dfrac{A 所得}{A 付出} > \dfrac{B 所得}{B 付出}$	不公平（报酬过高）

根据公平理论，公平感直接影响职工的工作动机和行为。无论什么时候，只要他们感觉到不公平，就会采取行动调整这种状态，其结果可能会提高也可能会降低生产率、产品质量、缺勤率、主动离职率。公平理论提出的基本观点是客观存在的，但公平本身却是一个相当复杂的问题，主要是它与个人的主观判断有关。个人所持的公平标准、绩效评定的合理性、评定人等都会影响公平感。

公平理论对我们有着重要的启示：首先，影响激励效果的不仅有报酬的绝对值，还有报酬相对值；其次，激励时应力求公平，使等式在客观上成立，尽管有主观判断的误差，也不致造成严重的不公平感；最后，在激励过程中应注意对被激励者公平心理的引导，使其树立正确的公平观。

三、现代管理理论

第二次世界大战后,世界政治经济形势发生了深刻变化,促进了管理实践和理论的繁荣,管理科学进入了一个发展、创新、分化、综合并存的时期,使管理学的主流从行为科学逐渐演变成现代管理理论。美国学者哈罗德·孔茨(Harold Koontz)首先注意到了这种学派林立的状况。他在1961年写的《论管理理论的丛林》一文中,归纳了各种学派理论上的差异。他认为,20世纪五六十年代最大的学派有6个。1980年,孔茨发表《再论管理理论的丛林》,又将管理理论学派梳理为11个学派。

1. 管理过程学派

管理过程学派又称管理职能学派,该学派是在法约尔一般管理理论的基础上发展起来的,其代表人物有美国的哈罗德·孔茨、西里尔·奥唐奈(Cyril ODonnell)等人。

管理过程学派强调对管理的过程和职能进行研究,认为管理是一个过程,此过程包括计划、组织、领导、控制等若干个职能。这些管理职能对任何组织的管理都具有普遍性。管理者可以通过对各个职能的具体分析,归纳出其中的规律与原则,指导管理工作,提高组织的效率和效益。

2. 人际关系学派

人际关系学派是从20世纪60年代的人类行为学派演变而来的。这个学派认为,既然管理是通过别人或同别人共同完成工作,那么对管理学的研究就必须围绕人际关系这个核心来进行。这个学派把有关的社会科学原有的或新近提出的理论、方法和技术用来研究人与人之间以及人群内部的各种现象,从个人的品性动态一直到文化关系无所不及。这个学派注重管理中"人"的因素,认为人们在为实现其目标而形成团体一起工作时应该互相了解。

3. 群体行为学派

群体行为学派是从人类行为学派中分化出来的,因此同人际关系学派关系密切,甚至易于混同。但它关心的主要是群体中人的行为,而不是人际关系;它以社会学、人类学和社会心理学为基础,而不以个人心理学为基础;它着重研究各种群体行为方式,从小群体的文化和行为方式到大群体的行为特点,都在其研究之列。它也常被称为组织行为学。"组织"一词在这里可以表示公司、政府机构、医院或其他任何一种事业中一组群体关系的体系和类型。

4. 经验主义学派

经验主义学派,亦称案例学派。该学派主张通过分析管理者的实际管理经验或案例来研究管理学问题。主要代表人物有彼得·德鲁克(Peter Drucker),其代表作为《有效的管理者》。

经验主义学派的基本管理思想是:有关企业管理的科学应该从企业管理的实际出发,特别是以企业的管理经验为主要研究对象,将其加以理论和概括化,然后传授给管理人员或向企业经理提出实际的建议。简言之,他们认为,管理学就是研究管理经验。通过研究管理中成功或失败的经验,就能理解管理问题,就自然学会了进行有效的管理。

5. 社会系统学派

社会系统学派的创始人和代表人物是美国管理学家切斯特·巴纳德(Chester I. Barnard)。他的主要观点集中表现在所著的《经理的职能》一书中,虽然该书出版于1938年,但其中阐述的思想却是"现代"的。巴纳德被誉为是"现代管理理论"之父。社会系统学派的主要观点包括以下四个方面:

(1) 组织是一个是由个人组成的协作系统,是社会大系统中的一部分,受到社会环境各方面因素的影响。

（2）组织作为一个协作系统，包含三个基本要素，即成员的协作意愿、组织的共同目标和组织内的信息交流。

（3）提出了权威接受理论。巴纳德认为，权威的存在必须以下级的接受为前提，下级对权威的接受是有条件的。

（4）对经理的职能进行了新的概括。巴纳德认为，经理应主要作为一个信息交流系统的联系中心，应致力于实现协作。因此，经理的主要职责是：建立和维持一个信息交流系统，促成必要的个人努力，以及提出和制定目标。

6. 社会技术系统学派

社会技术系统学派的创始人是特里司特（Trist, E. L.）及其在英国塔维斯托克研究所中的同事。他们通过对英国煤矿中长壁采煤法的生产问题的研究，发现仅分析企业中的社会方面是不够的，还必须注意其技术方面。他们发现，企业中的技术系统（如机器设备和采掘方法）对社会系统有很大的影响。个人态度和群体行为都受到人们工作中技术系统的重大影响。因此，他们认为，必须把企业中的社会系统同技术系统结合起来考虑，而管理者的一项主要任务就是确保这两个系统相互协调。

7. 决策理论学派

决策理论学派的主要代表人物是美国经济学家和社会科学家赫伯特·西蒙（Herbert A. Simon）。这一学派是在社会技术系统学派的基础上发展起来的，他们把第二次世界大战以后发展起来的系统理论、运筹学、计算机科学等综合运用于管理决策问题，形成了一门有关决策过程、准则、类型及方法的较完整的理论体系。该理论学派的主要观点如下：

（1）决策贯穿于管理的全过程，管理就是决策。

（2）决策过程包括四个阶段：搜集情况阶段、拟订计划阶段、选定计划阶段和评价计划阶段，其中每一个阶段都是一个复杂的决策过程。

（3）在决策标准上，用"令人满意"的准则代替"最优化"准则。以往的管理学家往往把人看成是以"绝对的理性"为指导，按最优化准则行动的理性人。西蒙认为事实上这是做不到的，应该用"管理人"假设代替"理性人"假设。这种"管理人"不考虑一切可能的复杂情况，只考虑与问题有关的情况，采用"令人满意"的决策准则，可以做出令人满意的决策。

（4）一个组织的决策根据其活动是否反复出现可分为程序化决策和非程序决策。此外，根据决策条件，决策还可以分为肯定型决策、风险型决策和非肯定型决策，每一种决策所采用的方法和技术都是不同的。

（5）一个组织中集权和分权的问题是和决策过程联系在一起的。有关整个组织的决策必须是集权的，而由于组织内决策过程本身的性质及个人认识能力的有限，分权也是必需的。

8. 系统管理学派

系统管理学派是在一般系统理论的基础上建立起来的，侧重于以系统的观点考察组织结构及管理的基本职能。代表人物有卡斯特（F. E. Kast）、罗森茨威克（J. E. Rosenzweig）和约翰逊（R. A. Johnson），他们三人于1963年合著的《系统理论与管理》为系统管理学派的代表作。该学派的主要观点是：

（1）管理组织是由许多子系统组成的开放系统。组织是由目标与价值子系统、技术子系统、社会心理子系统、组织结构子系统、管理子系统五个不同的子系统构成的整体。这五个子系统之间既相互独立又相互作用，不可分割，从而构成一个整体。这些系统还可以继续分为更小的子系统。

（2）组织是由人、物资、机器和其他资源在一定的目标下组成的一体化系统。组织的成长和发展同时受到这些组成要素的影响，在这些要素的相互关系中，人是主体。管理人员需力求保持各部分之间的动态平衡、相对稳定、一定的连续性，以便适应情况的变化，达到预期目标。

（3）组织是一个复杂的"投入—产出"系统。他们对组织的运行进行了系统分析，在这个系统中，各种资源依次经过一定的流程，达到组织设计的目标。

9. 管理科学学派

管理科学学派又称数量学派、计量学派或数量管理科学学派，是现代管理理论中的一个主要学派。代表人物有伯法(E. S. Buffa)、希尔(A. V. Hill)等，一些知名的运筹学家都属于这个学派。

该学派将数学引入管理领域，用电子计算机作为工具，把科学的原理、方法和工具应用于管理的各种活动，使管理问题的研究由定性分析发展为定量分析，制定用于管理决策的数学统计模型，对管理领域中的人力、物力、财力进行系统的定量分析，并做出最优规划和决策。

管理科学学派认为，管理是一个数学模型和程序的系统。这个学派的主要方法是模型。在管理中应用比较广泛的数学模型有决策理论模型、盈亏平衡模型、库存模型、资源配置模型（线性规划）、网络模型、排队模型、投入产出模型等。

10. 权变理论学派

权变理论学派是20世纪70年代在西方形成的一种管理学派，代表人物有卢桑斯(F. Luthans)、菲德勒(F. Fiedler)、豪斯(R. Horse)等。权变理论学派的基本思想是：管理中不存在一成不变的、普遍使用的"最佳"管理理论和方法，组织的管理应根据其所处环境和所遇到的问题，采用"具体问题具体分析"的方法。管理者必须明确每一情境中的各种变数，了解这些变数之间的关系及相互作用，把握原因与结果的复杂关系，从而针对不同情况灵活变通。

权变理论学派认为，对管理中的各种可变因素，可以着重从以下六个方面加以考察：① 组织的规模；② 组织中人员的相互联系和影响程度；③ 组织成员的技巧、能力、志向、兴趣以及个人性格；④ 目标的一致性；⑤ 决策层次的高低；⑥ 组织目标的实现程度等。

11. 经理角色学派

经理角色学派是20世纪70年代出现的管理学派，代表人物是亨利·明茨伯格。这个学派主要通过观察经理的实际活动来明确经理角色的内容。

该学派所指的经理是指一个正式组织或组织单位的主要负责人，拥有正式的权力和职位，而角色这一概念是从舞台术语中借用的，是指属于一定职责或地位的一套有条理的行为。明茨伯格系统地研究了不同组织中五位总经理的活动，得出结论：总经理们并不按人们通常认为的那种职能分工行事，即只从事计划、组织、协调和控制工作，而是还进行许多别的工作。他将经理所担任的角色分为互相联系、不可分割的三大类型十种角色，具体内容已在第二节的"管理者角色"部分中予以介绍。

四、管理理论的新发展

20世纪末至21世纪初，世界经济变化莫测，科学技术日新月异，各种文化相互渗透、相互融合，市场竞争日益激烈，企业管理活动出现了深刻的变化与全新的格局，管理思想与管理理论也出现了新的发展趋势。

1. 战略管理理论

20世纪70年代以后，企业竞争加剧，风险日增。复杂多变的外部环境使得企业将管理的重点由提高生产效率转向适应环境变化。因此，作为研究企业与环境之间相互关系并为企业生存和发展指明方向的战略管理理论，被越来越多的企业所关注和研究。

20世纪90年代以前的战略管理理论，大多建立在对抗竞争的基础上，都比较侧重于讨论竞争和竞争优势。20世纪90年代，战略联盟理论的出现，使人们将关注的焦点转向了企业间各种形式的联合。

总之，战略管理理论以组织与环境的关系为主要研究对象，重点研究企业如何适应充满危机和动荡的环境变化。强调通过对产业演进的说明和各种基本产业环境的战略分析，得出不同的战略决策，并通过战略实施与评价验证战略的科学性和有效性。

2. 学习型组织理论

彼得·圣吉(Peter M. Senge)在1990年出版的《第五项修炼—学习型组织的艺术与实务》一书中提出了以"五项修炼"为基础的学习型组织。彼得·圣吉指出企业唯一持久的竞争优势源于比竞争对手学得更快、更好的能力，学习型组织正是人们从工作中获得生命意义、实现共同愿望和获取竞争优势的组织形式。学习型组织由以下五个部分组成：

（1）建立共同愿景(Building Shared Vision)：愿景可以凝聚公司上下的意志力，透过组织共识，大家努力的方向一致，为一个共同的未来的目标努力奋斗。

（2）团队学习(Team Learning)：团队智慧应大于个人智慧的平均值，以做出正确的组织决策，透过集体思考和分析，强化团队向心力。

（3）改变心智模式(Improve Mental Models)：每个人都要以开放求真的态度，克服组织固有的障碍，不断改善和突破障碍，通过团队学习，以及标杆学习，改变心智模式，有所创新。

（4）自我超越(Personal Mastery)：这是学习型组织的基础，在认识客观世界的基础上，找到自己最理想的环境，不断学习和超越自己，达到理想的地步。

（5）系统思考(System Thinking)：这是学习型组织的核心，应透过资讯搜集，掌握事件的全貌，以避免见树不见林，培养综观全局的思考能力，看清楚问题的本质，有助于清楚了解因果关系。

学习型组织理论指出未来卓越的组织将是能够使各阶层人员全心投入并有能力不断学习的组织。学习是心灵的正向转换，企业如果能够顺利导入学习型组织，不只能够达致更高的组织绩效，更能够带动组织的生命力。

3. 企业文化理论

企业文化是一个全新的企业管理理论，是继古典管理理论、行为科学管理理论、丛林学派管理理论之后，世界管理史上第四个管理阶段的理论，被称为世界企业管理史上的"第四次管理革命"。

现代企业文化的研究热潮兴起于美日经济的比较研究。20世纪70年代末，日本经济实力的强大对美国乃至西欧经济形成了挑战。在这种形势下，人们意识到美日管理模式的不同。其中发现，日本企业比较普遍地注意塑造有利于生产发展的企业文化。由于理性化管理缺乏灵活性，不利于发挥人们的积极性和增强与企业长期共存的信念。而塑造一种有利于创新并将机制与心理因素整合的企业文化，对企业长期经营业绩和企业的发展至关重要。

从管理学发展史的角度来看,企业文化理论的研究意味着管理学的一场革命,是一场用管理的人文精神取代管理的科学操作的运动。所以,在企业文化理论中,包含着对机械理性主义的批判和对行为主义的发展,从而在更高层次上落实了以人为本的管理理念。

4. 企业再造理论

20世纪80年代以来,随着信息技术的广泛推广和应用,企业管理同样也面临信息化、网络化的挑战。传统的企业组织越来越不能适应新的、竞争日益激烈的环境,企业管理需要在制度、流程、组织、文化等方面进行创新。

1994年迈克尔·哈默(Michael Hammer)与詹姆斯·钱皮(James A. Champy)在其合著的《再造企业——管理革命的宣言书》中提出了企业再造理论。他们认为,面对日新月异的变化和激烈的竞争,要提高企业的运营效率,迫切需要"脱胎换骨"式的革命,只有这样才能适应生存与发展的挑战。企业再造要根据社会信息化的要求,彻底改变企业的原有模式、抛开斯密分工理论的旧框架,将原先拆开的组织架构按照自然跨部门的作业流程重新组建。

企业再造的首要任务是BPR(业务流程重组),它是以先进的信息系统和信息技术,以及其他的先进管理技术,如JIT(准时制生产)、TQM(全面质量管理)、MRP(物料需求计划)为手段,以顾客中长期需求为目标,通过最大限度地减少对产品价值增加无实质作用的环节和过程,建立起科学的组织结构和业务流程,使产品规模和质量发生质的变化,从而提高企业核心竞争力,并具体提出如何认识现有流程、如何确定重整目标、如何重整协作方式以及如何保证重整成功的条件等各种具体操作方法。

【思考题】

1. 什么是管理?管理具有哪些特征?
2. 什么是管理的二重性?
3. 为什么说管理是科学与艺术的结合?
4. 结合实际,谈谈你对管理是如何理解的。
5. 常见的管理方法有哪些?各有怎样的特点?
6. 管理者有哪些角色?
7. 管理者应该具备哪些素质和技能?
8. 泰罗的科学管理思想包括哪些内容?
9. 法约尔认为管理的基本职能是什么?
10. 法约尔的一般管理理论中的十四项管理原则是什么?
11. 论述韦伯的行政组织理论的主要内容。
12. 梅奥的人际关系理论的主要观点是什么?
13. 后期的行为科学理论有哪些?各自观点是什么?
14. 管理理论的最新发展趋势有哪些?

【案例】

华为管理模式剖析

华为成立于1988年,从事通信行业,赶上了有利的天时——通信产业正处于开始替代PC

产业成为全球经济新的龙头产业的阶段。华为面临的市场环境是一方面中国通信市场正处于高速发展时期,另一方面已占据中国市场的国际巨头如朗讯、爱立信、西门子,都是实力异常强大的跨国公司。其发展阶段大致如下:

第一阶段(1988—1995):草创阶段

任正非带领华为以弱胜强,打败了跨国企业,占领了中国市场,华为发展为一个中型企业。任正非在创业之初就给华为定下了明确目标:发展民族工业,立足于自己科研开发,紧跟世界先进技术,目标是占领中国市场,开拓海外市场,与国外同行抗衡。在这一阶段,任正非管理华为的主要模式是所谓的"三高":高效率、高压力、高工资。其中,高工资是推动高效率、高压力的核心动力。与高工资伴随而来的当然就是高效率、高压力。任正非为了贯彻高效率、高压力而提出了著名的狼文化:"企业就是要发展一批狼。狼有三大特性:一是敏锐的嗅觉,二是不屈不挠、奋不顾身的进攻精神,三是群体奋斗的意识。"

第二阶段(1995—1998):基本法阶段

随着华为的扩张、人员规模的扩大,华为面临的组织管理问题越来越多,也越来越复杂,光靠狼文化这样简单的概念已经无法解决华为面临的问题,更加不能带领华为继续扩大。如华为扩大后,上下级之间的冲突、部门之间的冲突、员工之间的冲突都越来越多,如何在华为建立起自己的企业文化,包括愿景、使命、价值观等,显然也是狼文化回答不了的。以上原因导致了《华为基本法》的出台。《华为基本法》是人民大学一些教授以西方的企业管理理论为框架,对任正非个人的价值取向和思考结果做的一次梳理和总结。《华为基本法》详尽论述了公司宗旨、管理哲学、基本经营策略、基本组织政策、人事政策、控制政策、道德与纪律等管理命题,并给出了清晰的战略。譬如,《华为基本法》不仅规定了企业的追求和愿景——"成为世界级领先企业",同时亦对实现愿景的路径做了严格界定——"强调人力资本不断增值的目标,优于财务资本增值的目标"。这一条成为华为此后鞭策自己成长的最为坚定的指标。与此同时,华为内部还针对运用《华为基本法》进行具体管理时可能遭遇的矛盾、冲突进行了为期三年的价值观大讨论,如尊重个性与集体奋斗的矛盾,开放合作与独立自主的矛盾,公平与效率的矛盾,程序化与多样性的矛盾,等等。

第三阶段(1998年至今):管理西化阶段

一方面,由于《华为基本法》达不到预期的效果,而华为的人员规模、销售额越来越庞大,"华为由于短暂的成功,员工暂时的待遇比较高,就滋生了许多明哲保身的干部。他们事事请示,僵化教条地执行领导的讲话,生怕丢了自己的乌纱帽。"(任正非语);另一方面,华为开始大规模进军海外市场,试图成为一家国际化公司,所以任正非急于找到能够帮助华为提升管理能力、培养管理人才的办法。在寻求中国的管理咨询顾问帮助失效后,任正非把目光投向了海外,他耗费巨资,先后通过与包括IBM在内的世界知名企业如HAY(在人力资源管理方面)、PWC(在财物管理方面)、德国FHG(在生产管理及品质管理方面)合作,学习和引进西方企业管理模式。西方管理注重程序化、明确化、精细化,然后可以从程序化、明确化中构建起庞大的企业。例如,麦当劳这个跨国公司,在全世界那么多店里,规定炸鸡的程序都是一样的。西方管理的优点是这个,同时缺点也是这个,程序化、明确化必然导致灵活性不够,不能很快适应外界环境的变化,也不能发挥员工的最大能力。

(资料来源:http://www.doc88.com/p-381368306229.html)

思考题:

1. 任正非是如何领导这么一个无人知道的小民营企业去挑战那些国际巨头,占领中国市场的?
2. 在华为的成长历史中,任正非用了哪些主要的管理方法来管理华为?
3. 华为的管理方法有哪些好处?又遇到了哪些问题?
4. 最近华为有哪些管理的新举措?

第二章 管理职能

【学习要点】
◆ 管理职能
◆ 计划方法
◆ 组织结构设计与组织变革
◆ 领导方式及领导理论
◆ 控制的过程及方法

管理职能是指管理活动的一般过程和基本内容。根据管理过程的内在逻辑,可将管理工作划分为几个相对独立的部分,即为管理职能。20世纪初,法国工业家亨利·法约尔首次提出管理具有五大职能,即计划、组织、指挥、协调和控制。卢瑟·古利克(Luther Gulick)认为管理有七项职能,即计划、组织、人事、指挥、协调、报告和预算。借鉴哈罗德·孔茨的观点,现在基本上认为管理职能包括计划、组织、领导和控制。管理的这四大职能彼此联系,相互融合、协同作用,构成了一个完整的体系,从而实现组织的预定目标。

第一节 计划职能

一、计划的含义

任何管理活动都是从计划开始的。在管理学中,计划具有两重含义:一是计划工作,是指根据对组织外部环境与内部条件的分析,提出在未来一定时期内要达到的组织目标以及实现目标的方案途径;二是计划形式,是指用文字和指标等形式所表述的组织以及组织内不同部门和成员,在未来一定时期内关于行动方向、内容和方式安排的管理事件。

无论是计划工作还是计划形式,计划都是根据社会的需要以及组织的自身能力,通过计划的编制、执行和检查,确定组织在一定时期内的奋斗目标,有效地利用组织的人力、物力、财力等资源,协调安排好组织的各项活动,取得最佳的经济效益和社会效益。

可以把计划的内容简要地概括为七个方面,即做什么(What)、为什么做(Why)、何时做(When)、何地做(Where)、谁去做(Who)、怎么做(How)和需要多少预算(How much),简称为"5W2H"。

二、计划的分类

计划的种类很多,可以按不同的方式进行分类。最常见的方式是按照计划的广度、时间构架、特殊性和具体性等进行分类。这些计划的分类方法不是相互独立的,而是密切联系的。

1. 按计划的广度划分,可以将计划分为战略计划和作业计划

战略计划应用于组织整体,它是为组织设立总体目标和寻求组织在环境中地位的计划。作业计划是规定总体目标如何实现的细节的计划。战略计划与作业计划在时间和范围上都是不同的。相比作业计划,战略计划趋向长期规划,通常为5年甚至更长,覆盖较宽的领域,不规定具体的细节。此外,战略计划的一个重要任务是设立目标;而作业计划假定目标已经存在,只是提供实现目标的方法。

2. 按计划的时间构架划分,可以将计划分为长期计划和短期计划

长期计划描述了组织在较长时期(通常5年以上)的发展方向和方针,规定了组织的各个部门在较长时期内从事某种活动应达到的目标和要求,绘制了组织长期发展的蓝图。短期计划具体地规定了组织的各个部门在目前到未来的各个较短的时期阶段,特别是最近的时段中应该从事何种活动,从事该种活动应达到何种要求,因而为各组织成员在近期内的行动提供了依据。

3. 按计划的明确性划分,可以将计划分为具体性计划和指导性计划

具体性计划具有明确规定的目标。指导性计划只规定某些一般的方针和行动原则,给予行动者较大的自由处置权,它指出重点但不把行动者限定在具体的目标或特定的行动方案上。相对于指导性计划而言,具体性计划虽然更易于执行、考核及控制,但缺少灵活性。

4. 按组织职能,可以将计划分为生产计划、财务计划、营销计划、人力资源计划等

职能计划由相应的职能部门编制和执行,与按职能划分管理部门的组织体系并行。按组织职能进行计划分类,有助于组织更准确地认识职能领域之间的相互作用和相互依赖,有助于了解某个职能计划执行过程中可能出现的变化及对其他计划的影响。如营销部门的发货计划,对生产计划和财务计划可能有明显的影响,必须在计划中充分考虑。

三、计划的特征

计划工作的特征主要有:首位性、目的性、普遍性和效率性。

首位性指计划工作在组织管理职能中处于首要地位。计划职能是其他管理职能的基础,是需要首先完成的职能。其他管理职能都是为了支持、保证目标的实现,在计划工作确定组织目标后就可以协调进行了。当计划工作完成后,就可以确定合理的组织结构、人员结构,确定有效的领导方式和激励方式,确定有效的控制方法和手段。

目的性指组织制订的计划有明确的要实现的目标。组织在科学分析和预测的基础上,在计划工作的最初阶段,制定出定量、可行的目标;其后,围绕目标确定出有利于组织目标实现的最佳行动方案,使组织的行动集中于目标,引导行动朝着目标的方向迈进,避免无计划指导的组织进行盲目的行动,保证组织"做正确的事"。

普遍性指计划工作是管理者普遍承担的一项工作,管理者或多或少都有某些制订计划的权利和责任。通常高层管理人员只负责制订组织战略性的计划,而那些具体的计划由中层、基层管理人员依据战略性计划制订完成。

效率性指计划工作要考虑效率,即确定方案的投入产出比在所有可行方案中是最优的。

计划的效率不仅要考虑经济方面的利益和损耗,有时还要考虑非经济方面的利益和损耗。

四、计划的过程

计划是由一系列活动构成的,组织的计划程序都是相同或相似的,主要有分析状况、确立目标、确定前提条件、拟订备选方案、评价备选方案、选择方案、拟订派生计划和编制预算。具体步骤如图 2-1 所示。

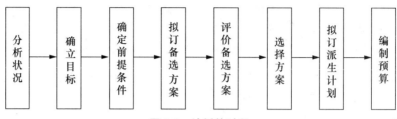

图 2-1 计划的过程

1. 分析状况

计划工作的前提是对组织状况的分析,即对组织过去的情况、现有的条件与未来发展的趋势进行分析;对组织自身的优势和劣势、外部环境的机会和威胁进行综合分析,对组织当前所处状况做出评估。

2. 确立目标

目标是组织期望达到的最终结果,在确定目标时要考虑纵向目标与横向目标的关系,建立起纵横协调的目标系统。在这一步骤中要说明基本的方针和要达到的目标,说明制定战略、政策、规则、程序、规划和预算的任务,指出工作重点。

3. 确定前提条件

计划的前提条件有内部前提条件和外部前提条件之分,内部前提条件多具有可控性,外部前提条件多具有不可控性,如果可控性多于不可控性,计划实现的可能性就较大,否则计划实现的可能性就小。因此,当不可控因素较多时,应对前提条件做出认真分析,以应对未来的不确定性因素的发生。

4. 拟订备选方案

实现目标的途径不是单一的,而是有几种可供选择的途径,但比较经济、合算的途径并不多。因此,应设法寻找比较好的途径并对此进行细致的分析,不应过分追求过多的备选方案,以免浪费精力和影响对有价值的备选方案的分析,也不应制定无法供决策者比较和选择的单一方案。

5. 评价备选方案

评价方案是选择方案的前提,评价的标准是计划的前提条件和目标,根据标准分析每个备选方案的利弊,对每个方案进行评价。评价结论的科学性,既取决于评价者所采用的标准,也取决于评价者对各个标准所赋予的权数。在许多情况下,存在较多可供选择的方案,而且前提条件也充满变数,这会大大增加评估的困难。至于评价方法,我们可以借助运筹学、数学方法和计算机技术手段等定量评价方法,以增加评估的准确性。

6. 选择方案

这是制订计划的关键一步,也是决策的实质性阶段。企业组织往往依据公平和效率的原则进行选择。当可供选择的方案不止一个时,管理者应首先确定一个较佳方案作为计划方案,而把其他几个方案作为预备方案。一旦计划实施的条件有变,管理者能够从容应对,迅速适应变化的环境。

7. 拟订派生计划

派生计划就是总计划下的分计划。例如,一所大学发展战略中的招生计划、学科建设计划、实习计划、培训计划等就是总计划下的派生计划。派生计划是总计划的基础,总计划是派生计划的来源,二者相辅相成。

8. 编制预算

这是组织目标得以实现的保证计划,也是计划工作的最后一步,其实质是资源的分配计划。编制预算是把计划转变成数字化的计划。一般来说,企业组织要编制项目预算,政府组织要编制经常性预算和建设性预算。编制预算是各种组织活动有序进行的物质保证,因而是十分重要的工作。

五、计划的方法

计划工作的方法有很多,它既包括制订计划的方法,也包括计划管理的方法。限于篇幅,仅介绍在计划管理中较为常用的方法。

(一) 网络计划法

网络计划法(Net-work Planning Technology)是把一个计划工程、项目或任务分解成各种作业、工序或活动,然后依据作业的先后顺序做出网络图,通过网络图对整个工程或项目进行统筹规划、合理安排和有效控制,以缩短工期和/或降低成本的管理方法。其主要用于工程项目计划与控制,网络计划法中的计划工作就是编制网络计划,包括绘制网络图、计算时间参数、确定关键线路及网络优化等环节。

1. 网络图的组成

网络图是网络计划法的基础,它是计划项目分解后各个部分内在逻辑关系的体现。网络图是由若干个圆圈和箭线组成的网状图,它能表示一项工程或一项生产任务中各个工作环节或各道工序的先后关系和所需时间。网络图有两种形式(如图2-2所示):一种以箭线表示活动(或称为作业、任务、工序),称为箭线型网络图;另一种以圆圈表示活动,称为节点型网络图。本书将主要介绍箭线型网络图。箭线型网络图由实箭线、节点、虚箭线和路线组成。

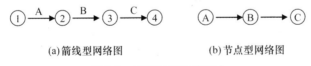

(a) 箭线型网络图　　　　　(b) 节点型网络图

图 2-2　网络图的两种形式

(1) 箭线。一条箭线表示一项活动、工序或作业,箭尾表示活动的开始,箭头表示活动的结束,活动的名称用代号标在箭线的上方,完成该项活动需要的作业时间标在箭线的下方。实箭线表示一项耗费资源和占用时间的活动;虚箭线表示一项不耗费资源也不占用时间的虚活动。虚活动在实际工作中并不存在,但在箭线型网络图中却有着重要作用,它用来表示前后活动的衔接关系。

根据工序(活动)的前后关系,可将工序分为紧前工序和紧后工序。一道工序结束后,紧接着开始进行的工序即为该工序的紧后工序;一道工序只有在前面工序结束后才能开始,前面紧挨着的工序称为该工序的紧前工序。计划项目开始时,没有紧前工序;计划项目结束时,没有紧后工序。

(2) 节点。一个节点代表一个事项或状态。事项既不占用时间,也不耗费资源,只表示活动开始或结束的瞬间,用"圆圈"表示。网络图中表示计划任务开始和结束的节点分别称作始点事项和终点事项;其他节点称作中间事项,既表示前序活动的结束,又表示后续活动的开始。

(3) 路线。路线是指从网络的始点事项开始,顺着箭线方向,连接到终点事项的通道,一个通道就是一条路线。路线上各项活动的作业时间之和就是该路线的作业时间,也称为该路线的长度。其中作业时间最长的路线称为关键路线。

2. 绘制网络图的规则

(1) 网络图的箭头方向一律从左指到右,即按工序开始时间的先后顺序,把工序按紧前工序在左、紧后工序在右排列,画成网络图。

(2) 每一条箭线的头尾都必须有节点,且箭尾的节点编号必须小于箭头的节点编号。

(3) 网络图节点要统一编号,保证节点的编号不重复、不遗漏。

(4) 网络图中只能有一个始节点和一个终节点。始节点(始点事项)表示计划项目的开始,终节点(终点事项)表示计划项目的结束。

(5) 网络图中不允许出现循环线路,即箭线不允许从某个节点出发而又回到该节点。如图 2-3 中,1—2—3—1 是循环回路,不符合规则。

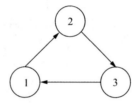

图 2-3 出现循环线路的网络图

(6) 两个节点 i,j 之间只能有一条箭线。如果两节点中有一条以上的箭线,如图 2-4 所示,则需要增加节点,引入虚工序予以解决。

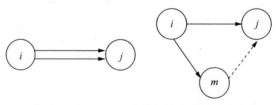

图 2-4 出现两条箭线的网络图的解决方案

例 1-1 某工程项目经分解后,共有 11 项工序,各项工序的紧前工序和所需作业时间如表 2-1 所示,根据绘制网络图的规则,该项目的网络图如图 2-5 所示。

表 2-1 项目各项工序的资料

工序代号	A	B	C	D	E	F	G	H	I	J
紧前工序	—	—	A,B	B	A	C	E	D,F	G,H	I
作业时间/天	5	3	4	1	5	1	3	8	6	3

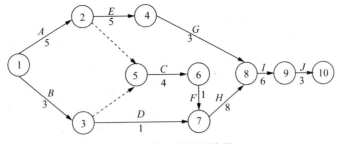

图 2-5 某工程的网络图

3. 网络时间参数的计算

为了编制网络计划和找出关键路线,为组织计划项目的优化、调整和执行提供决策基础,要计算网络图中各个事项及各个工序的有关时间参数。网络时间参数包括作业时间、事件的时间参数和活动的时间参数。

(1)作业时间($T_{i,j}$)

作业时间就是完成某一工序 ⓘ→ⓙ 所需的时间,用 $T_{i,j}$ 表示,即从结点 i 开始到结点 j 结束的工序作业时间。作业时间是确定其他时间参数的基础。确定工序作业时间有单一时间估计法和三点时间估计法两种方法。单一时间估计法,是指利用定额或统计资料,准确估计工序作业时间的一个时间值。三点时间估计法,是指将工序时间分为最乐观时间(用 a 表示)、最可能时间(用 m 表示)和最悲观时间(用 b 表示),按公式 $T_{i,j}=(a+4m+b)/6$ 确定工序的作业时间。

(2)事件时间参数

事件时间是一个瞬时的概念,在时间轴上是一个点,它包括事件最早可能发生时间、事件最迟必须发生时间和事件时差。在网络图中,节点与事件对应。起始节点表示项目开始事件,这一事件的发生表示项目最早可以进行的活动开始;终止节点表示项目完成事件,这一事件的发生表示最后进行的活动完成。中间节点表示终止在该节点的箭线所代表的活动完成和从该节点发的箭线所代表的活动开始这一事件。

事件最早可能发生时间(Early Time,T_E^j)是指从相应节点发出的箭线所代表的活动可能开始的最早时间,或相应节点接受的箭线所代表的活动可能完成的最早时间。事件最早可能发生时间从网络图的起始节点开始,按节点编号顺向计算,直到网络图的终止节点为止。一般假定网络图的起始节点最早开始时间为零,即 $T_E^1=0$。其余节点最早可能发生时间可按下式计算:

$$T_E^j = \max\{T_E^i + T_{i,j}\} \quad (i<j)$$

式中,i 和 j 分别代表箭尾事件和箭头事件;$T_{i,j}$ 为活动(i,j)所需的作业时间。

上式表示当到达节点 j 的箭线不止一条时,取数值中最大的一个。这是因为只有当节点 j 前面延续时间最长的前序工序结束后,j 节点的后续工序才能开始。计算见图 2-6。

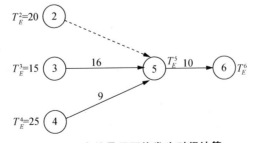

图 2-6 事件最早可能发生时间计算

$$T_E^5 = \max\{T_E^5 + T_{2,2}, T_E^3 + T_{3,5}, T_E^4 + T_{4,5}\}$$
$$= \max\{20 + 0, 15 + 16, 25 + 9\} = 34$$
$$T_E^6 = T_E^5 + T_{5,6} = 34 + 10 = 44$$

事件最迟必须发生时间（Late Time，T_L^i）是指从相应节点接受的箭线所代表的活动完成的最迟时间或相应节点发出的箭线所代表的活动开始的最迟时间。节点最迟必须发生时间的计算从网络图的终止节点开始，按节点编号逆向计算，直到网络图的起始节点为止。由于事件本身不消耗时间，所以网络终止节点的最迟必须发生时间可以等于它的最早可能发生时间。其余节点最迟必须发生时间可按下式计算：

$$T_L^i = \min\{T_L^j - T_{i,j}\} \quad (i < j)$$

上式表示当从节点 i 发出的箭线不止一条时，取诸数值中最小的一个。因为只有这样才能保证从节点 i 开始时间最早的工序能按时开工。计算见图 2-7。

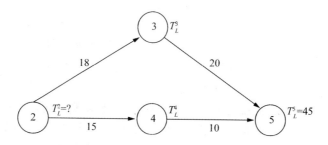

图 2-7　事件最迟必须发生时间计算

$$T_L^3 = T_L^5 - T_{3,5} = 45 - 20 = 25$$
$$T_L^4 = T_L^5 - T_{4,5} = 45 - 10 = 35$$
$$T_L^2 = \min\{T_L^3 - T_{2,3}, T_L^4 - T_{2,4}\}$$
$$= \min\{25 - 18, 35 - 15\}$$
$$= 7$$

（3）活动时间参数

与事件不同，活动需要持续一段时间才能完成。因此，活动时间参数有四个，即活动最早可能开始时间、活动最早可能完成时间、活动最迟必须完成时间、活动最迟必须开始时间。活动时间参数可以通过事件时间参数计算，也可以独立计算。

活动最早可能开始时间（early start time，$T_{ES}^{i,j}$）等于该活动对应的箭线的箭尾事件的最早可能发生时间，即：

$$T_{ES}^{i,j} = T_E^i$$

活动最早可能完成时间（early finish time，$T_{EF}^{i,j}$）等于该活动的最早可能开始时间与活动所需时间之和，即：

$$T_{EF}^{i,j} = T_{ES}^{i,j} + T_{i,j} = T_E^i + T_{i,j}$$

活动最迟必须完成时间（late finish time，$T_{LF}^{i,j}$）是指为保证工程按期完工的最迟必须完成时间。活动最迟必须完成时间就等于该活动的箭头事件的最迟必须发生时间，即：

$$T_{LF}^{i,j} = T_L^j$$

活动最迟必须开始时间(late start time, $T_{LS}^{i,j}$)可通过事件的时间参数计算：

$$T_{LS}^{i,j} = T_{LF}^{i,j} - T_{i,j} = T_L^j - T_{i,j}$$

有了活动的最早时间和最迟时间，就可以计算活动时差。活动时差是指在不影响整个项目完工时间的条件下，某项活动最迟开始(完成)时间与最早开始(完成)时间的差值，也就是活动开始时间或完成时间容许推迟的最大限度。一般可以分为活动总时差和活动单时差。

活动总时差 $ST_{i,j}$ 是指在不影响整个工程工期，即不影响紧后活动的最迟必须开始时间的前提下，活动 (i,j) 的开始时间或完成时间可以前后松动的最大范围。活动总时差越大，表明该工序在整个网络中的机动时间越大，可以在一定范围内将该工序的人力、物力资源利用到关键工序上去，以达到缩短工程结束时间的目的。活动 (i,j) 的总时差计算公式是：

$$ST_{i,j} = T_{LS}^{i,j} - T_{ES}^{i,j} = T_{LF}^{i,j} - T_{EF}^{i,j}$$

单时差 $S_{i,j}$ 是指在不影响紧后活动最早可能开始时间的条件下，活动 (i,j) 的开始时间或完成时间可以前后松动的最大范围。活动 (i,j) 的单时差计算公式是：

$$S_{i,j} = T_{ES}^{j,k} - T_{EF}^{i,j} = T_E^j - T_E^i - T_{i,j}$$

活动单时差是活动总时差的一部分。由于单时差以不影响紧后工序最早开始时间为前提，因此单时差只能在本项活动中利用，即单时差不用的话也不能让给紧后作业，而总时差可以部分让给后续作业使用。

(4) 关键工序与关键路线

总时差为零的工序就是关键工序。由这些工序所组成的路线就是网络图中的关键路线。关键路线至少有一条，可能有多条。关键路线的长度决定整个工期。用计算工序总时差的方法确定网络图中的关键工序是确定关键路线最常用的方法。

可以看出，网络时间参数的计算过程具有一定的规律和严格的程序，可以在计算机上进行计算或用表格法与矩阵法计算，对于比较简单的网络图也可采用手工图计算。

绘制网络图、计算网络时间和确定关键路线，得到一个初始的计划方案，但通常还要对初始计划方案进行调整和完善，根据计划的要求，综合地考虑进度、资源利用和降低费用等目标，进行网络优化，确定最优的计划方案。限于篇幅，本书不做介绍。

(二) 对标管理法

对标管理(Bench Marking)是指企业以行业内或行业外的一流企业作为标杆，从各个方面与标杆企业进行比较、分析、判断，通过学习他人的先进经验来改善自身的不足，从而赶超标杆企业、不断追求优秀业绩的过程。

对标管理可以是行业间或不同行业间经营状况相近企业的整体比较，也可以是不同企业间某项相近工作的单项比较，或是企业内部不同单位间的比较等。对标管理的主要内容包括：设计、研究开发、采购、制造、仓储、运输物流、销售、营销、人力资源、劳资关系、财务及管理(规划、组织)等方面。对标管理一般包括以下五个步骤：

第一步，制订对标计划，确保对标计划与公司的战略一致。

第二步，建立对标团队。团队的结构取决于对标范围的大小、公司规模、对标预算、对标程序和环境等要素。

第三步，收集必要的数据。一是本公司的流程表、客户反馈、程序手册等信息，二是对标对象的相关信息。

第四步,分析数据识别差距。通过数据分析确认绩效的差异和造成差异的原因。

第五步,制订和实施行动计划,最终达到或超过其他组织的标准。

对标管理是现代企业管理活动中最重要的管理方式之一,是一种评价自身企业和研究其他组织的手段,其核心意义在于帮助企业不断改进和获得竞争优势。

（三）滚动计划法

滚动计划法是一种定期修订未来计划的方法。它是按照"近细远粗"的原则制订一定时期内的计划,然后按照计划的执行情况和环境变化,调整和修订未来的计划,并逐期向后移动。滚动计划法是把短期计划和中期计划结合起来的一种计划方法,始终保持近期计划详细、长期计划保持方向的状况。以五年计划的编制为例（见图2-8）,从图中可以看出,通过逐年滚动来编制五年计划,是一种较灵活且又能根据内外部条件变化及时修订计划的方法。

图 2-8　滚动计划法示意图

滚动计划法利用动态编制计划的方法,把组织的短期计划、中期计划和长期计划有机地结合起来,避免了组织因脱离环境变化,机械地执行长期计划而可能造成的较大损失。此法适用于计划期较长、不确定因素较多的场合。由于在计划工作中很难准确地预测将来影响组织生存与发展的政治、经济、文化、技术、产业、顾客等各种变化因素,而且随着计划期的延长,这种不确定性越来越大。因此,机械地按几年以前编制的计划实施,可能会导致巨大的错误和损失。滚动计划法可以避免因这种不确定性带来的不良后果。计算机在组织中的广泛应用,解决了滚动计划法编制工作量较大的缺点,为这种计划方法的应用提供了坚实的基础,使其优势更加明显。

（四）目标管理法

目标管理法(Management by Objectives,MBO)是让企业的管理人员和员工亲自参加工作目标的制定,在工作中实行"自我控制"并努力完成工作目标的一种计划管理方法。目标管理源于美国管理学家彼得·德鲁克,他在1954年出版的《管理的实践》一书中首先提出了"目标管理和自我控制"的主张,认为"企业的目的和任务必须转化为目标。企业如果没有总目标及与总目标相一致的分目标来指导职工的生产和管理活动,则企业规模越大,人员越多,发生内耗和浪费的可能性越大"。

企业目标可分为战略性目标、策略性目标以及方案、任务等。一般来说,战略性目标由高层管理者制定;策略性目标由中层管理者制定;方案和任务由职工制定,并同每一个成员的应有成果相联系。目标制定应采用自上而下的目标分解和自下而上的目标期望相结合的方法,使经营计划的贯彻执行建立在职工的主动性、积极性的基础上,把企业职工吸引到企业经营活动中来。目标实施中应适当授权,主要由目标执行者自我控制;管理者定期检查目标的完成情况,及时反馈绩效结果,以目标完成情况作为个人或部门考核依据。

目标管理是以泰罗的科学管理和行为科学管理理论为基础形成的一套管理制度。它以目标为导向,以人为中心,以成果为标准,而使组织和个人取得最佳业绩的现代管理方法。目标管理广泛应用于企业管理,在实践中总结出很多的"横分到边,纵分到底""千斤重担万人挑,人人肩上扛指标"的好方法,比如海尔的"OEC"管理法等。

第二节 组织职能

一、组织的含义

管理者在制订出计划后,就要组织必要的资源去实施。一般来讲,组织包括两层含义:一是指由若干因素构成的有序的结构系统,即组织结构;二是指根据一定的目的、按照一定的程序,对一些事物进行安排和处理的活动或行为。前者既包括社会组织,也包括自然组织,后者则专指人们的活动。

管理的组织职能就是指为实现计划目标,明确并划分组织所需要进行的活动,通过对任务和权力关系的设计与授予,形成任务明确、分工协作的人为系统并使之运转的过程,也就是设计、建立一种组织结构并维持其运转的过程。

组织职能是实现管理目标的手段。人的知识和能力的有限性决定了人们在社会活动中必须通过组织实现分工协作,以形成整体力量的汇聚和放大效应,最终提高劳动生产率,实现管理目标。

二、组织的分类

组织类型很多,可以按不同的方式进行分类,最常见的方式是按照组织结构的规模、社会职能和组织内部是否有正式分工等进行划分。

1. 按组织结构的规模程度分类,可分为小型的组织、中型的组织和大型的组织

比如,企业组织可分为小型企业、中型企业和大型企业;医院组织可分为个人诊所、小型医院和大型医院等;行政组织可分为小单位、中等单位和大单位等。按这个标准进行分类是具有普遍性的,不论何类组织都可以做这种划分,以组织规模划分组织类型是对组织现象的表面认识。

2. 按组织结构的社会职能分类,组织可分为文化型组织、经济型组织和政治型组织

文化型组织是一种人们之间相互沟通思想、联络感情、传递知识和文化的社会组织,如各类学校、研究机关、艺术团体、图书馆、艺术馆、博物馆、展览馆、纪念馆、报刊出版单位、影视电台机关等。文化型组织一般不追求经济效益,属于非营利组织。而经济型组织是一种专门追求社会物质财富的社会组织,它存在于生产、交换、分配、消费等不同环节,如工厂、工商企业、

银行、财团、保险公司等社会组织。政治型组织是一种为某个阶级的政治利益而服务的社会组织,如国家的立法机关、司法机关、行政机关、政党、监狱、军队等。

3. 按组织内部是否有正式分工关系分类,组织可分为正式组织和非正式组织

如果组织内部存在着正式的组织任务分工、组织人员分工和正式的组织制度,那么它就属于正式组织,如政府机关、军队、学校、工商企业等组织。如果一个社会组织的内部既没有确定的机构分工和任务分工,没有固定的成员,也没有正式的组织制度等,这种组织就属于非正式组织。非正式组织可以是一个独立的团体,比如学术沙龙、文化沙龙、业余俱乐部等,也可以是一种存在于正式组织之中的无名而有实的团体。这是一种事实上存在的社会组织,这种组织现在日益受到重视。在一个正式组织的管理活动中,应特别注意非正式组织的影响作用,对这种组织现象的处理将会直接影响到组织任务的完成和组织运行的效率。

三、组织工作

组织工作是指为了实现组织的共同目标而确定组织内各要素及其相互关系的活动或过程,即通过设立机构、建章立制、职权配置、人员配置、运行与变革、文化建设等来完成组织任务和实现组织目标的活动或过程。组织职能的具体内容包括以下几个方面:

1. 组织结构设计

组织结构设计是组织工作中最重要、最核心的一个环节,其内容是建立一种有效的组织结构框架,对组织成员在实现组织目标中的分工协作关系做出正式的、规范的安排,即形成正式的组织。

2. 制度规范制定

制度规范是指对组织管理活动及其组织成员行为进行规范、制约与协调而制定的各种规定、规程、方法与标准等制度的总称。制定制度规范就是用制度形式规定管理活动的内容、程序和方法,界定人员行为规范和准则的过程,从而使管理活动有章可循、规范高效。

3. 职权配置

职权是构成组织结构的核心要素,是组织联系的主线,对于组织的合理构建与有效运行具有关键性作用。在组织内部,基本的信息沟通也是通过职权来实现的。通过职权关系上传下达,使下级按指令行事,上级得到及时反馈的信息,做出合理的决策,进行有效的控制。

4. 人员配置与管理

人员配置是根据组织目标和任务正确选择、合理使用、科学考评和培训人员,以合适的人员去完成组织结构中规定的各项任务,从而保证整个组织目标和各项任务完成的职能活动。

5. 组织变革

组织变革是指通过对组织结构进行调整和修正,使其适应不断变化的外部环境和内部条件的过程。组织变革和组织发展虽有所区别,但二者又密切联系。组织发展要通过组织变革来实现,变革是手段。变革的目的是使组织得到发展,以适应组织内外条件的要求,有效地行使组织职能。

6. 组织文化建设

组织文化是指在一定的社会政治、经济、文化背景条件下,组织在生产与工作实践中所创造或逐步形成的价值观念、行为准则、作风和团体氛围的总和。通过组织文化建设,可以充分发挥组织的导向、凝聚、激励、约束和辐射功能,进一步促进组织职能的有效发挥。

四、组织结构设计

组织结构是表明组织各构成要素及其相互关系的一种模式。组织结构设计是设计出一种有效的组织结构框架,对组织成员在组织中的分工协作关系做出正式、规范的安排。任何组织的运行都要依托一定的组织结构,因此组织结构设计是组织工作最重要与最核心的一个环节。

进行组织结构设计,首先要确定组织的目标和实现目标所需要从事的活动,然后依据组织拥有的资源与面临的环境条件将所需活动进行分组,再为每个职位配备合适的人员,明确每个职务的权责,并设置协调和整合各层次与部门之间纵向、横向联系的手段。具体来说,组织结构设计包括三大基本内容:

1. 管理层次的划分

管理层次是指组织内部在职权等级链上所设置的从最高层到最底层的级数。管理层次实际上反映的是组织内部纵向分工关系,各个层次将承担不同的管理职能,上下层次之间形成领导与服从的关系,这一划分也被称为组织的层级化。一般而言,组织的管理层次大多分成三层,即战略管理层、战术管理层和运行管理层。

管理层次受到组织规模和管理幅度的影响。管理幅度是指组织的一名管理者直接管理下属人员的数量。合理的管理幅度有利于管理的控制和沟通,可以加快上情下达和下情上报的传递速度,便于管理者及时做出决策,也有利于下属贯彻上级的决策意图。一般来说,管理层次与组织规模成正比:组织规模越大,包括的成员越多,则层次越多;在组织规模已定的条件下,它与管理幅度成反比:主管直接控制的下属越多,管理层次越少。

2. 部门的划分

部门的划分形成了组织的横向结构,它是将实现组织目标所需从事的工作以及相应需要承担的责任进行细致合理的分析归类,进而科学地综合成各个部门,即将专业化的分工合理地组合到部门中,也被称为组织的部门化。

部门划分的方法很多,通常可以按照职能、产品(服务)、地域、顾客或时间、人数等来进行组织的部门化,具体的划分标准则要取决于企业的目标、规模、环境等多种因素。

3. 职权的划分

职权是指组织成员按其在组织中的地位,通过一定的正式程序授予而享有的决策和使用资源完成组织目标的权力,也就是决定做什么、如何做、何时做的权力。通过职权的划分可以解决各管理层次、各部门与各职位之间的相互关系与联系方式的问题,使组织各部分紧密联系,成为协调一致的有机整体。组织内职权可以分为三种类型,即直线职权、参谋职权和职能职权。

五、组织结构的类型

组织结构的基本类型有直线制、直线职能制、事业部制、矩阵制等。这里以企业为例,介绍几种基本的组织结构形式。

1. 直线制组织结构

直线制是一种最简单的组织结构类型。该组织结构不设职能机构,从最高管理层到最低层实行直线垂直领导。组织职位按照垂直系统直线排列,各级主管对自己的下级拥有直接的指挥和管理职能,如图2-9所示。

这种结构类型形式简单,命令统一,指挥及时,责任与权限分明。其缺点是对管理者的要

图 2-9 直线制组织结构

求很高,要求管理者通晓多种专业知识,管理者负担过重,难以胜任复杂工作。这种组织结构主要适用于那些没有必要按职能实行专业化管理的中小型组织。

2. 直线职能制组织结构

直线职能制是以直线制为基础,在各级行政负责人之下设置相应的职能部门,作为该领导的参谋,实行主管统一指挥与职能部门参谋、指导相结合的组织结构形式。职能参谋部门拟订的计划、方案以及有关指令,由直线主管批准下达;职能部门参谋只起业务指导作用,无权直接下达命令,各级行政负责人实行逐级负责。直线职能制组织结构如图2-10所示。

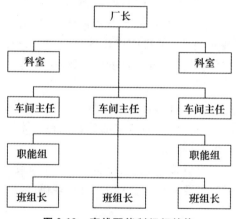

图 2-10 直线职能制组织结构

这种组织结构的优点是既能保证指挥命令的统一性,又能发挥各专业人员和部门的专长;缺点是该结构仍是集权式管理形式,权力集中于最高领导者,下级部门缺乏必要的自主权,企业信息传递路线较长,职能部门之间横向联系较差,上层主管的协调工作量大;难以从组织内部培养熟悉全面情况的管理人才。这种组织结构形式对中、小型组织比较适用,是现实中运用得最为广泛的一个组织形态,我国大部分机关、学校、医院等都采用直线职能制的组织结构形式。

3. 事业部制组织结构

事业部制是一种"分权式"组织形式,首创于20世纪20年代美国通用汽车公司。它将企业的生产经营活动按照产品、地域或市场(顾客)的不同分别设立成为各个事业部,各事业部在总公司的领导下实行独立核算、自负盈亏,对总公司负有完成利润计划的责任,同时在经营管理上享有很大的自主权。

事业部制组织结构符合"集中决策,分散经营"的原则,对于涉及公司统一方针政策层面(如总体目标、长期计划)的决策与管理采取集权的方式,由公司总部负责;而各事业部内总体方针政策的贯彻执行、日常的经营管理则采取分权的方式,由事业部主管独立负责。各事业部有相对独立的市场、利益与自主权,总部可以对事业部的运营进行监督,但一般不直接干涉其日常运作。其基本结构如图 2-11 所示。

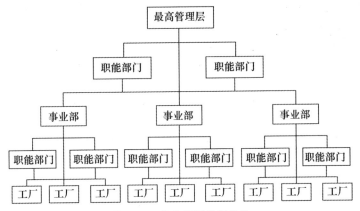

图 2-11 事业部制组织结构

事业部制组织结构是随着企业成长与多元化问题的出现而产生的,它的优点主要是有利于高层领导摆脱日常行政事务的束缚,从而集中精力做好企业的战略决策与长远规划,有利于发挥各事业部的积极性、主动性和创造性,提高事业部管理的灵活性与对环境的适应性,易在各个事业部之间形成一种竞争的氛围,促进企业的发展,并且有利于培养和训练综合性的管理人才。缺点是职能机构重复设置,容易造成人、财、物的浪费与管理费用的增加;职权下放过多,最高管理层整体控制、协调的能力被削弱;事业部之间的相对独立性与竞争性容易造成各事业部各自为政,忽视企业整体的利益,难以相互配合,产生本位主义,不利于企业的长远发展。如今,事业部制组织结构广泛应用于世界各大公司,它适用于规模较大、产品种类较多、各产品之间工艺差别较大、生产技术较为复杂且市场广阔而多变的企业组织。

4. 矩阵制组织结构

矩阵制组织结构是将按职能划分的部门与按产品、服务或项目划分的部门结合起来而形成的一种二维组织结构形式。在矩阵制组织结构中,按职能划分部门形成的纵向职能系统与按产品划分部门形成的横向项目系统组合成一个矩阵结构,矩阵制组织结构也由此而得名。组织中的员工被组合成项目小组,小组的成员既要接受原职能部门的领导,又要接受项目小组负责人的领导,每个小组在最高管理者的直接领导下工作。其组织结构形式如图 2-12 所示。

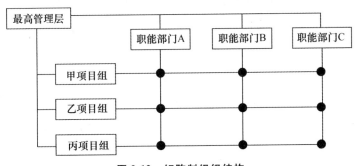

图 2-12 矩阵制组织结构

矩阵制组织结构兼收了职能部门化和产品部门化的优点,结合了企业管理中纵向联系与横向联系、集权化与分权化的共同优势,具有很大的弹性和适应性。其优点是:加强了部门间的联系,增进了他们的沟通与了解,克服了职能部门相互脱节、各自为政的现象;灵活机动,可以根据需要集中各种专业人才,发挥他们的潜力,攻克难关完成项目,提高了组织的适应力;便于知识与意见的交流,利于人才素质的提高。其缺点主要是:小组成员要接受双重领导,易产生相互牵制的矛盾;职能主管与项目主管的权力与责任难以平衡,可能会发生纠纷;组织多针对临时性任务组建,稳定性差,小组成员容易产生临时观念,影响工作效率。

矩阵制组织结构多适用于工作内容变动频繁、所需技术众多且独立性强的组织与临时性的大型复杂的工程项目中,在科学研究尤其是应用性研究单位中较为常用。

5. 网络型组织结构

进入20世纪以来,为了适应外部环境快速、复杂的变化,企业组织结构呈现出"扁平化"和"柔性化"趋势。网络型组织就是目前流行的一种新型组织结构。它是由一个较小的核心组织,通过合作关系,依托其他组织进行生产、销售等经营活动而形成的一种组织结构。在网络型组织结构中,组织的大部分职能从组织外"购买",这给管理当局提供了高度的灵活性,并使组织集中精力做它们最擅长的事。网络型组织结构如图2-13所示。

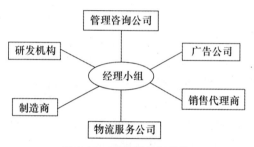

图2-13 网络型组织结构

网络型组织结构具有更大的灵活性和柔性,以项目为中心的合作可以更好地结合市场需求来整合各项资源,而且容易操作,网络中的各个价值链部分也随时可以根据市场需求的变动情况增加、调整或撤并;另外,这种组织结构简单、精炼,由于组织中的大多数活动都实现了外包、外协,而这些活动更多地靠电子商务来协调处理,组织结构可以进一步扁平化,效率也更高了。网络型组织的缺点是可控性太差,不利于技术保密。这种组织的有效动作是通过与独立的供应商广泛而密切的合作来实现的,由于存在着道德风险和逆向选择性,一旦组织所依存的外部资源出现问题,将陷入非常被动的境地;另外,外部合作组织都是临时的,如果某一合作单位因故退出且不可替代,组织将面临解体的危险。由于项目是临时的,员工随时都有被解雇的可能,因而员工对组织的忠诚度也比较低。

六、组织的变革与发展

事物总是在不断地运动与发展着,这是一个普遍的永恒的哲学真理。作为一种开放的系统,组织无时无刻不受到环境变化的影响。原先稳定高效的组织结构在新的环境形势下,就有可能变得臃肿低效起来。为了适应新兴的环境,继续保持组织的高效运转,组织必须适时地变革才能应对挑战,寻求发展。

(一) 组织变革的含义

组织变革就是组织根据内外环境的变化,及时对组织中的要素进行调整、修正,以保证其高效运转、适应组织发展的过程。

无论组织的过去是多么辉煌,随着环境的变化,它都必须不断地做出调整。组织变革的根本目的就是要提高组织的效能,使组织更加有效地实现其目标。

(二) 组织变革的原因

一般说来,一个组织在下列情况下应考虑进行变革:一是决策效率低或经常出现决策失误;二是组织沟通渠道阻塞、信息不灵、人际关系混乱、部门协调不力;三是组织职能难以正常发挥,目标不能如期实现,人员素质低下,产品产量及质量下降等;四是缺乏创新,没有新的或更好的办法出现,致使组织停滞不前。

组织进行变革有多种原因,这些原因可以归纳为外部原因和内部原因两大类。

1. 外部原因

一是社会经济环境的变化。社会经济不断发展,人民生活水平不断提高,使得市场更为广阔、产品更新换代速度加快、工作自动化程度提高等,这些变化均会迫使组织进行变革。同时,社会经济环境还包括国家的经济政策、法规以及环境保护等。

二是科学技术的发展。科学技术的迅速发展及其在组织中的应用,如新发明、新产品、自动化、信息化等,使得组织的结构、组织的运行要素等都产生巨大变化,这些变化也会推动组织不断地进行变革。

三是管理理论与实践的发展。管理的现代化,新的管理理论和管理实践,都要求组织变革过去的旧模式,对组织要素和组织运行过程的各个环节进行合理的协调和组织,从而对组织提出变革的要求。

2. 内部原因

一是组织目标的选择与修正。组织的目标并不是一成不变的,当组织目标在实施过程中与环境不协调时,需要对目标进行修正。

二是组织结构与职能的调整和改变。组织会根据内、外环境的要求对自身的结构进行适时的调整与改变,如管理幅度和层次的重新划分、部门的重新组合、各部门工作的重新分配等。同时,组织在发展的过程中,亦会不断抛弃旧的不适用的职能并不断承担新的职能,如社会福利事业、防止公害、保护消费者权益等。这些均会促使组织进行不断的变革。

三是组织员工的变化。随着组织的不断发展,组织内部员工的知识结构、心理需要以及价值观等都会发生相应的变化。现代组织中的员工更注重个人的职业发展和管理中的平等自主。组织员工的这些变化必将带动组织的变革。

(三) 组织变革的内容

对于一个具有系统性的组织来说,影响其运行的因素很多。但是,就每一次的组织变革而言,由于具体情况不同,其侧重点和内容也有所不同。综合起来,组织的变革主要包括三项内容:

(1) 对人员的变革,指通过宣传、培训、教育使员工的工作态度、期望、技能、认知和行为等产生改变。人员的变革是组织变革的基础,因为在任何组织中,人都是最活跃与最重要的因素。

(2) 对结构的变革。这是指改变组织的复杂性、正规化、集权化程度、职务设计等结构因素。如部门的撤销与设立、职责范围的重新划分、权力关系的调整与管理幅度和管理层次的改变等。

(3) 对技术与任务的变革,包括对工作流程、所使用的方法和设备的改变等,如新设备的使用、新的方法工艺的采纳等。

(四) 组织变革的过程

全面认识组织变革的一般过程,可以帮助我们按照科学的程序实施组织的变革,推动其顺利进行。美国社会心理学家库尔特·勒温(Kurt Lewin)认为组织变革的过程可以分为"解冻—变革—重新冻结"三个阶段。

(1) 解冻(Unfreezing)指的是在组织中广泛宣传变革的必要性,让个人、团体或组织能够真正感到变革的必要并且接受变革。这一期间的主要任务是为在组织中实施变革做思想铺垫,通过积极的引导,激励员工更新原有的观念,接受改革并参与其中。

(2) 变革(Changing)指的是发现并提出新的观点、理念或采用新的行为。进入变革阶段,组织已经做好了准备,开始实行变革。组织要使新的观念或行为在员工中得到认同和接受,关键是采取措施减小变革的阻力,进一步调动员工转换行为。

(3) 重新冻结(Refreezing)指的是通过加强和支持等手段,促使新的行为方式锁定成为新的模式和规范。这是行为强化的阶段,目的是要通过平衡变革动力和阻力,稳定新的组织状态。破旧立新总是需要一个过程,所以在改革顺利实施后,还要对员工的心理、行为方式等进行巩固和强化,防止反复。

(五) 变革的阻力

任何一种变革都会多多少少受到来自变革对象的阻力与反抗。对于组织的变革来说,由于传统观念与组织惯性的影响,以及其对组织中人员关系、个人利益等的冲击,人们往往一时难以心甘情愿地接受未来的变化,难以正确判断变革的前景。组织变革的阻力主要来自个人与组织两大方面。

1. 个人对变革的阻力

组织的变革不可避免地要涉及个人,原有平衡的打破必然会对个人的心理和实际利益造成不同程度的影响。例如,机构的重组、管理层级的改变都会给个人带来一定的压力和紧张感。工作职位、职权和职责、具体内容也会发生不同程度的变化,这就意味着个人要改变过去一贯熟悉的工作方式,更新落后的知识结构,学习新的技能,甚至面临失去原有权力的威胁,这是某些守旧的人所不乐意发生的。变革的风险性与对未来的不确定性也可能造成人们心理上的倾斜,从而阻碍变革。这些对个人观念、利益、专业、规范、传统、习惯等方面的冲击,都会触发个人在心理上和行为上的抵触,形成变革的阻力。

2. 团体对变革的阻力

变革中组织结构和组织关系都会有不同程度的调整,如工作政策的制定、工作权限的分配、工作职责的明确、工作关系的协调以及组织总体观念和行为规范的更新等,都要在实践中加以摸索和调整。原先管理层级和职能机构的打破,不可避免地要触及某些团体的利益和权力。如果组织变革的目标与这些团体的目标相抵触,他们就会采取抵制和不合作的态度阻挠变革的推行。而非正式团体的存在也使得组织中新的人际关系的确立需要一个较长的过程。另外,长期形成的组织文化也有可能增加组织变革的困难。

(六) 降低组织变革阻力的管理对策

为了确保组织变革的顺利进行,推动组织向新的平台发展,需要采取适当的策略与方法来降低组织变革中可能会遇到的阻力。

(1) 加强教育与沟通。向员工个人、小组甚至企业说明变革的必要性和合理性,提高大家对变革的认识与理解,并保持沟通渠道的畅通,及时了解与解决出现的问题,减少变革的阻力。

(2) 提高组织成员的参与程度。尽可能地让员工参与到变革的设计与实施中,使他们融入组织的变革,切身体会变革的过程,减少对变革的担心与抵制。

(3) 促进和支持。变革推动者可以通过提供一系列的支持性措施来减少阻力,如为员工提供心理咨询和治疗、新技能的培训以及短期的带薪休假等都可能促进他们的调整。

(4) 商谈和协议。与有可能反对变革的人商谈,甚至可以提出条件赢得理解。变革的推动中有时可以适当地以某种有价值的东西来换取阻力的降低。例如,当阻力主要集中于少数几个有影响力的个人时,可以通过谈判形成某种奖酬方案使他们得到满足。

(5) 强制。克服变革阻力的最后一个方法策略是强制,即直接对抵制者使用威胁力和控制力。例如,当组织最高层下定决心变革时,可以用解雇、调换工作和不给晋升等手段威胁、控制反对者。但强制有时是不合法的,即使合法的强制也容易被看作一种暴力,从而损害变革推动者的威信。

总之,无论是个人还是组织都有可能对变革形成阻力,变革成功的关键在于尽可能消除阻碍变革的各种因素,缩小反对变革的力量,使变革的阻力尽可能降低,必要时还应该运用行政的力量来保证组织变革的顺利进行。

第三节 领 导 职 能

一、领导的含义

在管理活动的整个过程中,领导是一个组织的管理者在管理过程中的行为活动。任何一个组织都离不开领导,否则组织将是一盘散沙,无法实现自己的目标与战略。领导是指运用影响力带领、引导和影响下属为实现组织目标而积极行动和努力工作的过程。其基本含义包括以下几个方面:

(1) 领导是一种活动,具有导向作用,把企业引向正确的方向和道路,是带领、引导和鼓舞组织成员完成工作、实现目标的过程。

(2) 领导的本质是一种影响力。领导者拥有影响追随者的能力或力量,它既包括由组织赋予领导者的职位权力,也包括领导者个人所具有的影响力。

(3) 领导的目的是实现组织目标。领导具有激励作用,必须通过影响下属为实现组织目标而努力,领导者通过鼓励下属克服困难、为下属排忧解难、提供可能的帮助发挥其激励作用。

二、领导与管理的区别

领导和管理是两个既有联系又有区别的概念。二者的共性都是通过指挥他人行为来有效实现组织目标的活动。从管理学的角度而言,领导是管理的基本职能之一。领导不等同于管理,领导者也不等同于管理者。管理者的主要作用是运用职权,依据规章制度,通过加强管理的各项工作,在组织中建立良好的秩序与控制,完成任务,实现组织目标;领导者的主要作用在于运用影响力引导追随者适应环境,抓住机遇,不断创新,实施改革,使组织拥有长久竞争力。具体来讲,领导与管理之间的区别主要体现在:

(1) 管理是编制计划和预算,首先制定出详细的步骤和计划进度以便达成目标,之后为了达到预期目标再进行资源分配;而领导主要是指明方向和给出战略,展现未来的愿景与目标并指出达到愿景与目标的战略。

(2) 管理的主要工作是组织和配备人员,一般包括以下几个方面:① 组建完成计划所需的组织结构并为之配备相应的人员；② 根据完成计划的需要，规定人们的责权关系；③ 制定具体政策和规程以指导人们的行动；④ 建立系统和方法以监督完工状况。领导的主要工作是指导人们,一般包括：① 同协作者进行言语沟通，为他们指明方向和路线；② 帮助人们更好地理解目标和战略，以及目标实现后的效益；③ 指引人们根据需要组建工作组和建立伙伴关系。

(3) 管理多用控制和约束的手段，通过具体详细的计划监督进程和结果；而领导则采取鼓动和激励的手段，动员人们克服改革中包括自身政治思想和官僚主义作风等方面的种种障碍，在改革条件初具的情况下鼓动人们克服人力与资源不足的困难，努力实现改革。

(4) 管理的结果一般有两方面，一是具有一定程度的预见，并建立良好秩序；二是取得各利益相关者所期望的成果(如用户的交货期、股东的分红等)。而领导的结果则不同：一是改革取得较大的进展；二是具备了进一步改革的潜力，诸如开发出了用户期望的新产品，改善了有利于增强竞争力的人际关系等。

三、领导的权力

领导的本质是一种影响力。影响力的基础是权力，即指挥下级和促使下级服从的强制和支配力量。领导者的影响力主要来自两个方面：一是职位权力，即职权，也称为正式权力，这种权力是根据领导者在组织中所处的位置由上级和组织赋予的；二是个人权力，也称为非正式权力，这种权力不是由于领导者在组织中的位置，而是由于自身的某些特殊条件所具有的个人威望。

职位权力包括三个方面：(1) 法定权，是根据个人在组织中所处职位而被正式授予的权力，其内容包括任命、罢免等诸多权力，它具有非人格性、制度性特征。(2) 奖赏权，指拥有对做出贡献的成员进行物质性奖赏和非物质性奖赏的权力。奖赏权的实施方式主要有鼓励、表扬、颁奖、提薪和晋升等。(3) 强制权，也称为惩罚权，指可施加批评、降薪、降职乃至解雇等惩罚性措施的权力。

个人权力一般包括两个方面：(1) 专长权，也称为专家权，指由个人的特殊技能或某些专业知识而产生的权力。个人由于具有某种专业知识、特殊技能和经验，因而赢得了人们的尊敬，人们就会在一些问题上服从于他的判断和决定。(2) 感召权，也称为模范权，这是与个人的品质、魅力、经历和背景等相关的权力。一个拥有独特的个人特质、超凡魅力和思想品德的人，会使下属认同他、敬仰他、崇拜他，甚至模仿他的行为和态度，这样他对下属就有了感召权。

上述这些权力形成了领导者各种影响力的基础。显然，有效的领导者不仅要依靠职位权力，还必须具有个人内在的影响力，这样才会使被领导者心悦诚服，更好地进行工作。

四、领导方式及其基本类型

领导方式(Leadership)是领导者在领导活动中表现出来的比较固定的和经常使用的行为方式和方法的总和，又称领导者工作作风。其实质就是如何领导的问题，它表现出领导者的个性。美国心理学家库尔特·勒温在实验研究的基础上，把领导方式分为三种类型：专权型领导、民主型领导和放任型领导。

专权型(亦称专制式或独裁式)领导者是由个人独自做出决策，然后命令下属予以执行，并要求下属不容置疑地遵从其命令。民主型领导者在采取行动或做出决策之前会主动听取下属意见，或者吸收下级人员参与决策的制定。放任型领导者的主要特点是极少运用其权力影响下属，而给下属以高度的独立性，以至于达到了放任自流和行为根本不受约束的程度。以上三种领导方式各有优缺点,必须根据管理目标、任务、管理环境、条件,以及管理者自身因素灵活地选择领导方式,最适宜的领导方式才是最好的领导方式。

五、领导理论

按领导理论的时间和逻辑顺序,分为领导特质理论、领导行为理论和领导权变理论三大类。

(一) 领导特质理论

领导特质理论(Trait Theory)形成于20世纪初到20世纪40年代,这类理论重点研究领导者的性格、品质方面的特征及其与领导效能的关系。其目的是区分领导者与一般人的不同特点,并以此来解释他们成为领导者的原因,同时作为培养、选拔和考核领导者以及预测其领导有效性的依据。该理论认为,一个领导者只有具备了某些优秀的个人特性或素质,才能有效地发挥其领导作用。

西方学者从不同角度研究领导特质,归纳起来有以下几类:身体特征、背景特征(教育、经历、社会关系等)、智力特征(智商、分析判断力)、个性特征、与工作有关的特征(责任心、首创性、毅力、事业心等)、社会特征(指挥能力、合作、声誉、人际关系、老练)等,并在这些方面提出许多观点。这些观点可分为传统特质理论和现代特质理论。传统特质理论认为,领导者的品质先天具有;而现代特质理论认为,领导者的品质在实践中形成,可以后天培养与训练。

但是,一些管理学家通过试验研究表明,领导者并不一定都具有比被领导者高明的特殊品质,实际上他们与被领导者在个人品质上并没有显著的差异。此外,特质理论并不能使人明确一个领导者究竟应在多大程度上具备某种特质。因此,对领导特质理论需要正确地理解和恰当的应用,不能绝对化。总之,领导特质理论的研究意义在于,它为组织提供了一些选拔领导者的依据,但同时特质理论又难以充分说明领导的有效性问题。

【参考知识2-1】 有效领导的重要能力

吉塞利的研究表明,某些特性对有效领导是非常重要的,按其重要性排列,这些能力是:

(1) 管理能力,指执行管理的基本职能的能力,包括计划、组织、指挥和控制。
(2) 职业成就的需要,指对成功的欲望和对责任的追求。
(3) 智力,包括判断、推理和思考的能力。
(4) 果断性,指成功地决策和解决问题的能力。
(5) 自信心,指一个人自认为能够解决问题的程度。
(6) 独创性,指独立工作的能力和寻找解决问题的新途径的能力。

(二) 领导行为理论

从20世纪40年代至60年代,随着行为科学的兴起,领导理论研究的重点开始从领导者应具备哪些特质转向领导者应当如何行为方面,形成了领导行为理论。

领导行为理论很多,大致可分为两类:一是基于权力运用的领导方式分类,主要包括勒温的三种领导方式理论和利克特(R. Likert)的支持关系理论;二是基于态度和行为倾向的领导方式分类,主要包括四分图理论和管理方格理论。这里主要介绍四分图理论和管理方格理论。

1. 四分图理论

美国俄亥俄州立大学的研究人员,从 1945 年开始研究领导行为,提出了领导行为四分图。他们的研究结果本来罗列了十种不同的领导方式,通过逐步概括,最后归纳为"以工作为重"和"以人为重"两个维度。

"以工作为重"的领导行为,注重工作的组织、计划和目标,规定成员的工作职责和关系,建立明确的组织形态、信息沟通渠道及工作程序方法,要求群体成员遵守标准的规章制度。

"以人为重"的领导行为,注重与下属之间的友谊、相互信任、尊重下级的意见,关心他们的需求,分担他们的忧愁,鼓励部下与他交谈,对待所有下属一视同仁,帮助下属解决私事等,这是重视人际关系的领导行为。

该理论认为,根据两个维度,领导行为可以分成四个基本类型,即高关怀—高工作、高关怀—低工作、低关怀—高工作、低关怀—低工作,如图 2-14 所示。在管理思想史上,这是以二维空间表示领导行为的首次尝试,为以后领导行为的研究开辟了一条新的途径。

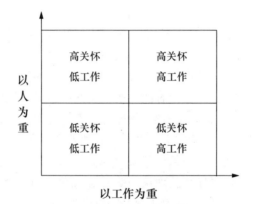

图 2-14　领导行为四分图

该理论认为,以人为重和以工作为重这两种领导方式不应是相互矛盾、相互排斥的,而应是相互联系的。一个领导者只有把这两者相互结合起来,才能进行有效的领导。

2. 管理方格理论

四分图理论引起了对理想的领导方式的广泛讨论。普遍认为,理想的领导行为既要"抓工作"又要"关心人"。美国得克萨斯大学的布莱克(R. Blake)和莫顿(S. Mouton)教授对这种理想的领导方式加以综合,于 1964 年提出了关于领导方式的管理方格理论。

该理论认为,领导者对生产关心和对人关心可以在不同程度上互相结合,存在多种领导方式。为此,他们使用一张纵轴和横轴各 9 等分的方格图将领导者的领导行为划分成许多不同的类型,如图 2-15 所示。纵轴和横轴分别表示领导者对人和对生产的关心程度。第 1 格表示关心程度最小,第 9 格表示关心程度最大。全图总共 81 个小方格,分别表示"对生产的关心"和"对人员的关心"这两个基本因素以不同比例结合的领导方式。在评价管理人员的领导行为时,就按他们这两方面的行为在图上寻找交叉点,这个交叉点就是其领导行为类型。

布莱克和莫顿在管理方格图中列举了五种典型的领导方式:

(1,1)型,又称为贫乏型管理,表示领导者付出最小的努力去完成工作;

(9,1)型,又称为任务型管理,表示领导者只重视任务效果而不重视下属的发展和士气;

(5,5)型,又称为中庸之道型管理,表示领导者维持足够的任务效率和令人满意的士气;

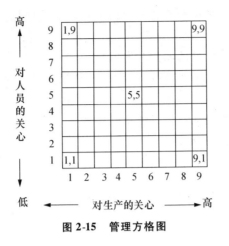

图 2-15 管理方格图

(1,9)型,又称乡村俱乐部型管理,表示领导者只注重支持和关怀下属而不关心任务和效率;

(9,9)型,又称为团队型管理,表示领导者通过协调和综合工作相关活动而提高任务效率与士气。

布莱克和莫顿认为,(9,9)型是最理想、最有效的领导方式,应当是领导者努力的方向,但是这种领导方式一般是很难做到的。为此,布莱克和莫顿提出要对领导者进行培训,以推动他们向(9,9)型发展。

(三) 领导权变理论

领导权变理论,也称领导情境理论,主要研究与领导行为有关的情境因素对领导效力的潜在影响。该理论认为,不存在一种"普遍适用"的领导方式,领导效果的好坏不仅取决于领导者的素质和能力,还取决于诸如被领导者的素质、能力、领导的环境等多种客观因素,只有结合具体情景,因时、因地、因人制宜的领导方式,才是最有效的领导方式。

这里主要介绍领导权变理论、路径—目标理论和领导生命周期理论。

1. 菲德勒的权变理论

菲德勒是权变理论的创始人,也是第一个把人格测量与情境分类联系起来研究领导效率的学者。从1951年起,经过15年的大量调查研究,他提出了"有效领导的权变模式",即菲德勒模型。他认为,任何领导行为都可能是有效的,也可能是无效的,其有效性完全取决于领导方式与环境是否适应。领导者必须是一位具有适应能力的人。

菲德勒开发了一种"你最不喜欢的同事"(Least Preferred Co-worker,LPC)的调查问卷来确定领导者的领导风格。该问卷的主要内容是询问领导者对最不喜欢的同事的评价。如果一个领导者对其最不喜欢的同事仍能给予好的评价,则该领导趋向人际关系型的领导方式(高LPC);如果一个领导者对最不喜欢的同事给予低评价,则该领导趋向工作任务型的领导方式(低LPC),是惯于命令和控制,不是关心人而是关心任务的任务型领导。

确定领导风格后,就要对组织环境进行评价。按照权变理论,领导者控制和施加影响的水平依赖于他所处的条件,菲德勒把影响领导者领导效能的环境因素归纳为如下三个方面:

(1) 上下级关系。领导者和下级的关系,即领导者受到下级爱戴、尊重和信任以及下级情愿追随领导者的程度。如果下级对上级越尊重并且乐于追随,则上下级关系越好,领导环境也越好。

(2) 任务结构,即工作任务的明确程度和被领导者对这些任务的负责程度。如果任务清楚、下属责任明确,则工作的质量就比较容易控制。

(3) 职位权力,即领导者所处的职位具有的权力和权威的大小,或者说领导的法定权、强制权、奖励权的大小。职位权力高的领导比缺乏这种权力的领导更容易得到他人的尊重和追随。

这三项变量总和起来,便构成各种具体的领导环境。领导者应该根据不同的环境特征,确定适当的领导方式(如图 2-16 所示)。

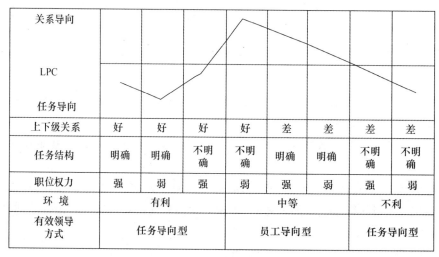

图 2-16 菲德勒模型

菲德勒认为,任务导向型的领导在非常有利的情境和非常不利的情境下工作更有利,即在这种环境下任务导向型的领导会干得更好。而关系导向型的领导则在中等有利的情景中干得更好。此外,菲德勒还主张有必要改造环境以符合领导者的风格。

2. 路径—目标理论

路径—目标理论是美国管理学者罗伯特·豪斯(Robert Horse)提出的一种领导权变模型。该理论认为,领导者的基本任务就是发挥部下的作用,帮助下属理解组织的目标,使下属的需要得到满足并提供有效绩效所必需的辅导、指导、支持和奖励。领导者要根据不同的环境选用适当的领导方式。豪斯认为,领导方式一般有以下四种:

(1) 指导型领导。领导者对下属需要完成的任务进行说明,包括对他们有什么希望、如何完成任务、完成任务的时间限制等,并对如何完成任务给予具体指导。这种领导行为适合于不清晰的工作或没有经验的下属。

(2) 支持型领导。领导者对下属友好,平易近人,关心下属的生活福利,尊重下属的地位,能够对下属表现出充分的关心和理解,在下属有需要时能够真诚帮助。在工作环境不好、下属感到灰心的时候,支持型的领导行为则最合适,可以帮助下属重新建立信心。

(3) 参与型领导。与下属商量,吸取下属的意见,尽量让下属参与决策和管理。这种领导行为适合于有内在控制能力的下属,由于他们认为自己具有影响力,因此特别喜欢参与决策。

(4) 成就型领导。领导设定富有挑战性的目标,非常信任下属的能力,并期望下属发挥出自己的最佳水平。这种领导行为可以通过增强下属完成工作的信心使他们付出更多努力,从而改善工作表现,适用于复杂的工作。

与菲德勒的领导方式理论不同的是,豪斯认为领导者是灵活的,没有固定不变的最佳领导行为,同一领导者可以根据不同的情境表现出任何一种领导风格。因为领导者可以根据不同的情况斟酌选择,在实践中采用最适合于下属特征和工作需要的领导风格。

3. 领导生命周期理论

领导生命周期理论是美国管理学者保罗·赫塞(Paul Hresey)和肯尼斯·布兰查德(Kenenth Blanchard)提出的另一种领导情景理论。他们补充了另一种因素——成熟度,并以此发展为领导生命周期理论。这一理论把下属的成熟度作为关键的情景因素,认为依据下属的成熟水平选择正确的领导方式,决定着领导者的成功。

赫塞和布兰查德把成熟度定义为:个体对自己的直接行为负责任的能力和意愿。它包括工作成熟度和心理成熟度。工作成熟度是下属完成任务时所具有的相关技能和技术知识水平。心理成熟度是下属的自信心和自尊心。高成熟度的下属既有能力又有信心做好某件工作。

生命周期理论提出任务行为和关系行为这两种领导维度,并且将每种维度进行了细化,从而组合成四种具体的领导方式(见图2-17):

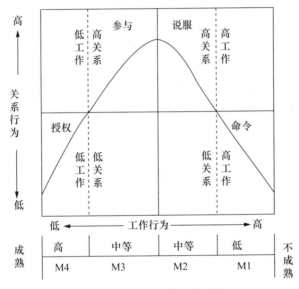

图2-17 领导生命周期理论

(1) 命令型领导(高工作—低关系)。领导者定义角色,告诉下属应该做什么、怎样做以及何时何地做。它强调指导性行为,通常采用单向沟通方式。

(2) 说服型领导(高工作—高关系)。领导者同时提供指导行为与支持行为。领导者除向下属布置任务外,还与下属共同商讨工作如何进行,比较重视双向沟通。

(3) 参与型领导(低工作—高关系)。领导者与下属共同决策,领导者的主要角色是提供便利条件和沟通。在这种领导方式下,领导者极少进行命令。

(4) 授权型领导(低工作—低关系)。领导者几乎不提供指导或支持,通过授权鼓励下属自主做好工作。

领导生命周期理论对下属成熟度的四个阶段的定义是:

(1) 第一阶段(M1):不成熟。下属对于执行某任务既无能力又不情愿。他们既不胜任工作又不能被信任。适合选择命令型领导方式。

(2) 第二阶段(M2):初步成熟。下属缺乏能力,但愿意执行必要的工作任务。他们有积极性,但目前尚缺乏足够的技能。适合选择说服型领导方式。

(3) 第三阶段(M3):比较成熟。下属有能力,却不愿意做领导者希望他们做的工作。适合选择参与型领导方式。

(4) 第四阶段(M4):成熟。下属既有能力又愿意做让他们做的工作。适合选择授权型领导方式。

领导生命周期曲线模型概括了领导情景理论的各项要素。当下属的成熟水平不断提高时,领导者不但可以不断减少对下属行为和活动的控制,还可以不断减少关系行为。

领导生命周期理论的目的并不在于确定哪种领导方式最佳,而是可以帮助领导者在了解下属工作成熟度的情况下,选择相适宜的领导方式。

第四节 控制职能

一、控制的含义

控制是按照计划和标准检查工作的执行情况并纠正所发生的偏差,以确保计划目标实现的活动或过程。控制是管理的重要职能。企业在生产经营活动中,由于外部环境和内部条件变化的影响,实际执行结果与预期目标不完全一致的情况时常发生。有效的控制系统可以及时发现已出现的偏差或预见到潜在的偏差,采取措施予以预防和纠正,以确保组织的各项活动能够正常进行,使组织预定的目标能够顺利实现。

控制与其他管理职能是一个相互依存、相互作用的整体。控制既依赖于又有利于其他管理职能。控制是在其他管理职能基础上对组织活动进行检查和调整的,离开计划、组织和领导职能,控制将变得毫无意义也无法实施;同样,控制是组织计划、组织、领导有效进行的必要保证,离开控制,其他管理工作可能流于形式,无法保证按计划进行。

控制与计划的关系特别密切:计划是管理的首要职能,计划目标确定后,通过组织职能和领导职能分解落实,会有一个计划时间表,内容包括各项活动的目标、达到目标的时间和职责分配。这个计划工作的成果就是控制工作的依据和基础,会使控制职能的纠偏工作更为有效。而控制工作的成果,又往往导致组织制订新的计划或修改原有计划。计划工作与控制工作的这种关系被称为"计划—控制—计划"的循环。

二、控制的过程

控制的过程一般包括三个基本步骤:制定控制标准,评价实际工作并找出需纠正的偏差,分析偏差产生的原因并采取纠偏措施。

1. 制定控制标准

控制标准是衡量工作成果的尺度,是控制工作的依据。组织为实现计划目标,必须把总目标分解成一个有机的目标体系,这样就有了许多大大小小的分目标,因而就衍生出一系列不同的控制标准,所有控制标准的总和就形成了组织的控制标准。控制标准有定量标准和定性标准两种。对企业而言,可以考虑优先采用国际公认标准、国内公认标准或当地标准,并与企业标准相结合。组织目标有主次之分,因而控制标准就有轻重之分,组织必须优先保证主要控制目标的实现,如利润、市场地位、成本费用、产品质量、顾客满意等反映经营成果的目标在企业控制中就是主要的控制标准。

2. 评价实际工作,找出需纠正的偏差

管理者通过直接观察、抽样检查、统计报表和报告等方式获取信息,了解实际工作的真实情况。通过实际工作绩效与标准的比较,确定绩效与标准的异同。在工作中出现偏差在所难免,因此确立一个可以接受的偏差范围是非常重要的。无偏差或偏差在可接受范围内,说明控制对象的运行状态良好,可以不采取行动。如果偏差超出可接受的范围,就要考虑采取措施进行纠偏。

3. 分析偏差产生的原因,采取纠偏措施

组织对超出可接受范围的偏差必须分析其产生的原因,只有这样才能彻底解决出现的问题。通常计划工作出现偏差的原因主要有以下三种:

(1) 环境因素发生较大的变化,使标准变得不合理。对这类原因造成的偏差,管理者必须根据新环境修改控制标准,甚至调整组织目标,然后制定新标准。

(2) 控制标准不合理造成的偏差。对这类原因造成的偏差,管理者必须对原标准进行修改,甚至调整计划和组织目标,然后根据修正的计划制定新标准。组织确定纠偏措施后,必须责任到人,保证纠偏措施的正确执行。

(3) 标准合理,由于组织管理工作不力等原因造成的偏差。对这类原因造成的偏差,管理者可以采取措施纠正工作行为,提高工作效率。例如,某企业产品在北京销售任务没有完成,是因为地区销售经理工作不到位,能力不够,企业可以任命新的经理。

综上所述,控制过程可用图 2-18 表示。

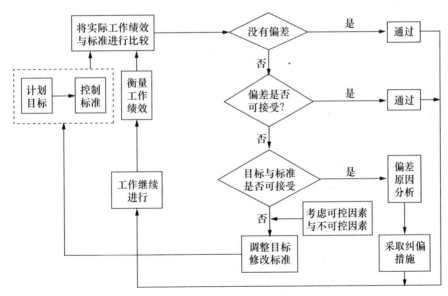

图 2-18 控制的过程

三、控制的原则

控制的目的是保证企业活动符合计划的要求,以有效地实现预定目标。但是,并不是所有的控制活动都能达到预期的目的。为此,有效的控制应遵循以下原则:

(1) 适时控制。企业经营活动中产生的偏差只有及时采取措施加以纠正,才能避免偏差的扩大,或防止偏差对企业不利影响的扩散。及时纠偏,要求管理人员及时掌握能够反映偏差产生及其严重程度的信息。

(2) 适度控制。适度控制是指控制的范围、程度和频度要恰到好处。要防止控制过多或控制不足,要认识到过多的控制会对组织中的人造成伤害,如果缺乏控制则可能导致组织活动的混乱;要处理好全面控制与重点控制的关系,可利用一定的分析法和例外原则等工具找出影响企业经营成果的关键环节和关键因素,并据此在相关环节上设立预警系统或控制点,进行重点控制;要注意控制的经济性,使花费一定费用的控制得到足够的控制收益。

(3) 客观控制。有效的控制必须是客观的、符合企业实际的。客观的控制源于对企业经营活动状况及其变化的客观了解和评价。为此,控制过程中采用的检查、测量的技术和手段必须能正确地反映企业经营时空上的变化程度和分布状况,准确地判断和评价企业各部门、各环节的工作与计划要求的相符或相背离程度,这种判断和评价的正确程度还取决于衡量工作成效的标准是否客观和恰当。

(4) 弹性控制。企业在生产经营过程中可能经常遇到某种突发的无法抗拒的变化,这些变化使企业计划与现实条件严重背离。有效的控制系统应该具有灵活性或弹性,即在上述情况下仍能发挥作用,维持企业的运营。

四、控制的类型

在实际管理过程中,可以按照不同标准把控制分成多种类型。根据控制结构的不同,控制可分为分散控制和集中控制;根据控制主体的不同,控制可分为正式组织控制、群体控制、自我控制。根据控制作用环节或时间点的不同,可以分为前馈控制、事中控制和反馈控制。本部分主要介绍一下前馈控制、事中控制和反馈控制。

1. 前馈控制

前馈控制也称超前控制、预先控制、事前控制,指在活动开始之前进行的控制,即在活动开始前,对活动中可能出现的偏差进行估计并采取预防措施,避免可能出现引起偏差的问题发生。组织制定的各种规章制度就属于这种前馈控制。前馈控制的目的是防止问题发生,"防患于未然",而不是问题发生后再扑救的控制方法。但这种控制需要信息的准确性和及时性,还需要准确掌握控制因素与计划工作的关系,这些常常都不容易办到,因此管理者不得不借助另外两种类型的控制。

2. 事中控制

事中控制又称同期控制、同步控制、现场控制或过程控制,是管理者在工作进行的过程当中,亲临现场所实施的控制。事中控制有监督和指导两项职能。事中控制的目的是及时纠正工作中出现的偏差,改进本次而非下次工作活动的质量。事中控制因为可以及时处理有关情况,所以特别适用于基础管理人员,尤其是需要快速反应的工作,如产品服务(包括售前服务、售中服务和售后服务)、顾客投诉处理等,这类问题复杂多变,预先控制防不胜防,只有做好事中控制、随机应变,才能达到目标。

3. 反馈控制

反馈控制又称事后控制,是指在活动结束后进行的控制,是组织最常用的控制类型。反馈控制的特点是把注意力集中在工作的结果之上,通过对前一阶段工作的总结,对比标准进行测量、比较、分析和评价,发现存在的问题,并以此作为改进下一次工作的依据。反馈控制的主要缺陷是控制措施实施时,损失已经发生。然而,在许多情况下,反馈控制是唯一可用的控制手段。绩效考评、业绩评估、财务审计、管理审计等就属于这种控制类型。

五、控制的方法

（一）传统的控制方法

传统管理是凭经验和智慧的管理，主要依赖于管理者的能力、素质和主动性。传统的控制方法也带有明显的直观性特征，表现为管理者的直接控制。虽然新的控制方法和技术层出不穷，但是在许多场合中传统的控制方法还经常被使用。

1. 视察

视察是一种最为古老、最为直接的控制方法，它是指管理者自己到工作第一线，对受控系统的运动进行直接的观察了解，掌握第一手材料，衡量工作的成效，发现偏差并及时纠正偏差。通过视察，管理者不仅可以掌握大量一手信息，而且可以从下属的建议中获得启发和灵感。此外，管理者的亲身视察对下级还有一种激励作用，使下属感到上级在关心着他们。

2. 报告

报告是向负责计划的主管人员全面、系统地汇报计划的进展、存在的问题及原因、已经采取的措施、收到的效果、预计可能出现的问题等情况的一种沟通形式，其目的是要提供一些必要的信息，作为主管人员采取措施纠正偏差的依据。对控制报告的基本要求是要做到适时、突出重点、指出例外情况以及尽量简明扼要。在一些规模较大的组织管理中，管理人员的控制效果在很大程度上取决于报告，因为较大规模组织中的控制是分层进行的，主管人员不可能对每一方面都进行直接控制。

3. 统计资料

统计资料是充分反映受控系统运营情况的原始记录的综合汇总。因为统计资料往往最为忠实地记录了组织存在和发展的情况，从中可以发现组织运动的过程和出现的偏差。所以，它可以为主管人员采取正确有力的措施对组织的运行进行控制提供重要的依据。

（二）现代控制方法

随着控制方法与技术的发展，现代管理已经习惯于运用数字的控制，而且几乎在所有领域都普遍地使用数字化的控制技术。在现代管理学中，控制的方法和技术是管理学家最为关注的领域之一，新的方法和技术层出不穷。但是，实践中最为常用的控制方法和技术有预算控制、程序控制等。

1. 预算控制

预算是指用数字编制组织在未来某一个时期的综合计划，即用数字来表明预期的结果。它预估了组织在未来时期的经营收入或现金流量，也限定了各项活动的资金、人员、材料、设施、能源等方面的支出额度。

预算控制是指通过编制预算，并根据预算规定的收入和支出标准来检查、监督和控制组织各个部门的活动，在活动过程中比较预算和实际的差距及原因，以保证各种活动或各个部门在充分达成既定目标的过程中对资源的利用，从而使费用支出受到严格有效的约束。

2. 程序控制

程序是对操作或事务处理流程的一种描述、计划和规定。组织中常见的程序很多，例如决策程序、投资审批程序、主要管理活动的计划与控制程序、会计核算程序、操作程序、工作程序等。凡是连续进行的、由多道工序组成的管理活动或生产技术活动，只要它具有重复发生的性质，就都应当为其制定程序。

【思考题】

1. 试述管理的四项职能。观察你身边的管理者,他们是如何执行这四项职能的?
2. 简述计划的一般过程。
3. 简述滚动计划法的特点。
4. 什么是目标管理法?
5. 什么是对标管理法?
6. 简述组织结构的基本类型及各自特点。
7. 简述组织变革的原因及内容。
8. 简述勒温的变革过程模型。
9. 组织变革的阻力有哪些?如何克服?
10. 领导方式的基本类型有哪些?
11. 简述领导理论的发展及主要内容。
12. 控制有何作用?简述件数控制的一般过程。
13. 请根据下表绘制计划网络图,计算每个工序的最早开始时间、最早完成时间、最迟开始时间及最迟完成时间,找出关键工序及关键路线,并求出完成此工程项目所需的最少时间。

工序	紧前工序	所需时间(天)
a	—	2
b	—	4
c	a,b	5
d	a,b	4
e	B	3
f	C	2
g	d,e	4

14. 某工程项目经分解后,共有八个工序,各工序的先后关系如下表所示。请根据表中提供的数据,完成下列要求:

(1) 绘制箭线型网络图;

(2) 计算事件最早可能发生时间、事件最迟必须发生时间、作业最早可能开工时间、作业最迟必须开工时间,求出关键路线。

作业	紧前作业	正常时间(周)
A		4
B	A	6
C	A	5
E	B	8
F	B、C	9
G	E	5
H	F	5
J	G、H	5

【案例】

保险销售员的故事

有个同学举手问老师:"老师,我的目标是想在一年内赚 100 万元!请问我应该如何计划我的目标呢?"

老师便问他:"你相不相信你能达成?"他说:"我相信!"老师又问:"那你知不知道要通过哪个行业来达成?"他说:"我现在从事保险行业。"老师接着又问他:"你认为保险业能不能帮你达成这个目标?"他说:"只要我努力,就一定能达成。"

"我们来看看,你要为自己的目标做出多大的努力。根据我们的提成比例,100 万元的佣金大概要做 300 万元的业绩。一年 300 万元业绩,平均一个月 25 万元业绩,每一天就是 8 300 元业绩。"老师说,"每一天 8 300 元业绩。大既要拜访多少客户?"他说大概要 50 个人。

"那么一天要 50 人,一个月要 1 500 人;一年呢?就需要拜访 18 000 个客户。"这时老师又问他,"请问你现在有没有 18 000 个 A 类客户?"他说没有。"如果没有的话,就要靠陌生拜访。你平均一个人要谈上多长时间呢?"他说至少 20 分钟。老师说:"每个人要谈 20 分钟,一天要谈 50 个人,也就是说你每天要花 16 个多小时在与客户交谈上,还不算路途时间。请问你能不能做到?"他说:"不能。老师,我懂了。"

思考题:

这个故事给你的启示是什么?请结合本章所学知识进行阐述。

第三章 企业与企业管理

【学习要点】
- 企业及其类型
- 现代企业的特征
- 企业管理基础工作
- 现代企业制度

企业是人类经济活动发展到一定历史阶段的产物,是社会经济的基本单位。随着市场经济的发展,企业得到不断的发展壮大和完善,已成为现代社会经济活动中的一支强大力量。企业的改革和发展是实现经济发展、提高人民生活水平的重要途径。本章主要介绍企业的相关基础知识。

第一节 企业概述

一、企业的产生与发展

企业是一个历史范畴,从最初出现到今天的现代企业经历了漫长的历史演变。企业既是生产力发展到一定历史阶段的产物,又是一个动态变化的经济单位,它随着人类生活的进步、生产力的发展和科学技术水平的提高而不断发展完善。从其生产技术与生产组织的发展来看,企业的发展大致经历了以下三个时期:

(一)工场手工业时期

工场手工业时期主要是指从封建社会的家庭手工业向资本主义工场手工业转变的时期。16世纪至17世纪,一些西方国家的封建社会制度向资本主义制度转变,资本主义原始积累加快,大规模地剥夺农民的土地,使家庭手工业急剧瓦解,开始向资本主义工场制转变。此时的工场手工业已具有企业的雏形。它有以下特点:第一,工场手工业仍以手工劳动为基础,这是与机器生产的主要区别;第二,工场手工业不同于以前的家庭手工业,它已经是大生产了,并逐渐实行了生产过程的分工,主要包括手工技术的分工和雇佣工人的分工。分工使工人经常从事某一生产环节的操作,技巧更加熟练,不仅提高了劳动生产率,也增加了改进技术的机会,为以后发明和使用机器创造了条件。直到18世纪70年代工业革命开始,手工工场一直是工业生产组织的基本形式。

（二）机械工厂时期

18世纪，西方各国相继开展了工业革命，大机器的普遍采用为工厂制的建立奠定了基础。工厂制的主要特征是：实行大规模的集中劳动；采用大机器提高效率生产；实行雇佣工人制度；劳动分工深化，生产走向社会化。工厂制度的建立是工场手工业发展质的飞跃，它标志着企业的真正形成。

（三）现代企业时期

19世纪末20世纪初，随着自由资本主义向垄断资本主义过渡，工厂自身发生了复杂而又深刻的变化。不断采用新技术，使生产迅速发展；生产规模不断扩大，竞争加剧，产生了大规模的垄断企业；经营权与所有权分离，形成职业化的管理阶层；普遍建立了科学的管理制度，形成了一系列科学管理理论，企业管理从传统经验管理阶段进入到科学管理阶段。这一系列变化使企业走向成熟，成为现代企业。

企业的发展历程表明，制约和推动企业发展的因素是多方面的，但根本因素是技术革命。随着世界性新技术革命的发展，一大批现代新兴企业正在蓬勃崛起，它们代表着现代企业的发展方向，显示出了无穷的生命力。

二、企业的含义与特征

企业是指以营利为目的，依法设立，从事生产、流通、服务等经济活动，向市场提供商品或服务，实行自主经营、独立核算、自负盈亏的经济组织。企业作为一种社会组织，是社会生产力的重要组织形式。从概念可以看出，企业具有以下基本特征：

（1）经济性。企业作为一种经济组织，主要从事生产、流通、服务等经济活动，向市场提供商品或服务。如工业企业提供的是工业品，商业企业提供的是流通服务，金融企业提供的是金融服务；旅游企业提供的是旅游服务。

（2）营利性。企业以营利为目的。不同于政府部门、事业单位，企业必须以自己的收入补偿支出并有盈利，只有这样企业才能生存和发展，因此它必须追求经济效益，获取盈利。

（3）社会性。企业是一种社会组织，以满足社会需要为手段。作为社会的一员，企业影响社会，并被社会影响。政治经济环境以及技术、人才、资本等生产要素对企业发展都有重要作用。

（4）独立性。企业作为一个经济实体，必须拥有生产经营自主权，自主经营、独立核算、自负盈亏。企业有权决定生产什么，生产多少，在何时何地生产；以什么样的价格出售，选择何种销售渠道和销售方式；雇用什么样的人从事生产和管理，工资多少，等等。不拥有这些经营自主权，就不能称其为企业。

（5）合法性。企业是依法设立、合法经营的组织。企业必须依法履行登记、批准手续，生产经营行为符合法律规范，得到国家法律的认可和保护。我国规范企业设立行为的主要法律有《个人独资企业法》《合伙企业法》和《公司法》等。

三、企业的类型

企业的类型按照不同标准可以做不同的分类。比如，按企业所属的经济部门可将企业分为农业企业、工业企业和服务企业等；按规模可将企业分为特大型企业、大型企业、中型企业、小型企业和微型企业。

这里重点介绍根据投资人的出资方式和法律形态划分的企业类型,主要有以下几种:

(一)个人独资企业

个人独资企业是由一个自然人投资,财产为投资人个人所有,投资人以其个人财产对企业债务承担无限责任的经营实体。

个人独资企业一般规模较小,内部管理机构简单。其较多分布在小型加工企业、零售商业、物流运输和服务业等领域。个人独资企业的主要特征是:投资人对企业财产依法享有所有权,企业本身不是一个独立的财产主体,不具备法人资格。发生资不抵债的情况时,业主应以其个人的全部财产而不是仅以其投资于该企业的财产对债务负责。

个人独资企业的优点是:建立和歇业的程序简单易行,不要求非常正式的企业组织结构和程序;税收与公司财务账目的处理相对简单,产权能够比较自由地转让;经营者与所有者合一,经营方式灵活,决策迅速;利润独享,保密性强。精打细算、勤劳节俭是这类企业普遍具有的优点。它的缺点在于:取得贷款的能力较差,筹资有限,难于从事需要大量投资的大规模工商业活动;企业的生命力弱,如果业主无意经营或因健康状况不佳无力经营,企业的业务就要中断。

(二)合伙企业

合伙企业是由两个或两个以上的合伙人(自然人、法人和其他组织)依据合伙协议共同出资、合伙经营、共享收益、共担风险,并对合伙企业债务承担无限连带责任的营利性组织。

合伙企业一般无法人资格,不缴纳企业所得税,缴纳个人所得税。合伙企业的类型有普通合伙企业和有限合伙企业。普通合伙企业由普通合伙人组成,合伙人对合伙企业债务承担无限连带责任;有限合伙企业由普通合伙人和有限合伙人组成,普通合伙人对合伙企业债务承担无限连带责任,有限合伙人以其认缴的出资额为限对合伙企业债务承担责任。有限合伙企业至少应当有一个普通合伙人。国有独资公司、国有企业、上市公司以及公益性的事业单位、社会团体不得成为普通合伙人。

合伙企业与个人独资企业最大的区别在于企业的经营决策有了制约,往往因一方的退出或加入而导致企业的解散或重组。合伙企业的主要特征是:企业生命有限,责任无限,相互代理,财产共有,利益共享。合伙企业可以由部分合伙人经营,其他合伙人仅出资并共负盈亏,也可以由所有合伙人共同经营。与个人独资企业相比,合伙企业主要优点是可以从众多的合伙人处筹集资本,合伙人共同偿还责任减少了银行贷款的风险,使企业的筹资能力有所提高。同时,合伙人对企业盈亏负有完全责任,这意味着所有合伙人都以自己的全部家产为企业担保,因而有助于提高企业的信誉。

合伙制企业也有其明显缺点:首先,合伙制企业是根据合伙人订立的契约建立的,每次合伙人的变动都必须重新确立一种新的合伙关系,从而造成法律上的复杂性;其次,由于所有合伙人都有权代表企业从事经济活动,重大决策都需要得到所有合伙人的同意,因而很容易造成决策上的延误和差错;最后,所有合伙人对于企业债务都负有连带无限清偿责任,这就使那些并不能控制企业的合伙人面临很大的风险。

(三)公司制企业

公司制企业又叫股份制企业,是指由1个以上投资人(自然人或法人)依法出资组建,有独立法人财产,自主经营、自负盈亏的法人企业。

公司制企业是现代社会化大生产的产物,是市场经济发展对企业组织形式的现实选择。与个人独资企业及合伙企业相比,公司的主要特征是:公司是法人,公司具有独立的法律人格;公司具有独立于其成员的权利能力和行为能力;公司承担有限责任,即公司对债务以其法人财产为限承担责任,出资者对公司以其出资额为限承担责任。在我国,公司制企业又分为有限责任公司和股份有限公司。

1. 有限责任公司

有限责任公司又称有限公司,指由若干个股东共同出资,每个股东以其认缴的出资额对公司行为承担有限责任,公司以其全部资产对其债务承担责任的法人企业。

有限公司的主要特征如下:① 公司股东所负责任仅以其出资额为限,即把股东投入公司的财产与他们个人的其他财产脱钩,这就是所谓"有限责任"的含义。② 有限责任公司不对外公开发行股票,股东的出资额由股东协商确定,股东之间不要求等额;股东在公司中所拥有的权益凭证不同于股票,不能自行流通,须在其他股东同意下才能转让,并优先转让给公司原有股东;公司组织机构由股东会、董事会、监事会、经理组成。③ 有限责任公司的股东人数通常有最低和最高限额的规定,如英国、法国、日本等国规定有限责任公司的股东人数必须在2—50人之间。我国《公司法》规定,有限责任公司由50个以下股东出资设立。在我国允许设立1人有限责任公司,即只有一个自然人股东或者一个法人股东的有限责任公司。

有限责任公司的优点是设立程序比较简单,不必发布公告,也不必公开账目,尤其是公司的资产负债表一般不予公开,公司内部机构设置灵活。其缺点是由于不能公开发行股票,筹集资金的范围和规模一般都较小,难以适应大规模生产经营活动的需要。因此,有限责任公司这种形式一般适合于中小企业。有限责任公司是我国公司制企业最重要的一种组织形式。

2. 股份有限公司

股份有限公司又称股份公司,是指注册资本由等额股份构成,并通过发行股票(或股权证)筹集资本,股东以其认购的股份为限对公司承担责任,公司以其全部资产对公司债务承担有限责任的企业法人。由于所有股份公司均须是负担有限责任的有限公司,所以一般合称为股份有限公司。

股份有限公司的资本总额均分为每股金额相等的股份,以便于根据股票数量计算每个股东所拥有的权益。出资多的股东占有股票的数量多,而不能单独增大每股的金额。在交易所上市的股份有限公司(即上市公司),其股票可在社会上公开发行,并可以自由转让,但不能退股,以保持公司资本的稳定。

股份有限公司股东人数有法律上的最低限额。法国、日本的法律规定不得少于7人,德国商法规定不得少于5人,我国《公司法》规定设立股份有限公司应当有2人以上200人以下为发起人,其中须有半数以上的发起人在中国境内有住所。股份有限公司的组织与管理机构由股东大会、董事会、监事会、经理组成。

股份有限公司是典型的资合公司,各国法律都把它视为独立的法人。公司股东的身份、地位、信誉不再具有重要意义,任何愿意出资的人都可以成为股东,不受资格限制。股份有限公司的所有权与经营权分离,股东成为单纯的股票持有者,他们的权益主要体现在股票上,并随股票的转移而转移。为了保护股东和债权人的利益,各国法律都要求股份有限公司的账目必须公开,在每个财政年度终了时要公布公司的年度报告,以供众多的股东和债权人查询。

股份有限公司有许多优点,除了股东承担有限责任从而减小投资风险外,最显著的一个优点是有可能获准在交易所上市。股份有限公司上市后,由于面向社会发行股票,具有大规模的筹资能力,能迅速扩展企业规模,增强企业在市场上的竞争力。此外,由于股票易于迅速转让,提高了资本的流动性。这能对公司经理人员形成强大压力,鞭策他们努力提高企业的经济效益。

当然,股份有限公司也有缺点,如公司设立程序复杂,组建和歇业不像其他类型公司那样方便;公司营业情况和财务状况向社会公开,保密性不强;股东购买股票,主要是为取得股利和从股票升值中获利,缺少对企业长远发展的关心;所有权与经营权的分离,会产生复杂的委托—代理关系,等等。尽管如此,股份有限公司仍然是现代市场经济中最适合大中型企业的组织形式。

（四）股份合作制企业

股份合作制企业指以合作制为基础,由企业职工共同出资、共同劳动,民主管理,按劳分配与按股分红相结合的一种集体经济组织。

股份合作制企业是一种典型的人合性与资合性兼备的企业。它既不同于股份制企业,也不同于合伙企业,它是以劳动合作为基础,吸收了一些股份制的做法。资本是以股份为主构成,通常包括职工个人股和职工集体股两种。职工股东共同劳动,按资按劳分配,权益共享,风险共担,自负盈亏,独立核算。所有职工股东以其所持股份为限对企业承担责任,企业以其全部资产对其债务承担责任。

我国股份合作制企业有以下特点:(1) 具有法人资格,是独立的企业法人,能够独立承担法律责任;(2) 股东主要是本企业职工,职工入股实行自愿;(3) 依法设立董事会、监事会、经理等现代企业的管理机构,企业职工通过职工股东大会形式实行民主管理;(4) 职工既是企业的劳动者,又是企业的出资者;(5) 兼顾营利性和企业职工间的互助性;(6) 实行按资分配和按劳分配相结合。

股份合作制企业是我国集体经济的一种重要组织形式。它把资金入股和劳动参与结合起来,使企业职工的劳动积极性和对企业财产的主人翁责任有机地联系在一起,很适合我国的国有小型企业、乡镇企业和中小型企业采用。

四、现代企业的特征

随着市场经济的发展,企业的形态也必然会以适应市场经济环境为目标而继续发展。现代企业是现代市场经济社会中最先进和代表未来发展主流趋势的企业组织形式。现代企业有如下显著特征:

（1）所有者与经营者相分离。公司制是现代企业的重要组织形式,而且公司要以特有的方式吸引投资者,使得公司所有权出现了多元化和分散化,同时也因公司规模的大型化和管理的复杂化,那种所有权和经营权集于一身的传统管理体制再也不能适应生产经营的需要了,因此出现了所有权与经营权相分离的现代管理体制和管理组织。

（2）拥有现代技术。技术作为生产要素,在企业中起着越来越重要的作用。在现代企业中,场地、劳动力和资本都受到技术的影响和制约,主要表现为现代技术的采用,可以开发出更多的可用资源,并寻找可代替资源来解决资源紧缺的问题;具有较高技术水平和熟练程度的劳动者,以及使用较多高新技术的机器设备,可以使劳动生产率得到极大的提高。因此,现代企业一般都拥有先进的现代技术。

（3）劳动分工越来越精细,协作关系越来越复杂。现代工业企业是建立在社会化大生产基础上的,而社会化大生产具有整个社会共同劳动的客观要求,其活动范围已远远超过了企业、地区甚至国界。社会化程度越高,就越要求生产分工的专业化;专业化越发展,企业间的依赖性也就越强。因此,精细分工和密切协作就成为现代工业企业发展的必然趋势。

（4）实施现代化的管理。现代企业的生产社会化程度空前提高,需要更加细致的劳动分工、更加严密的劳动协作、更加严格的计划控制,形成严密的科学管理。现代企业必须实施现代化管理,以适应现代生产力发展的客观要求,创造最佳的经济效益。

(5) 企业规模呈扩张化趋势。现代企业的成长过程,就是企业规模不断扩大、不断扩张的过程。实现规模扩张的方式主要有三种:一是垂直型或纵向型扩张,即收购或合并在生产或销售中有业务联系的企业;二是水平型或横向型扩张,即收购或合并生产同一产品的其他企业;三是混合型扩张,即收购或合并在业务上彼此无多大联系的企业。

第二节　企业管理概述

一、企业管理的概念与任务

1. 企业管理的概念

企业管理是指企业管理人员根据企业内部条件和外界环境,确定企业经营方针和目标,并对人、财、物各要素,供、产、销各环节进行计划、组织、指挥、协调、控制,以提高经济效益、完成经营目标的全部活动。

企业的生产经营活动包括两大部分:一部分是属于企业内部的活动,即以生产为中心的基本生产过程、辅助生产过程以及产前的技术准备过程和产后的服务过程,对这些过程的管理统称为生产管理;另一部分是属于企业外部的,联系到社会经济的流通、分配、消费等过程,包括物资供应、产品销售、市场预测与市场调查、对用户服务等,对这些过程的管理统称为经营管理,它是生产管理的延伸。

2. 企业管理的任务

(1) 合理组织生产力。合理地组织生产力是企业管理最基本的任务。合理组织生产力有两个方面的含义:一是使企业现有的生产要素得到合理配置与有效利用,实现物尽其用,人尽其才。二是不断开发新的生产力,包括不断地采用新的更先进的劳动资料,不断地改进生产技术,不断地对职工进行技术培训,并积极引进优秀科技人员与管理人员。

(2) 维护并不断地改善社会生产关系。企业管理总是在某种特定的社会生产关系下进行的,一定的社会生产关系是企业管理的基础,它从根本上决定着企业管理的社会属性,从全局上制约着企业管理的基本过程。因此,企业管理的重要任务之一就是要维护其赖以产生、存在的社会关系。为了保证生产力的不断发展,有必要在保持现有生产关系的基本性质不变的前提下,通过改进企业管理手段,对生产关系的某些环节、某些方面进行调整、改善,以适应生产力不断发展的需要。

二、企业管理的基础工作

企业管理工作纷繁复杂,受企业性质、人员、规模、技术以及外部环境等多种因素的影响,不同企业的管理方式不尽相同,但企业管理的基础工作是共同的。管理的基础工作是企业在生产经营活动中,为了实现企业的经营目标和管理职能,提供资料依据、共同准则、基本手段和前提条件等所必不可少的工作。

管理基础工作可分为两大类:一类是标准化工作体系,包括规章制度建设工作、标准化工作、定额工作、计量工作,主要是通过制定和贯彻执行各种先进合理的标准与制度,把全体员工的行为纳入企业规范,建立良好的生产和工作秩序;另一类是执行保障体系,包括信息工作、员工教育培训等，主要是通过信息沟通提高员工素质，提供管理平台，保证基础工作落到实处，为提高企业管理水平奠定基础。

1. 规章制度建设工作

企业规章制度是用文字的形式，对各项管理工作和作业操作的要求所做的规定，是企业全体员工行动的规范和准则。其内容大体上包括基本制度、工作制度和责任制度三类。规章制度建设工作指以岗位责任制为核心的各项规章制度的制定、执行、修订和管理工作。

做好企业管理的规章制度建设，是确保企业维持正常生产秩序，促使企业迅速进入科学管理、现代化管理的轨道，有效提高企业管理水平和企业效益的捷径。

2. 标准化工作

标准化工作包括各种技术标准和管理标准的制定、执行和管理。在企业管理中，标准化使企业生产者在生产活动中有章可循。企业标准有多种类型，可以从不同的角度进行不同的分类。按制定标准的对象进行分类，可分为技术标准、工作标准、管理标准。按照标准的适用范围，我国的标准分为以下四个级别：

（1）国家标准，由国务院标准化行政主管部门制定（编制计划、组织起草、统一审批、编号、发布）。国家标准在全国范围内适用，其他各级别标准不得与国家标准相抵触。

（2）行业标准，由国务院有关行政主管部门制定。如化工行业标准（代号为 HG）、石油化工行业标准（代号为 SH）由国家石油和化学工业局制定，建材行业标准（代号为 JC）由国家建筑材料工业局制定。行业标准在全国某个行业范围内适用。

（3）地方标准，由省、自治区、直辖市标准化行政主管部门制定。地方标准在地方辖区范围内适用。

（4）企业标准。没有国家标准、行业标准和地方标准的产品，企业应当制定相应的企业标准。企业标准应报当地政府标准化行政主管部门和有关行政主管部门备案。企业标准在该企业内部适用。

3. 定额工作

定额工作包括各类技术经济定额的制定、执行和管理。定额是指在一定的生产技术条件下，对人力、物力、财力等生产经营要素的消耗、占有和利用方面的规定标准。各种定额一般多由企业自己确定，常见的定额有劳动定额、设备定额、物资定额、资金定额、费用定额等。

（1）劳动定额。劳动定额是企业在一定的生产技术组织条件下，为完成一定工作任务所规定的劳动消耗数量标准。换句话说，它规定了在单位劳动时间内完成一定工作任务的数量标准。劳动定额有两种表现形式，即工时定额和产量定额。

（2）设备定额。设备定额是对设备利用、维修等所规定的标准。设备的利用定额有生产单位产品的台时定额或单位台时内生产的定量定额，以及设备的利用率定额等；设备的维修定额包括设备维修周期、维修标准等规定。

（3）物资定额。物资定额主要是指对原材料和辅助材料消耗与占用的规定标准。包括单位产品消耗的原材料和辅助材料的规定，或单位原材料和辅助材料生产产量的规定；原材料与辅助材料储备的数量与质量规定等。物资定额是做好物资管理、提高产品质量、降低生产成本、搞好库存管理的基础工作之一。

（4）资金定额。资金定额是对资金占用、消耗和利用标准的规定。按照资金性质不同，划分为：流动资金定额、固定资金定额；按照资金流动形态不同，划分为：储备资金定额、生产资金定额、产品资金定额等。资金定额管理是提高资金利用效率、加强资金管理的一项重要工作。

（5）费用定额。费用定额是对企业生产经营过程中产生的各项费用、标准的规定，如单位产品成本费用定额、销售费用定额、管理费用定额等。费用定额是进行成本控制、开源节流的基础性工作之一。

4. 计量工作

计量是用标准计量工具测量各计量对象的过程。计量工作包括计量器具的管理工作、测试工作，以及计量数据的统计、分析和储存工作。

（1）计量器具的管理工作。对计量器具的管理要做到计量、检测、分析手段的齐全、标准和先进，要定期校测，以保证计量检测的真实性和准确性；同时，计量、检测、分析手段要适应技术进步和产品更新换代的要求，加快更新计量检测设备和仪器。

（2）计量与测试工作。计量与测试工作应由专门人员进行，要坚持制度化和经常化。

（3）计量数据统计、分析和储存工作。计量数据是企业进行质量控制、成本核算的基础数据，要妥善保管，进行归类分析、整理和储存，以备日后鉴定、比较和使用。

5. 信息工作

信息是现代企业生产经营的一个重要因素。信息是事物联系的一种普遍形式，是反映事物变化及其特征的各种数据、信息、资料、信号的总称。信息工作是指对企业内外部信息进行收集、加工、传递、储存活动的总称。

（1）信息的收集。主要是注意信息收集的内容和范围，明确信息搜集的重点，合理地选择信息的来源，确定适当的信息收集方式，设计出实用的调查表格，同时注意所收集信息的真实性、时效性和价值大小等。

（2）信息的加工。信息的加工就是按照一定的程序、目的和方式对信息进行去伪存真、去粗取精的整理过程。

（3）信息的传递。信息的传递主要是在一定的条件下，要求传递信息的量尽可能地多，尽可能地全面；传递的速度尽可能地快；传递的质量尽可能地好；传递的费用尽可能地少。

（4）信息的储存。将信息通过一定的信息载体储存起来以备日后使用，是信息管理工作的一项重要内容。要做好信息的登记、编码工作；要科学地分类，同时要建立有效的检索办法。

6. 员工教育培训工作

教育培训工作是指对职工从事本职工作，履行本岗位职责所必需进行的政治思想和技术业务的教育培训。

好员工可以塑造好企业，因此提高员工的文化素质、专业技术水平和操作技能是企业的基础性工作之一，也是企业贯彻"以人为本"的经营战略，在市场竞争中取胜的重要手段之一。

企业员工教育培训的最终目的是实现企业发展和员工个人发展的和谐统一。对企业而言，培训不仅是对员工现有技能的补缺，更应注重对企业最核心资源即人力资源的长远开发。因此，员工教育培训对于任何一个企业来说都是很重要的。

三、企业管理的主要发展趋势

21世纪企业面临的内外环境发生很大变化，这无疑会引起社会资源的配置方式以及人类的工作与生活方式等方面发生重大转变，企业管理的理论及方式也将发生重要变化。

1. 由追求利润最大化向追求可持续成长转变

时代与环境的变化使企业生存越来越不容易，而把利润最大化作为管理的唯一主题和最高宗旨是造成企业过早夭折的一个重要根源。追求企业持续成长就是追求企业长寿。世界著名的长寿公司都有一个共同特征,这就是有一套坚持不懈的核心价值观,有一种崇拜式的企业文化,有一种有意识灌输核心价值观的行为。

2. 由传统的要素竞争转向企业运营能力的竞争

如今的企业开始从产品和服务标准化、寿命期长、信息含量少、简单的一次性交易的竞争环境,向产品和服务个性化、寿命期短、信息含量大、与顾客保持沟通关系的全球竞争环境转变。更丰富的顾客价值内涵、更广的产品范围、更短的产品周期和处理任意批量订单的能力,正在成为新的市场竞争或经营的准则。这个新的现实要求企业对内外部客观环境保持敏锐反应,加强危机管理,不断增强组织的适应性,提高处理复杂性、不确定性问题的速度和能力,使企业在生产、营销、组织、管理等方面都敏捷起来,成为一个全新的敏捷性经营实体,实现向敏捷管理方式的转变。

3. 员工的知识和技能成为企业保持竞争优势的重要资源

竞争的压力已经使企业产生了对知识共享的巨大需求,企业将主要通过管理员工的知识和技能,而不是靠金融资本或自然资源来获取竞争优势。国外机构的研究表明,在企业的市场价值中已有七分之六取决于"知识"资产,管理这些"知识"资产中最难的事情是怎样对待员工的思想和知识。员工的创造性思想和知识在企业价值中的重要性正在不断增加,但思想只有在被人们分享并创造出利润时才是有价值的,让有智慧的头脑共享他们各自的想法远远胜于纯粹地投入金钱或者购买软件。由此,出现了知识管理、情感管理、学习型组织等管理方法,来帮助企业汇集员工的知识和技能,采用新的积累知识的方式使企业从知识资本上获得最优的回报。

4. 信息技术改变企业运作方式

信息时代,互联网正以改变一切的力量在全球范围掀起一场前所未有的深刻变革,特别是云计算、大数据、物联网等新一代信息技术的发展及其向生产生活、社会经济各方面的渗透,传统行业纷纷启动"互联网+"模式。信息技术的发展和应用,几乎无限制地扩大了企业的业务信息空间,使业务活动和业务信息得以分离。信息技术的应用主要从以下几个方面驱动了企业的组织变革和创新:(1)信息技术降低了企业的管理成本和交易成本,它在企业中普遍应用可产生信息效应和信息协同效应;(2)信息技术影响组织的边界,企业应用信息技术后通过发挥信息效率效应和信息协同效应,将引起其边界的相应变动;(3)信息技术影响企业内部和企业之间的信息沟通方式,使得企业中每一个成员都可以平等地获得所需信息,这种信息沟通方式的变化必然引起企业中权力运用的方式以及领导者的管理控制方式发生相应的变化,也必然引起企业组织结构形式的相应变化。

5. 企业战略管理将强调以创新为目标

现代企业经营管理是一种实现企业预期经营目标的管理,主要是谋求企业发展目标、企业动态发展与外部环境的适应性。而战略管理是一种面向未来的、以强调创新为目标的管理,它谋求的是,既要适应外部环境变化,又要改造和创造外部经营环境,并努力用企业的创新目标来引导社会消费,促使企业不断的成长和发展。

6. 企业权变管理将更加灵活和精细

未来企业管理的发展将是实行一种宽严相济的权变管理,能因人、因时、因地随机地采用各种各样的方式进行管理,使企业管理既控制得很严,又允许甚至从最下级的普通职工起都享有自主权,且富于企业家精神和创新精神。

第三节　现代企业制度

一、现代企业制度的含义

企业制度是企业产权制度、企业组织形式和经营管理制度的总和。企业制度的核心是产权制度，企业组织形式和经营管理制度是以产权制度为基础的，三者分别构成企业制度的不同层次。

现代企业制度是社会化大生产和市场经济相结合的产物，是以产权制度为核心，以企业法人制度为基础，以有限责任制度为保证，以现代公司制企业为主要形式，以专业经理人为管理主体的，产权清晰、权责明确、政企分开、管理科学的一种新型企业制度。应从以下几个方面对现代企业制度进行认识和理解：

（1）现代企业制度是市场经济及社会化大生产发展到一定阶段的产物。企业制度是从原始企业制度发展而来，并随着经济发展的不同阶段而变化。随着市场经济的不断变化，现代企业制度也会出现新的模式和新的内涵。现代企业制度具有动态性和可变性，不是一种固定的、僵化的模式。

（2）现代企业制度是由若干具体制度相互联系而构成的体系。现代企业制度不是某些方面的一两项制度，而是法人制度、公司制度、产权制度、组织领导制度、管理制度等有机组合的统一体。现代企业制度明确了企业的性质、地位、作用和行为方式，规范了企业与出资者、企业与债权人、企业与政府、企业与市场、企业与社会、企业与企业、企业与消费者、企业与职工等方面的基本关系。在这些基本关系中，最主要的是确立企业民事法律关系的主体地位和市场中的竞争主体地位。

（3）产权制度是现代企业制度的核心。产权亦即财产所有权，依法可分解为占有权、使用权、收益权和处分权。在实行现代企业制度的企业中，以终极所有权与法人财产权的分离为前提。当投资人将财产投入到现代企业中后，企业法人将取得法人财产权，即经营权。在此制度下，终极所有权的实现形式主要是参与企业重大决策，获得收益；法人企业则享有其财产的占有权、使用权和依法处分权等，这是建立现代企业制度的核心所在。

（4）企业法人制度是现代企业制度的基础。企业法人制度是企业产权的人格化。企业作为法人，有其独立的民事权利能力和民事行为能力，是独立享受民事权利和承担民事义务的主体。规范和完善的法人企业享有充分的经营自主权，并以其全部财产对其债务承担责任，而企业所有者对企业债务责任的承担仅以其出资额为限。

（5）现代企业制度的企业组织形式是多样化的。公司制是建立现代企业制度的一种典型组织形式，但不是唯一的形式。与市场经济相适应的企业制度，除了公司制企业外，还有单个业主制企业、合伙制企业、合作制企业等多种形式。公司制企业是现代企业制度的主体，但并不能把现代企业制度简单地理解为公司制，更不能简单地认为公司制就是股份公司，股份公司就是股票要上市。因此，看一个企业是否建立了现代企业制度，不是看它是不是公司制，而是看它是否具有现代企业制度的基本特征，是否适应社会化大生产和市场经济体制的要求。

二、现代企业制度的特征

随着企业制度的演变，在适应社会化大生产和市场经济体制的要求下，现代企业制度逐渐完善,其具有的基本特征是产权清晰、权责明确、政企分开和管理科学。

1. 产权清晰

产权清晰主要是指产权关系与责任的清晰,所有者产权要清晰,法人财产权也要清晰。企业的产权关系是多层次的,它表明财产最终归谁所有、由谁实际占有、谁来使用、谁享受收益、归谁处置等财产权中一系列的权利关系。在现代企业中,产权的权利与责任不但是分离的,而且是清晰的。出资者拥有股权,企业拥有经营管理权,从而有独立的民事权力和承担责任能力,有独立进入市场参加市场竞争的权力。

2. 权责明确

权责明确的重点即明确权利和责任。具体而言,一是国家与企业的关系方面要明确国家作为出资者与企业之间的权利和责任划分。国家通过国有资产投资主体在企业中行使出资者权利,并以投入企业的资本额为限对企业的债务承担有限责任;企业则拥有包括国有投资主体在内的各类投资者投资及借贷形成的法人财产,对其享有占有、使用、处置和收益的权利。二是在企业内部,通过建立科学的法人治理结构,形成规范的企业领导体制和组织制度;依据《公司法》建立权力机构、决策机构和监督机构,并界定各自的权利和责任。

3. 政企分开

政企分开重要的是实行政企职责分开,职能到位。首先,政府的社会经济管理职能与经营性国有资产的所有者职能分开;其次,经营性国有资产的管理、监督职能与经营职能分开。只有实行两者分开,才能为实现政府调控市场、企业自主经营创造基本条件。职能到位是指改变目前政府与企业职能错位的状况。企业的经营权应交给企业,政府不再直接干预企业的决策和生产经营活动,使企业将目标集中到追求经济效益上来。

4. 管理科学

管理科学要求科学、有序、规范的企业管理,其内涵随着生产力的发展和社会进步而不断完善和丰富。当前,建立现代企业制度时应着重考虑:企业的经营发展战略;建立科学的领导体制与组织制度;把握市场信息,及时、有效地做出反应;不断优化企业内各项生产要素的组合;以提高市场竞争力为目标,完善各项管理制度;注重实物管理的同时,注重价值形态管理,注重资产经营,注重资本积累;开发人力资源,培养企业文化;遵纪守法,诚信交往,塑造良好形象。

现代企业制度的四个特征有很强的关联性,既互为因果,又互为条件。企业产权不明确、政企不分,企业在外部就不能独立自主地参加市场竞争,在内部也难以建立对财产的约束机制,最终难以实现权、责、利的有效结合。

三、现代企业制度的内容

现代企业制度的内容广泛,涉及企业内部机制和外部环境的各个方面,不仅包括企业的产权制度、组织领导制度、管理制度、财务会计制度和劳动人事制度,还包括在现代市场经济条件下处理企业与各方面(政府、出资者、消费者、职工和社会各界等)关系的行为准则和行为方式。这里重点阐述现代企业制度中的三个基本制度,即现代企业产权制度、现代企业组织制度和现代企业管理制度。

1. 现代企业产权制度

产权制度是对财产权利在经济活动中表现出来的各种权利加以分解和规范的法律制度。产权制度的核心是通过对所有者和财产使用者的产权分割和权益界定,以实现资源的优化配置。企业的产权制度是企业制度的核心,它决定了企业财产的组织形式和经营机制。

现代企业产权制度是指以产权为依托,对财产占有、使用、收益和处分过程中形成的各种产权主体的地位、行为权利、责任、相互关系加以规范的法律制度。现代企业产权制度的实质是所有者终极所有权与企业法人财产权的分离,企业法人享有独立的法人财产权。而落实企业产权制度的前提条件是企业拥有真正的法人地位,即完善的企业法人制度。

完善的企业法人制度是建立现代企业制度的首要基础。企业法人制度能够使企业拥有自己独立支配的财产,使其具备法律上独立的人格条件,从而成为独立的市场主体。现代企业制度下的产权制度主要有以下特点:

(1)企业拥有独立的法人财产权。资本由股东投资形成,但投资者不能对法人财产中属于自己的部分进行支配。企业作为一个独立的主体拥有由股东投资形成的全部法人财产权,并以其全部法人财产自主经营、自负盈亏。

(2)企业的所有权与经营权分离。股东以其投入资本的多少享有相应份额的财产所有权,但既无权直接从企业财产中抽回,也无权直接处置自己投资的财产,而只能通过股息分红获得投资回报。而且,投资者不一定直接从事企业的经营管理活动,企业的经营管理者可以不是股东,股东只能运用股东权力影响企业行为。

(3)股东将财产投入法人企业后,投入的这部分资产与未投入的财产相分离,有限责任公司的股东以其认缴的出资额为限对公司承担责任;股份有限公司的股东以其认购的股份为限对公司承担责任。如果企业破产而全部资产不足以抵偿债务时,每个股东损失的最大限度只是他对该企业的全部出资。

2. 现代企业组织制度

组织制度是指企业内部机构要建立什么样的组织形式,即形成什么样的内部组织结构来支配企业的运营。现代企业组织制度建设必须做到两点:一是必须充分反映公司股东的整体意志和利益要求,股东能通过有效的渠道引导企业的经营决策和发展方向,保持对公司的最终控制权;二是公司作为企业法人应具有独立的权利能力和行为能力,并能以企业法人的名义独立开展经营活动。

公司作为现代企业制度的代表,最明显的特征是所有者、经营者、生产者之间,通过公司的权力结构、决策和管理机构、监督机构,形成各自独立、权责分明、相互制约的关系。这些关系是以法律和公司章程加以确立和保证的,便于建立既有科学分工又互相制约的,能适应市场竞争需要的分工合作与制约机构。这种从企业内部建立起的激励和约束机制,既可以保障所有者的权益,又赋予经营者以充分的经营自主权。

以股份有限公司为例,公司组织机构通常包括股东大会、董事会、监事会、总经理及其下属机构四个部分,并由此形成决策权、执行权和监督权三种权力形式。公司的组织机构如图3-1所示。

(1)股东大会由全体股东组成,是公司的最高权力机构,并依照相应法律法规行使职权。公司中如有国家股、法人股、社会个人股、职工股等都会形成公司相应的股东。股东大会有董事、监事的选举权和决定权,有批准公司利益的分配权,有公司的合并、分立、破产清算的决定权等。股东参加红股、红利等分配,股东的这种收益来自对公司的所有权。股东大会一般每年召开一次年会,股东出席股东大会会议,所持每一股份有一表决权。但是,公司持有的本公司股份没有表决权。如有特殊情形,可在两个月内召开临时股东大会以讨论某些急需解决的重大问题。会议一般由董事会召集,董事长主持。

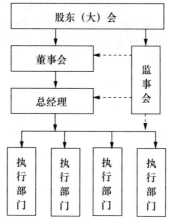

图 3-1 现代企业组织机构

(2) 董事会是公司的经营决策和领导机构。股份有限公司设董事会,其成员为 5—19 人。董事会成员中可以有公司职工代表,董事会中的职工代表由公司职工通过职工代表大会、职工大会或者其他形式民主选举产生。董事会设董事长一人,可以设副董事长。董事长召集和主持董事会会议,检查董事会决议的实施情况,副董事长协助董事长工作。董事会对外代表公司,对内代表全体股东的利益,负责公司经营决策,制定公司内部基本管理制度,任免公司总经理等高层管理者,制定预算、分配方案。为了更好地维护小股东的利益,实现更加科学专业的管理,有些公司还会聘用独立董事。

(3) 监事会是公司的监督机构,成员不得少于 3 人,包括股东代表和适当比例的公司职工代表。监事会中的职工代表由公司职工通过职工代表大会、职工大会或者其他形式民主选举产生。监事会对股东大会负责,主要对公司财务、领导层决策等进行监督。监事会主席召集和主持监事会会议。

(4) 总经理等经理层是公司的行政执行机构。总经理在公司总章程和董事会的授权范围内进行公司的日常管理工作,签订合同、任免下级经理、提交年度报告等。董事会决定聘任或者解聘总经理,总经理可由公司董事长或董事担任,也可从公司外聘任。

通过以上组织机构的构建,企业形成股东大会、董事会、经理层、监事会等之间的委托代理和相互制衡关系。总经理以下的组织和领导结构还可以设置为事业部制、职能制、矩阵制、混合制等类型。

3. 现代企业管理制度

管理科学是现代企业制度的特征之一。现代企业的运行必须以科学的管理制度做保障。现代企业管理制度主要包括以下几方面的内容:

(1) 现代企业领导制度。企业领导制度是关于企业内部领导权的归属、划分及如何行使等所做的规定,建立科学、完善的企业领导制度,是搞好企业管理的一项最根本的工作。现代企业领导制度应该体现领导专家化、领导集体化和领导民主化的管理原则。

(2) 现代企业人力资源管理制度。人力资源管理制度是有关人力资源招聘、培训、组织和调配使用的一系列管理制度,其内容包括员工招聘、配置、考核、绩效评估、薪酬、激励、培训开发、组织发展和劳务关系等。企业需要一批熟练掌握现代管理知识与技能的管理人才,并具有优良素质的职工队伍。现代企业人力资源管理制度应体现尊重知识、重视人才、合理使用人才的原则。

（3）现代企业财务制度。现代企业财务制度是用来处理企业法人与国家、股东、劳动者之间财务信息沟通和财产分配关系的行为总则，保护国家、股东和劳动者的利益不受侵犯。健全的财务制度除了日常的财务核算以外，还包括财务会计报告制度和企业利润分配制度。企业应在每一会计年度终了时制作财务会计报告，并在规定的期限内将财务报告送交各股东。

总之，建立现代企业管理制度，就是要求企业适应现代生产力发展的客观规律，按照市场经济发展的需要，积极应用现代科学技术成果，包括现代经营思想、理论和技术，建立一套符合本企业特点、保证生产经营活动高效率运行的经营管理制度，并有效地进行管理，以创造最佳的经济效益。

四、现代企业制度的内在关系

现代企业产权制度、组织制度和管理制度三者之间相辅相成，共同构成了现代企业制度的总体框架。

1. 产权制度是基础

现代企业产权制度确立了企业的法人地位和企业法人财产权，实现了企业民事权利能力和行为能力的统一，使企业真正作为自主经营、自负盈亏的法人实体进入市场。企业要进入市场，成为市场竞争主体，就必须能够独立地享有民事权利，承担民事责任。可见，企业法人制度确立了企业的市场主体资格，规定了企业与企业以商品生产者身份平等进入市场，按照等价交换原则进行商品交换的经济关系，这是现代企业制度的基础。

2. 组织制度是框架

现代企业组织制度以合理的组织结构，确定了所有者、经营者和职工三者之间的制约关系，做到出资者放心、经营者精心、生产者用心，从而使企业始终保持较高的效率，并为企业长期、稳定发展提供了组织保证。

3. 管理制度是保证

现代企业管理制度通过科学的生产管理、质量管理、营销管理、人力资源管理、研究与开发管理、财务管理等一系列管理体系的建立，以及企业管理模式、管理轴心、管理体制、管理目标、管理手段等的选择，有效地保证企业内部条件与外部环境相适应，企业各项资源得到最有效的利用。

因此，建立现代企业制度，一定要把握好企业产权制度、组织制度和管理制度三者之间的关系。从我国实际出发，吸收和借鉴世界发达国家的有益经验，真正建立起既符合国情又能与国际惯例接轨的具有中国特色的现代企业制度。

五、现代企业制度的环境保障

现代企业制度的建立和运行需要以良好的外部环境为保障，包括完善的市场环境、健全的法制体系和社会保障体系、完善的政府宏观调控职能等。

1. 完善的市场环境

在现代企业制度下，企业是自主经营、自负盈亏的独立的法人经济实体，依法按市场规则组织生产和经营活动，所有企业直接面对的都是同一个市场。因此，企业需要一个充满竞争的开放的市场环境。在一个条块分割、地方保护严重的封闭的市场环境中，很难建立现代企业制度。

2. 健全的法制体系

市场的开放性注定了市场将充满竞争,竞争就需要有一定的游戏规则,否则竞争将走向无序,市场就会产生混乱。我国市场体系经过多年的培育,其法制体系也得到了长足的发展,与现代企业制度相适应的法律制度,主要包括以下内容:

(1) 规范市场主体的法律制度,如企业法、公司法等。
(2) 规范市场运行规则的法律制度,如破产法、反不正当竞争法、反垄断法等。
(3) 规范宏观调控机制的法律制度,如税法、银行法、预算法等。
(4) 规范社会保障机制的法律制度,如社会保障法、劳动就业法、公共安全法、教育法等。
(5) 规范特定经济行为的法律制度,如证券法、经济合同法、专利法、商标法等。

3. 健全的社会保障体系

现代企业制度的建立必然伴随着合理的人才流动,失业、养老、医疗等将成为一个严重的社会问题,而这是企业靠本身之力无法妥善解决的。健全的社会保障制度既是对公民基本生存权的保障,也能为企业建立起一个良好的社会经济环境,有利于保障劳动者的合法权益,有利于企业摆脱冗员负担实现公平竞争。社会保障体系包括失业保险制度、养老保险制度、医疗保险制度、工伤保险制度等。

4. 完善的政府宏观调控职能

首先,由于市场的不完全竞争性,各企业所掌握的市场信息是不对称的,这就导致了企业的市场行为并非有效率。这时就需要政府利用税收、利率、预算等经济杠杆来调控市场,引导企业管理者的决策。其次,企业在经济利益的驱使下,有时会做出一些不正当的竞争举措,扰乱市场,如价格垄断、低价倾销等。建立市场规则、保证公平竞争是政府宏观调控职能的重要方面。最后,政府的宏观调控职能是对经济、法律、行政手段的综合运用,而不是直接控制、干预企业的生产经营活动。

【思考题】

1. 简述企业的产生与发展。
2. 简述企业的概念及其基本特征。
3. 企业有哪些类型?各有怎样的特点?
4. 简述企业与公司的区别。
5. 试述现代企业发展的特征。
6. 企业管理的基本任务是什么?
7. 企业管理的基础工作有哪些?谈谈你对它们的理解。
8. 在新的经济环境下,企业管理的发展趋势主要有哪些?
9. 如何正确理解现代企业制度?
10. 现代企业制度的四项基本特征是什么?
11. 现代企业组织制度包括哪些内容?
12. 现代企业制度的建立和运行需要怎样的外部环境?

【案例】

柴火创客空间潘昊：让路人都可以坐下来创业

　　柴火创客空间寓意于"众人拾柴火焰高"，为创新制作者提供自由开放的协作环境，鼓励跨界的交流，促进创意的实现乃至产品化。随着李克强总理巡视深圳并造访柴火创客空间，这个原本只属于创客们的"创意会所"一时间变得街知巷闻。"创客"一词来源于英文单词"Maker"，是指出于兴趣与爱好，努力把各种创意转变为现实的人。创客们作为热衷于创意、设计、制造的个人设计制造群体，最有意愿、活力、热情和能力在创新2.0时代为自己同时也为全体人类创建一种更美好的生活。

　　柴火创客空间创始人、矽递科技CEO潘昊很低调，但他定下的目标足以挑战传统工业化量产的霸权。

　　2007年，潘昊从重庆大学电子专业毕业，大学期间他自己组装电脑，参加各种电子竞赛和大学生机器人比赛。大二时，他获得全国大学生电子设计竞赛二等奖。凭借丰富的获奖经历，原本可以进入浙大或清华读研，但他选择了就业。"其实创业的想法从很早以前就存在了。"潘昊说，他更喜欢实际操作，因此选择先进大公司历练。但是，大企业的研发部门只招收研究生学历以上的应届生，虽然他成功杀入英特尔公司的终极面试，最后还是被刷了下来。经过折中，他选择进入英特尔的制造部门。1年后，潘昊决定辞职寻找更适合自己的工作。

　　年轻的最大资本就是有无限可能，潘昊没有急于找工作。他的家在四川雅安，川藏线的起点，他要骑行川藏线，同时思考未来。但父母不愿让他冒险，在父母的建议下，他选择了另一条线路，河南、河北、东北、上海……一个人的时候他想了很多，3个月后他在北京停下来。这段珍贵的旅程，教会他如何找到自己的方向。

　　在北京，潘昊开始在一家外贸公司打工。潘昊通过兼任跑业务、采购等工作，迅速熟悉了国际贸易流程。2008年，这家公司撤销，潘昊又面临人生选择。这一次，他有了新想法。在北京，潘昊参观过一个新媒体艺术展。以前，人们用画笔创造艺术品；新媒体时代，人们可以用Arduino创造艺术品。回到家，潘昊通过网络开始接触Arduino，这是一款开源电子原型平台，包含硬件、各种型号的Arduino板以及软件。这个平台聚集了全球最活跃的创客。

　　那时，国内还没有创客概念，潘昊被这个新兴群体吸引。大学时参加电子设计竞赛，他常遇到有设计图纸但没有硬件支持的状况。大公司不屑于为个体生产单个硬件，要完成一个设计，往往要自己手动焊接制造电路板，费时费力。他在海外论坛发帖征集创客们的需求，到国内电子市场搜集硬件加工后发给创客。越来越多的人通过口碑慕名而来，1个月后，也就是2008年的夏天，潘昊决定南下深圳。这里各种元器件的供应链加工能力比北京更强。他和同学的弟弟两个人开始接单。每天，潘昊背着包到华强北采购硬件，回住处的路上顺便买菜。忙碌的生活很累，但他在自己选择的道路上感受到前所未有的快乐。

　　到深圳两个月后，业务量快速增长，潘昊开始招收第一个员工。2009年，矽递科技正式成立。矽递，由英文Seeed音译而来。潘昊在种子的英文seed里藏了一个"e"，就像藏了一颗种子，"一来是想保持独特性，二来这个e也蕴含着Electronics（电子）的意思。中文的矽就是硅的意思（二氧化硅），矽递致力于开源硬件，因此这个名字有'半导体的传递'的意思在里面。"在矽递科技网站，任何人都可以找到其全部商业秘密——图纸、设计文件以及配套软件。"这就是开源硬件"，潘昊解释，开源的好处在于创造者不需要从头做一件已有的东西，"我可以在别人的基础上进行完善，别人也可以在我的基础上进行完善。"

深受国外 Maker Space 精神的影响，潘昊在 2011 年成立深圳第一家创客空间"柴火"，极力想要把 Maker(创客)运动带到中国，推动 Maker 文化。提供基本的设备、工具，并且举行各种聚会、工作坊和知识分享会，促进 Maker 之间的交流和跨界合作。为扩大创客精神，与公众有更广泛的接触，潘昊分别于 2012 年和 2014 年举办了 Maker Faire(深圳制汇节)，号召两万名创客，推动中外 Maker 之间的交流，促进 Maker 文化在中国萌芽、发展。

(资料来源：http://www.laoren.com/lrbxw/2015/422087.shtml)

思考题：
1. 潘昊诠释了什么样的创业精神？
2. 大众创业对社会的发展有何益处？

第四章 管理经济学基础

【学习要点】
- 市场供求理论
- 均衡理论
- 弹性理论
- 成本理论

现代企业要在复杂多变、日益激烈的市场竞争中持续生存并求得发展,企业管理者必须对市场经济的规律有深刻的认识和理解,不仅要把握企业外部环境的变化趋势,更要把握企业作为一个独立的经济组织的运行规律。管理经济学为经营决策提供了相关的分析工具和分析方法。

第一节 管理经济学概述

一、经济学的核心问题

经济学是研究人类社会的各种经济活动、经济关系及其运行发展规律的一门学科。

经济学的核心问题就是如何将稀缺的资源进行有效的配置。我们知道,人类的欲望和需要是无限的、没有止境的。但是,可供人们使用的资源往往是有限的,有限的资源相对无限的需要即构成了资源的稀缺性。一般来说,人类社会的无限需要本身有轻重缓急之分,各种资源通常又有不同的用途。从资源配置的角度来说,经济学就是一门关于选择的学科。在解决稀缺性问题时,人类社会必须对如何使用资源做出选择,这就涉及经济学的三个基本问题——"生产什么?如何生产?为谁生产?"

(1) 生产什么,即将现有资源用于哪些商品(包括服务)的生产?各种商品又分别生产多少?这是经济社会面临的首要问题。

(2) 如何生产,即用什么方法来生产?一般而言,每种商品的生产都可能采用多种不同的生产方法,任何生产都需要使用不同的生产要素,因此,选择生产方法的问题往往也就是选择何种生产要素并以怎样的比例使用生产要素的问题,而这又和所采用的生产方式和技术水平密切相关。从这一意义上可以说,如何生产的问题就是选择什么样的生产技术的问题。例如,农民种地可以用人力、牛力、农具,但也可以大量使用现代化的农业机械和电力。

(3) 为谁生产?"为谁生产"就是生产出来的商品供哪些人消费的问题,即生产出来的商品怎样在社会成员之间进行分配的问题,因而也就是收入分配问题。

稀缺性(Scarcity)是人类社会各个时期和各个社会所面临的永恒问题。因此,以上三个基本经济问题是任何社会都不能回避、任何经济组织都会遇到、所有类型的经济共同存在的问题。第一个问题是与效益有关的问题,即正确选择真正为人们所需要的物品进行生产以最大限度地满足人们的需要;第二个问题是与效率有关的问题,即怎样生产才能获得最大的投入产出;第三个问题是与公平有关的问题,即社会全体成员之间收入的合理分配与相对满足。

经济发展就是要提高资源尤其是稀缺资源的配置效率。在资源稀缺的情况下,我们需要考虑用尽可能少的投入来得到尽可能多的产出;我们需要考虑哪些商品是最符合消费者需求的,需要分析社会需求的数量;需要考虑用怎样的技术来生产想要生产的那些商品并使成本较低;也需要考虑怎样进行收入的分配较为合理。因此,从根本上说,经济学最核心的问题就是如何将稀缺的资源进行有效的配置。理论和实践都证明,市场配置资源是最有效率的形式,市场决定资源配置是市场经济的一般规律,市场经济本质上就是市场决定资源配置的经济。

二、微观经济学与宏观经济学

现代经济学最重要的两大分支是微观经济学与宏观经济学。宏观经济学(Macroeconomics)也被称为总量经济学,着眼于国民经济的总量分析,它以整个国民经济的运作作为研究对象,通过研究经济中各有关总量的决定及其变化,来说明如何才能充分利用资源的问题。宏观经济学通过对国民收入形成分析来研究资源的利用,基本内容包括国民收入决定理论、失业与通货膨胀理论、经济周期与经济增长理论、开放经济理论和宏观经济政策等,并以收入和就业为核心。因此,通常也被称为收入理论和就业理论。

微观经济学(Microeconomics)又称个体经济学,是宏观经济学的对称。通过研究个体经济单位的经济行为和相应的经济变量数值的决定,来说明价格机制如何解决社会的资源配置问题。个体经济单位指单个消费者、单个生产者和单个市场等。家庭是经济中的消费者,企业是经济中的生产者。微观经济学是建立关于这些个体经济单位行为规律的理论,如市场运作的规律是什么,企业与消费者怎样在市场上相互作用,以及价格、产量如何确定,市场中的企业之间如何竞争等。微观经济学解决的中心问题是资源的配置,即生产什么、如何生产和为谁生产的问题,这些问题的解决靠的是价格机制。因此,微观经济学的中心理论是价格理论。微观经济学的一个中心思想是,自由交换往往使资源得到最充分的利用,在这种情况下,资源配置被认为是帕累托(Pareto)有效的。微观经济学的基本内容包括:均衡价格理论、消费者行为理论、生产者行为理论(包括生产理论、成本理论和市场均衡理论)、收入分配理论、一般均衡理论与福利经济学、市场失灵与微观经济政策。前五个理论是有关产品价格决定的理论分析,采用的是局部均衡分析,侧重资源配置的效率;最后一个理论采用一般均衡分析,并将公平与效率结合起来,同时针对市场失灵说明政府的一系列微观职能。

三、管理经济学

管理经济学是经济学的一个分支,被定义为运用经济学理论和决策科学的分析工具,研究企业生产经营决策系统行为的规律性,以寻求经济效益最佳的一门应用性经济学科。

管理经济学是微观经济学与管理实践相结合的一门学科,服务于管理者的三个基本任务的解决:(1)生产经营什么?(2)怎样生产经营?(3)为谁生产经营?

一般而言,管理经济学对企业管理者来说,可以在两个方面发挥作用:第一,在确定的现有经济环境中,管理经济学原理能为决定资源在企业内部的有效配置方案提供分析框架。例如,管理经济学能帮助企业管理者确定,把产品从一个市场转移到另一个市场进行销售能否为企业增加利润。第二,这些原理能帮助企业管理者对各种经济信号做出快速反应和准确决策。例如,如果产品价格上涨,或产品生产成本下降,企业的正确反应就该是增加产量。又如,若某种投入生产要素(如劳动)的价格上涨了,就应该用其他替代性投入要素(如资本)。

不难发现,就研究对象而言,管理经济学研究企业经营中所面对的经济决策问题,而这种研究主要建立在两个理论基础之上:一个是经济学理论,其中微观经济学的理论和方法构成主要理论支柱;另一个是基于定量分析的决策科学。

管理经济学与经济学理论、决策科学之间的关系可以用图4-1来表示。

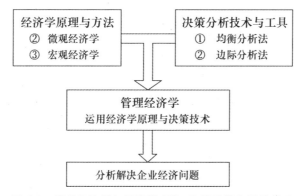

图 4-1 管理经济学与经济学理论、决策科学之间的关系

管理经济学与作为其主要理论支柱的微观经济学在许多方面具有共同点,如研究内容、分析方法和逻辑推理等。在某种意义上,可以将管理经济学视为应用微观经济学,或者说管理经济学吸收了微观经济学中对企业及管理者而言最为重要的应用部分。当然,也有宏观经济学方面的内容,如市场失灵、政府干预等。但是,从学科属性上来讲,微观经济学是一门理论科学,而管理经济学是一门应用科学,它们在研究内容、范围、方式、目标等方面存在不同之处。

第一,内容、范围上的区别。微观经济学作为经济科学的一个主要分支,是站在整个社会的角度,考察和分析微观经济主体的行为及其结果——经过市场供求波动从而变动价格去引导经济资源的优化配置问题;管理经济学则是站在企业管理者的角度,为企业的最优决策提供经济分析工具,因此,管理经济学论述的展开是紧紧围绕企业的决策问题而进行的。

第二,研究方式上的区别。微观经济学偏重于理论分析,主要回答"应该是什么"的问题。相对而言,管理经济学偏重于应用分析,其研究的角度更倾向于企业的与实证的,主要回答"是什么"的问题。管理经济学是为管理者所用的经济学,是管理者的经济学,它研究微观经济学原理在企业经营中的应用,对问题的考察是从企业经营的角度出发的。因此,它又常常被人们称为企业经济学。

第三,研究目标上的区别。微观经济学是为了揭示微观经济主体的行为,理解价格机制如何实现经济资源的优化配置;管理经济学则是为企业管理者服务的,其目的是为了解决企业的决策问题而提供经济分析手段。

第四,研究假设条件上的区别。微观经济学理论的建立是以一定的假设条件为前提的,其中一个基本假设条件就是"合乎理性的人",也被简称为"理性人"或者"经济人",即经济生活中一般人的抽象,都是以利己为动机,力图以最小的经济代价追逐和获得自身最大的经济利益。但管理经济学所面对的现实企业的经营目标,多是有条件地谋求尽可能多的利润。这是因为:首先,企业经营活动是在一系列约束条件下进行的,企业不可能不顾一切地去追逐利润;其次,从短期看,现实中企业目标总是多样化的,为了在各种目标之间取得平衡,企业通常只能追求满意的利润,而不是最大的利润。

微观经济学的另一个基本假设条件就是"完全信息",即市场上每一个从事经济活动的个体都对有关的经济情况具有完全的信息。但是,管理经济学所研究的现实企业通常是在一个环境十分复杂,信息很不确定、不完全的状态下经营的。因此,在应用管理经济学研究企业决策问题时,还要借用微观经济学以外的其他理论与分析方法,如宏观经济学、信息经济学、管理决策学和市场营销学等,以便收集、分析必要的信息,并在不确定的条件下进行方案的比选。

第二节　市场供求理论

需求和供给是构成市场的两个方面,供求关系决定市场价格,价格决定机制使稀缺资源得以优化配置。因此,企业管理者必须十分了解市场及其运行规律,并使自己的管理决策能够随时适应市场的变化。

一、需求理论

(一) 需求与需求量

需求是指消费者在某一特定时期内,在各种可能的价格水平下,愿意并且能够购买某种商品或劳务的数量。

在理解需求这个概念时,应该注意的是,需求是购买欲望和支付能力的统一,如果消费者对某种商品只有购买的欲望而没有货币购买力,就不能算是需求。

需求和需求量是两个不同的概念。需求反映了不同的价格与相应的需求量之间的关系,它不是单一的数量。需求量是指某一时期内,在某一价格水平下,消费者愿意并且能够购买的某种商品或劳务的数量。

(二) 影响需求数量的因素

一种商品的需求数量受多种因素影响,其中最主要的有以下几种:

(1) 商品自身的价格。这是影响需求的一个最重要、最灵敏的因素。一般情况下,需求量变化与价格变化呈反向关系。商品的需求量随着价格的上涨而减少,随着价格的下降而增加,这就是需求定理。

(2) 相关商品的价格。某种商品的需求量不仅取决于自身的价格,而且还取决于其他商品的价格。这种影响可以分两种情形分析:一是其他商品是替代品;二是其他商品是互补品。互补品是指必须互相补充、互相配合才能产生效用的商品,例如机油与汽油即互为互补品。互补关系的商品之间价格变动对需求的影响是:当一种商品的价格上升时,另一种商品的需求就减少;反之,当一种商品的价格下降时,另一种商品的需求就上升。替代品是指在效用上可以互相替代的商品,例如牛肉和羊肉。替代关系的商品之间价格变动对需求的影响是:当一种商品的价格上升时,另一种商品的需求就会增加;反之,当一种商品的价格降低时,另一种商品的需求就减少。这就是说,一种商品的需求量和它的互补品的价格是反方向变化的,一种商品的需求量与它的替代品的价格是同方向变化的。

（3）消费者的偏好。消费者的主观因素对商品的需求也有影响。当消费者对某种商品的偏好程度增加时,该商品的需求就会增加;反之,当偏好程度减弱时,需求就会减少。例如,在我国,过去对咖啡的需求较少,因为中国人习惯于喝茶,但是随着人们嗜好的改变,我国对咖啡的需求有了明显增加。

（4）消费者的收入水平。需求量是有效的需求,因而它还取决于消费者的可支配收入。一般来说,需求和消费者的可支配收入之间呈同向变化,即对某种商品的需求将会随着消费者可支配收入的增加而增加,反之,就会减少。例如,随着我国经济的持续快速发展,居民收入增加,家庭汽车的需求也大幅度增长。

（5）对商品未来价格变化趋势的预期。如果人们普遍预期某一商品的价格未来会上涨,则这种商品当前的需求就会增加;反之,当前需求则会减少。

除此之外,还有社会人口的数量及其结构、政府的消费政策、地域、其他费用等因素也会影响某种商品的需求。

（三）需求函数

需求函数是表示一种商品的需求数量和影响需求数量的各种因素之间的相互关系。把影响需求的各种因素作为自变量,把需求作为因变量,则需求函数为:

$$Q_D = f(P_x, P_s, T, I, E, A \cdots)$$

式中: Q_D 为对某种商品的需求量; P_x 为该商品的价格; P_s 为相关商品的价格; T 为消费者的偏好; I 为消费者的收入; E 为对价格的预期; A 为其他费用。

这种需求函数仅是最一般的表达式,它并没有表示出因变量与自变量之间的确定关系。企业在决策时为了具体计算需求量,还必须估计出更为具体的需求函数来。

例如,某洗衣机厂具体的需求函数估计为:

$$Q_D = -20P + 20I + 0.5A$$

该式中: Q_D 为顾客对该厂洗衣机的需求量; P 为洗衣机价格; I 为居民的平均收入; A 为广告费用。在其他因素不变的情况下,价格每提高1元,对洗衣机的需求量将减少20台;居民收入每增加1元,需求量将增加20台;广告费每增加1元,需求量将增加0.5台。

假设计划年度 P、I、A 的值预计分别为300元、800元、10 000元,那么,在这一计划年度洗衣机的预计需求量应为15 000台,即:

$$Q_D = -20 \times 300 + 20 \times 800 + 0.5 \times 10\,000 = 15\,000（台）$$

（四）需求表和需求曲线

由于一种商品的价格是决定需求的最基本的因素,因此在需求函数中,我们可以假定影响需求的其他因素不变,只考察商品自身价格的变化对该商品需求量的影响,以 P 代表价格,则基本需求函数可表示为: $Q_D = f(p)$。

基本需求函数描述了一种商品的需求量和价格之间的一一对应关系,这种函数关系可以分别用商品的需求表和需求曲线来表示。

商品的需求表是表示某种商品的各种价格水平与各种价格水平相对应的该商品的需求数量之间关系的数字序列表。需求表可以分为个人需求表和市场需求表,如表4-1所示。

表 4-1　某商品的需求表

价格 \ 需求量	个人需求量（单位）					市场需求量（单位）
	甲	乙	丙	丁	…	
6	11	10	12	8	…	5 600
5	15	13	16	10	…	6 200
4	20	16	21	12	…	6 500
3	24	18	24	15	…	7 600
2	30	22	28	18	…	9 000
1	35	25	32	20	…	12 000

以需求表中一一对应的价格和需求量数据为坐标画图,就能得到需求曲线。需求曲线也可以分为个人需求曲线和市场需求曲线。需求曲线是表示商品价格和需求量之间的函数关系的几何图形。曲线上的各点反映了商品价格与需求量之间的关系,如图 4-2 所示。图中横轴代表需求量,纵轴代表价格。一般情况下,为了简化模型,需求曲线可用直线表示,如图 4-3 所示。

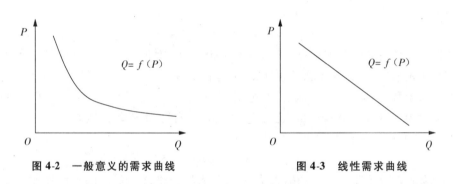

图 4-2　一般意义的需求曲线　　　　图 4-3　线性需求曲线

由图 4-3 可知,需求曲线是一条向右下方倾斜的直线,即需求曲线的斜率为负值,这表明价格与需求量之间存在着反方向变动的关系,即在其他条件不变的情况下,某商品的需求量随价格的上升而减少,随着价格的下降而增加。

但是,需求定理只是对一般商品而言,对某些特殊商品,需求定理则不一定适用。例如,某些炫耀性消费品如名贵珠宝、高档别墅等,往往是价格下降需求量则减少;某些生活中的低档商品（吉芬商品）,在特定条件下价格上升需求量反而增加。最典型的例子是在 1845 年爱尔兰发生大灾荒时,马铃薯的价格上升,需求量反而增加。而某些投机性商品,受人们心理和预期的影响,当价格发生较大幅度变动时,需求呈现出不规则的变化。

（五）需求量的变动与需求的变动

需求量的变动是指在其他条件不变的情况下,商品本身价格变化所引起的需求量的变化。这种需求量的变化在需求曲线上表现为"在同一条需求曲线上点的移动"（点移动）。如图 4-4 所示,在需求曲线 D_1 上,价格由 P_1 下降到 P_2,导致需求量由 Q_{11} 增加到 Q_{12},表现为在需求曲线上由 A 点移动到 B 点。

需求的变动与需求量的变动不同。所谓需求的变动,是指由于商品本身价格以外的因素发生变化而引起的整个需求关系的变化。这意味着消费者在每一价格水平上所愿意并且有能力购买的商品数量都与原来不一样了。在需求曲线图形上,表现为整个需求曲线的位移,即代

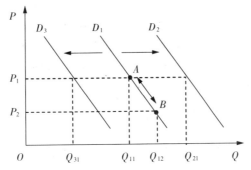

图 4-4 需求量的变动和需求的变动

之以新的需求曲线,形成"需求曲线的移动"(线移动)。如图 4-4 所示,由于某种因素(不是价格)的影响,需求曲线由 D_1 向右移动到 D_2,则在同一价格水平 P_1 下,需求量由 Q_{11} 增加为 Q_{21};反之,若需求曲线由 D_1 向左移动到 D_3,则在同一价格水平 P_1 下,需求量由 Q_{11} 减少为 Q_{31}。

可见,在同一条需求曲线上,点向上方移动是需求量减少,点向下方移动是需求量增加;需求曲线向左方移动是需求减少,需求曲线向右方移动是需求增加。这种由需求变动所引起的需求曲线位置的移动,表示在每一个既定的价格水平下需求数量都增加或者都减少了。

二、供给理论

(一) 供给与供给量

供给是指生产者在某一特定时期内,在各种可能价格下,愿意出售并且能够出售的商品或劳务数量。形成供给也要具备两个条件:第一,生产者有出售愿望;第二,生产者有供给能力,两者缺一不可。

供给量是指生产者在一定时期内,在某一价格水平下,愿意并且能够出售的商品和劳务的数量。供给量有单个生产者的个别供给量和全社会总供给量即市场供给量之分。

(二) 影响供给的因素

影响商品供给的因素很多,有经济因素,也有非经济因素,主要有以下几种:

(1) 商品自身的价格。企业的目标是追求利润最大化,在其他条件不变的情况下,如果某种商品的价格上涨,企业就愿意扩大生产,从而这种商品的供给量就会增加;反之,企业就减少生产,从而该商品的供给量会减少。换言之,在影响供给的其他因素不变的情况下,商品的供给量与价格之间同方向变动。这种现象普遍存在,被称为供给定理。

(2) 生产的成本。如果产品的价格既定,生产成本越高,利润就越少,从而企业的供给就会减少;反之,成本越低,利润就越高,供给就会增加。企业产品成本的高低,受企业生产技术水平、原材料价格和工资水平的影响。所以,如果企业的生产技术有了改进,原材料价格下降了或工人工资率下降了,都会带来产品成本的降低,企业就会因此扩大供给。

(3) 生产者对未来价格的期望。如果生产者预计某种商品未来价格会上涨,就会多生产以增加该商品的供给;反之,就会减少生产。

(4) 其他商品的价格。如果某种商品价格不变,而生产设备、生产技术以及工艺相近的其他商品价格上升了,则会导致社会资源重新配置,生产者会被吸引到其他商品的生产上去,使生产该商品的厂商数量减少,导致供给减少;反之亦然。

除此之外,供给还受生产者所要达到的目的、现有的技术水平以及政府税收政策等因素的影响。

（三）供给函数

供给函数是表示一种商品的供给数量和影响供给数量的各种因素之间的相互关系。如果把影响供给的各种因素作为自变量,把供给作为因变量,则供给函数可表示为:

$$Q_S = f(P_x, P_y, C, E\cdots)$$

式中:Q_S 为某产品的供给;P_x 为该产品的价格;P_y 为其他产品的价格;C 为该产品成本;E 为生产者对产品未来价格的期望。

与需求一样,价格也是决定供给的最灵敏、最重要的因素。我们假定其他因素不变,仅研究价格与供给之间的关系,则基本供给函数可记作:$Q_S = f(P)$。

（四）供给表和供给曲线

基本供给函数描述了一种商品的供给量和价格之间的一一对应关系,这种函数关系也可以分别用商品的供给表和供给曲线来表示。

商品的供给表是表示某种商品的各种价格与各种价格相对应的该商品的供给数量之间关系的数字序列表。供给表可分为个别供给和市场供给的供给表,如表4-2所示。

表4-2 某商品的供给表

价格 \ 供给量	个别企业供给量（单位）					市场供给量（单位）
	甲	乙	丙	丁	…	
6	35	25	32	20	…	12 000
5	30	22	28	18	…	9 000
4	24	18	24	15	…	7 600
3	20	16	21	12	…	6 500
2	15	13	16	10	…	6 200
1	11	10	12	8	…	5 600

用图示的方法把上述供给表表现出来,即得到该商品的供给曲线。供给曲线分为企业供给曲线和行业供给曲线。供给曲线就是假定在除价格以外的其他因素均保持不变的情况下,反映供给量与价格之间关系的曲线,如图4-5及图4-6所示。图中横轴代表供给量,纵轴代表价格。

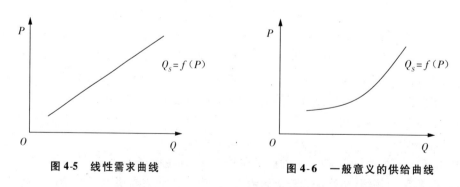

图4-5 线性需求曲线　　　　图4-6 一般意义的供给曲线

根据供给定理,供给曲线的形状通常是向右上方倾斜的,即供给曲线的斜率为正值,表明价格与供给量同方向变动。价格和供给量之间可以是线性关系,也可以是非线性关系。当二者之间存在线性关系时,供给曲线是一条向右上方倾斜的直线,直线上任意一点的斜率都相等,图 4-5 的供给曲线便是如此。而当二者之间存在非线性关系时,供给曲线是一条向右上方倾斜的曲线,曲线上各点的斜率是不同的,图 4-6 就是一般意义上的供给曲线。

同样,供给定理也存在特例。例如,某种无法再生产的商品,如土地,文物、古玩、名家字画等,即使价格再高,也无法增加供给的数量。在工资水平较低时,劳动的供给符合供给定理,在工资小幅度上升时供给量会增加,但当工资增加到一定程度时,如果再增加,劳动的供给量不仅不会增加反而会减少,表明了劳动作为一种生产要素存在着边际报酬递减的规律。

（五）供给量的变动和供给的变动

与需求量的变动和需求的变动一样,供给量的变动和供给的变动也是两个不同的概念。供给量的变动是指供给曲线不变（也就是说,所有非价格因素不变）,由于商品自身价格的变化,供给量沿着原供给曲线而变化,如图 4-7 所示,当价格从 P_1 提高到 P_2 时,供给量从 Q_1 增加到 Q_2。供给的变动则是指因非价格因素发生变化,即价格不变而引起供给曲线的位移。如图 4-8 所示,因非价格因素变动,供给曲线从 S_0 变动到 S_1 或 S_2,均属供给的变动。

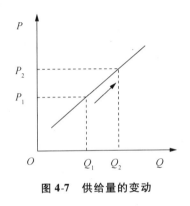

图 4-7　供给量的变动

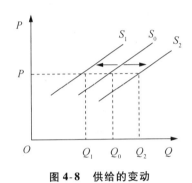

图 4-8　供给的变动

三、均衡理论及其应用

（一）均衡价格的定义

在西方经济学中,均衡是一个被广泛运用的重要概念。均衡的最一般意义是指经济事物中有关变量在一定条件的相互作用下所达到的一种相对静止的状态。均衡价格是指某种商品的市场需求量和市场供给量相等时的价格。市场上需求量和供给量相等的状态,被称为市场均衡状态,也被称为市场出清状态。从图形上来看,一种商品的市场均衡出现在该商品的市场需求曲线和市场供给曲线相交的点上,该交点被称为均衡点。均衡点上的价格和相等的供求数量分别被称为均衡价格和均衡数量。

（二）均衡价格的决定

均衡理论根据需求与供给的关系来说明均衡价格的形成即均衡价格决定的过程。图 4-9 说明了市场均衡价格的决定。

在图 4-9 中,横轴 OQ 代表数量,纵轴 OP 代表价格,D 代表需求曲线,S 代表供给曲线,D 和 S 相交于 E 点,这时的需求量等于供给量,决定了均衡价格为 P_E,均衡数量为 Q_E。均衡价格是通过市场供求关系的自发调节而形成的。由于供求的相互作用,一旦市场价格背离均衡价格,则有自动恢复的趋势。

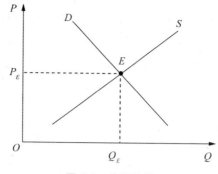

图 4-9 均衡价格

图 4-10 和图 4-11 进一步说明了均衡价格的形成。当市场价格高于均衡价格时,在图 4-10 中,P_E 为均衡价格,Q_E 为均衡数量,市场价格为 P_1,这时 $P_1 > P_E$,需求量为 Q_1,供给量为 Q_2,$Q_2 > Q_1$,供大于求($Q_2 - Q_1$ 为供给过剩部分),这样市场价格必然下降,一直下降到 P_E,这时供给量与需求量相等,又恢复了均衡。当市场价格低于均衡价格时,如图 4-11 所示,P_E 为均衡价格,Q_E 为均衡数量,市场价格为 P_2,这时 $P_2 < P_E$,需求量为 Q_1,供给量为 Q_2,$Q_1 > Q_2$,供不应求($Q_1 - Q_2$ 为供给不足部分)。这样,市场价格又必然上升,一直上升到 P_E,这时供给量与需求量相等,又达到了均衡。

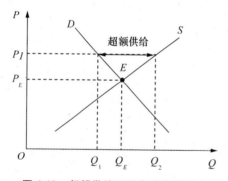

图 4-10 超额供给下均衡价格的形成

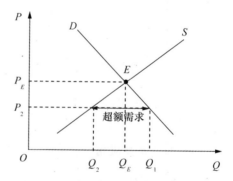

图 4-11 超额需求下均衡价格的形成

由此可以看出,均衡价格的形成过程即是价格决定的过程,它是通过市场上供求双方的竞争过程自发地形成的。均衡是一种趋势,是市场自发调节的结果,是客观存在的,不是由人的意志决定的。市场上实际价格偏离均衡价格时,市场始终存在变化的力量,最终达到市场均衡或市场出清。

(三)均衡价格的变动与供求定理

市场上价格与数量的均衡是由需求与供给这两种力量共同决定的,因此供求任何一方的变动都会引起均衡的变动。

1. 需求的变动对均衡价格和均衡数量的影响

图 4-12 说明了需求的变动对均衡的影响。在图 4-12 中,D_0 是原来的需求曲线,D_0 与供给曲线 S 相交于 E_0,决定了均衡价格为 P_0,均衡数量为 Q_0。需求曲线由 D_0 移到 D_1 意味着需求的减少,这时 D_1 与 S 相交于 E_1,决定了新的均衡价格为 P_1,均衡数量为 Q_1,$P_1 < P_0$,$Q_1 < Q_0$,这表明由于需求的增加,均衡价格下降了,均衡数量也减少了。需求曲线 D_0 移动到 D_2 意

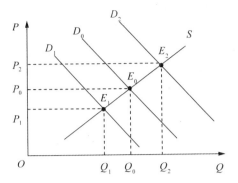

图 4-12 需求的变动对均衡的影响

味着需求的增加,这时 D_2 与 S 相交于 E_2,决定了新的均衡价格为 P_2,均衡数量为 Q_2,$P_2>P_0$,$Q_2>Q_0$。这表明由于需求的增加,均衡价格上升了,均衡数量也增加了。

2. 供给的变动对均衡价格和均衡数量的影响

图 4-13 则说明了供给的变动对均衡的影响。在图 4-13 中,S_0 是原来的供给曲线,S_0 与需求曲线 D 相交于 E_0,决定了均衡价格为 P_0,均衡数量为 Q_0。供给曲线由 S_0 移到 S_1 意味着供给的增加,这时 S_1 与 D 相交于 E_1,决定了新的均衡价格为 P_1,均衡数量为 Q_1,$P_1<P_0$,$Q_1>Q_0$,这表明由于供给的增加,均衡价格下降了,均衡数量增加了。供给曲线由 S_0 移动到 S_2 意味着供给的减少,这时 S_2 与 D 相交于 E_2,决定了新的均衡价格为 P_2,均衡数量为 Q_2,$P_2>P_0$,$Q_2<Q_0$,这表明,由于供给的减少,均衡价格上升了,均衡数量减少了。

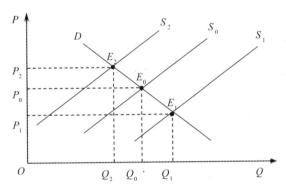

图 4-13 供给的变动对均衡的影响

从以上的分析可以得出:

(1)需求的增加引起均衡价格的上升,均衡数量的增多;需求的减少引起均衡价格的下降,均衡数量的减少。由此可见,需求的变动都引起均衡价格与均衡数量同方向变动。

(2)供给的增加引起均衡价格的下降,均衡数量的增多;供给的减少引起均衡价格的上升,均衡数量的减少。由此可见,供给的变动引起均衡价格反方向变动,而引起均衡数量同方向变动。

这就是供求定理,在其他条件不变的情况下,需求的变动引起均衡价格和均衡产量同方向变动;供给的变动引起均衡价格反方向变动,而引起均衡产量同方向变动。

需要指出的是:这里所用的供给曲线和需求曲线都是整个市场的曲线;以上分析都是假定供给或需求一方固定,另一方变动对均衡价格与均衡数量的影响。而在企业管理决策中,最常见的是需求与供给同时变动,这种情况下均衡价格和均衡数量的变化就比较复杂,需要结合具体情况来分析确定。

(四) 价格机制的作用

均衡价格的形成过程表明,供给、需求和价格的变动都是相互依存的,即供给和需求因价格的变动而变动,而供给和需求相互作用又决定价格,价格因供给和需求的变动而变动。在这个过程中,竞争性的价格机制处于核心地位,就像一只"看不见的手",指引着社会生产的协调运行。

在市场经济中,价格机制调节经济的功能或作用主要表现为以下三个方面:

第一,作为指示器反映市场的供求状况。市场的供求受各种因素的影响,每时每刻都在变化。这种变化是难以直接观察到的,但它反映在价格的变动上,人们可以通过价格的变动来确切了解供求的变动。某种商品的价格上升,就表示这种商品的需求大于供给;反之,这种商品的价格下降,就表示它的需求小于供给。价格作为供求状况指示器的作用是其他任何东西都不能代替的。

第二,调节消费者的需求和生产者的供给。消费者和生产者作为独立的经济实体,以"最大化"原则(即消费者追求满足程度最大化,企业追求利润最大化)来做出自己的消费或生产决策。一方面,消费者按照价格的变动来调节需求,增加对价格下降商品的购买,而减少对价格上升商品的购买;另一方面,生产者按照价格的变动来调节供给,增加对价格上升商品的生产,而减少对价格下降商品的生产。价格的这种作用也是其他任何东西所不能代替的。

第三,合理配置资源的功能。通过价格对需求与供给的调节,最终会使需求与供给相等或均衡。当需求等于供给时,消费者的欲望得到了满足,生产者的资源得到了充分利用。价格变动的引导使得社会资源在各种用途之间有序流动、合理配置,从而实现消费者的效用最大化和生产者的利润最大化。

具体地说,价格调节经济运行的机制就是:当市场上某种商品供大于求时,商品的价格就会下降,从而一方面刺激了对该商品的需求,另一方面又抑制了对它的生产(供给)。当这种运行过程进入到对该商品的供与求大致相等时,资源也就得到合理配置了。同理,当某种商品供不应求时,也会通过价格的上升而使供求相等。价格的这一调节过程,把各个独立的消费者与生产者的活动有机地联系在一起,使得整个经济和谐而正常地运行。

第三节 弹性理论

我们已经知道,一种商品的需求与供给受多种因素的影响,那么当这些作为自变量的影响因素发生变化时,需求与供给的数量将如何变化呢?弹性理论正是用来是解释需求量(或供给量)对于影响因素变动的反应程度或敏感程度的理论。

一、需求弹性

需求弹性是说明需求量对于某种影响因素变化的反应程度。用公式表示就是:需求量变动率与影响因素变动率之比,即:

$$E = \frac{Q \text{变动率}(\%)}{X \text{变动率}(\%)} = \frac{Q_2 - Q_1}{Q_1} \bigg/ \frac{X_2 - X_1}{X_1}$$

式中:E 表示需求弹性的弹性系数;Q 表示需求量;X 表示影响需求量的某因素。

需求弹性也可理解为:影响需求量的某因素每变化百分之一,需求量将变化百分之几。例如,价格每下降1%,可使需求量增加2%,则需求的价格弹性系数为2。

影响需求弹性的因素很多,通常有产品价格、居民收入、相关产品的价格等。所以,需求弹性可以分为:需求价格弹性、需求收入弹性和需求交叉弹性等。其中,最重要的是需求价格弹性,所以一般说需求弹性就是指需求的价格弹性。

（一）需求价格弹性

1. 需求价格弹性的含义

需求价格弹性是指在一定时期内一种商品的需求量变动对于该商品的价格变动的反应程度。

$$需求的价格弹性系数 = 需求量变动率/价格变动率$$

需求量变动率与价格变动率的比值就是需求价格弹性系数,以 E_p 表示。其计算公式可表示如下:

$$E_P = \frac{\Delta Q/Q}{\Delta P/P} = \frac{\Delta Q}{\Delta P} \cdot \frac{P}{Q}$$

式中:Q 表示需求量;ΔQ 表示需求量变动的绝对数量;P 表示价格;ΔP 表示价格变动的绝对数量。

由需求定理可知,通常情况下,由于商品的需求量和价格呈反方向变动,即 $\frac{\Delta Q}{\Delta P}$ 为负值,所以,需求价格弹性系数通常为负值。但在实际运用时,为了方便起见,一般都用绝对值比较弹性的大小。

2. 需求价格弹性的分类

不同商品的需求价格弹性是不同的,根据其弹性系数绝对值的大小不同,可以将之分为五类。

第一,$|E_p| = 0$,即需求完全没有弹性(完全无弹性)。在这种情况下,无论该商品价格怎么变动,其需求量都不变。该商品的需求曲线为一条垂直于横轴的直线,如图 4-14(a)所示。一般来说,这样的商品在日常生活中很少见,通常认为像棺材、火葬、特效药、国家特殊战略储备等商品或劳务可近似看作这一类商品。

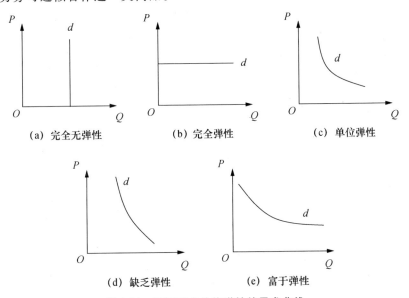

(a) 完全无弹性　　(b) 完全弹性　　(c) 单位弹性

(d) 缺乏弹性　　(e) 富于弹性

图 4-14　不同需求价格弹性的需求曲线

第二，$|E_p| = \infty$，即需求弹性无限大(完全弹性)。对于这类商品，在既定的价格水平上，它的需求量是无限的，一旦高于既定价格，则需求量立即变为零。该商品的需求曲线为一条垂直于纵轴的直线(如图4-14(b)所示)，这也是一种现实中很少见的情况。一般来说，在完全竞争的市场中，若某企业以低于市场价格出售其商品，则会立即销售一空；若定价高于市场价格，则销售量为零。

第三，$|E_p| = 1$，即需求是单位弹性的(单位弹性)。这类商品在价格变动时，需求量也按照同一比例变动，即价格若上升1%，则需求量就下降1%，其需求曲线为直角双曲线(等轴双曲线)，如图4-14(c)所示。这样的商品在现实中也很少见，我们只是在理论分析时才提到这种情况，预算总支出固定的商品可以认为是单位弹性的。

第四，$|E_p| < 1$，即需求缺乏弹性(缺乏弹性)。对于这种商品，需求量变动的比率小于价格变动的比率，其需求曲线相对比较陡，如图4-14(d)所示。这样的商品在日常生活中很常见，比如食品、燃料、衣物等生活必需品。

第五，$|E_p| > 1$，即需求富有弹性(富有弹性)。对于这种商品，需求量变动的比率大于价格变动的比率，其需求曲线相对较为平坦，如图4-14(e)所示。这样的商品在日常生活中也很常见，比如珠宝、高档家电等奢侈品。

3. 影响需求价格弹性的因素

一般来说，需求价格弹性的大小主要取决于下列因素：

(1) 商品的生活必需性。生活必需品的价格弹性小，奢侈品的价格弹性大。例如，粮食、食盐是生活必需品，价格上涨，需求量不会减少；价格下跌，需求量也不会增加很多。但珠宝、首饰等属于奢侈品，如果价格上涨，需求量就会大大减少；如果价格下跌，需求量就会大幅度增加。

(2) 商品的可替代性。可替代的物品越多、性质越接近，弹性就越大。也就是说，对某种商品进行替代的难易程度决定这种商品价格弹性的大小。假设一种商品有几种替代品，如果这些替代品的价格不变，那么一旦这种商品涨价，消费者就会很快地把购买力从这种商品转移到替代品，使这种商品的需求量迅速减少，所以这一类商品的需求价格弹性就大。例如毛织品，由于可以用多种织品(如棉织品、丝织品或化纤品)来替代，所以其弹性就大。食盐几乎没有什么别的食品可以替代，所以弹性就小。

(3) 商品用途的广泛性。一般来说，一种商品的用途越是广泛，它的需求价格弹性就可能越大；相反，用途越是狭窄，它的需求价格弹性就可能越小。这是因为，如果一种商品具有多功能，当它的价格较高时，消费者只购买较少的数量用于最重要的功能上；当该商品降价时，性价比就体现出来，其购买变量会增加。

(4) 购买商品的支出在消费者预算中所占的比重。比重大的商品，其价格弹性就大；比重小的商品，其价格弹性就小。例如，火柴、食盐等物品原来价格低，即使上涨一倍，对需求量也不会有很大影响，因为这笔支出在人们的收入中所占的比重很小，涨价不会影响个人总的经济状况。但如果电视机、电冰箱、汽车等商品涨价一倍，需求量就会大大减少。因为购买这些商品的支出在人们收入中占很大比重，它们的价格变化对于个人的经济状况的影响是举足轻重的。

(5) 消费者调节需求量的时间因素。同样的商品，从长期看，其弹性就大；如果只看短期，其弹性就小。例如，石油涨价，从短期看，人们也会注意节省石油，但不能节省得太多，因为许多工厂使用的烧油炉，短期内改装不过来。所以对石油的需求量在短期内不会减少太多。但从长期来看,许多烧油的炉子可以改装为烧煤炉,因此,对石油的需求量就可以进一步减少。由此可见,如果时间长,消费者就有可能有足够的时间来改变他们的爱好、习惯和技术条件去使用替代品,因此,长期来看其价格弹性就大。

除了上述因素外,商品的市场饱和度、商品用途的广泛性、地域差别、消费习惯和售后服务等因素也会影响需求的价格弹性。某种商品的需求价格弹性就是由上述这些因素综合决定的,不能只考虑其中的一种因素,要具体情况具体分析。

4. 需求价格弹性与销售收入的关系

需求价格弹性与销售收入之间存在着一种简单而又很有用的相互关系。这种关系可以描述为:

(1) 如果某商品的需求是富有弹性的($|E_p|>1$),当该商品的价格下降时,需求量增加的幅度大于价格下降的幅度,从而总销售收入会增加,即销售收入与商品的价格成反方向的变动。

不妨以电视机为例来说明这一点。假定电视机的需求是富有弹性的,$E_p=2$,原来的价格 $P_1=500$ 元,这时消费量 $Q_1=100$ 台,总收入 $TR_1=P_1\times Q_1=500\times100=50\,000$(元)。现在价格下降 10%,即 $P_2=450$ 元,因为 $E_p=2$,所以销售量增加 20%,即 $Q_2=120$ 台,这时总收入 $TR_2=P_2\times Q_2=450\times120=54\,000$(元)。这表明,由于电视机价格下降,总销售收入增加了。

如果某商品的需求是富有弹性的,当该商品的价格上升时,需求量减少的幅度大于价格上升的幅度,从而总销售收入会减少。

仍以上述电视机的例子来说明这一点。假定现在电视机的价格上升了 10%,即 $P_2=550$ 元,因为需求的价格弹性系数为 2,所以销售量减少 20%,即 $Q_2=80$ 台,这时总收入 $TR_2=P_2\times Q_2=550\times80=44\,000$ 元。这表明由于电视机价格上升,总销售收入减少了。

综上可以得出,如果某商品的需求是富有弹性的,则商品的价格与总销售收入成反方向变化,即价格上升,总销售收入会减少;价格下降,总销售收入会增加。

(2) 如果某商品的需求是缺乏弹性的($|E_p|<1$),当该商品的价格下降时,需求量增加的幅度小于价格下降的幅度,从而总销售收入减少,即销售收入与商品的价格成同方向的变动。

不妨以面粉为例说明这一点。假定面粉的需求是缺乏弹性的,$E_p=0.5$,原来的价格 $P_1=2$ 元,这时销售量 $Q_1=100$ 公斤,总销售收入 $TR_1=P_1Q_1=2\times100=200$(元)。现在价格下降 10%,即 $P_2=1.8$ 元,因为 $E_p=0.5$,所以销售量增加 5%,即 $Q_2=105$ 公斤,这时总销售收入 $TR_2=R_2\times Q_2=1.8\times105=189$(元)。这表明,由于面粉价格下降,总销售收入减少了。

如果某商品的需求是缺乏弹性的,当该商品的价格上升时,需求量减少的幅度小于价格上升的幅度,从而总销售收入会增加。

仍以上述面粉的例子来说明这一点。假定现在面粉的价格上升了 10%,即 $P_2=2.2$ 元,因为 $E_p=0.5$,所以销售量减少了 5%,即 $Q_2=95$ 公斤,这时总销售收入 $TR_2=R_2\times Q_2=2.2\times95=209$(元)。这表明由于面粉价格上升,总销售收入增加了。

(3) 如果某商品需求具有单位弹性($|E_p|=1$),降低价格或提高价格对销售收入没有影响。

综上可以得出,如果某商品的需求是缺乏弹性的,则商品的价格与总销售收入成同方向变化:价格上升,总销售收入增加;价格下降,总销售收入减少。归纳起来,价格与销售收入之间的相互关系如表 4-3 所示。

表 4-3　价格与销售收入之间的相互关系

	需求弹性充足 $\|E_p\|>1$	单位需求弹性 $\|E_p\|=1$	需求弹性不足 $\|E_p\|<1$	无弹性 $\|E_p\|=0$	完全弹性 $\|E_p\|=\infty$
提价	销售收入下降	销售收入不变	销售收入上升	同比例于价格的提高而增加	收益会减少为零
降价	销售收入上升	销售收入不变	销售收入下降	同比例于价格的下降而减少	既定价格下,收益无限增加,厂商不会降价

对于企业的定价决策来说,上述需求价格弹性与销售总收入的关系具有十分重要的指导意义。通常人们认为要增加销售收入就要提高价格的想法是不正确的。一般而言,如果某种商品富有弹性,应采用适当降价的价格策略,即采取薄利多销策略,以使销售总收入增加;如果某种商品缺乏弹性,应采用适当提价的价格策略,以使销售总收入增加。

(二) 需求收入弹性

1. 需求收入弹性的含义

需求收入弹性又称收入弹性,是表示在一定时期内消费者对某种商品的需求量的变动对于消费者收入量变动的反应程度。需求量变动比率与消费者收入变动比率的比值就是需求收入弹性的弹性系数,用 E_Y 表示,则需求的收入弹性的计算公式为:

$$E_Y = \frac{\Delta Q/Q}{\Delta Y/Y} = \frac{\Delta Q}{\Delta Y} \cdot \frac{Y}{Q}$$

式中:Q 表示需求量;ΔQ 表示需求量的变动;Y 表示消费者的收入;ΔY 表示消费者收入的变动。

2. 需求收入弹性的分类

通常收入与需求量同方向变动,所以收入弹性系数一般为正值,但特殊情况下也可以为负值。

对大多数商品来说,需求与收入是同方向变动的,需求的收入弹性 E_Y 是大于 0 的。这样的商品称为正常品。在正常品中,又可以区分出两类不同的商品:$E_Y>1$ 的商品称为奢侈品,比如珠宝、首饰、高档家电等,这类商品需求增长的百分比将大于收入增长的百分比;$0<E_Y<1$ 的商品称为必需品,比如粮食、蔬菜等,这类商品需求增长的百分比将小于收入增长的百分比。而 $E_Y=1$ 的商品比较特殊,这类商品需求增长的百分比将等于收入增长的百分比,收入与需求完全同步增减。

当然,也有少数商品的收入弹性 E_Y 是小于 0 的,即随着收入的提高,这些商品的消费反而减少。在经济学中,收入弹性为负值的产品被称为低档品或吉芬品,如籼米、肥肉等。

另外,还有一种特殊情况,即 $E_Y=0$ 的商品。收入无论怎样变动,对这类商品的需求量都不会产生影响,比较典型的例子是丧葬服务,一般不会受收入变动影响。

需求的收入弹性理论对于企业的经营决策具有十分重要的作用。企业的经营决策者在制定本企业经营策略时要充分考虑需求收入弹性。比如,对于生产低档品的企业,在经济繁荣时期应及时缩减生产规模或转产;不同收入水平的地区,其产品的收入弹性可能差别较大,这显然会影响产品的销售区域和销售策略。

【参考知识 4-1】 恩格尔定律

19世纪德国统计学家恩斯特·恩格尔（Ernst Engel），根据经验统计资料，对需求与收入之间的关系，进行了统计研究，于1857年提出这样一个规律，即食品支出在总支出中所占比重与家庭收入成反比，这就是著名的恩格尔定律。这个规律同样也适用于国家。它表明，食品消费的增长率低于收入的增长率。因此，对食品消费来说，应有 $0<E_Y<1$。

通常用恩格尔系数来表达恩格尔定律。恩格尔系数是用于食品的支出与总支出之比，它是衡量一国或一个家庭富裕程度与生活水平的重要标志。一般来说，恩格尔系数越大，富裕程度和生活水平越低；恩格尔系数越小，富裕程度和生活水平越高。按联合国的有关标准，发达国家的恩格尔系数为 0.1—0.3，中等发达国家为 0.3—0.5，发展中国家为 0.5—0.9。

（三）需求的交叉价格弹性

1. 需求交叉弹性的含义

许多商品的需求量会受相关商品价格变化的影响。需求的交叉弹性是指在一定时期内，其他条件不变的情况下，相关的两种商品中一种商品的价格变动比率所引起的另一种商品的需求量变动比率，即某商品的需求量变动对相关商品价格变动的反应程度。

某商品需求量变动比率与另一种商品价格变动比率的比值就是需求的交叉弹性系数。如果用 x 和 y 分别代表两种商品，用 E_{xy} 代表商品 x 的需求量对商品 y 价格变动的反应程度，即 x 商品的交叉弹性系数，则需求交叉弹性的计算公式为：

$$E_{xy} = \frac{\Delta Q_x / Q_x}{\Delta P_y / P_y} = \frac{\Delta Q_x}{\Delta P_y} \cdot \frac{P_y}{Q_x}$$

式中：E_{xy} 代表 x 商品的需求的交叉价格弹性系数，P_y 代表 y 商品的价格，ΔP_y 代表 y 商品价格的变动量；Q_x 代表对 x 商品的需求量，ΔQ_x 代表 x 商品需求的变动量。

2. 需求交叉弹性的分类

根据需求交叉弹性系数值的不同，可将其分为三类，并据此判断商品相关性的特性。

（1）替代品。如果 $E_{xy}>0$，则表示随着 y 商品的价格提高，x 商品的需求量将增加。这样的两种商品互为替代品，即两种商品有相似的作用，可以在一定程度上互相替代，比如牛肉和猪肉。交叉弹性系数越大，替代性就越强。若两种商品之间存在着替代关系，则一种商品的价格与它的替代品的需求量之间成同方向的变动，相应的需求的交叉价格弹性系数为正值。

（2）互补品。如果 $E_{xy}<0$，则表示随着 y 商品的价格提高，x 商品的需求量反而下降。这样的两种商品称为互补品，即两种搭配着使用的商品，也就是说，将这两种商品搭配在一起使用，才能更好地发挥各自的功效。比如汽车和汽油、钢笔和墨水等。如果汽车的价格上升导致其需求量下降，那么汽油的需求量也相应有一定程度的下降。交叉弹性系数越大（绝对值），互补性就越强。若两种商品之间存在着互补关系，则一种商品的价格与它的互补品的需求量之间成反方向的变动，相应的需求的交叉价格弹性系数为负值。

（3）无关品。如果 $E_{xy}=0$，则说明 y 商品的价格对 x 商品的需求量不会造成任何影响。二者之间没有任何关系。比如钢笔和牛肉等。

需求交叉弹性与价格弹性、收入弹性一样，对于企业制定正确的决策也是很有帮助的。譬如，企业同时生产多种产品，其中有替代品和互补品，那么在制定价格时就要考虑到替代品和互补品之间的相互影响。

二、供给的价格弹性

供给的价格弹性表示在一定时期内一种商品的供给量的变动对于该商品的价格变动的反应程度。供给量变动比率与价格变动比率的比值就是供给价格的弹性系数。

如果以 E_s 代表供给的价格弹性系数，P 代表价格，ΔP 代表价格的变动量，Q 代表供给量，ΔQ 代表供给的变动量，则供给弹性系数的计算公式为：

$$E_s = \frac{\Delta Q/Q}{\Delta P/P} = \frac{\Delta Q}{\Delta P} \cdot \frac{P}{Q}$$

供给价格弹性的计算方法和需求价格弹性的计算方法相同，不同之处在于：因为价格与供给量同方向变动，所以供给弹性系数一般为正值。特例是劳动的供给，当工资水平达到一定高度时，劳动的供给就会随着工资率的提高而减少，此时供给弹性系数就为负值。

影响商品供给弹性大小的主要因素，一是增加产量所需追加生产要素费用的大小。一般来说，若增加产量的投资费用较小，则供给弹性大；反之，则供给弹性较小。二是时间的长短。一般来说，短期内，厂商只能在固定的厂房设备下增加产量，因而供给量的变动有限，这时供给弹性就小；长期来看，厂商能够通过调整规模来扩大产量，这时供给弹性将大于同种商品在短期内的供给弹性。

第四节 成 本 理 论

成本是指企业为了达到某种产出而投入的资源价值。成本理论是管理经济学的重要内容。企业须了解自身运营成本，合理进行成本管理与控制，从而更科学地做出决策。本节重点介绍几个基本的成本概念。

一、机会成本

机会成本是指如果一种生产要素被用于某一特定用途，它便放弃了在其他各种用途上可能获取的收益，其中的最大收益就是该生产要素用于这一特定用途的机会成本。

机会成本的存在需要两个重要的前提条件：第一，生产要素是稀缺的；第二，生产要素具有多种用途。虽然机会成本并不是实际发生的成本，但在经济决策时不能不考虑。

二、显性成本与隐性成本

企业生产经营活动中实际发生的成本往往包含两部分：显性成本和隐性成本。

显性成本是指厂商在要素市场上购买或租用他人所拥有的生产要素的实际支出，通常指企业从事一项经济活动时所花费的货币支出。它包括员工工资、购买原材料及辅助材料所支付的费用、借入资本的利息、保险费、广告费以及税金等。这些成本都会在企业的会计账册上显示出来，因此又称为会计成本。

隐性成本是指厂商本身所拥有的且被用于该企业生产过程的那些生产要素的总价格。这种成本之所以被称为隐性成本，是因为企业使用自有的生产要素看起来不用花钱，即不发生货币费用支付，例如，使用自有资金不用支付利息，企业主为本企业劳动不用支付工资，使用自有厂房不用支付房租等。但是，使用自有要素不支付费用并不等于没有成本。因为这些要素如果不是自用,完全可以给其他的企业使用从而得到报酬。这种报酬就是企业使用自有要素的机会成本。

三、经济成本与会计成本

经济成本是企业生产产品或提供劳务时,对使用的生产要素所做的支付。它包括显性成本和隐性成本,即:经济成本 = 显性成本 + 隐性成本

会计成本就是指显性成本,即:会计成本 = 经济成本 - 隐性成本

四、增量成本与沉没成本

增量成本是因做出某一新的决策而引起的全部成本的变化。它是企业进行短期决策时最重要的成本概念。与此对应,有的成本不因新的决策而变化,比如决策前已经支出的成本或已经承诺支出的成本;决策对它没有影响,即与决策无关的成本,这种成本被称为沉没成本。

运用增量成本进行决策分析时,要把增量成本与增量收入相比较(增量收入就是因做出某一新的决策而引起的全部收入的变化)。如果增量收入大于增量成本,则说明这一新的决策会导致总利润增加,因而是可以接受的;否则,就是不可以接受的。沉没成本是已经沉到"海底"而无法收回的成本。它与面向未来的企业决策无关,应采取"随它去"的超脱态度。

五、个体成本与社会成本

个体成本是企业按市场价格支付的一切费用。它是从企业角度考虑的成本,也就是我们常说的企业生产经营成本。

社会成本是生产者投入的成本与社会为此付出的代价之和。它是从全社会的角度考虑的成本,不仅包括企业为生产经营活动所必须投入的成本,还包括整个社会为此付出的代价,这种代价成为社会的外在成本,当然也包括全社会从中得到的利益。

最典型的社会成本是对环境污染的治理费用。比如,一个企业在生产经营过程中,对环境造成了污染。也许企业已经支付了一部分排污费,但往往还不够,社会必须再支付一笔费用来治理这些污染,以维护广大百姓的健康。

六、短期成本与长期成本

管理经济学上所说的短期与长期是以企业在这段时间内能否根据需要来调整其全部生产要素为标志的。短期是指企业不能根据它所要达到的产量来调整其全部生产要素的时期;长期是指企业能根据所要达到的产量来调整其全部生产要素的时期。

1. 短期成本

在短期内,可以调整的成本称为可变成本(如燃料费、原材料费和工人工资等),不能调整的成本称为固定成本(如厂房和设备等)。可变成本随着产量的变动而变动,即产量越大,支出的可变成本越多;固定成本是个常数,即使企业停产也要照常支付。

例如,某玩具制造厂生产玩具,车间所使用的机器设备是向租赁公司租用的,最大生产能力为 500 件/月,租金每月 6 000 元。假定生产每件产品需要零件费 1.80 元,其他材料费 1.70 元,实行计件工资制,每件产品的工资费 2.50 元。这样,每件产品的可变成本合计就是 6 元。当该厂每月玩具产量在 500 件以内时,固定资产租金不随产量的变动而变动,而材料、工资等可变成本是变化的。成本和产量之间的关系如表 4-4 所示。

表 4-4　生产成本和产量之间的关系

玩具产量 (Q)	固定成本（租金）		可变成本		总成本 FC + VC	平均成本 AFC + AVC
	固定成本（FC）	单位固定成本（AFC）	可变成本（VC）	单位可变成本（AVC）		
100	6 000	60	600	6	6 600	66
200	6 000	30	1 200	6	7 200	36
300	6 000	20	1 800	6	7 800	36
400	6 000	15	2 400	6	8 400	21
500	6 000	12	3 000	6	9 000	18

总成本是指企业在短期内生产一定量的产品所要支付的全部生产要素的费用，它包括固定成本和可变成本。如果用 TC 表示总成本，用 FC 表示固定成本，用 VC 表示可变成本，则有：

$$TC = FC + VC$$

在成本分析中，经常使用平均量和边际量的概念。上述 TC、FC 和 VC 分别除以产量 Q 就得到平均成本、平均固定成本和平均可变成本。

平均成本是平均每个单位产品的成本，也称为单位成本。平均固定成本（AFC）是每单位产品上分摊的固定成本，等于固定成本除以产量。平均可变成本（AVC）是每单位产品上分摊的可变成本，等于可变成本除以产量。以 AC 表示平均成本，AFC 表示平均固定成本，AVC 表示平均可变成本，则有：

$$AC = \frac{TC}{Q} = \frac{FC + VC}{Q} = AFC + AVC$$

可以看出，单位固定成本曲线和总固定成本曲线如图 4-15 和图 4-16 所示。

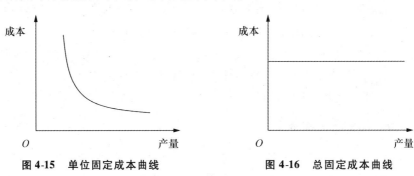

图 4-15　单位固定成本曲线　　　　图 4-16　总固定成本曲线

可变成本总额曲线和单位可变成本曲线如图 4-17 和图 4-18 所示。

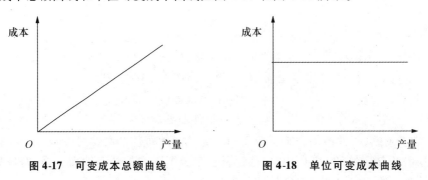

图 4-17　可变成本总额曲线　　　　图 4-18　单位可变成本曲线

边际成本是每变动一个单位产量时所引起的总成本的变动,等于总成本对产量的导数或总成本曲线的斜率。以 MC 表示边际成本,则:

$$MC = \frac{\Delta TC}{\Delta Q}$$

由于短期中固定成本并不随产量的变动而变动,所以,短期边际成本实际上是相对于可变成本而言的。

2. 长期成本

长期来看,一切生产要素都是可以调整的,即一切成本都是可变的。因此,长期成本就没有可变成本和固定成本之分,只区分为长期总成本 LTC、长期平均成本 LAC 和长期边际成本 LMC。这里,长期总成本是指企业在长期内,在每一个产量水平上通过改变生产规模所能达到的最低总成本;长期平均成本则表示在长期内,企业自由选择最优规模时按产量平均计算的单位最低成本。

企业的长期成本决定了它的长期竞争能力。影响长期平均成本变化的因素很多,其中主要有规模经济、范围经济和学习效应等。

(1) 规模经济。规模经济是指由于企业初始扩张阶段,由于生产规模扩大而导致长期平均成本下降的情况。规模经济是由于一定的产量范围内,可以认为固定成本不变,那么新增的产品就可以分担更多的固定成本,从而使平均成本下降。

(2) 范围经济。范围经济是引起企业长期平均成本下降的又一重要原因。范围经济是指在相同的投入下,由一个单一的企业生产关联产品比多个不同企业分别生产这些关联产品中的一个产品的产出水平要高。这是因为,企业在生产两种以上产品时,由于投入要素或生产设备的联合使用、联合市场计划及共同管理,从而拥有生产和成本的优势。

(3) 学习效应。学习效应是指在长期的生产过程中,企业的工人、技术人员、经理人员等可以积累起产品生产、设计以及管理方面的经验,从而导致长期平均成本下降。学习效应的存在表明生产最初单位产品的成本会高于正常成本,当企业决策是否进入一个行业时要充分考虑到学习效应。一般而言,不断增加的产量会使平均成本降低从而增强企业的盈利能力。

【思考题】

1. 人类社会要解决的基本经济问题是什么?
2. 为什么说经济问题也就是稀缺资源的配置问题?
3. 管理经济学与微观经济学之间的关系怎样?
4. 影响需求的因素有哪些?
5. 什么是需求定理?
6. 影响供给的因素有哪些?
7. 什么是供给定理?
8. 均衡价格是怎样形成的?
9. 什么是供求定理?
10. 在市场经济中,价格机制调节经济的功能或作用主要表现在哪些方面?
11. 影响需求价格弹性的因素有哪些?
12. 举例说明需求价格弹性与销售收入的关系。
13. 什么是显性成本与隐性成本?

14. 什么是经济成本与会计成本?
15. 什么是机会成本?
16. 什么是增量成本与沉没成本?
17. 什么是个体成本与社会成本?
18. 什么是短期成本与长期成本?
19. 什么是平均成本与边际成本?
20. 影响长期平均成本变化的因素有哪些?

【分析与计算题】

1. 指出发生下列几种情况时某种蘑菇的需求的变化,并说明原因。
   (1) 卫生组织发布了一份报告,称这种蘑菇会致癌;
   (2) 另一种蘑菇的价格上涨了;
   (3) 消费者的收入增加了。

2. 下列事件对产品 X 的供给有何影响?
   (1) 生产 X 的技术有重大革新;
   (2) 生产 X 的人工和原材料价格上涨了;
   (3) 预计产品 X 的价格会下降。

3. 在商品 X 的市场中,有 $10\,000$ 个相同的个人,每个人的需求函数均为 $d = 12 - 2P$;同时又有 $1\,000$ 个相同的生产者,每个生产者的供给函数均为 $s = 20P$。
   (1) 推导商品 X 的市场需求函数和市场供给函数。
   (2) 在同一坐标系中,绘出商品 X 的市场需求曲线和市场供给曲线,并标出均衡点。
   (3) 求均衡价格和产量。
   (4) 假设每个消费者的收入有了增加,个人需求函数变为 $d = 14 - 2P$,求收入变化后的市场需求函数及均衡价格和均衡产销量,并在坐标图上予以表示。
   (5) 假设生产者的技术水平有了很大提高,个人供给函数变为 $s = 40 + 20P$,求技术变化后的市场供给函数及均衡价格和均衡产销量,并在坐标图上予以表示。

4. 对自行车的需求函数估计为 $Q = 2\,000 + 1.5Y - 5.5P$。式中,Y 表示收入,以元为单位;Q 表示需求量,以辆为单位;P 表示每辆自行车的价格。当 $P = 150$ 元、$Y = 1\,500$ 元时,试求:
   (1) 需求的价格弹性。
   (2) 需求的收入弹性。

5. A 公司销售一种电动牙刷,价格为 25 元,去年每月平均销售 $8\,000$ 支。最近,它的直接竞争者 B 公司将其电动牙刷的价格从 35 元降到 30 元,结果,A 公司的销售量每月减少了 $1\,500$ 支。
   (1) A 公司的牙刷和 B 公司的牙刷之间的需求交叉弹性是多少?它表明这两种产品之间存在什么关系?
   (2) 如果 A 公司知道对它的牙刷需求的需求价格弹性是 -1.5,那么必须要索取什么价格才能使销售量与 B 降价前一样?假设 B 保持其牙刷价格 30 元不变。

6. 大陆公司的总变动成本函数为:$TVC = 50Q - 10Q^2 + Q^3$,式中 Q 为产量。问:
   (1) 边际成本最低时的产量是多少?
   (2) 平均变动成本最低时的产量是多少?
   (3) 在题(2)的产量上,平均变动成本和边际成本各为多少?

第二篇
企业资源篇

第五章 人力资源管理

【学习要点】
◆ 人力资源管理概念
◆ 工作分析与人力资源规划
◆ 员工招聘与配置
◆ 员工培训与人力资源开发
◆ 绩效考评与反馈
◆ 报酬与激励

人力资源是现代企业各种资源中最活跃的要素。随着创新驱动发展战略的实施,企业的人力资源管理变得尤为重要。实施有效的人力资源管理是企业生存、发展的重要基础,其在很大程度上决定了企业的兴衰与成败。在激烈的市场竞争环境中,如何有效地开发、利用人力资源,不断提高企业人力资源管理的质量和水平,已成为企业实现经营目标和可持续发展的重要工作之一。

第一节 人力资源管理概述

一、人力资源的概念与特点

人力资源是能够推动生产力发展、创造社会财富、具有智力劳动和体力劳动能力的人们的总和。从时间序列上看,人力资源包括现有劳动力和潜在劳动力;从空间范围上看,人力资源可分为某个国家、某区域、某产业或某企业的劳动力。

人力资源既可以指人,也可以指能力。人力资源包括体质、智力、知识、经验和技能等方面的内容,这些内容的不同配比组合形成了丰富的人力资源。人是人力资源的载体,人力资源的重点在于质量而不是数量。

人力资源作为国民经济资源中的一个特殊部分具有下列主要特点:

1. 能动性

能动性是人力资源区别于其他资源的最根本特性,是人在价值创造过程中最为主动的因素。能动性主要表现在以下三个方面:第一,人的自我强化,即人通过学习能提高自身的素质和能力;第二,选择职业,这是人力资源主动与物质资源结合的过程;第三,积极劳动,这是人力资源发挥潜能的决定性因素。

2. 两重性

人既是生产者又是消费者,这就决定了人力资源的两重性。一方面,人力资源可以投入到生产中与其他资源相结合,创造社会财富;另一方面,在保持和维护人力资源的过程中要消耗社会财富,其主要表现为企业的成本。

3. 时效性

人力资源的形成、开发和利用都在一定程度上受到时间的制约。一方面,由于人的生命周期呈阶段性发展,能被开发和利用的仅是一生的中间阶段,且在能够从事劳动的不同年龄段,其劳动能力也不尽相同。另一方面,随着科技的发展,人的知识和技能的相对老化会导致劳动能力的相对降低。

4. 持续性

人力资源不是一种既有的存量,而是可以被开发的,即知识、技能和经验等人力资源的核心要素是可以不断积累和更新的。人力资源在被开发和使用的过程中,不仅可以创造财富,而且可以通过知识经验的积累和更新提升自身的价值,从而使组织实现价值的增值。

5. 社会性

社会性是区别人力资源与自然资源的根本特性。人力资源的社会性主要表现为人与人之间的交往及由此产生的千丝万缕的联系。人的社会属性使我们在人力资源管理过程中不仅要考虑人的个性,还要考虑人与人之间的关系,以及这种关系对组织的影响。

6. 复杂性

人力资源的复杂性取决于两个方面:由人力资源的个体差异性造成的人与人之间在素质、能力、态度以及业绩等各方面的千差万别;人是自然属性和社会属性的统一体,不但具有自然生理特征,而且具有思想意识、道德和复杂情感。不同于只有机械性和简单性的一般物质资源,人力资源具有特殊的人性和复杂性。

二、人力资源管理的概念及内容

人力资源管理是企业为了实现既定目标,运用现代管理措施和手段,对人力资源的取得、开发、培训、使用和激励等方面进行的一系列管理活动的总称。人力资源管理的主要任务是根据企业发展战略的要求,有计划地对人力资源进行合理配置,通过招聘、培训、使用、考核、评价、激励、调整等活动,调动员工的积极性,激发员工的潜能,提高生产效率和经济效益,进而实现组织和个人的目标。在实践中,人力资源管理工作主要涉及以下几个方面的内容:人力资源战略规划、工作分析、招聘与配置、培训与开发、绩效管理、报酬与激励、员工关系管理等。人力资源管理的体系结构如图5-1所示。

1. 人力资源战略规划

人力资源战略规划是企业为适应内外环境的变化,依据企业总体发展战略,并在充分考虑员工期望的基础上,制定的企业人力资源开发与管理的纲领性长远规划。主要包括对各类人员的需求分析和招聘计划、人力资源开发规划、管理政策和制度等。

2. 工作分析

工作分析是全面收集和分析与工作有关的信息并对其进行描述和规范的过程,即采用一定的技术方法全面地调查和分析组织中的各种任务和职责等情况,并在此基础上对各种工作

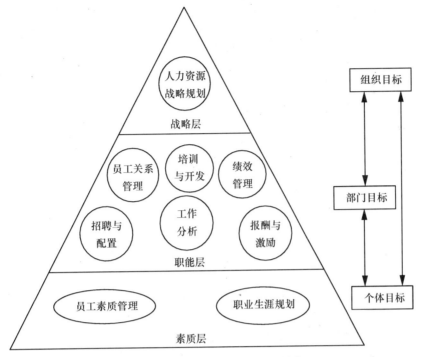

图 5-1　人力资源管理的体系结构

的性质、内容及特征做出描述，对担任各种工作所需具备的资格条件做出规定。

3. 招聘与配置

招聘是组织为了发展的需要，根据人力资源的规划和工作分析的要求，寻找候选人，并从中选出合适人员予以录用的过程。配置是将人员与岗位匹配的过程。员工招聘与配置是确保企业生存与发展的一项重要的人力资源管理职能。

4. 培训与开发

培训是一个组织出于自身发展的需要，为方便组织成员学习和掌握与工作有关的知识和技能，而采取的一种有计划的培养和训练活动。开发是根据员工和组织双方的发展需求对员工的潜力进行挖掘，同时对员工在组织中的职业发展过程进行系统设计和规划的过程。员工培训与开发对于企业赢得竞争优势和保持可持续发展有着至关重要的作用。

5. 绩效管理

绩效管理是识别、衡量以及开发个人和团队绩效，并且使这些绩效与组织的战略目标保持一致的持续性过程。绩效管理对于战略性经营目标的实现以及员工的开发具有重要意义。

6. 报酬与激励

报酬是员工作为个人劳动的回报而得到的各种类型的酬劳。激励是通过一定手段激发员工动机以调动他们的工作积极性，从而实现期望目标的过程。

7. 员工关系管理

员工关系管理是企业在遵守国家法律法规的基础上，为了实现自身目标以及确保对员工的公平对待，在调节企业与员工之间的关系方面所依据的基本理念和实施的具体规章制度、政策以及管理实践的总称。员工关系管理包括劳动关系管理、员工流动管理、员工惩戒与隐私管理、组织文化管理以及员工安全与健康管理等。

三、人力资源管理的发展

人力资源管理的发展可以分为三个阶段:人事管理、人力资源管理、战略人力管理,如图 5-2 所示。

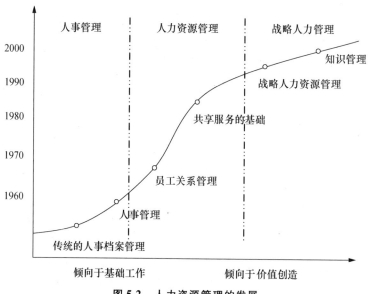

图 5-2　人力资源管理的发展

1. 人事管理阶段

早期的人力资源管理被称为人事管理,随着 18 世纪工业革命的到来,人事管理逐渐发展起来。19 世纪,以科学管理之父泰罗为代表发起的科学管理运动对现代人事管理的发展起到了重要的推动作用。

在此阶段的人事管理只被视为档案管理。人事、劳动部门定期或根据部门的需要,有时甚至是上级的指标分配,向学校和社会招聘人员,或者接收分配的转业军人进入企业;对员工进行教育和考核,负责员工的日常考勤、工资奖金发放、技术练兵、监督培训,办理离职、退休和离休等。

2. 人力资源管理阶段

美国管理学大师彼得·德鲁克在 1954 年出版的经典著作《管理的实践》中,首次在管理学领域阐释了人力资源概念的含义。在 80 年代中后期,人力资源管理理论开始受到了企业的普遍重视。随后,人力资源管理得以快速发展。

人力资源管理的出现标志着人事管理职能发展到了一个新的阶段。在这个阶段,企业中开始出现人力资源部,其负责制定企业的人事政策、进行人员招聘及管理并参与企业战略规划的实施,人力资源管理的内容日益丰富。人力资源管理这一概念对人事管理概念的取代,并不仅仅是名称上的改变和内容上的进一步丰富,更是管理理念上的根本性变革。

3. 战略人力管理阶段

20 世纪 90 年代以后,战略性人力资源管理的概念越来越深入人心。在此阶段,人力资源管理发展的重要特征是把人力资源作为组织的重要竞争策略,从战略的高度把人力资源管理与企业的目标和战略紧密结合。战略性人力资源管理是有计划的人力资源使用模式以及旨在提升组织绩效、实现组织战略和具体经营目标的各种活动。战略人力资源管理具有系统性、契合性和导向性三个主要特征。

第二节　工作分析与人力资源规划

工作分析是人力资源管理活动中一项重要的基础性工作，工作分析的结果可以运用到人力资源规划、人员招聘与选拔、员工配置以及职业生涯规划等各个环节。在整个人力资源管理活动中，人力资源规划是所有活动的基础和起点，人力资源规划起着基础性和指导性的作用。

一、工作分析

工作分析是全面收集和分析与工作有关的信息并对其进行描述和规范的过程，即采用一定的技术方法全面地调查和分析组织中的各种任务和职责等情况，并在此基础上对各种工作的性质、内容及特征做出描述，对担任各种工作所需具备的资格条件做出规定。工作分析的最终产出为职位说明书，即采用书面的方式系统地表达出工作说明书和工作规范的内容。

（一）工作分析的作用

工作分析对人力资源管理具有非常重要的作用。通过工作分析将组织中各项工作的内容、责任、性质与员工所应具备的基本条件，包括知识、能力等加以研究，并将结果运用到人力资源管理活动中去，最终达到人尽其才、才尽其用的目的。工作分析是一种在组织内执行的管理活动，是员工招聘、薪酬管理、绩效管理、培训管理以及职业生涯规划等其他人力资源管理工作的基础。工作分析在人力资源管理过程中的作用和地位可用图 5-3 表示。

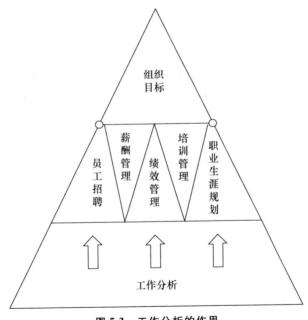

图 5-3　工作分析的作用

（二）工作分析的主要内容

一般而言，工作分析的内容主要包括工作说明和工作规范两个部分。

1. 工作说明

工作说明描述了工作的具体特征，一般包括以下几方面内容：

（1）工作名称。

（2）工作活动和程序，包括所要完成的工作任务、工作职责、完成工作所需要的资料、机器设备与材料、工作流程、工作中其他工作人员的正式联系以及上下级关系。

（3）工作条件,包括温度、光照度、通风设备、安全措施、建筑条件以及工作的地理位置等。

（4）社会环境,包括工作团体的情况、社会心理气氛、同事间相互关系以及各部门之间的关系等。此外,应该说明组织内以及附近的文化和生活设施。

（5）职业条件,包括工作的各方面特点,如工资、奖金制度、工作时间、工作季节性、晋升机会、进修机会、该工作在本组织的地位以及与其他工作的关系等。

2. 工作规范

工作规范说明了从事某些工作的人所必须具备的知识、技能、能力、兴趣、体格和行为特点等心理及生理要求。其内容主要包括有关工作程序和技术的要求、工作技能、独立判断与思考的能力、记忆力、注意力、知觉能力、警觉性、操作能力(速度、准确性和协调性)、工作态度和各种特殊能力的要求,还包括文化程度、工作经验、生活经历和健康状况等。

经过工作分析,最终形成工作说明书。完整的工作说明书应该包括6W1H信息:何人能够胜任此职(Who)、做什么工作(What)、有何时限要求(When)、工作地点(Where)、怎样工作(How)、为什么这样工作(Why)和领导关系(For whom),如表5-1所示。

表5-1 工作说明书范例

岗位名称	总经理	岗位编号	
直接上级	董事会	岗位定员	
直接下级	行政副总经理、销售副总经理、总工程师、总经济师		
所辖人员	4人高层	分析日期	

本职描述：
领导制定和实施公司总体战略,完成董事会下达的年度经营目标,领导公司各部门建立健全良好的沟通渠道;负责建立高效的组织团队;管理直接所属人员的工作。

职责及工作任务：
1. 制定和实施公司总体战略
1.1 领导制定公司的发展战略,并根据内外部环境变化进行调整;
1.2 组织实施公司总体战略,发掘市场机会,领导创新与变革。
2. 制订和实施公司年度经营计划
2.1 根据董事会下达的年度经营目标制订、修改、实施公司年度经营计划;
2.2 监督、控制经营计划的实施过程,并对结果全面负责。
3. 建立良好的沟通渠道
3.1 组织实施财务预算,及利润分配、使用方案;
3.2 负责与董事会保持良好沟通,定期向董事会汇报经营战略和计划执行情况,资金运用情况、机构和人员调配情况以及其他重大事宜;
3.3 领导建立与客户、供应商、合作伙伴、上级主管部门、政府机构、金融机构、媒体等部门间畅通的沟通渠道;
3.4 领导开展公司的社会公共关系活动,树立良好的企业形象;
3.5 领导建立公司内部良好的沟通渠道,协调各部门关系。
4. 建立公司统一、高效的组织体系和工作体系
4.1 主持、推动关键管理流程和规章制度,及时进行组织和流程的优化调整;
4.2 领导营造公司企业文化氛围,塑造和强化公司价值观。
5. 主持公司日常经营工作
5.1 负责公司员工队伍建设,选拔中高层管理人员;
5.2 主持召开总经理办公会,对重大事项进行决策;
5.3 负责处理公司重大突发事件,并及时向董事会汇报。

任职资格：	
教育水平	大学本科以上文化程度
专业	燃气相关专业或管理专业
经验	8年以上工作经验,5年以上本行业或相近行业管理经验,2年以上高层管理经验
知识	通晓企业管理知识,具备城市燃气、经济管理、财务管理、法律等方面的知识
技能技巧	掌握 Word、Excel 等办公软件的使用方法,具备基本的网络知识,具有很强的领导能力、判断与决策能力、人际沟通能力、影响力、计划与执行能力和客户服务能力

（三）工作分析的方法

工作分析的方法有很多,比较常用的方法有以下七种。但为了获得完整、准确的资料,往往是多种方法结合使用。

（1）访谈法。访谈法是工作分析人员通过访谈的方式获取职位信息的工作分析方法。访谈对象包括：该职位的任职者,对工作较为熟悉的直接主管人员,与该职位工作联系比较密切的工作人员以及任职者的下属等。访谈法分为个体访谈、群体访谈、一般访谈和深度访谈等。

（2）问卷调查法。问卷调查法是通过让在职人员或其他相关人员填写与工作职责有关的调查问卷,从而进行工作分析的方法。它通过事先编制的结构化问卷来收集信息,再对回收的问卷进行定性和定量的分析。

（3）观察法。观察法就是工作分析人员在不影响被观察人员正常工作的条件下,通过观察将有关工作的内容、方法、程序、设备、工作环境等信息记录下来,最后将取得的信息进行归纳整理的过程。

（4）关键事件法。关键事件法是指对工作造成显著影响的"关键"事件的分析。在大量收集这些关键事件后,可以进行归纳分类,并总结出工作的关键特征和行为要求。

（5）参与法。参与法是指工作分析人员直接参与某一岗位的工作,从而细致、全面地体验、了解和分析岗位特征及岗位要求的方法。

（6）工作日志法。工作日志法是让员工以工作日记或工作笔记的形式记录日常工作活动而获得有关岗位工作信息资料的方法。

二、人力资源规划

人力资源规划是指组织根据自身的战略目标和内外部环境的发展变化,采用科学的手段预测组织未来可能会面临的人力资源需求和供给状况,制订相应的计划或方案,满足组织对人力资源数量和质量的需求。

1. 人力资源规划的内容

人力资源规划的内容包括两个层次,即总体规划和各项业务计划。

（1）人力资源的总体规划是根据企业发展战略目标,对规划期内人力资源管理的总目标、总政策、总体实施步骤和总体预算的安排。总体规划与企业的战略直接相关,其不仅是实现企业战略目标的人力资源保证,而且是制订各项业务计划的依据。规划期一般为两年以上。

（2）人力资源的各项业务计划是总体规划的展开和具体化,各项业务计划都是由目标、任务、政策、步骤和预算等部分构成,从不同方面保证人力资源总体规划的实现。各项业务计划主要包括岗位职务计划、人员配置计划、人员补充计划、教育培训计划、薪酬激励计划以及职业生涯规划等。

2. 人力资源规划的步骤

一般来说,企业人力资源规划可按以下基本步骤展开:

(1) 诊断企业现有人力资源的状况,这是做好人力资源规划的第一步。运用评价中心或其他的测评技术对企业全体员工进行评估统计,从而明晰企业自身的人力资源状况,明确企业人力资源结构是否合理,如图5-4所示。

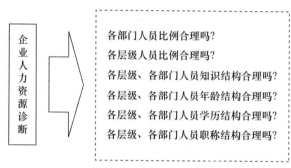

图5-4 企业人力资源结构诊断

(2) 预测企业未来人力资源的需求。根据企业发展的战略目标,采用一定的方法和技术预测未来某一时期的人力资源需求。例如,企业准备扩大生产、增加产品和服务,需要的人员就会增加,反之则减少;企业准备提高自动化水平,人员需要数量会相应减少,但对知识、技能的要求则会提高。

(3) 预测人力资源的供给状况。人力资源的供给可从两个方面考虑:企业内部现有的人力资源变动情况和企业外部的人力资源供求情况。前者是指对企业现有的人力资源状况和这些人力资源的发展趋势进行调整和测算;后者主要是收集人才和劳动力市场的信息,并针对企业自身需求进行评估,确定在一定时期内企业所需人力资源的供给情况。

(4) 对人力资源的供需进行比较。通过对某一时期人力资源的需求数和可供给数的对比分析,算出某一时期内本企业人员的短缺或过剩情况,分析某一具体岗位的员工余缺情况,从而测算出需要具有哪些知识、技术档次的人。

(5) 制定相应的政策措施。根据比较的结果和企业的其他资源状况,制定相应的人力资源措施及政策。

(6) 人力资源规划的预算。人力资源预算是人力资源规划中不可缺少的环节,它表明在未来的时期内企业各种人力资源活动需要多少资金。

(7) 对人力资源规划实施后的评价,即对企业人力资源规划所带来的效益,人力资源规划中制定的政策、措施,以及人员招聘、福利、培训等方面进行审查和控制,并及时将评估结果反馈,发现规划中存在的问题,进而不断修正短期计划方案,为以后的人力资源规划提供参考。

工作分析和人力资源规划是人力资源管理的基础环节。当确定所需要人才的数量和类型之后,就可以进入员工的招聘和选拔环节。

第三节　招聘与配置

一、员工招聘

员工招聘是企业通过各种信息，把具有一定知识、能力和技巧，同时又有兴趣到本企业工作的潜在的任职者吸引到企业空缺岗位的过程。人力资源规划是企业招聘员工的基本前提，人力资源规划的结果决定了企业招聘员工的数量、结构、类型以及途径。

1. 员工招聘的途径

员工招聘的途径主要是内部招聘和外部招聘，企业也可根据需要采取内外招聘结合的方式。员工招聘最终应有助于提高企业的竞争能力和获利能力。

内部招聘主要是面向企业现有职工进行的招聘，其方法有公开招募、内部提拔、横向调动、岗位轮换、重新雇用或召回以前的雇员等。其中，公开招募是面向企业全体员工；内部提拔、横向调动和岗位轮换则是局限于部分员工；重新雇用或召回以前的雇员即为吸引那些因企业不景气等原因而被企业裁减的人或者在竞争中被暂时淘汰的人。

外部招聘是根据企业的用人需求，从企业外部招募、甄选和录用合适的人才。外部招聘的主要渠道是广告招聘、校园招聘、招聘会招聘、网络招聘、职业机构推荐以及员工推荐等。

从内部提拔或从外部雇用对企业来说都各有利弊。在填补职位空缺时，企业应结合实际情况选择合适的招聘途径。表5-2概括了内部招聘和外部招聘的优缺点。

表5-2　内部招聘和外部招聘的优缺点

招聘途径	优点	缺点
内部招聘	<ul><li>招聘成本低</li><li>可提高被提升者的士气</li><li>可以更准确地判断员工的能力</li><li>可促成连续的提升</li><li>员工适应性更强</li><li>可调动员工的工作积极性</li></ul>	<ul><li>"近亲繁殖"（企业的视野会逐渐狭窄）</li><li>不利于创新</li><li>未被提升的人或许士气低落</li><li>可能造成内部矛盾</li><li>必须制订管理与培养计划</li></ul>
外部招聘	<ul><li>"新鲜血液"有助于拓宽企业的视野</li><li>比培训专业人员更廉价、更快速</li><li>有利于招到优秀人才</li><li>在企业内没有业已形成的支持者小集团</li></ul>	<ul><li>招聘成本高</li><li>风险大，可能引来企业窥察者</li><li>可能未选到"企业需要"的人</li><li>影响内部员工士气</li><li>新员工融入企业慢</li></ul>

2. 员工招聘的程序

以人力资源规划作为基础，明确企业的用人要求，然后进行招聘工作。员工招聘的程序具体如下：

（1）制订招聘计划。首先，对所聘的职务进行完整的调查和分析。通过调查研究，明确录用者应具备的条件。其次，根据工作分析等材料，制订员工选拔的行动方案：①确定招聘方式，组织应结合自身情况，选择内部招聘或外部招聘的方式；②准备相关的资料，包括面试题目、面试评价表、申请表格、心理测试题以及推荐表格等。

（2）发布招聘信息。企业应根据招聘职位、人员素质需求、到岗时间不同等特点，选择合适的招聘信息发布渠道。招聘信息应包括以下几个方面的内容:企业的基本情况介绍、是否经过有关部门批准、工作岗位的名称、工作职责的阐述、任职资格、工作条件简介、申请时间、申请地点和申请方式等。

(3) 人员甄选,包括简历筛选、资格审查以及人员测评三个步骤。通过简历筛选后,对筛选出来的简历所涉及的应聘者进行资格审查,审查报名登记表和有关证件是否符合规定。资格审查淘汰不合格者后,采用人员甄选方法对资格合格者进行一次或多次评价。人员甄选方法包括笔试法、面试法或测评法等。

(4) 录用决策。在决定录用之前,应对通过面试者进行背景调查。背景调查可以提供工作申请人的教育和工作经历、个人品质、人际交往能力、工作能力以及过去或现在的工作单位重新雇用申请人的意愿等信息。

(5) 效果评估。对应聘者做出录用决策后,需要对招聘工作进行效果评估。分析究竟有多少聘用员工在工作中成功,多少人失败,从中总结经验,以便为企业下一次员工招聘工作服务。效果评估主要包括以下三个方面内容:① 成本收益评估;② 录用人员数量评估;③ 录用人员质量评估。

二、人力资源配置

人力资源优化配置的方法主要有轮岗、内部竞聘上岗、晋升与降职、辞退等形式。

1. 轮岗

轮岗是在组织的部门间或部门内调动员工工作的做法,其主要目的是让员工积累更多的工作经验,全面培养员工。企业在开展轮岗制之前,需要分析轮岗对企业经营和管理等方面的影响,确认其优势大于劣势方可进行轮岗。轮岗的操作流程如下:① 确定岗位轮换机会及对应人选计划;② 沟通轮岗工作计划;③ 制定并提交工作交接清单;④ 开展岗位交接和岗前培训;⑤ 调查评估轮岗结果。

2. 内部竞聘上岗

内部竞聘上岗是在企业内部,对实行考任制的各级经营管理岗位的一种人员选拔技术。公司全体员工,不论职务高低、贡献大小,都站在同一起跑线上,重新接受公司的挑选和任用。内部竞聘上岗能够使岗位找到合适的任职者,营造竞争氛围,激活企业人力资源,为企业提供一条培养和保留优秀人才的重要途径。

3. 晋升与降职

晋升与降职是指根据员工的工作结果、能力和态度等方面的评价,对其职位等级进行调整。晋升一方面可以给员工更多机会,让员工感受到自己在企业有发展前途,把自身的职业发展目标与企业的发展目标结合得更紧密;另一方面,内部提拔的员工对本企业工作状况比较熟悉,能够以更快的速度胜任新的工作。晋升与降职是企业实现"能者上,庸者下"的手段。

4. 辞退

辞退员工是企业构建人力资源退出机制的重要手段。辞退员工应选择对企业造成负面影响最小的时机,辞退的程序和行为应该符合法律规定,并按照相关规定支付经济赔偿金。人才退出机制能够使员工始终处于高效工作状态,并不断地为提高绩效而努力。

第四节　员工培训与人力资源开发

一、员工培训

员工培训与开发是企业人力资源管理的重要组成部分和重要职能,也是提高员工整体素质的重要途径。培训是一个学习、训练的过程,在这一过程中,员工可以获得其完成本职工作所必需的基本技能或知识。

1. 员工培训的过程

根据企业人力资源发展需要和员工个人情况,制订培训计划,使员工培训的各个环节成为一个有机高效的整体组合。员工培训的过程如图 5-5 所示。

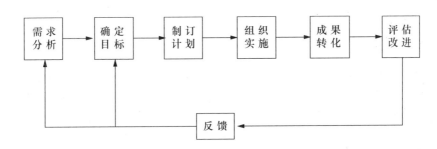

图 5-5　员工培训的过程

（1）人力资源培训的需求分析,即通过组织分析、工作分析、个人分析、环境分析等,找出员工培训的确切需要和必须解决的问题,并做出具体分析。

（2）在需求分析的基础上为培训项目确立目标。

（3）制订培训项目的计划方案,即把培训目标具体化,编排培训项目的形式、学制、课程设置、课程大纲、教科书、任课教师、考核方式等。

（4）组织实施培训活动,即按照制订的计划实施培训活动。

（5）培训成果在实际工作中的运用和转移,即引导员工将学过的技能和知识付诸实践。

（6）培训工作的评估和改进,即全面检查和评判已完成的培训工作,从中总结经验教训,发现新的培训需要。

2. 员工培训的方式

培训需求一旦确立,就可以开始进行实际培训。同层次的员工需要实施不同内容和方式的培训。一般情况下,培训的方式主要有在职培训和脱产培训两种。

企业最普遍的培训方式是在职培训。在职培训是员工不脱离岗位,通过工作过程学习技能和知识的培训。这类培训方式的特点是:培训在真实的工作环境和工作条件下进行,贯穿于实际工作之中,受训者能够直接掌握工作技能和有效提高工作能力,而且培训与开发的成本也较低。一般来说,在职培训方式适用于技术和能力培训。其具体培训方式有学徒式培训、工作指导培训、工作轮换和挂职锻炼。

脱产培训是指员工离开工作岗位,专门从事知识或技能的学习与练习。这是人们最为熟悉的培训方式。脱产培训分为分层次脱产培训和分专业脱产培训两大类。在日常开展的培训工作中应用比较广泛的方法有课堂培训、实景模拟培训、网络在线培训。

二、人力资源开发

1. 人力资源开发的含义

人力资源开发是根据员工和组织双方的发展需求对员工的潜力进行挖掘,同时对员工在组织中的职业发展过程进行系统设计和规划的过程。人力资源开发的目的是帮助员工胜任组织中其他职位的工作,并且通过提高他们的能力,使他们能够在将来承担起目前尚不存在的某种工作。

2. 人力资源开发的方法

人力资源开发的方法主要包括正规教育法、评价法、工作实践体验法以及开发性人际关系建设法等四种类型。在实践中,组织往往综合运用这四种方法。

(1) 正规教育法。正规教育法是指专门为本组织内部的员工设计出各种在职和脱岗教育计划,其中包括参加由咨询公司和相关高校提供的各种短期课程、高级工商管理硕士培训或者要求受训者通过到学校上课的形式完成相关的大学课程等。

(2) 评价法。评价法是指收集与被评价员工的行为、沟通风格和技能等有关的信息,然后向员工本人提供反馈。其主要包括对员工的人格特点、行为和技能等所做的评价和反馈。在评价过程中,员工本人、同事、上级以及客户等都有可能成为相关信息的来源。在出于开发目的对员工进行评价时,组织可以采用人格类型测试、评价中心、标杆法、360 反馈法等评价工具。

(3) 工作实践体验法。工作实践体验是指通过让员工在实际工作中遇到各种关系、问题、需求或任务等对员工进行开发。当员工现有的技能和历史工作经验与当前所要求的技能不匹配时,可采用工作实践体验法。主要途径包括:扩大现有职位的工作内容;职位轮换;工作调动、晋升和降职;临时安排到其他组织中工作等。

(4) 开发性人际关系建设法。组织还可通过让员工与富有经验的资深员工进行频繁沟通和交流的方式,开发员工技能以及增加与组织及其客户有关的知识。组织可以为那些具备晋升潜力的低层次管理者安排资深管理者作为导师,以帮助他们获得晋升到更高管理职位所需的知识、技能和经验。

三、职业生涯

职业生涯是一个人在生命中所占据的各种职位按顺序排成的序列。由于存在不同的视角,职业计划的性质往往容易模糊不清。职业计划可以以企业为中心,也可以以个人为中心,或者同时以两者为中心。表 5-3 比较了以企业为重点的职业计划和以个人为定向的职业计划的要点。

以企业为中心的职业计划注重职务本身,它侧重于铺设使员工可以在企业各种职务之间循序渐进地发展自己的各种路径。这些路径提供了多层次的阶梯,员工可以在企业的各个部门沿着这些阶梯向上攀登。

表 5-3 企业和雇员职业计划视角

企业职业计划视角	个人职业计划视角
• 确认未来企业的人员需要 • 安排职业阶梯 • 评估每个员工的潜能及培训需要 • 使个人能力与企业需要相匹配 • 在严密检查的基础上为企业建立一个职业计划体系	• 确认个人的能力与兴趣 • 计划生活和工作目标 • 评估企业内外可供选择的路径 • 关注随着职业和生命阶段的变化而在兴趣和目标方面的变化

以个人为中心的职业计划侧重于个人的职业生涯而非企业的需要。就个人职业生涯计划来说,员工个人的目标和技能是分析的焦点,在这一分析中,应同时考虑企业内部和外部那些能够扩展个人职业生涯的环境条件。

随着经济社会和人力资源管理理论的发展,职业生涯规划越来越受到企业和员工的重视。企业人力资源开发应结合员工职业发展目标,积极开展职业生涯管理,通过向员工介绍本企业职业生涯管理政策等信息,让员工目标与企业目标尽可能达成一致。

> **【参考知识 5-1】 能力素质模型**
>
> 能力素质模型(Competency Model)是从组织战略发展的需要出发,以强化竞争力、提高实际业绩为目标的一种独特的人力资源管理的思维方式、工作方法、操作流程。著名的心理学家、哈佛大学教授大卫·麦克利兰(David McClelland)博士是国际上公认的能力素质模型方法的创始人。
>
> 麦克利兰把能力素质划分为五个层次:知识、技能、自我概念、特质和动机。他认为,不同层次的能力素质在个体身上的表现形式不同。可以把人的能力素质形象地描述为漂浮在海面上的冰山(冰山理论),知识和技能属于海平面以上的浅层次的部分,而自我概念、特质、动机属于潜伏在海平面以下的深层次的部分,研究表明,真正能够把优秀人员与一般人员区分开的是深层次的部分。因此,麦克利兰把不能区分优秀者与一般者的知识与技能部分,称为基准性素质(Threshold Competencies),也就是从事某项工作起码应该具备的素质;而把能够区分优秀者与一般者的自我概念、特质、动机称为鉴别性素质(Differentiation Competencies)。
>
> 能力素质模型是整个人力资源管理框架中的关键环节,它将企业战略与整个人力资源管理业务紧密连接,避免脱节。能力素质模型作为人力资源管理的一种有效工具,广泛应用于人力资源管理的各个模块中,如员工招聘、员工培训、员工发展和绩效评估等。

第五节 绩效管理

一、绩效管理概述

1. 绩效的概念

绩效是员工围绕所在岗位的职责而达到的效果或取得的成绩以及在结果或成绩实现过程中的行为表现。绩效一般由三个层面构成:组织绩效、部门绩效和员工个人绩效。员工个人绩效是根基,部门绩效和组织绩效都建立在员工个人绩效之上。三者所包含的内容及其考评和管理方法都不尽相同。

组织绩效是指一个组织的运营效率以及其在多大程度上完成了组织的预定目标。衡量组织绩效优劣的指标有投资回报率、利润率、股票市场价格、市场占有率等传统指标,以及客户满意度、员工满意度、新产品开发速度、资金周转率等指标;部门绩效的内容与其职责相关,体现了企业总体目标在该部门的分解;员工个人绩效是指员工履行自己的工作职责并达到组织为他们确定的工作行为标准和工作结果标准的情况。在人力资源管理中,如果不是特别指明所讨论的是组织绩效或部门绩效,往往是指员工个人绩效,本章所讨论的也主要是员工个人绩效。

2. 绩效管理的概念

绩效管理是识别、衡量以及开发个人和团队绩效,并且使这些绩效与组织的战略目标保持一致的持续性过程。绩效管理是范围覆盖组织中所有人员和所有活动的管理过程。它既是管理者和员工就应当实现何种目标以及如何实现这种目标达成共识的一个过程,也是通过人员管理提高组织成功可能性的一种方法。

3. 绩效管理的原则

为了实现绩效管理目标,企业开展绩效管理时应遵循如下原则:

(1) 文化导向原则。良好的绩效管理制度可以告诉员工什么是组织所期望的,什么是不允许的,以及应该如何实现他们的目标。一个能持续促进公司发展的绩效管理制度必须充分体现企业目标和文化,使绩效管理真正发挥企业文化建设的价值导向作用。

(2) 目标分解原则。绩效管理要以工作岗位分析和岗位实际调查为基础,以客观准确的数据资料和各种原始记录为前提,制定出全面具体、切合实际,并且与公司的战略发展目标相一致的考评指标和标准体系。员工越清楚地了解他们的任务和目标,绩效管理效果越好。

(3) 双向沟通原则。绩效管理的实质在于通过持续动态的沟通真正改进绩效,实现公司目标,同时促进员工发展。通过有效的绩效互动沟通,管理者把工作内容、目标以及工作价值观传递给被管理者,双方达成充分的共识与承诺。

(4) 可操作性原则。企业在引进任何一种绩效管理工具(如平衡计分卡、360度考核、KPI考核以及胜任力模型等)时,都应该充分考虑其可操作性。开展绩效管理过程中可操作性主要体现在:明确的绩效管理目标;清晰的、制度化的操作流程;各层次人员的积极参与和职责分工;绩效管理的实际效用等。

4. 绩效管理的流程

绩效管理流程包括制订绩效计划、实施与辅导、考评与反馈以及结果应用四个阶段。

(1) 制订绩效计划。制订绩效计划是绩效管理的初始环节,绩效计划的制订过程分为以下几个步骤:① 确定绩效目标,确定目标时要遵从 SMART 原则,绩效目标应既具有相对稳定性又具有灵活性;② 被考评者制订绩效计划草案,绩效计划的主要内容不仅包括工作任务目标,还包括要达到的绩效具体标准、主要考评指标以及工作结果测量方法等;③ 考评者审核绩效计划;④ 考评者和被考评者就绩效计划进行沟通;⑤ 考评者和被考评者达成共识。

(2) 实施与辅导。绩效计划制订好之后,被评估者按照计划开展工作,管理者应提供工作所需的资源、支持和帮助,并根据预先安排对工作进度情况进行指导和监督,对发现的问题及时予以解决,并根据实际情况对绩效计划进行调整。

(3) 考评与反馈。绩效考评是指针对企业中每个员工所承担的工作,应用各种科学的定量和定性的方法,对员工行为的实际效果及其对企业的贡献、价值进行考核和评定。实施绩效考评时应选取适当的考评方法,明确考评标准,增加考评的民主性与透明度。考评结果应向被考评员工反馈,并听取员工的反映、说明以及申诉等。在进行绩效反馈时,上级和下属不仅应对绩效评估结果进行沟通并达成共识,而且要分析绩效目标未实现的原因,从而找到改进绩效的方向和措施。

（4）结果应用。绩效管理的核心作用是对员工进行有效的激励,通过提高员工的绩效来达到提升组织绩效的目的。企业的人力资源管理者应该把考评结果应用于绩效改进、招聘和选拔、薪酬管理、培训管理、晋升与辞退管理等。

5. 绩效考评与绩效管理

管理者想做的和应该做的是绩效管理而不仅仅是绩效考评,只通过绩效考评很难达到管理目标。绩效考评只是绩效管理的一个核心环节,二者的区别与联系如表5-4所示。

表 5-4 绩效考评与绩效管理的联系和区别

	绩效考评	绩效管理	说明
区别	部分性	系统性	绩效管理是一个完整的系统,注重过程管理,包括目标、辅导、评价、反馈与结果应用等多个环节;绩效考评是系统中的一部分,注重工作结果总结,重点在于评价
	部分层面	整体层面	绩效考评主要是人力资源部门与主管的重要工作,而绩效管理则注重与整个组织战略的关系
	回顾性	前瞻性	绩效考评关注过去绩效,绩效管理更关注未来绩效
联系	绩效考评是绩效管理不可或缺的组成部分;绩效考评为绩效管理提供材料		

二、绩效考评的方法

员工绩效考评有多种技术和方法,常用的有360度考核法、书面评语、图表尺度评价法、关键事件法以及目标管理法等。

1. 360度考核法

360度考核法又称全视角考核法。360度考核法是从多层次、多维度进行评价,它从不同层面的群体中收集信息,尽可能真实、全面地反映员工的工作绩效。评价者不仅来自主管、同事、下属,还包括客户和员工自己。

2. 书面评语

写书面评语是最简单和常用的一种方法。评定人员根据被评定人在工作中的实际表现,以书面形式对其优缺点做出总体评价,并指出其发展潜力及需要改进的地方。这种方法简单、易操作,但评价质量受评定人的主观因素影响较大。

3. 图表尺度评价法

图表尺度评价法是最简单和运用最普遍的工作绩效评价方法之一。在运用这种方法时,首先针对每一位下属员工就各项评估要素进行打分,然后分别将每一位员工的所有分值进行加总,即得到其最终的工作绩效评价结果。为了揭示每个员工在全体员工中绩效的相对优劣,图表尺度评价法通常与排序法结合在一起使用。具体操作如下:首先,对员工按工作性质进行分类;然后,运用图表尺度评价法对每一类中的每位员工的工作绩效进行评价;最后,对这些评价结果进行简单排序,即得出每位员工在同事中的相对位置。

4. 关键事件法

关键事件是指那些对组织目标产生重大积极或消极影响的事件。关键事件法是指管理者要把员工在考察期间内所有的关键事件都真实地记录下来,并把这些资料提供给评价者用于对员工业绩进行评价。关键事件法的优点在于其针对性很强,其结论不易受评价者主观因素左右。其缺点在于如果考察期较长,则管理人员的工作量较大。

5. 目标管理法

目标管理法是当前比较流行的一种绩效评价方法。根据目标管理的办法,让员工根据组织目标与上级管理者共同制定自己的绩效目标。一旦此目标为下属所接受,他就会努力实现那些虽有一定难度但可能实现的目标。这样,下级的绩效基本上是按他达到特定目标的水平来评价的。由于上下级共同确定目标,并努力实现目标,到计划期末时上下级之间再评价目标的完成情况,因此,这种方法可以避免上级单方面建立评价基准的缺陷。

三、绩效考评的反馈

绩效考评的最后环节是向员工反馈其绩效考核结果,以使他们清楚地了解其直接上司以及企业怎样看待他们。企业通常还要求管理者与员工一起讨论对他们的考核结果。

考评的反馈应做到以下几点:① 员工对该反馈能够充分理解;② 员工接受该反馈;③ 该反馈对员工的行为改进有所帮助。为达到上述目标,在实践中考评负责人在对员工进行绩效考评反馈时应注意如表5-5所示的事项。

表 5-5　在考核反馈中管理者应注意的事项

应做什么	不应做什么
• 事先做好准备 • 聚焦于工作表现和今后发展 • 对评定结果给予具体的解释 • 确定今后发展所需采取的具体措施 • 思考负责人在下属今后发展方面的角色 • 对理想的表现予以强化 • 重点强调未来的工作表现	• 教训员工 • 将工作考核和工资、晋升一并谈论 • 只强调表现不好的一面 • 只讲不听 • 过分严肃或对某些失误"喋喋不休" • 认为双方有必要在所有方面达成一致 • 将该员工与其他员工进行比较

第六节　报酬与激励

一、员工报酬

报酬是一个比较宽泛的概念,指的是作为个人劳动的回报而得到的各种类型的酬劳,是支持企业实现目标和战略的手段之一。报酬可以是有形的也可以是无形的,无形的报酬为内在报酬,有形的报酬为外在报酬。

1. 内在报酬

内在报酬是企业为员工提供较多的学习机会、挑战性工作、职业安全感以及员工通过自己的努力而获得满足感、成就感,受到晋升、表扬或受到认可与组织重视等。

内在报酬的特点是难以进行清晰的定义,不易进行定量分析和比较,没有固定的标准,操作难度比较大,需要较高水平的管理艺术等。由于内在报酬是工作参与的结果,基于这方面的考虑,才会有工作丰富化、缩短工作日、弹性工作时间、工作轮换等做法的出现。

2. 外在报酬

外在报酬是以物质形态存在的各种类型的报酬,包括直接薪酬和间接薪酬。直接薪酬是以货币形式直接支付给员工的报酬,包括工资、奖金、津贴、利润分享、股票期权。间接薪酬即福利,是指企业为员工提供的工作报酬之外的一切物质待遇,其目的是使员工及其家属在工作及生活中获得更大便利。

外在报酬的优点在于比较容易进行定性及定量分析,以易于在不同个人、工种和组织之间进行比较。但随着工作的弹性化和丰富化,员工对内在报酬的追求也越来越强烈。

图 5-6 表示了企业对员工支付的报酬类别。

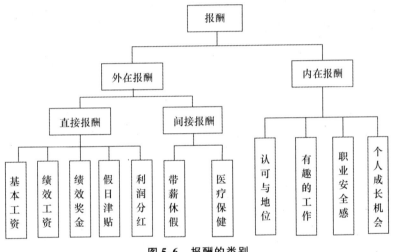

图 5-6　报酬的类别

二、员工激励

激励是指组织通过设计适当的报酬形式和工作环境,以一定的行为规范和惩罚性措施,借助信息沟通,激发、引导、保持和规范组织成员的行为,以有效地实现组织及其成员个人目标的系统活动。这一定义包含以下几方面的内容:

(1) 激励的出发点是满足组织成员的各种需要,即通过系统设计适当的外部奖酬形式和工作环境,满足企业员工的外在性需要和内在性需要。

(2) 科学的激励工作需要奖励和惩罚并举,既要对员工表现出来的符合企业期望的行为进行奖励,又要对不符合员工期望的行为进行惩罚。

(3) 激励贯穿于企业员工工作的全过程,包括对员工个人需要的了解、个性的把握、行为过程的控制和行为结果的评价等。

(4) 信息沟通贯穿于激励工作的始末。从对激励制度的宣传、企业对员工个人的了解,到对员工行为过程的控制和对员工行为结果的评价等,都依赖于一定的信息沟通。企业组织中信息沟通是否通畅,是否及时、准确、全面,直接影响着激励工作的成效。

(5)激励的最终目的是在实现组织预期目标的同时,也能让组织成员实现其个人目标,即达到组织目标和员工个人目标在客观上的统一。

(一)激励方法

激励是对员工需求的满足,物质激励是一种最基本、最常用的激励手段,但是由于员工需求的多样性,激励的方法也是多种多样的。

1. 奖惩激励

有效的激励方案既能鼓励员工的积极行为,又能惩罚有害的行为。因此,奖惩激励主要包括奖励和惩罚两种手段。

(1)奖励的技巧。通常人们的行为是遵照奖励的取向而定的。对人们取得的工作成效给予奖励,会给人们的动机起到强化作用。奖励包括物质的和精神的,物质的奖励如奖金、晋升工资、奖励实物、提供生活条件等,这些都属于人们的基本需求。精神奖励如对于成效的认可、记功命名、表彰、授予称号、提级升职等。奖励方式多种多样,可根据人们取得的成绩和他们对不同需要的追求程度而定。要把物质奖励和精神奖励结合起来,并与思想工作结合起来运用。

(2)惩罚的技巧。惩罚通常是被认为属于抑制性控制措施。管理者要认识到惩罚是一种教育手段,合理的惩罚教育才能取得较好的效果。在实际中实施惩罚时,应注意以下原则:① 惩微原则,做到未雨绸缪;② 沟通原则,了解事实真相;③ 及时原则,及时给予惩罚;④ 反馈原则,指明错误行为;⑤ 综合原则,要综合运用多种惩罚方式等。同时,惩罚还必须坚持公平、适度的原则。

2. 特殊激励

随着社会的发展、人们生活水平的提高,越来越多的人在选择工作时已经不仅仅是为了生存。特别是对知识型员工而言,每个人都有发展自己能力的需求,工作更多的是为了获得一种成就感。这就需要其他一些特殊的激励措施。

(1)工作内容激励。用工作本身来激励员工是最有意思的一种激励方式。如果我们能让员工干其最喜欢的工作,就会产生这种激励。管理者应该了解员工的兴趣所在,发挥其特长,从而提高效率。另外,管理者还可以让员工自主选择工作。通过这种方式安排的工作,工作效率也会大大地提高。

(2)培训激励。培训激励对青年人尤为有效。通过培训,可以提高员工实现目标的能力,为承担更大的责任、更富挑战性的工作及提升到更重要的岗位创造条件。在许多著名的企业里,培训已经成为一种正式的奖励。

(3)晋升激励。职务晋升对员工是一种内在激励,使其产生较强的成就感、责任感和事业心。同时,通过晋升可提供包括工资和地位的上升、待遇的改善、名誉的提高以及进一步晋升或外部选择机会的增加等优惠。因此,在管理实践中,管理者要让员工看到晋升的希望,要营造良好的竞争环境,充分调动员工的积极性。

(4)榜样激励。群体中的每位成员都有学习性,企业可以将优秀的员工树立成榜样,让员工向他们学习。虽然这个办法有些陈旧,但实用性很强。正所谓近朱者赤,近墨者黑,一位优秀的榜样也可以改善员工的工作风气。

(5)目标激励。企业目标是企业凝聚力的核心,是一面号召和指引全体员工的旗帜。一个振奋人心、经过努力可以实现的奋斗目标,可以起到鼓舞和激励全体员工的作用。因此,为了使目标制定得更切合实际,能更好地起到激励作用,在实践中要做到:目标明确具体、难度适宜、有一定的灵活性,目标的确立要有企业员工的参与。

(6)授权激励。授权是上级委授给下属一定的权力,使下级在一定的监督之下有相当的自主权、行动权。授权可以使员工放开手脚,释放出更大的工作热情,激励员工努力工作。但授权要遵循因事视能授权、明确授权内容、不可越级授权、授权要适度、要有控制等原则。

(7)情感激励。情感激励就是管理者以真挚的情感,通过增强管理者与员工之间的情感联系和思想沟通,满足员工的心理需求,从而形成和谐融洽的工作氛围,激发员工的积极性、主动性和创造性。

(8)环境激励,包括政策环境激励和客观环境激励。企业良好的制度、规章等都可以对员工产生激励。这些政策可以保证企业员工的公平性,而公平是员工的一种重要需要,能够促使员工提高工作效率。另外,企业的客观环境(如办公环境、办公设备、环境卫生等)也可以影响员工的工作情绪。在高档次的环境里工作,员工的工作行为和工作态度都会向积极的方向发展。

(9)危机激励。其实质是树立全体员工的忧患意识,做到居安思危,无论是在企业顺利还是困难的情况下,都永不松懈、永不满足、永不放松对竞争对手的警惕,唤醒全体员工的危机意识,确保企业立于不败之地。

(二)员工激励的基本原则

(1)目标结合原则。在员工激励中,设置目标是一个关键环节。目标设置必须同时体现组织目标和员工需要。

(2)物质激励和精神激励相结合的原则。物质激励是基础,精神激励是根本。在两者结合的基础上,逐步过渡到以精神激励为主。

(3)引导性原则。激励措施只有转化为被激励者的自觉意愿,才能取得激励效果。因此,引导性原则是激励过程的内在要求。

(4)合理性原则。激励的合理性原则包括两层含义:其一,激励的措施要适度,要根据所实现目标本身的价值大小确定适当的激励量;其二,奖惩要公平。

(5)明确性原则。激励的明确性原则包括三层含义:其一,明确,激励的目的是需要做什么和必须怎么做;其二,公开,特别是涉及奖金分配等大量员工关注的问题时更为重要;其三,直观,实施物质奖励和精神奖励时都需要直观地表达它们的指标,总结和授予奖励和惩罚的方式。

(6)时效性原则。要把握激励的时机,"雪中送炭"和"雨后送伞"的效果是不一样的。激励越及时越有利于将人们的激情推向高潮,使其创造力连续有效地发挥出来。

(7)正激励与负激励相结合的原则。正激励是对员工的符合组织目标期望的行为进行奖励。负激励是对员工违背组织目标的非期望行为进行惩罚。正负激励都是必要而有效的,不仅作用于当事人,而且会间接地影响周围其他人。

(8)按需激励原则。激励的起点是满足员工的需要,但员工的需要因人而异、因时而异,并且只有满足最迫切需要(主导需要)的措施,其效价才高,其激励强度才大。因此,领导者必须深入地进行调查研究,不断了解员工需要层次和需要结构的变化趋势,有针对性地采取激励措施。

【参考知识 5-2】 激励理论

激励理论是行为科学中用于处理需要、动机、目标和行为四者之间关系的核心理论。行为科学认为,人的动机来自需要,由需要确定人们的行为目标;激励作用于人的内心活动,激发、驱动和强化人的行为。激励理论是业绩评价理论的重要依据,它说明了为什么业绩评价能够促进组织业绩的提高,以及什么样的业绩评价机制才能够促进业绩的提高。主要的激励理论有三大类,分别为内容型激励理论、过程型激励理论以及行为修正型激励理论。

(1) 内容型激励理论重点研究激发动机的诱因,主要包括马斯洛的"需要层次理论"、赫茨伯格的"双因素理论"和麦克利兰的"成就需要激励理论"等。

(2) 过程型激励理论是指着重研究人从动机产生到采取行动的心理过程,主要包括弗鲁姆的"期望理论"、海德的"归因理论"和亚当斯的"公平理论"等。

(3) 行为修正型激励理论重点研究激励的目的(即改造、修正行为),主要包括斯金纳的"强化理论"和"挫折理论"等。

总之,激励理论是业绩评价理论的重要依据,其目的是提高员工工作的积极性。影响工作积极性的主要因素有工作性质、领导行为、个人发展、人际关系、报酬福利和工作环境,而且这些因素对于不同企业所产生影响的排序也不同。

由此可见,企业要根据不同的类型和特点制定激励制度,而且在实施激励机制时要考虑到个体差异。

【思考题】

1. 什么是人力资源?有何特点和作用?
2. 什么是人力资源管理?
3. 为什么要进行工作分析?怎样进行工作分析?
4. 简述企业人力资源规划的基本步骤。
5. 简述员工招聘的基本步骤。
6. 简述员工培训的过程和培训的方式。
7. 简述员工培训与人力资源开发的不同。
8. 如何开展绩效考评?
9. 如何进行有效的激励?

【案例】

华为致新员工书

您有幸加入了华为公司,我们也有幸获得了与您合作的机会。我们将在相互尊重、相互理解和共同信任的基础上,与您一起度过在公司工作的岁月。这种尊重、理解和信任是愉快地进行共同奋斗的桥梁与纽带。

华为公司共同的价值体系,就是要建立一个共同为世界、为社会、为祖国做出贡献的企业文化。这个文化是开放的、包容的,不断吸纳世界上好的优良文化和管理的。如果把这个文化封闭起来,以狭隘的自尊心、狭隘的自豪感为主导,排斥别的先进文化,那么华为一定会失败的。这个企业文化黏合全体员工团结合作,走群体奋斗的道路。有了这个平台,您的聪明才智方能很好发挥,并有所成就。没有责任心,缺乏自我批判精神,不善于合作,不能群体奋斗的人,等于丧失了在华为进步的机会,那样您会空耗了宝贵的光阴。

公司管理是一个矩阵系统,运作起来就是一个求助网。希望您们成为这个大系统中一个开放的子系统,积极、有效地既求助于他人,同时又给予他人支援,这样您就能充分地利用公司资源,借助别人提供的基础,吸取别人的经验,很快进入角色,很快进步。求助没有什么不光彩的,做不好事才不光彩,求助是参与群体奋斗的最好形式。

实践是您水平提高的基础,它充分地检验了您的不足。不足只有暴露出来,您才会有进步。实践再实践,尤其对青年学生十分重要。只有实践后善于用理论去归纳总结,才会有飞跃的提高。要摆正自己的位置,不怕做小角色,才有可能做大角色。

我们呼唤英雄,不让雷锋吃亏,本身就是创造让各路英雄脱颖而出的条件。雷锋精神与英雄行为的核心本质就是奋斗和奉献。雷锋和英雄都不是超纯的人,也没有固定的标准,其标准是随时代变化的。在华为,一丝不苟地做好本职工作就是奉献,就是英雄行为,就是雷锋精神。

实践改造了,也造就了一代华为人。"您想做专家吗?一律从基层做起",已经在公司深入人心。一切凭实际能力与责任心定位,对您个人的评价以及应得到的回报主要取决于您的贡献度。在华为,您给公司添上一块砖,公司给您提供走向成功的阶梯。希望您接受命运的挑战,不屈不挠地前进,您也许会碰得头破血流,但不经磨难,何以成才!在华为改变自己命运的方法,只有二个:一是努力奋斗;二是做出贡献。

公司要求每一个员工,要热爱自己的祖国,热爱我们这个刚刚开始振兴的民族。只有背负着民族的希望,才能进行艰苦的搏击,无怨无悔。我们总有一天,会在世界舞台上占据一席之地。但无论任何时候、无论任何地点都不要做对不起祖国、对不起民族的事情。不要做对不起家人,对不起同事,对不起您奋斗的事业的人。要严格遵守所在国家法规和社会公德,要严格遵守公司的各项制度与管理规范。对不合理的制度,只有修改以后才可以不遵守。任何人不能超越法律与制度,不贪污,不盗窃,不腐化。严于律己,帮助别人。

您有时会感到公司没有您想象的公平。真正绝对的公平是没有的,您不能对这方面期望太高。在努力者面前,机会总是均等的,要承受得起做好事却受委屈的事实。"烧不死的鸟就是凤凰",这是华为人对待委屈和挫折的态度和挑选干部的准则。没有一定的承受能力,今后如何能做大梁?其实一个人的命运,就掌握在自己手上。生活的评价,是会有误差的,但决不至于黑白颠倒,差之千里。要深信,是太阳总会升起,哪怕暂时还在地平线下。您有可能不理解公司而暂时离开,我们欢迎您回来。

世上有许多"欲速则不达"的案例,希望您丢掉速成的幻想,要有踏踏实实、一丝不苟的敬业精神。现实生活中能把某一项业务精通是十分难的,您不必面面俱到的去努力,那样更难。干一行,爱一行,行行出状元。您想提高效益、待遇,只有把精力集中在一个有限的工作面上,不然就很难熟能生巧。您什么都想会、什么都想做,就意味着什么都不精通,做任何一件事对您都是一个学习和提高的机会,都不是多余的,努力钻进去兴趣自然在。我们要造就一批业精于勤、行成于思,有真正动手能力和管理能力的干部。机遇偏爱踏踏实实的工作者。

公司永远不会提拔一个没有基层经验的人做高层管理者。遵循循序渐进的原则,每一个环节对您的人生都有巨大的意义,您要十分认真地去对待现在手中的任何一件工作,十分认真地走好职业生涯的每一个台阶。您要尊重您的直接领导,尽管您也有能力,甚至更强,否则将来您的部下也不会尊重您。要有系统、有分析地提出您的建议,您是一个有文化者,草率的提议,对您是不负责任,也浪费了别人的时间。特别是新来者,不要下车伊始,动不动就哇啦哇啦。要深入、透彻地分析,找出一个环节的问题,找到解决的办法,踏踏实实地一点一点地去做,不要哗众取宠。

为帮助员工不断超越自我,公司建立了各种培训中心。培训很重要,它是贯彻公司战略意图、推动管理进步和培训干部的重要手段,是华为公司通向未来、通向明天的重要阶梯。你们要充分利用这个"大平台",努力学习先进的科学技术、管理技能、科学的思维方法和工作方法,培训也是你们走向成功的阶梯。当然您想获得培训,并不是没有条件的。

物质资源终会枯竭,唯有文化才能生生不息。一个高新技术企业,不能没有文化,只有文化才能支撑它持续发展,华为的文化就是奋斗文化,它的所有文化的内涵都来自世界的,来自各民族的,伙伴的甚至竞争对手的先进合理的部分。若说华为有没有自己的核心文化,那就剩下奋斗与牺牲精神算我们自己的吧!其实奋斗与牺牲也是从别人那里抄来的。有人问我,您形象地描述一下华为文化是什么。我也不能形象地描述什么叫华为文化,我看了"可可西里"的电影,以及残疾人表演的"千手观音"后,我想他们的精神就叫华为文化吧!对于一个新员工来说,要融入华为文化需要一个艰苦过程,每一位员工都要积极主动、脚踏实地地在做事的过程中不断去领悟华为文化的核心价值,从而认同直至消化、接纳华为的价值观,使自己成为一个既认同华为文化又能创造价值的华为人;只有每一批新员工都能尽早地接纳和弘扬华为的文化,才能使华为文化生生不息。

华为文化的特征就是服务文化,谁为谁服务的问题一定要解决。服务的含义是很广的,总的是为用户服务,但具体来讲,下一道工序就是用户,就是您的"上帝"。您必须认真地对待每一道工序和每一个用户。任何时间,任何地点,华为都意味着高品质。希望您时刻牢记。

华为多年来铸就的成就只有两个字——诚信,诚信是生存之本、发展之源,诚信文化是公司最重要的无形资产。诚信也是每一个员工最宝贵的财富。

业余时间可安排一些休闲活动,但还是要有计划地读些书,不要搞不正当的娱乐活动,为了您成为一个高尚的人,望您自律。

我们不赞成您去指点江山,激扬文字。目前,在中国共产党领导下,国家政治稳定、经济繁荣,这就为企业的发展提供了良好的社会环境,我们要十分珍惜。21世纪是历史给予中华民族一次难得的振兴机会,机不可失,时不再来。"21世纪究竟属于谁",这个问题的实质是国力的较量,国际间的竞争归根到底是在大企业和大企业之间进行。国家综合国力的增强需要无数大企业组成的产业群去支撑。一个企业要长期保持在国际竞争中的优势,唯一的办法便是拥有自己的竞争力。如何提高企业的竞争力,文章就等你们来做了。

希望您加速磨炼,茁壮成长,我们将一起去托起明天的太阳。

任正非
2014 年 12 月 19 日

资料来源:《华为人》第 293 期。

思考题:
1. 任正非通过这篇文章向华为公司的新员工传递了哪些方面的信息?
2. 这篇文章对于想在华为取得职业成功的新员工有何意义?

第六章 财务管理

【学习要点】
- 财务管理的相关概念
- 资金时间价值的概念及计算
- 企业筹资、投资和营运资本管理
- 成本费用管理
- 企业利润分配
- 企业财务分析

财务管理是根据财经法规制度,按照财务管理的原则,组织企业财务活动、处理财务关系的一项经济管理工作,是企业管理的重要组成部分。它的基本内容是关于资产的购置、资本的融通和经营中现金流量以及利润分配的管理。财务管理通过预测、决算、控制、分析来管理企业的经济事项,使企业达到降低成本费用、增加收入、创造企业价值的目的。

第一节 财务管理概述

财务一般是指与钱财有关的事务。财是金钱、物质的总称,其货币表现就是资金。资金在企业生产经营过程中不断地变化和周转,形成了企业的财务活动。在各类财务活动中,企业必然要与有关方面发生一定的经济关系,即财务关系。因此,企业财务就是企业财务活动及其所体现的经济利益关系的总称。

一、财务管理的相关概念

企业财务管理是以企业资金运动为对象,利用货币形式对企业经营活动进行的一项综合性管理工作。它既要管理各种财务活动,又要处理企业与投资者之间、企业与其他企业之间、企业与国家税务、金融、审计、物价、工商行政管理部门之间以及企业内部的各种财务关系,是现代企业管理中极其重要的组成部分。

要理解财务管理概念,必须先了解财务管理中有关的基本术语及其概念,主要有:

1. 资金

资金是企业拥有或控制的所有经济资源的货币表现形式。一般情况下,现金是库存现金、银行存款和其他货币资金的合称。企业资金按其来源可分为权益资金和债务资金两类,其中权益资金是企业投入的资金,债务资金是企业通过债务方式筹集的资金。在财务管理中,通常需要核算一定期间经营活动、投资活动和筹资活动产生的现金流入、现金流出和现金净流量,即现金流量。

2. 资产

资产是指企业过去的交易或者事项形成并由企业拥有或控制的资源,该资源预期会给企业带来经济效益。按照中国的企业会计准则,符合上述资产定义的资源,还要同时满足以下条件才能确认为资产:① 与该资源有关的经济利益很可能流入企业;② 该资源的成本或者价值能够可靠地计量。资产按其变化或耗用时间的长短,可分为流动资产和非流动资产。流动资产是指企业可以在12个月内或者超过一年的一个营业周期内变现或者运用的资产,例如,库存将被出售,应收账款将被收回等,现金是流动资产的典型代表。非流动资产是相对于流动资产而言的,一般包括长期投资、固定资产等。

3. 负债与所有者权益

负债是指企业过去的交易或者事项形成的、预期会导致经济利益流出企业的现时义务。这里的现时义务是指企业在现行条件下已承担的义务。未来发生的交易或者事项形成的义务,不属于现时义务,不应当确认为负债。所有者权益是指企业资产扣除负债后,由所有者享有的剩余权益。资产、负债和所有者权益之间的关系为:资产 = 负债 + 所有者权益。

4. 资金运动

企业的生产经营过程既是使用价值的生产和交换过程,又是价值的形成和实现过程,在这个过程中,各种物质价值的货币表现就是资金。随着企业再生产的不断进行,资金不断周转、循环,形成了企业的资金运动,如图6-1所示。

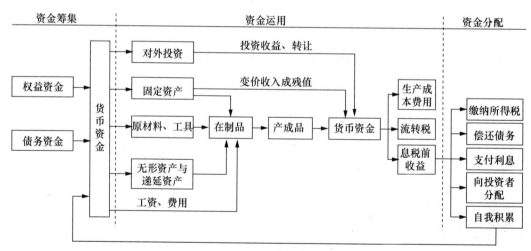

图6-1 企业资金运动

5. 资金成本

资金成本是指企业筹集和使用资本时所付出的代价,一般包含筹资费用和用资费用。筹资费用主要指股票、债券的发行费用,向非银行金融机构借款的手续费用等;用资费用主要有股利、利息等。按照长期资本的种类,资金成本主要包括股票的资金成本、债券的资金成本和长期借款的资金成本等。

二、财务管理的内容

企业财务管理的最终目标是企业价值最大化,提高企业价值的主要途径是提高收益率、降低风险。企业收益率的高低和风险的大小主要取决于筹资项目、投资项目、资本结构和股利分配政策等。因此,企业财务管理的主要内容是筹资管理、投资管理、营运资本管理、成本费用管理和利润分配管理。

1. 筹资管理

筹资是指企业为了满足投资和用资的需要,筹借和集中所需资金的过程,主要研究和解决企业如何筹集经营所需资金。在筹资过程中,企业一方面要确定筹资的总规模,以保证投资所需要的资金;另一方面要通过对筹资渠道、筹资方式或工具的选择,合理确定筹资结构来降低筹资成本和风险。企业从投资者、债权人那里筹集来的资金,可以是货币资金形态,也可以是实物、无形资产形态,形成自有资金或企业负债。

2. 投资管理

投资是指企业将筹集的资金投入使用的过程,是为获取未来收益或避免风险而进行资金投放的活动。投资管理主要研究和解决企业应如何投资,并在权衡投资的风险与收益的基础上做出选择。企业通过投资管理将筹集来的资金合理地投放到生产经营活动的各个方面,使货币资金转化为固定资产和流动资产等。

3. 营运资本管理

营运资本一般指企业流动资产与流动负债的差额,是投入日常经营活动的资本。营运资本管理主要研究流动资产管理和流动负债管理两个方面问题,解决企业在日常生产经营活动中发生的资金收付活动。营运资本管理主要包括营运资本筹资管理和营运资本投资管理。

4. 成本费用管理

成本是指企业为了达到特定目的所失去或放弃资源的价值,它可以用货币单位加以衡量。企业对生产经营过程中发生的成本费用进行预测、计划、控制、核算、分析与考核,采取降低成本费用等措施,保证企业生产经营活动的最终成果,即目标利润的实现。

5. 利润分配管理

利润分配是指企业将实现的净利润(税后利润),按照国家财务制度规定的分配形式和分配顺序,在企业和投资者之间进行的分配。企业通过销售过程把生产经营的产品销售出去,按照商品的价值取得销售收入,实现产品的价值,不仅可以补偿产品成本,而且可以实现企业的利润。税后利润可用于弥补亏损、发放职工福利、扩大投资等方面。

三、财务管理的过程

为了做出最佳决策,企业必须对未来做出确切的预测和判断;为了使决策的结果能够顺利实施,还必须进行周密的计划、深入的分析和有效的控制。因此,财务管理的过程应该包括财务分析、财务预测、财务决策、财务计划和财务控制五个方面。

1. 财务分析

财务分析是指利用财务报表和其他信息资料对企业过去的财务状况和经营成果以及未来的发展趋势进行的分析。通过财务分析,可以总结成果、找出差距、判断趋势,以便提出改进措施,为企业财务决策、计划和控制提供依据。

2. 财务预测

财务预测是指在掌握大量过去和现在的信息资料的基础上，考虑各种可变因素，运用科学方法对企业活动的未来发展趋势及结果进行科学的预计和推测。财务预测是进行财务决策和财务计划的基本前提。

3. 财务决策

财务决策是指为实现企业预定的财务目标，根据财务预测的结果，运用科学的方法对若干可供选择的财务活动方案进行评价，从中选择最佳方案的过程。企业财务决策主要包括投资决策、筹资决策和股利决策等。

4. 财务计划

财务计划是指对企业未来财务活动和资源进行合理安排，以保证实现财务目标的过程。它是企业生产经营计划的重要组成部分。财务计划是财务决策的具体化，是企业进行财务活动、协调财务关系、控制财务收支和考核财务业绩的依据。

5. 财务控制

财务控制是指在建立好责任制度、信息反馈制度和考核奖惩制度的基础上对企业财务活动进行约束、检查和指导的过程，也是对企业资金的取得、投放、使用和分配的控制。财务控制的程序包括制定标准、执行标准、确定和分析差异、消除和纠正差异。

第二节　资金时间价值

资金的时间价值原理可以揭示不同时间点上资金之间的换算关系，是影响财务决策的重要因素之一。要做好财务管理工作，必须对此有充分的认识。

一、资金时间价值的含义

资金时间价值又叫货币的时间价值，是指资金经历一定时间的投资和再投资所增加的价值。比如，将今天的100元钱存入银行，在年利率为10%的情况下，一年后就会变成110元，可见经过一年时间，这100元钱发生了10元的增值。资金的时间价值是资金在参与生产流通的过程中产生的，如果资金既不存入银行，也不参加生产流通，而是"闲散"、"呆滞"，就不能增值。人们将资金在使用过程中随时间的推移而发生增值的现象，称为资金具有时间价值的属性。

资金时间价值是一个客观存在的经济现象，在企业的财务管理中引入资金时间价值概念，是做好财务活动、提高财务管理水平的必要保证。资金呆滞就会造成一定的经济损失，是一种不容忽视的机会损失。因此，培养资金时间价值观念，加强对资金的合理、充分利用是非常重要的。

二、资金时间价值的计算

资金时间价值的计算有单利法和复利法两种方法。复利符合企业资金运动的规律，充分体现了资金时间价值的意义，在财务决策中广泛使用复利计算。有关资金时间价值的指标有许多种，本书着重说明复利终值和现值、年金终值和现值的计算。

1. 复利终值和现值的计算

复利不仅对本金计息，而且对利息再计息，逐期滚动，俗称"利滚利"。终值又称将来值、未来值，是指资金经过一定时间增值后的价值，或者说是现在的一定本金在将来一定时间按复利计算的本金与利息之和。现值是现在价值的简称,是指未来的现金流量折合成现在的价值,或者说是为取得将来一定本金和利息之和,现在所需要的本金。现值的计算也称贴现值或折现值,所用的利率称为贴现率或折现率。

(1) 单个现金流量的终值与现值。单个现金流量是指仅发生一笔现金流入或流出,如图 6-2 所示。

图 6-2 单个现金流量示意图

其终值按下式计算:

$$F = P(1+i)^n = P(F/P,i,n)$$

式中,F 表示终值;P 表示现值(本金);i 表示时间价值率(利率);n 表示计息期数;$(1+i)^n$ 为复利终值系数,用符号 $(F/P,i,n)$ 来表示。

例 6-1 现在投资 1 000 元,年复利率为 8%,则 10 年后的终值为:

$$F = 1\,000 \times (1+8\%)^{10} = 2\,159(元)$$

单个现金流量的现值公式可由终值公式推导出,其计算公式如下:

$$P = \frac{F}{(1+i)^n} = F(P/F,i,n)$$

式中,$(1+i)^{-n}$ 为复利现值系数或贴现系数,用符号 $(P/F,i,n)$ 来表示。在实际工作中,复利终值系数和复利现值系数可查阅复利终值表和复利现值表。

例 6-2 已知年利率为 10%,要想 3 年后得到 5 000 元,则现在应投入的资金为:

$$P = \frac{F}{(1+i)^n} = \frac{5\,000}{(1+10\%)^3} = 3\,757(元)$$

(2) 多期现金流量的终值与现值。多期现金流量是指发生两笔或两笔以上的现金流量。由于财务管理中的一个重要原理就是"价值的可加性",所以多期现金流量的终值是各单个现金流量终值之和(一般流入为正,流出为负);多期现金流量的现值是各单个现金流量现值之和(一般流入为正,流出为负)。

2. 年金终值和现值的计算

年金是指等额、定期的系列收支。年金通常表现为企业分期偿还贷款本息、分期付款购买商品、支付租金、分期等额收回款项等形式。根据现金流量发生时间的不同,年金可分为普通年金、先付年金、递延年金和永续年金。

(1) 普通年金,也称后付年金,是指在某一段固定期间内,每期期末发生的一系列固定的现金流量,如图 6-3 所示。

图 6-3 普通年金示意图

例 6-3 一项资产承诺在接下来 3 年的每年年末支付 500 美元,这项资产的现金流量就构成了 3 年期的每年 500 美元的年金,如果每年赚取 10% 的报酬率,那么这笔年金总共是多少?

按照多期现金流量的折现原理,可以采用 10% 的贴现率求出该年金的现值:

$$P = 500/(1+10\%)^1 + 500/(1+10\%)^2 + 500/(1+10\%)^3$$
$$= 454.55 + 413.22 + 375.66 = 1\,243.43(美元)$$

在面对多期现金流量时,单独计算比较繁琐,总结了以下公式:

$$F = A\sum_{t=1}^{n}(1+i)^{t-1} = A\left[\frac{(1+i)^n - 1}{i}\right] = A(F/A,i,n)$$

$$P = A\sum_{t=1}^{n}\frac{1}{(1+i)^t} = A\left[\frac{(1+i)^n - 1}{i(1+i)^n}\right] = A(P/A,i,n)$$

式中,$\left[\frac{(1+i)^n - 1}{i}\right]$ 为年金终值系数,用符号 $(F/A,i,n)$ 表示,其含义是单位年金的终值; $\left[\frac{(1+i)^n - 1}{i(1+i)^n}\right]$ 为年金现值系数,用符号 $(P/A,i,n)$ 表示,其含义是单位年金的现值。这些系数可以通过年金系数表查得。

(2)先付年金,也叫预付年金,是指在每期期初有等额款项收支的现金流序列,如图6-4所示。

图 6-4 预付年金示意图

预付年金的终值和现值分别按下列公式计算:

$$F = A\left[\frac{(1+i)^n - 1}{i}\right](1+i) = A(F/A,i,n)(1+i)$$

$$P = A\left[\frac{(1+i)^n - 1}{i(1+i)^n}\right](1+i) = A(P/A,i,n)(1+i)$$

例 6-4 银行利率为10%,5年分期付款,每年年初付200元,则该项分期付款相当于一次支付现金多少?

利率为10%、5年期的年金现值系数是3.791。

$$P = A \times (P/A,i,n) \times (1+i) = 200 \times 3.791 \times 1.1 = 834.02(元)$$

(3)递延年金是指在最初 m 期没有款项收付,后面 n 期有等额款项收支的现金流序列,如图6-5所示。

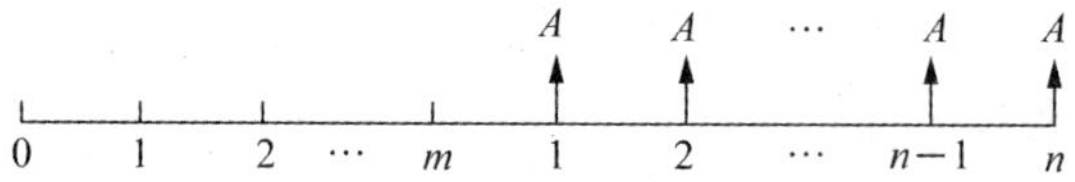

图 6-5 递延年金示意图

递延年金终值公式与普通年金终值公式类似,其现值的计算公式为:

$$P = A\left[\frac{(1+i)^n - 1}{i(1+i)^n}\right]\left[\frac{1}{(1+i)^m}\right]$$

(4)永续年金是指现金流量无限期持续的普通年金。由于无限期,所以永续年金没有终值。因为永续年金的现金流量是无限的,可以通过普通年金现值公式,令 $n\to\infty$ 时,推导出其现值公式为:

$$P = \frac{A}{i}$$

第三节 筹资管理

现代企业资金的筹集既是企业财务活动的起点,也是企业作为市场竞争主体的必备条件。企业筹资是指企业根据生产经营活动,通过一定的渠道,采取适当的方式获取所需资金的一种行为。

一、企业筹资概述

企业筹资是指企业为从事生产经营活动,从不同资金所有者手中筹措资金的财务活动。筹资活动是企业财务管理的首要任务,是企业资金活动的起点。

1. 企业筹资渠道

筹资渠道是指企业筹措资金的对象和通道,是企业筹集资金的来源。目前我国企业筹集资金的渠道主要包括:① 国家财政资金;② 银行信贷资金;③ 非银行金融机构资金;④ 其他企业投入资金;⑤ 企业职工和城乡居民投入资金;⑥ 企业自有资金;⑦ 外商投入资金等。

2. 企业筹资的基本原则

企业筹资是一项重要、复杂的工作,为了经济有效地筹集资金,企业筹资应当遵循以下基本原则:

(1) 经济性原则。需要对各种筹资方式进行分析和对比,选择经济、可行的筹资方式,确定合理的资金结构,以便降低成本和风险。

(2) 合理性原则。不同来源的资金对企业的收益和成本有不同影响,企业应认真研究资金来源的渠道和资金市场,合理选择资金来源。

(3) 及时性原则。在筹资金时需要考虑时间价值,根据企业具体情况,协调筹资和投资的时间,防止资本闲置或影响投资有利时机。

(4) 合法性原则。企业筹集资金应接受国家的宏观调控,筹集资金工作应遵守国家有关财经法规,并维护有关各方的经济利益。

二、权益资金的筹集

权益资金的筹集又称股权融资、权益融资、所有权融资,是指出资人是企业的所有者(股东、投资者),所有者出资后将取得该投资所代表的企业所有权,享受法律及企业章程规定的权利,并承担相应的义务。企业权益资金筹集的主要方式有吸收直接投资、发行普通股、发行优先股和企业内部融资等。

1. 吸收直接投资

吸收直接投资是指企业按照"共同投资、共同经营、共担风险、共享盈利"的原则,以签订协议等形式吸收其他投资者投入资金的一种外部筹资方式。企业可以吸收国家、企事业单位、城乡居民和企业内部职工、外国投资者和我国港澳台地区投资者的直接投资,分别形成国家资本金、法人资本金、个人资本金和外商资本金。出资方式可以是现金出资、实物出资,也可以是工业产权出资、土地使用权出资等。吸收直接投资不以股票为媒介,是非股份制企业股权融资的基本方式。

2. 发行普通股

股票是股份有限公司签发的证明股东所持股份的法律凭证。股票按股东分享权益和承担风险的不同,可分为普通股和优先股。通过发行普通股所筹集的资金,企业可以永久性占用,属于企业自有资金,这种筹资方式仅限于股份有限公司,必须以股票为媒介,是股份有限公司筹集股本资本的基本筹资方式。

3. 发行优先股

优先股是具有某种优先权的股票,是股东权益的组成部分,具有债券与股票的双重特性。优先股的优先权体现在两个方面:一是优先获得股利,即股利的分配在普通股之前,而且股息固定;二是优先分配公司的剩余财产,即当企业终止而进行清算时,优先股有优先于普通股的剩余财产分配权。优先股没有到期期限,一般不享有参与股东大会的表决权。

4. 企业内部融资

留存收益是企业从内部筹集权益资金的重要来源,包括从税后净利润中提取的盈余公积金和未分配的净利润。企业实现的利润缴纳所得税后,要按一定的顺序进行利润分配,其中包括按规定的比例提留盈余公积金,以不断增加企业的权益资本,壮大企业的实力。另外,为了满足生产经营或投资的需要,经投资人同意还可暂不向投资人分配利润或只向投资人分配部分利润,以增加企业权益资金的比例,保持较优的资本结构。

三、债务资金的筹集

债务资金的筹集也称负债融资、债权性融资,出资人是企业的债权人,对企业拥有债权,有权要求企业按期还本付息。债权人对企业未来的现金流量和企业终止时的清算财产具有优先要求权,即其要求权在企业所有者之前,负债的利息允许在所得税前支付,但在正常情况下,债权人不具有参与企业各种决策的权利。企业债务资金的筹集方式主要有借款筹资、债券筹资和融资租赁等。

1. 借款筹资

借款筹资是指企业根据借款合同向银行或其他非银行金融机构借入的款项,是一种负债契约。借款筹资是企业筹集资金的主要途径之一,主要用于购建固定资产和满足长期流动资金占用的需要,比如基本建设贷款、更新改造贷款等。

2. 债券筹资

债券是企业依照法定程序发行的,约定在一定期限还本付息的有价证券。发行债券是企业筹措长期资金的一种重要方式。公司债券的种类很多,根据不同的标准可分为不同的类别,主要有:记名债券与无记名债券;有担保债券与无担保债券;可转换债券(即可转换为公司普通股)与不可转换债券;可赎回债券(即公司有权在债券到期前提前收回)与不可赎回债券;固定利率债券与浮动利率债券等。

3. 融资租赁

融资租赁是指根据承租人对租赁物件的特定要求和对供货人的选择,出租人出资向供货人购买租赁物件,并租给承租人使用,承租人则向出租人支付租金。在租赁期内,租赁物件的所有权属于出租人所有,承租人拥有租赁物件的使用权。租期届满,租金支付完毕并且承租人根据融资租赁合同的规定履行完全部义务后,对租赁物的归属没有约定的或者约定不明的,可以协议补充;不能达成补充协议的,按照合同有关条款或者交易习惯确定;仍然不能确定的,租赁物件归出租人所有。

第四节 投资管理

企业投资是指企业对现有所持资金的一种运用,以期望在未来获取收益的一种行为。在市场经济条件下,企业能否把筹集到的资金投放到收益高、回收快、风险小的项目上去,对企业的生存和发展十分重要。

一、企业投资概述

财务管理中的投资与会计中的投资含义不完全相同。通常,会计上的投资指对外投资,而财务管理中的投资既包括对外投资,也包括对内投资。企业投资可做如下分类:

1. 直接投资与间接投资

按与企业生产经营的关系,投资可分为直接投资和间接投资两类。直接投资是指把资金投放于生产经营性资产,以便获取利润的投资。间接投资又称证券投资,是指把资金投放于证券等金融资产,以便取得股利或利息收入的投资。随着我国金融市场的完善和多渠道筹资的形成,企业间接投资将越来越广泛。

2. 长期投资与短期投资

按投资回收时间的长短,投资可分为短期投资和长期投资两类。短期投资又称流动资产投资,是指能够并且准备在一年内或一个营业周期内收回的投资,主要指对现金、应收账款、存货、短期有价证券等的投资,长期证券如能随时变现亦可作为短期投资。长期投资则是指一年以上才能收回的投资,主要指对厂房、机器设备等固定资产的投资,也包括对无形资产和长期有价证券的投资。

3. 对内投资和对外投资

根据投资的方向,投资可分为对内投资和对外投资两类。对内投资又称内部投资,是指把资金投在企业内部,购置各种生产经营资产的投资,如形成各项流动资产、固定资产、无形资产和其他资产的投资。对外投资是指企业以现金、实物、无形资产等方式或者以购买股票、债券等有价证券方式向其他单位的投资,如购买上市公司的股票、兼并投资、联营投资。随着企业横向经济联合的开展,对外投资越来越重要。

二、投资决策方法

本书讲的投资决策方法主要是针对直接投资中的长期投资,如固定资产投资。投资方案评价时使用的经济效果指标分为两类:一类是非贴现指标,即不考虑时间价值因素的指标,主要包括静态投资回收期和投资收益率;另一类是贴现指标,即考虑了时间价值因素的指标,主要包括净现值、现值指数和内部报酬率等。根据分析评价指标的类别,投资方案(或项目)的分析方法也被分为非贴现和贴现两种方法。

(一)非贴现的评价方法

非贴现评价方法也称静态评价方法,它是不考虑时间价值,把不同时间的现金收支看成是等效的。常用的非贴现评价方法主要有静态投资回收期法和投资收益率法等。

1. 回收期法

回收期是指通过投资项目营运后所获得的收益抵偿该项投资所需的时间。根据投资回收期的长短来评价方案的优劣的方法称回收期法。

投资回收期的计算,因每年的营业净现金流量是否相等而有所不同。如果每年的营业净现金流量(NCF)相等,则投资回收期可按下式计算:

$$T = \frac{K}{NCF}$$

式中:T 表示静态投资回收期;K 表示原始投资额;NCF 表示每年净现金流入量,也称年收益。

如果每年的收益额不等,必须采用财务报表法,根据每年年末尚未回收的投资额确定回收期。

例 6-5 某企业长期投资有甲、乙两个方案可供选择,有关现金净流量的资料如表 6-1 所示,分别计算甲、乙两个方案的静态投资回收期。

表 6-1 投资方案—利润表   单位:万元

年份	甲方案			乙方案		
	投资	利润	现金净流量	投资	利润	现金净流量
投资期	150		-150	100		-100
1		50	50		50	50
2		50	50		45	45
3		50	50		30	30
4		50	50		10	10
5		50	50		5	5
合计	150	250	100	100	140	40

甲方案的投资回收期为:

$$甲方案回收期 = \frac{150}{50} = 3(年)$$

乙方案由于投产后每年的现金净流量不相等,应根据各年末的累计现金流量分析计算,其投资回收期为:

$$乙方案回收期 = 2 + \frac{100 - 50 - 45}{30} = 2.17(年)$$

用投资回收期评价方案,把计算的回收期 T 同基准回收期 T_0(或行业的平均水平)比较,评价规则为:① 当 $T = T_0$ 时,方案可行;② 当 $T > T_0$ 时,方案不可取;③ 当 $T < T_0$ 时,方案比较可取;④ 在 $T < T_0$ 条件下,进行多方案比较,T 越小方案越优。

回收期法的优点是计算简便,并且容易被决策者正确理解。它的缺点是不仅忽视时间价值,而且没有考虑回收期以后的收益。事实上,战略性的长期投资往往是早期收益较低,中后期收益较高。因此,回收期法有急功近利、忽视长远收益的缺点。

2. 投资收益率法

投资收益率也称投资报酬率,是平均每年的净现金流量与原始投资额的比率。采用投资收益率指标来评价投资方案的优劣,就是投资收益率法。投资收益率有多种计算方法,其最常见的计算公式为:

$$E = \frac{NCF}{K} \times 100\%$$

式中:E 为投资收益率;K 为原始投资额;NCF 为年平均净现金流入量。

采用投资收益率法时,需确定一个企业要求达到的投资收益率(必要投资收益率)。在进行决策时,只有高于必要投资收益率的方案才能入选,而在有多个方案的互斥选择中,则选用投资收益率最高的方案。

投资收益率法的优点是简明、易算、易懂;其主要缺点是没有考虑资金的时间价值,第一年的现金流量与最后一年的现金流量被看作具有相同的价值,所以有时会做出错误的决策。

(二) 贴现的评价方法

贴现的评价方法也称动态评价方法,在考虑资金的时间价值的情况下,用投资方案历年的投入与产出计算和评价方案的经济效果。资金的价值对投资方案的经济效果指标影响较大,所以在计算和评价投资项目的经济效果时,时间价值是个不可忽略的因素。常用的贴现评价方法有净现值法、现值指数法和内部收益率法。

1. 净现值法

净现值(NPV)是指投资项目在寿命周期内各年净现金流入量的现值之和与原始投资的差额。净现值法就是将基准投资收益率作为贴现率,计算出投资项目各年现金流入(为正数)的现值和现金流出(为负数)现值的代数和,来评价方案的优劣的方法。在一次投资、无建设期的情况下计算公式为:

$$NPV = \sum_{t=1}^{n} \frac{NCF_t}{(1+i)^t} - K$$

式中:K 为原始投资额;NCF_t 是第 t 年的净现金流量;i 是方案评价所选择的基准贴现率;n 为项目的寿命周期(或计算期)。

净现值是投资项目的实施给企业带来的新增价值。净现值为正数,说明该项目的投资收益率大于预定的折现率,项目经济可行;净现值为负数,说明该项目的收益率小于预定的折现率,项目经济上不可行,应拒绝投资。

例 6-6 A 公司拟投资的一个项目的净现金流量如表 6-2 所示,如果公司的资金成本(预定折现率或投资者要求的收益率)为 10%,确定项目的可行性。

表 6-2 拟投资项目的净现金流量   单位:万元

年末	0	1	2	3	4
净现金流量(NCF_t)	-1 000	500	400	300	400

项目的净现值为:

$$NPV = \sum_{t=1}^{n} \frac{NCF_t}{(1+i)^t} - K$$

$$= \frac{500}{1+10\%} + \frac{400}{(1+10\%)^2} + \frac{300}{(1+10\%)^3} + \frac{400}{(1+10\%)^4} - 1\,000$$

$$= 283.72(万元)$$

由于净现值大于零,所以该项目可以投资。

净现值法的优点是考虑了资金的时间价值和项目整个寿命期内的全部现金流量;反映了投资项目的真正经济价值,接受净现值为正的项目符合股东利益。

2. 现值指数法

现值指数(简称 PVI)也称获利指数、利润指数,是指投资项目未来收益的总现值与原始投资额现值之比。现值指数是在净现值法的基础上派生出来的一种补充方法。净现值法是一种绝对经济效果指标,当对比方案的投资额和寿命周期相差甚大时,采用净现值法来决定方案的取舍,则有以偏概全之虞,可能导致失误。方案评价可用绝对和相对经济效果指标从不同的角度进行全面的评价。现值指数法就是采用方案的相对经济效果指标——现值指数来评价,可以消除某些不可比因素,起到同质化处理的作用。其计算公式为:

$$PVI = \frac{未来收益的总现值}{投资额现值} = \frac{\sum_{t=1}^{n} \frac{NCF_t}{(1+i)^t}}{K}$$

现值指数的优点是考虑了资金的时间价值,能够真实地反映投资项目的盈亏程度。由于现值指数是用相对数来表示,所以有利于在初始投资额不同的投资方案之间进行比较。其缺点是现值指数这一概念不便于理解。

3. 内部收益率法

内部收益率(简称 IRR)也称内含报酬率,是使投资项目的净现值等于零的贴现率。由于这个收益率是由项目本身的净现金流量决定的,其计算无需外部参数,故称为内部收益率,其计算公式为:

$$NPV(IRR) = \sum_{t=1}^{n} \frac{NCF_t}{(1+IRR)^t} - K = 0$$

内部收益率法投资决策的准则:投资项目内部收益率大于资本成本(预定的折现率、企业的最低期望收益率),项目可以接受;投资项目内部收益率小于资本成本,应放弃此项目。

由于上述计算公式是一个一元高次方程,不容易直接求解,所以通常用内插法——线性插值法求得 IRR 近似解。其计算步骤如下:

先分别给出两个贴现率 i_1 和 i_2,且 $i_1 < i_2$,计算净现值 $NPV(i_1)$ 和 $NPV(i_2)$,如果计算结果(净现值)为正数,说明利率偏小;计算结果为负数,说明利率偏大,当净现值为一正一负时,内部收益率就在邻近,用插值法求出。若 $NPV(i_1) > 0, NPV(i_2) < 0$,则可用下式计算内部收益率:

$$IRR = i_1 + \frac{NPV(i_1)}{NPV(i_1) + |NPV(i_2)|}(i_2 - i_1)$$

以前面 A 公司的项目为例,计算内部收益率,先令其净现值为零。

$$NPV = \frac{500}{1+i} + \frac{400}{(1+i)^2} + \frac{300}{(1+i)^3} + \frac{400}{(1+i)^4} - 1\,000 = 0$$

取 $i_1 = 23\%, NPV(i_1) = 6.87; i_2 = 24\%, NPV(i_2) = -10.09$。则有:

$$IRR = 23\% + \frac{6.87}{6.87 + 10.09} \times (24\% - 23\%) = 23.41\%$$

内部收益率法根据各个方案的内部收益率,视其是否高于该企业的资金成本来确定该方案是否可行,它可以正确反映各项投资方案的真实报酬。目前世界银行对投资项目进行评价时,一般都采用内部收益率法。内部收益率越高,表示投资的经济效益越好。

第五节 营运资本管理

营运资本管理是指在营运资本管理政策指导下,企业实施的对流动资产和流动负债的管理,主要是对营运资本进行投资(流动资产)和筹资(流动负债)的管理。企业加强营运资本管理,主要是为了使企业能够有效地运用营运资本,挖掘利润的源泉,从而使企业的价值增值。

一、营运资本的概念与特点

1. 营运资本的概念

营运资本通常指企业在生产经营活动中的流动资产和流动负债的总称,是财务管理的重要概念。营运资本的定义有广义和狭义之分,广义的营运资本是指企业流动资产的总额,又称总营运资本或毛营运资本;狭义的营运资本是指流动资产减去流动负债后的余额,称净营运资本。如果流动资产大于流动负债,则净营运资本为正数;反之,净营运资本为负数。本文所指的营运资本为净营运资本。

2. 营运资本的特点

为了有效地管理企业的营运资本,必须研究营运资本的特点,以便有针对性地进行管理。营运资本一般具有以下特点:

(1)周转的短期性。企业占用的营运资本具有较强的流动性,周转一次所需的时间较短,说明营运资本可以通过短期筹资方式加以解决。

(2)来源的多样性。营运资本既可通过长期筹资方式解决,也可通过短期筹资方式解决。仅短期筹资就有银行短期借款、短期融资、商业信用、票据贴现等多种方式。

(3)数量的波动性。营运资本的数量会随企业内外部条件的变化而变化,数量的波动性往往较大。通常,流动资产数量发生变动时,流动负债的数量也会发生相应变动,从而导致净营运资本出现较大的波动。

(4)形态的易变性。营运资本如存货、应收账款、短期有价证券等流动资产一般具有较强的变现能力,如果企业出现资金周转困难,或者由于企业管理的需要,通常可以快速出售这些资产,以获取现金。

二、营运资本管理的内容与目标

1. 营运资本管理的内容

营运资本管理主要是对流动资产和流动负债的管理,其主要内容有:

(1)营运资本管理策略的制定,包括营运资本投资策略和营运资本筹资策略。

(2)现金管理。现金是企业中流动性最强的资产,现金管理主要包括对库存现金、银行存款及其他货币资金的管理,主要目的是权衡现金的流动性和收益性。

(3)存货管理。存货是企业在生产经营过程中为销售或耗用而储备的物资。存货管理效率的高低,直接决定着企业收益、风险和流动性的综合水平,因此需要合理安排好库存量。

(4)应收账款管理。应收账款的功能旨在生产经营中增加销售和减少存货,但需要注意制定科学、合理的应收账款信用政策,尽可能地降低持有应收账款的成本。

2. 营运资本管理的目标

营运资本管理,既要保证有足够的资金满足企业生产经营的需要,又要保证企业能按时、按量偿还各种到期债务。具体来说,营运资本管理应实现的管理目标是:合理确定营运资金需要量,合理安排短期资产与短期负债的比例关系,并在保证企业正常生产经营需要的前提下,加速营运资本的周转,以节约使用资产,提高资金的利用效率。

三、营运资本管理策略

如果企业保持较高的营运资本,则有较高的能力偿还债务,风险性较小,但是较高的流动资产比重会降低企业的收益性,因此财务管理者必须考虑和应用一定的营运资本管理策略,权衡收益和风险以进行决策。营运资本管理策略主要包括营运资本投资策略和营运资本筹资策略。

1. 营运资本投资策略

营运资本投资策略是指确定企业流动资产项下的目标或规模,又称流动资产投资策略或企业资产组合策略。流动资产投资量的高低影响着企业的收益和风险,流动资产投资量的确定,事实上是企业在收益和风险之间的权衡,企业在此基础上考虑流动资产最佳投资量。根据企业对待风险的态度以及企业承受风险的能力,企业营运资本投资策略可以分为三类:适中型投资策略、保守型投资策略和激进型投资策略。具体如表6-3所示。

表6-3 营运资本投资策略

种类	流动资产投资	流动资产/收入比率
适中型投资策略	短缺成本和持有成本之和最小化的投资额,该投资政策要求短缺成本和持有成本相等。按照预期的流动资产周转天数、销售额及其增长、成本水平和通货膨胀等因素确定最优投资规模,安排流动资产投资	适中
保守型投资策略	企业持有较多的现金和有价证券,充足的存货,提供给客户宽松的付款条件,并保持较高的应收账款水平	较高
激进型投资策略	公司持有尽可能低的现金和小额的有价证券投资;存货上做少量投资;采用严格的销售信用政策或者禁止赊销	较低

2. 营运资本筹资策略

营运资本筹资策略是指企业为流动资产筹资,采用短期资金或长期资金,或者两者兼而有之。制定营运资本筹资策略,就是确定流动资产所需资金中短期资本和长期资本的比例。

流动资产的资金一部分来自短期资金,另一部分来自长期资金。流动资产的筹资结构,可以用经营流动资产中长期筹资来源的比重来衡量,该比率称为易变现率,公式如下:

$$易变现率 = \frac{(股东权益 + 长期债务 + 经营性流动负债) - 长期资产}{经营流动资产}$$

易变现率高,资金来源的持续性强,偿债压力小,管理起来比较容易,称为保守型筹资策略;易变现率低,资金来源的持续性弱,偿债压力大,称为激进型筹资策略;从最保守型筹资策略到最激进型筹资策略之间,分布着一系列风险程度不同的筹资策略。营运资本筹资策略大体上分为适中型筹资策略、保守型筹资策略和激进型筹资策略,具体如表6-4所示。

表6-4 营运资本筹资策略

种类	易变现率	风险收益特征
适中型筹资策略	居中(营业低谷为1,营业高峰小于1)	资本成本居中,风险和收益适中
保守型筹资策略	最大(营业低谷大于1,营业高峰小于1)	资本成本高,风险和收益均低
激进型筹资策略	最小(小于1)	资本成本低,风险和收益均高

第六节 成本费用管理

成本费用是反映企业工作质量的综合性指标,是补偿生产耗费的尺度,是制定产品价格和进行经营决策的重要依据。因此,对成本和费用的管理是企业财务管理的核心内容之一。

一、成本费用概述

企业在生产经营活动中,必不可少地要付出各种各样的代价,包括物化劳动的耗费和活劳动的耗费,这些耗费的社会劳动价值虽然都表现为企业的支出,但又有成本和费用之分。

1. 成本及其范围

成本有广义与狭义之分。广义的成本泛指取得资产的代价,包括制造成本和期间费用。狭义的成本仅指产品制造成本。企业财务制度中一般使用狭义的成本概念。制造成本就是产品的生产成本,也称生产经营成本,是指产品(包括劳务)在生产过程中直接耗费的各种价值的货币支出量的总和,一般包括直接材料、直接工资、其他直接支出和制造费用。

2. 费用及其范围

费用是指企业在日常活动中发生的会导致所有者权益减少的、与向所有者分配利润无关的经济利益的总流出。费用包括直接费用、间接费用和期间费用。其中,期间费用是指在一定会计期间发生的与生产经营没有直接关系或关系不密切不能直接计入产品的生产成本,只能作为当期损益来看待的费用,包括管理费用、财务费用和销售费用。

> **【参考知识6-1】 成本和费用的关系**
>
> 企业的费用虽然是围绕产品生产经营发生的,却不一定是产品成本,不能将费用和成本画等号。二者既有区别,又有联系。其区别是:费用是一定期间的发生额,与时间发生关系;而成本按一定的计算对象(如某种产品、某项劳务)归集,与成本对象发生关系。其联系是:有些费用是计算成本的基础,费用根据发生的原因和目的经归集分配后,属于某产品或劳务负担,这部分费用才成为产品成本。因此,费用是成本构成的要素,而成本是对象化了的费用。

二、成本费用管理的主要内容

企业的成本和费用管理工作是企业生产经营管理的核心内容之一,必须贯穿于生产经营活动的全过程。成本费用管理的内容主要包括成本费用的分析、预测、决策、计划、核算、控制和考核等方面。

1. 成本分析

成本分析是根据成本核算资料和成本计划资料及其他有关资料,运用一系列专门方法,揭示企业费用预算和成本计划的完成情况,查明影响计划或预算完成的各种因素变化的影响程度,寻求降低成本、节约费用途径的一项专门工作。定期或不定期的成本分析,对于分析费用预算和成本计划的完成情况,找出成本费用管理工作中的问题,明确成本管理的责任,挖掘企业降低成本、节约费用的潜力,以及为编制成本计划、进行成本预测和决策提供资料等方面都具有重要意义。

2. 成本预测

成本预测是指依据成本与各种技术经济因素的依存关系，结合企业发展前景以及采取的各种措施，通过对影响成本变动的有关因素的分析，采用科学方法，对未来成本水平及其变化趋势做出的科学估计。成本预测的目的在于挖掘企业内部降低产品成本的潜力，促使企业加强经济核算、改善经营管理、降低产品成本、提高经济效益。成本预测广泛运用于成本决策、成本计划和成本控制中。

3. 成本决策

成本决策是指为了实现成本目标，在取得大量信息资料的基础上，借助一定手段、方法，进行计算和判断，比较各种可行方案的不同成本，从中选择一个技术上先进、经济上合理的优秀方案的过程。成本决策的目的是降低劳动耗费、提高经济效益。成本决策与成本预测同属于成本的事前管理。

4. 成本计划

成本计划是指在成本预测和决策的基础上，根据计划期的生产任务、降低成本的要求及其相关资料，通过一定的程序，运用一定的方法，以货币计量形式表现计划期产品的生产耗费和各种产品成本水平，作为成本核算与成本控制的重要依据。

5. 成本核算

成本核算是指根据会计的原理、原则和规定的成本项目，按照账簿记录，通过各项费用的归集和分配，采用适当的成本计算方法，计算出完工产品成本和期末产品成本，并进行相应的账务处理。通过成本核算提供的资料，可以了解成本计划的完成情况，同时为计算经营成果提供数据。

6. 成本控制

成本控制是指在生产经营过程中，按照规定的标准调节影响成本的各种因素，使生产耗费控制在预定的范围内，包括事前成本控制、日常成本控制和事后成本控制。

7. 成本考核

成本考核是将会计报告期成本实际完成数额与计划指标、定额指标、预算指标进行对比，来评价成本管理工作的成绩和水平的一项工作，是检验成本管理目标是否达到的一个重要环节。

三、成本费用管理的要求

成本管理的根本目的是追求产品成本在相对条件下得以下降。一般要求包括：正确处理好成本与产量、质量之间的关系；正确划分多种费用支出的界限，保证成本及各种费用计算的准确性；建立标准成本制度；在成本形成的全过程实施全员性控制，不断纠正偏差，找到降低产品成本的途径；加强成本管理的各项基础工作，如定额管理、成本的各项原始记录、计量管理、物资收发和领退管理，以及落实全面成本管理责任制，实施企业内部价格管理等；实施成本分析，及时发现和解决成本管理工作中的薄弱环节。

第七节　收入和利润管理

一、收入管理

（一）收入的含义及构成

收入是指企业在生产经营活动中，由于销售产品或提供劳务等经营业务所取得的收入。收入是衡量企业一定时期生产经营成果的重要标志，是企业现金流入和实现利润的主要源泉。

企业的收入由主营业务收入和其他业务收入两部分组成。主营业务收入是指企业经常性的、主要业务所产生的基本收入，包括销售商品、产品和自制半成品以及提供工业性劳务所取得的收入。其他业务收入是指企业主营业务以外的所有通过销售商品、提供劳务收入及让渡资产使用权等日常活动所形成的经济利益的流入，包括销售原材料和固定资产，以及固定资产和包装物出租、无形资产转让、提供非工业性劳务所取得的收入。

（二）收入的管理

1. 收入预测

收入预测是指企业对本企业的商品在一定的时间和空间内可以实现的营业收入进行科学的预计和测算。其方法除了依靠有关人员的主观判断、经验分析、逻辑推理等进行定性预测外，还可以利用数学方法进行定量预测。定量预测的方法有简单平均法、移动平均法、加权平均法、回归分析法和模型预测法等。

2. 收入计划

收入计划是在收入预测的基础上，对未来一定时期的营业收入进行的规划。企业的营业收入计划，包括基本业务收入（产品、商品销售收入）计划和其他业务收入计划，是企业生产经营计划的重要组成部分，是编制利润计划的基础。编制营业收入计划主要用以确定计划期内营业收入，并据以确定销售预算、生产预算、现金收支预算等，从而控制企业整个生产经营过程。

3. 收入的日常管理

收入的日常管理主要包括：及时签订销售合同，并按合同组织生产活动；加强产品（商品）的保管，及时组织发运，经常检查合同的执行情况；做好结算工作，及时回收货款，加速资金周转；搞好售后服务，及时反馈市场信息，努力提高企业信誉，增强市场竞争能力；及时进行营业收入的分析、考核、评价工作。

二、利润及利润分配管理

（一）利润及其构成

1. 利润概述

利润是企业在一定时期内生产经营成果的最终体现，在数额上表现为各项收入与支出相抵后的余额。它集中反映企业生产经营活动各方面的效益，是衡量企业经营管理水平的重要指标。

2. 企业利润的构成

企业的利润，就其构成来看，既有通过生产经营活动而获得的，也有通过投资活动而获得的，还包括与生产经营活动无直接关系的事项所引起的盈亏。根据我国企业会计准则的规定，企业的利润一般包括营业利润、投资净收益、营业外收支净额三部分，用公式表示为：

$$利润总额 = 营业利润 + 投资净收益 + 营业外收支净额$$

（二）利润分配

利润分配与企业财务管理体制有着密切的联系，企业利润的分配办法也随着我国财务管理体制变革做相应变动。企业进行利润分配时，应该综合考虑各方面的影响因素，遵守企业利润分配的原则，在一定的法定程序下进行。

1. 企业利润分配的原则

企业利润分配涉及与企业方方面面的关系，应兼顾不同方面的利益，处理好投资者现实利益与企业长远发展的关系，保证利润分配与企业的筹资、投资决策相互协调一致。

（1）依法分配原则。企业的利润分配活动，是在国家有关财经法规的规范下进行的，应依据《公司法》和《企业财务通则》所要求的税后净利分配的项目、分配的法定程序及提取的比例等进行分配，从而保证企业利润分配的合法性。

（2）先盈后分原则。企业进行利润分配的前提首先是要有盈利，可以是当年实现的账面利润，也可以是以前年度未分配的利润及留存收益。

（3）资本保全原则。资本保全原则的实质是先盈后分原则的进一步限制。它要求企业在生产经营过程中，成本补偿和利润分配要保持资本的完整性，保证权益不受侵蚀。

（4）利益兼顾原则。企业税后净利分配涉及投资者、经营者、企业职工等多方面的利益，应兼顾各方面的利益要求，兼顾近期收益与企业长远发展，要有利于调动各方面的积极性，尽可能取得各方面的理解和支持。

2. 利润分配的法定程序

根据我国《公司法》等有关规定，企业当年实现的利润总额应按国家有关税法的规定做相应的调整，然后依法交纳所得税。交纳所得税后的净利润按下列顺序进行分配。

（1）弥补以前年度的亏损。按我国财务和税务制度的规定，企业的年度亏损，可以由下一年度的税前利润弥补，下一年度税前利润尚不足以弥补的，可以由以后年度的利润继续弥补，但用税前利润弥补以前年度亏损的连续期限不超过5年。5年内弥补不足的，用本年税后利润弥补。本年净利润加上年初未分配利润为企业可供分配的利润，只有可供分配的利润大于零时，企业才能进行后续分配。

（2）提取法定盈余公积金。根据《公司法》的规定，法定盈余公积金的提取比例为当年税后利润（弥补亏损后）的10%。当法定盈余公积金已达到注册资本的50%时可以不再提取。法定盈余公积金可用于弥补亏损、扩大公司生产经营或转增资本，但公司用盈余公积金转增资本后，法定盈余公积金的余额不得低于转增前公司注册资本的25%。

（3）提取任意盈余公积。根据《公司法》的规定，公司从税后利润中提取法定公积金后，经股东会或者股东大会决议，还可以从税后利润中提取任意公积金。

（4）向投资者分配利润。根据《公司法》的规定，公司弥补亏损和提取公积金后所余税后利润，可以向股东（投资者）分配股利（利润），其中有限责任公司股东按照实缴的出资比例分取红利，全体股东约定不按照出资比例分取红利的除外；股份有限公司按照股东持有的股份比例分配，但股份有限公司章程规定不按持股比例分配的除外。

三、成本利润分析

成本利润分析是在销售及费用预测的基础上，对成本、利润、业务量和单价等因素之间的依存关系进行具体的分析。成本利润分析的方法很多，最常用的是本量利分析法。

本量利分析是成本—销量—利润关系分析的简称，是专门研究成本、业务量、利润三者之间依存关系的分析方法。利用它可以分析盈亏平衡点(也称盈亏临界点、保本点)以及获得目标利润要达到的业务量、价格、成本水平等,是企业进行经营决策、利润预测和目标控制的一种有效方法。

1. 本量利的基本原理

在本量利分析中,按照成本与业务量的关系,可划分为变动成本和固定成本。业务量一般指工业企业的产销量或商业企业的销售量。利润可以是税前利润,也可以是税后利润,为了简化,一般是指税前利润。在本量利分析中,假定销售单价、单位变动成本、固定成本总额在一定的业务量范围内和一定的时期内稳定不变。其基本计算公式如下:

利润目标 = 销售收入 − 总成本
= 销售收入 − 变动成本总额 − 固定成本总额
= 单价 × 业务量 − 单位变动成本 × 业务量 − 固定成本总额

设利润目标为 TP,单价为 p,业务量为 x,单位变动成本为 b,固定成本总额为 a,则有:

$$TP = px - bx - a = (p-b)x - a$$

从上式不难看出,企业利润的大小主要受销售量、销售单价、单位变动成本和固定成本总额等因素的影响。在已知这些因素的情况下,就可以根据这个基本公式计算目标利润。或者在确定了目标利润的情况下,就可以确定上述因素如何变动才能保证目标利润的实现。

2. 本量利图

将成本、销量、利润的关系反映在直角坐标系中,即为本量利图,因其能清晰地显示企业不盈利也不亏损时应达到的产销量,故又称为盈亏临界图或损益平衡图(如图6-6所示)。用图示表达本量利的相互关系,不仅形象直观、一目了然,而且容易理解。

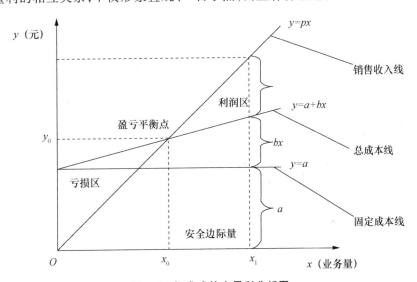

图6-6 标准式的本量利分析图

标准本量利图表达的意义如下:(1)固定成本线与横轴之间的距离为固定成本值,它不因产量增减而变动;(2)总成本线与固定成本线之间的距离为变动成本,它随产量而成正比例变化;(3)总成本线与横轴之间的距离为总成本,它是固定成本与变动成本之和;(4)销售收入线与总成本线的交点(x_0, y_0)是盈亏平衡点,表明企业在此业务量(x_0)下总收入与总成本相等,既没有利润,也不发生亏损。在此基础上,增加销售量,销售收入超过总成本,销售收入线和总成本线之间的距离为利润值,形成利润区;反之,形成亏损区。

3. 边际贡献与边际贡献率

销售收入减去变动成本后的差额称为边际贡献。边际贡献首先应该用于补偿固定成本,之后的余额才是企业的利润。边际贡献有单位边际贡献和边际贡献总额两种形式,具体形式如下:

$$单位边际贡献 = 单价 - 单位变动成本 = p - b$$

$$边际贡献总额 = 销售收入总额 - 变动成本总额 = px - bx = (p-b)x$$

边际贡献率是指单位边际贡献与销售单价之间的比率,或者边际贡献总额与销售总额之间的比率。单位变动成本与销售单价之间的比率称为变动成本率。由于变动成本与边际贡献之和等于销售收入,所以边际贡献率与变动成本率之间存在互补关系,二者之和为1。

$$边际贡献率 = \frac{单位边际贡献}{单价} = \frac{p-b}{p} = 1 - \frac{b}{p} = 1 - 变动成本率$$

或

$$边际贡献率 = \frac{边际贡献总额}{销售收入总额} = \frac{(p-b)x}{px} = 1 - \frac{b}{p} = 1 - 变动成本率$$

变动成本率低,则企业的边际贡献率高,创利能力就高。根据边际贡献指标,就可以测算销售额的变动对于利润的影响。

例 6-7 某企业产销一种产品,单位售价50元,单位变动成本30元,固定成本50 000元。则单位边际贡献 = 50 - 30 = 20(元/件),边际贡献率 = 20/50 = 40%,变动成本率 = 30/50 = 60%。

4. 盈亏平衡分析

盈亏平衡点可以按下列公式计算:

$$盈亏平衡点业务量(x_0) = \frac{固定成本}{单价 - 单位变动成本} = \frac{固定成本}{单位边际贡献} = \frac{a}{p-b}$$

$$盈亏平衡点销售额(y_0) = 盈亏平衡点业务量 \times 单价 = \frac{a}{p-b} \times p = \frac{a}{边际贡献率}$$

在例6-7中,

$$盈亏平衡点业务量 = 50\ 000/(50-30) = 2\ 500(件)$$

$$盈亏平衡点销售额 = 50\ 000/(40\%) = 2\ 500 \times 50 = 125\ 000(元)$$

盈亏平衡点的业务量除以企业的现有业务量,称为达到盈亏平衡点的作业率。所谓现有业务量,是指目前市场和开工情况下企业的销售数量,也可以用销售金额来表示。

$$盈亏平衡点作业率 = \frac{盈亏平衡点业务量}{现有业务量}$$

这个比率表明企业保本的业务量在正常业务量中所占的比重。由于多数企业的生产经营能力是按正常销售量来规划的,生产经营能力与正常销售量基本相同,所以盈亏临界点作业率还表明保本状态下的生产经营能力的利用程度。比如,5 000元是某企业正常开工完成的销售量,其盈亏平衡点销售额为4 000元,则达到盈亏临界点的作业率为:4 000/5 000 = 80%,它说明,该企业要获得利润,作业率必须提高到80%以上;否则,就会发生亏损。

同盈亏平衡点相联系的另一个指标是安全边际量,它是现有业务量超过盈亏平衡点业务量的差额,标志着从现有业务量到盈亏平衡点还有多大的差距。这个差距说明现有业务量再降低多少,企业才会发生亏损。安全边际越大,说明发生亏损的可能性越小,企业的经营就越安全。安全边际量除以现有的业务量,所得的比率称为安全边际率。

$$\text{安全边际量} = \text{现有业务量} - \text{盈亏平衡点业务量}$$

$$\text{安全边际率} = \frac{\text{安全边际量}}{\text{现有业务量}} = \frac{\text{现有业务量} - \text{盈亏平衡点业务量}}{\text{现有业务量}}$$

$$= 1 - \text{盈亏平衡点作业率}$$

例 6-8 某产品售价 10 元,单位变动成本 6 元,固定成本总额 4 000 元,预期销量有 1 500 件,计算其安全边际。

$$\text{保本量} = 4\,000/(10-6) = 4\,000/4 = 1\,000(\text{件})$$

$$\text{安全边际量} = 1\,500 - 1\,000 = 500(\text{件})$$

$$\text{安全边际率} = 500/1\,500 = 33.33\%$$

第八节 财务报告与财务分析

财务报告是企业向政府部门、投资者、债权人等与本企业有利害关系的组织或个人提供的,反映企业一定时期的财务状况、经营成果以及影响企业未来经营发展的重要经济事项的书面文件。财务分析是以企业财务报告反映的财务指标为主要依据,对企业的财务状况和经营成果进行评价和剖析,为企业投资者、经营管理者、债权人和社会其他有关方面提供企业财务信息的一项财务管理活动。

一、财务报告

企业财务报告主要包括资产负债表、利润表、现金流量表、所有者权益变动表和财务报表附注等。财务分析常用的最基本的会计报表有资产负债表、利润表、现金流量表。

1. 资产负债表

资产负债表是反映企业在某一特定日期(如月末、年末)全部资产、负债和所有者权益情况的报表,它表明企业在该特定日期所拥有或控制的经济资源、所承担的现有义务和所有者对净资产的要求权。资产负债表是根据"资产 = 负债 + 所有者权益"这一会计等式编制的。账户式结构的资产负债表分为左、右两方,左方列示资产各项目,右方列示负债和所有者权益各项目,资产合计应等于负债和所有者权益合计。具体如表 6-5 所示。

表 6-5 资产负债表

编制单位: 　　　　　　　　　　　　　　　　日期: 　　　　　　　　　　金额单位:万元

项目	年末数	年初数	项目	年末数	年初数
流动资产:			流动负债:		
货币资金			短期借款		
交易性金融资产			交易性金融负债		
应收票据			应付票据		
应收账款			应付账款		
预付款项			预收款项		
应收利息			应付职工薪酬		
应收股利			应交税费		
其他应收款			应付利息		

(续表)

项目	年末数	年初数	项目	年末数	年初数
存货			应付股利		
一年内到期的非流动资产			其他应付款		
其他流动资产			一年内到期的非流动负债		
流动资产合计			其他流动负债		
非流动资产：			流动负债合计		
可供出售金融资产			非流动负债：		
持有至到期投资			长期借款		
长期应收款			应付债券		
长期股权投资			长期应付款		
投资性房地产			专项应付款		
固定资产			预计负债		
在建工程			递延所得税负债		
工程物资			其他非流动负债		
固定资产清理			非流动负债合计		
生产性生物资产			负债合计		
油气资产			所有者权益（或股东权益）：		
无形资产			实收资本（或股本）		
开发支出			资本公积		
商誉			减：库存股		
长期待摊费用			专项储备		
递延所得税资产			盈余公积		
其他非流动资产			一般风险准备		
非流动资产合计			未分配利润		
			所有者权益（或股东权益）合计		
资产总计			负债和所有者权益（或股东权益）总计		

2. 利润表

利润表是反映企业在一定期间（如月份、年度）的经营成果的会计报表，它把一定期间的收入与费用相配比，以计算出该期间的企业损益总额。由于利润表是企业经营业绩的综合体现，又是进行利润分配的主要依据，因此利润表是主要的会计报表，它是企业所有者最为关心的报表。利润表所提供的财务信息如表6-6所示。

表6-6 利润表

编制单位：　　　　　　　　　　　　　　　日期：　　　　　　　　　　金额单位：万元

项目	本年数	上年数
一、营业收入		
减：营业成本		
营业税金及附加		
销售费用		

(续表)

项目	本年数	上年数
管理费用		
财务费用		
资产减值损失		
加:公允价值变动收益(损失以"－"号填列)		
投资收益(损失以"－"号填列)		
其中:对联营企业和合营企业的投资收益		
二、营业利润(亏损以"－"号填列)		
加:营业外收入		
减:营业外支出		
其中:非流动资产处置损失		
三、利润总额(亏损总额以"－"号填列)		
减:所得税费用		
四、净利润(净亏损以"－"号填列)		
五、每股收益:		
(一)基本每股收益		
(二)稀释每股收益		
五、其他综合收益		
六、综合收益总额		

3. 现金流量表

现金流量表是以现金等价物为基础编制的财务状况变动表。它为会计报表使用者提供企业在一定会计期间内现金和现金等价物流入和流出的信息,从而了解和评价企业获取现金和现金等价物的能力,并据以预测企业未来的现金流量,如表6-7所示。

表 6-7　现金流量表

编制单位:　　　　　　　　　　　　　日期:　　　　　　　　　金额单位:万元

项目	本年数	上年数
一、经营活动产生的现金流量:		
销售商品、提供劳务收到的现金		
收到的税费返还		
收到其他与经营活动有关的现金		
经营活动现金流入小计		
购买商品、接受劳务支付的现金		
支付给职工以及为职工支付的现金		
支付的各项税费		
支付其他与经营活动有关的现金		
经营活动现金流出小计		
经营活动产生的现金流量净额		

(续表)

项目	本年数	上年数
二、投资活动产生的现金流量：		
收回投资收到的现金		
取得投资收益收到的现金		
处置固定资产、无形资产和其他长期资产收回的现金净额		
处置子公司及其他营业单位收到的现金净额		
收到其他与投资活动有关的现金		
投资活动现金流入小计		
购建固定资产、无形资产和其他长期资产支付的现金		
投资支付的现金		
取得子公司及其他营业单位支付的现金净额		
支付其他与投资活动有关的现金		
投资活动现金流出小计		
投资活动产生的现金流量净额		
三、筹资活动产生的现金流量：		
吸收投资收到的现金		
取得借款收到的现金		
发行债券收到的现金		
收到其他与筹资活动有关的现金		
筹资活动现金流入小计		
偿还债务支付的现金		
分配股利、利润或偿付利息支付的现金		
支付其他与筹资活动有关的现金		
筹资活动现金流出小计		
筹资活动产生的现金流量净额		
四、汇率变动对现金及现金等价物的影响		
五、现金及现金等价物净增加额		
加：期初现金及现金等价物余额		
六、期末现金及现金等价物余额		

二、财务分析

财务分析的方法主要包括趋势分析法和财务比率分析法。

（一）趋势分析法

趋势分析法主要是通过比较企业连续几期财务报表或财务指标，确定其增减变动的方向、数额和幅度，以此说明企业财务状况或经营成果变动趋势的一种简便方法。在进行财务比率比较时，既可以将过去若干年的某一财务比率来对比，以推断总的发展趋势，即静态分析；也可以通过计算定基比率和环比比率进行动态分析。

1. 定基比率

定基比率是指某一时期的数额与固定的基期数额相比较而计算出来的动态比率。计算公式如下：

$$定基比率 = 分析期数额 / 固定基期数额 \times 100\%$$

例如,以 2013 年为固定基期,分析 2014 年、2015 年利润增长比率。假设某企业 2013 年的净利润为 100 万元,2014 年的净利润为 120 万元,2015 年的净利润为 150 万元。则:2014 年的定基比率 = 120 ÷ 100 = 120%;2015 年的定基比率 = 150 ÷ 100 = 150%。

2. 环比比率

环比比率是指以每一分析期的数据与上期数据相比较计算出来的动态比率。其计算公式如下:

$$环比比率 = 分析期数额/前期数额 \times 100\%$$

假设某企业 2013 年的净利润为 100 万元,2014 年的净利润为 120 万元,2015 年的净利润为 150 万元。则:2014 年的环比比率 = 120 ÷ 100 = 120%;2015 年的环比比率 = 150 ÷ 120 = 125%。

在观察一个企业在连续若干年的某项财务比率的趋势时,应该关注该财务比率时间系列数据的稳定性,如果稳定性较差,则应该慎重看待该指标过去的趋势。在采用趋势分析法时,需要注意以下几个问题:用于比较的各项指标的计算口径需要保持一致;对显著变动的指标需要重点分析衡量;根据实际情况,需要剔除偶然因素的影响,使分析的数据能准确反应指标的实际情况。

(二)财务比率分析法

企业财务比率分析的基本内容主要包括:偿债能力分析、营运能力分析、获利能力分析和发展能力分析。这些分析内容互相联系、互相补充,可以综合地描述出企业生产经营的财务状况和经营成果,以满足各种财务信息使用者的需要。

1. 偿债能力分析

偿债能力是指企业偿还各种到期债务的能力。偿债能力的高低是所有与企业有关联的人所关心的重要问题之一。偿债能力分析主要包括短期偿债能力分析和长期偿债能力分析。

(1)短期偿债能力分析

短期偿债能力是指企业偿还短期债务(即流动负债)的能力。反映企业短期偿债能力的财务指标主要有流动比率、速动比率和现金比率。

① 流动比率。流动比率是企业的流动资产与流动负债的比率,用于衡量企业在某一时间点偿付即将到期债务的能力。其计算公式为:

$$流动比率 = \frac{流动资产}{流动负债} \times 100\%$$

流动比率是衡量一个企业资产流动性的基本指标。流动比率越高,说明企业偿付短期债务的能力越强。但是,并不是流动比率越高越好,流动比率过高,就意味着企业有过多的资金滞留在流动资产上,由于流动资产的获利能力通常较低,会导致企业整体获利能力的下降,所以流动比率的大小需视企业的性质而定。一般认为,制造企业的流动比率应维持在 200% 的水平比较合适。

② 速动比率。速动比率是企业的速动资产与流动负债的比率,用于衡量企业在某一时点运用随时可变现资产偿付短期负债的能力。其计算公式为:

$$速动比率 = \frac{速动资产}{流动负债} \times 100\%$$

式中,速动资产是指流动资产中变现能力较强的那部分资产。速动资产的计算公式一般可表示为:

$$速动资产 = 流动资产 - 存货 - 预付账款 - 待摊费用$$

用速动比率来判断企业短期偿债能力比用流动比率更能说明问题,因为它去除了变现力较差的存货。一般认为,速动比率维持在 100% 的水平比较好。

③ 现金比率。现金比率是企业的现金类资产与流动负债的比率。现金类资产包括货币资金和短期证券,是速动资产扣除应收款项后的余额。现金比率能够准确地反映企业的直接偿付能力。其计算公式为:

$$现金比率 = \frac{货币资金 + 短期证券}{流动负债} \times 100\%$$

当企业在支付工资日或集中进货日需要大量现金时,这一比率更能显示其重要作用。一般认为,这个指标维持在 25% 以上,企业就有了较充裕的直接偿付能力。

(2) 长期偿债能力分析

长期偿债能力是指企业偿还长期债务的能力。衡量企业的长期偿债能力主要看其资本结构是否合理、稳定。资本结构的指标主要包括负债比率、所有者权益比率、产权比率、利息保障倍数等。

① 负债比率。负债比率又称资产负债率,是企业的全部负债总额与全部资产总额的比率,用于分析企业借用他人资金进行经营活动的能力,并衡量企业的长期偿债能力。其计算公式为:

$$负债比率 = \frac{负债总额}{资产总额} \times 100\%$$

对于企业来说,资产负债率越高,企业扩大生产经营的能力和增加盈利的可能性就越大,但风险也随之增大,一旦经营不利,企业就可能陷入财务困境。而对于债权人来说,资产负债率反映了企业对长期债权人偿还债务的能力。资产负债率越低,资产对债权人的保障程度越高,企业的长期偿债能力就越强。

② 所有者权益比率。所有者权益比率是指企业的所有者权益与全部资产总额的比率。其计算公式为:

$$所有者权益比率 = \frac{所有者权益总额}{资产总额} \times 100\%$$

所有者权益比率与资产负债比率之和应该等于 1。这两个比率从不同侧面反映企业的长期资金来源。所有者权益比率越大,负债比率就越小,企业的财务风险就越小,企业长期偿债能力就越强。

③ 产权比率。产权比率是指负债总额与所有者权益的比率。它反映企业投资者对债权人权益的保障程度。其计算公式为:

$$产权比率 = \frac{负债总额}{所有者权益} \times 100\%$$

这一比率越低,说明企业的长期偿债能力越强,债权人权益的保证程度越高,承担的风险越小。

④ 利息保障倍数。利息保障倍数是企业扣除利息和所得税前的收益与利息费用的比率。其计算公式为:

$$利息保障倍数 = \frac{息税前利润}{利息费用} = \frac{净利润 + 利息费用 + 所得税}{利息费用}$$

利息保障倍数反映企业以其收益来偿付借款利息的能力,这个比率越大,企业到期不能支付利息的危险越小。西方一些学者认为盈利对利息的倍数为 3 时,企业即具有良好的偿付能力。

2. 营运能力分析

营运能力即企业的经营运转能力,就是企业使用其经济资源或资本的效率及有效程度。企业资产与权益的周转速度越快,资金使用效率越高,企业的营运能力越强,因此营运能力分析又被称为资产周转状况分析。(本节内容中的计算期天数一般为 360 天。)

(1) 存货周转率

存货周转率是指企业一定期间的销售成本与平均存货成本(即存货平均余额)的比率,用于衡量企业的销售能力和存货周转速度以及企业购、产、销的平衡情况。其计算公式为:

$$存货周转率 = \frac{销售成本}{平均存货成本}$$

存货周转率说明了一定时期内企业存货周转的次数,可用来测定企业存货的变现速度。存货周转率也可以用存货周转天数表示。存货周转天数是指存货周转一次所需要的天数。周转天数越少,速度越快,营运能力就越强。其计算公式为:

$$存货周转天数 = \frac{计算期天数}{存货周转次数} = \frac{计算期天数 \times 平均存货成本}{销货成本}$$

(2) 应收账款周转率

应收账款周转率是企业的赊销净额与应收账款平均余额的比率,反映企业在一定期间内应收账款转变为现金的速度。其计算公式:

$$应收账款周转率 = \frac{赊销净额}{平均应收账款余额}$$

式中,平均应收账款余额应按应收账款净额与应收票据两者的期初余额与期末余额的平均值计算;赊销净额即产品销售收入减去付现销售收入、销售折让与折扣后的余额。由于企业的赊销资料属于商业机密,不对外公开,所以企业外部人员对应收账款周转速度进行分析时,可以用销售净额代替赊销净额。

反映应收账款变现速度的另一指标为应收账款周转天数。其计算公式为:

$$应收账款周转天数 = \frac{计算期天数}{应收账款周转次数}$$

应收账款周转次数越多,周转天数越少,说明企业应收账款的变现速度越快和收账效率越高。

(3) 流动资产周转率

流动资产周转率是企业在一定期间的销售收入净额与平均流动资产余额的比率。其计算公式为:

$$流动资产周转率 = \frac{销售收入净额}{平均流动资产占用额}$$

$$平均流动资产占用额 = \frac{期初流动资产 + 期末流动资产}{2}$$

这个比率越高,表明流动资产的利用效果越好,企业的获利能力越强。

(4) 固定资产周转率

固定资产周转率是企业在一定期间的销售收入净额与平均固定资产净值的比率。其计算公式为:

$$\text{固定资产周转率} = \frac{\text{销售收入净额}}{\text{平均固定资产净值}}$$

固定资产的周转率高,表明企业对固定资产的利用充分、效率高,也表明企业固定资产投资得当,固定资产结构合理,能够充分发挥作用。

(5) 总资产周转率

总资产周转率是企业在一定期间的销售收入净额与平均资产总额的比率。其计算公式为:

$$\text{总资产周转率} = \frac{\text{销售收入净额}}{\text{平均资产总额}}$$

对一个企业来说,总资产周转次数越多,周转天数越少,表明企业全部资产的利用效率越高。

3. 盈利能力分析

盈利能力也称获利能力,是指企业赚取利润的能力。盈利是企业重要的经营目标,是企业赖以生存和发展的物质基础,它不仅关系到企业所有者的利益,也是企业偿还到期债务的重要保证。

(1) 营业收入盈利水平的分析

衡量营业收入盈利水平的主要指标有销售毛利率、销售净利率和资产净利率,其计算公式分别如下:

$$\text{销售毛利率} = \frac{\text{销售毛利}}{\text{销售收入净额}} = \frac{\text{销售收入净额} - \text{销售成本}}{\text{销售收入净额}} \times 100\%$$

$$\text{销售净利率} = \frac{\text{净利润}}{\text{销售收入净额}} \times 100\%$$

$$\text{资产净利率} = \frac{\text{净利润}}{\text{平均资产总额}} = \text{总资产周转率} \times \text{销售净利率}$$

(2) 投资盈利水平的分析

衡量投资盈利水平的主要指标有总资产报酬率、净资产报酬率(也称所有者权益报酬率)和资本收益率,其计算公式分别如下:

$$\text{总资产报酬率} = \frac{\text{利润总额} + \text{利息支出}}{\text{平均资产总额}} \times 100\%$$

$$\text{净资产报酬率} = \frac{\text{净利润}}{\text{平均所有者权益总额}} \times 100\%$$

$$\text{资本收益率} = \frac{\text{净利润}}{\text{实收资本}} \times 100\%$$

(3) 股本收益情况分析

衡量股本收益情况的主要指标有普通股每股收益、普通股每股股利、每股净资产和市盈率,其计算公式分别如下:

$$\text{普通股每股收益} = \frac{\text{净利润} - \text{优先股股利}}{\text{普通股股数}}$$

$$\text{普通股每股股利} = \frac{\text{现金股利总额} - \text{优先股股利}}{\text{普通股股数}}$$

$$\text{每股净资产} = \frac{\text{股东权益总额}}{\text{股票股数}}$$

$$\text{市盈率} = \frac{\text{普通股每股市场价格}}{\text{普通股每股收益}}$$

市盈率也叫市价盈利率,是一个反映股票收益与风险的重要指标,它是用当前每股市场价格除以该公司的每股税后利润。一般来说,市盈率表示该公司需要累积多少年的盈利才能达到目前的市价水平,所以市盈率指标数值越小越好,越小说明投资回收期越短,风险越小,投资价值一般就越高。

4. 发展能力分析

企业发展能力也称企业的成长性,是企业通过自身的生产经营活动,不断扩大积累而形成的发展潜能。通过分析企业发展能力,能够更好地了解企业的经济实力和经济能力持续发展的趋势。

(1) 营业增长率

营业增长率是指企业本年营业收入增长额与上年营业收入之间的比率,反映企业营业收入的增减变动情况,是评价企业成长状况和发展能力的重要指标。其计算公式为:

$$\text{营业增长率} = \text{本年营业收入增长额} \div \text{上年营业收入}$$
$$= (\text{本年营业收入} - \text{上年营业收入}) \div \text{上年营业收入}$$

该指标越大,表明其增长速度越快,企业市场前景越好;反之,该指标降低,则说明企业未来的发展令人担忧。

(2) 营业利润增长率

营业利润增长率是指企业本年营业利润增长额与上年营业利润总额的比率,反映企业营业利润的增减变动情况。其计算公式为:

$$\text{营业利润增长率} = \text{本年营业利润增长额} \div \text{上年营业利润总额}$$

营业利润增长率越大,说明企业营业利润增长得越快,表明企业经营业务扩张能力越强,经营业务获利能力越强。

(3) 总资产增长率

总资产增长率是企业本年总资产增长额与年初资产总额的比率。其计算公式为:

$$\text{总资产增长率} = \text{本年总资产增长额} \div \text{年初资产总额}$$

资产增长率是从企业资产总量扩张方面衡量企业的发展能力,表明企业规模增长水平对企业发展后劲的影响。该指标越高,表明企业一定时期内资产经营规模扩张的速度越快。

(4) 资本积累率

资本积累率是指企业本年股东权益增长额与年初股东权益总额的比率。其计算公式如下:

$$\text{资本积累率} = \text{本年股东权益增长额} \div \text{年初股东权益总额}$$

资本积累率反映的是企业当年资本的积累能力,是评价企业发展潜力的重要指标,反映企业资本的保全性和增长性。该指标越高,表明企业资本积累越多,企业资本保全性越强,应付风险和持续发展的能力越大。

5. 财务综合分析法

前面介绍的财务比率分析法,虽然可以了解企业各方面的财务状况,但是不能反映企业各方面财务状况之间的关系。事实上,企业的财务状况是一个完整的系统,内部各种因素相互依存、相互影响,要想对企业财务状况和经营结果有一个总的评价,就必须进行相互关联的分析。综合评价就是对企业的各个方面进行系统、全面的分析,从而对企业的财务状况和经营成果做出整体的评价与判断。财务综合分析方法主要有杜邦分析法、沃尔评分法等。

(1) 杜邦分析法

杜邦分析法是利用相关财务比率的内在联系构建一个综合的指标体系,来考察企业整体财务状况和经营结果的一种分析方法。这种方法由美国杜邦(Dupont)公司在 20 世纪 20 年代率先采用,所以称为杜邦分析法。

由于企业的财务活动是一个大的系统,系统内各种因素相互依存、相互作用。杜邦分析的基本原理是利用各个财务比率之间的内在联系对企业的财务状况进行分析。杜邦分析的核心指标是净资产收益率(权益收益率),通过将该指标分解为多项财务比率的乘积,来深入分析和比较企业的经营业绩。净资产收益率可变换如下:

$$净资产收益率 = 净利润 / 平均净资产$$
$$= (净利润 / 平均总资产) \times (平均总资产 / 平均净资产)$$
$$= 总资产净利率 \times 权益乘数$$

可以继续将上述公式进行层层分解,找到企业财务问题的症结所在。杜邦分析列示如图 6-7 所示。

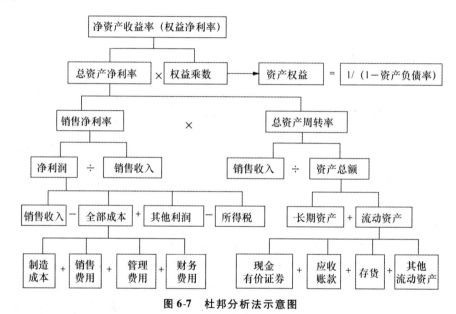

图 6-7　杜邦分析法示意图

可见,杜邦分析法将企业盈利能力、营运能力和偿债能力等都联系在一起,较全面和系统地反映出企业整体的财务状况和经营成果,并且揭示出各指标之间的相互联系。进行杜邦分析时,可以进行横向与纵向的比较。通过横向(同行业)的比较,可以知道企业的综合财务状况在整个行业中的水平,以及与行业竞争者之间的差距。通过纵向(以往各期)的比较,可以看出企业综合财务状况的变化态势。但是杜邦分析法也存在一定的局限性,企业需要根据自身实际情况,合理使用杜邦分析法。

(2) 沃尔评分法

沃尔评分法是亚历山大·沃尔在 20 世纪初创立的一种分析方法。在《信用晴雨表研究》和《财务报表比率分析》中沃尔提出了信用能力指数的概念,把若干个有代表性的财务比率用线性结合起来,以评价企业的信用水平。他选择了七个财务比率即流动比率、产权比率、固定资产比率、存货周转率、应收账款周转率、固定资产周转率和自有资金周转率,分别给定各指标权重,总和为 100 分。然后确定标准比率(以行业平均数为基础),将实际比率与标准比率相比,得出相对比率,将此相对比率与各指标权重相乘。最后将七个指标的得分加总得出总评分,即为信用能力指数,通过分析总评分来说明企业的财务状况。

沃尔评分法为综合评价企业的财务状况提供了一种非常重要的思路,即将分散的财务指标通过一个加权体系综合起来,使得一个多维度的评价体系变成一个综合得分,这样就可以用综合得分对企业做出综合评价。这种评价方法的优点在于简单易用,操作方便。但是在理论上存在一定的缺陷:① 未能说明为何选择这七个指标,而不选择其他指标;② 未能说明指标所占权重的合理性;③ 未能说明指标参照的标准值是如何确定的。虽然沃尔评分法存在着上述缺陷,但是在实践中仍然广泛应用,并且不断改进和发展。企业在运用沃尔评分法时可以根据自己的实际情况合理地选择指标、权重,更加合理地分析出企业财务状况。

【思考题】

1. 什么是财务管理?财务管理的目标是什么?
2. 资金的时间价值是什么?如何理解这一概念?
3. 权益资金和负债资金有什么异同?
4. 利润分配的原则与程序是什么?
5. 如何进行企业偿债能力分析?
6. 综合财务分析法有哪几种?
7. 某公司需用一台设备,买价为 9 000 元,可用 8 年。如果租用,则每年年初需付租金 1 500 元。假设利率为 8%。试决策企业应租用还是购买该设备。
8. 某企业全部用银行贷款投资兴建一个工程项目,总投资额为 5 000 万元,假设银行借款利率为 16%。该工程当年建成投产。试求:

(1) 该工程建成投产后,分 8 年等额归还银行借款,每年年末应还多少?

(2) 若该工程建成投产后,每年可获净利 1 500 万元,全部用来归还借款的本息,需多少年才能还清?

第七章 物资与设备管理

【学习要点】
◆ 物资管理
◆ 物流管理
◆ 设备管理
◆ 设备管理的任务
◆ 设备全寿命周期管理
◆ 设备的使用
◆ 设备维修制度

物力资源是企业从事生产经营活动的物质基础。一定的人力只有同一定的物力相结合，生产经营活动才能进行。不同类型的企业，物力资源的内容也不相同。在工业企业中，企业物力资源按其在生产过程中的作用不同可分为两类：一类是原材料、辅助材料、燃料等属于劳动对象的物资资源；另一类是机器设备、工具、厂房等属于劳动手段的设备资源。由于物资和设备的特点及其在生产经营中所起的作用不同，企业在物力资源管理上一般把它们区分开来，分别采取不同的管理方法。

第一节 物资管理

一、物资管理概述

（一）物资的概念与分类

物资是物质资料的简称，广义的物资包括生产资料和生活资料两部分；狭义上仅指生产资料，是人们从事生产时所必需的一切物质资料，如各种原材料、燃料、工具、在制品、零部件和产成品等。企业所需要的物资量大、面广、品种多、规格杂、变化大，因此，有必要按照不同的标准对企业物资进行科学的分类。物资的分类一般可以按照以下标准来进行：

（1）按照物资在生产中的作用分类，可以分为主要原材料、辅助原材料、燃料、动力、工具、包装物。这种分类方法便于制定各种消耗定额。

（2）按照物资的自然属性分类，可分为金属材料、非金属材料、机电产品。这种分类方法便于企业编制材料目录,以及根据物资的物理、化学性能的不同进行不同的采购、运输和保管。

(3)按照物资使用范围分类,可分为生产产品用料、基本建设用料、经营维修用料、科研试制用料、技术措施用料、工艺设备和非标准设备用料。这种分类方法便于企业进行物资核算和平衡,以及资金的预算和控制。

(4)按物资的管理体制,可以分为:国家统一分配物资,中央各部分配物资,地方分配物资,以上三类统称为"计划分配物资";由商业部门、供销社和企业自产自销物资,通称"非计划分配物资"。这种分类的目的主要是根据物资的不同供应渠道进行订货或采购。

(二)物资管理及任务

物资管理是指对企业生产所需物资的采购、使用、储备等行为进行计划、组织和控制。物资管理的目的是,通过对物资进行有效管理,降低企业生产成本,加速资金周转,进而促进企业盈利,提升企业的市场竞争能力。

在现代生产企业中,原材料和外购件的成本大约占产品成本的60%—70%,活劳动仅占产品成本的7%—8%。因此,物资管理对维持企业正常生产、提高企业的经济效益和提高对顾客的服务水平等都具有重要意义。物资管理包括物资消耗定额的制定与管理、物资供应计划的编制与执行、采购与仓库管理、库存控制等方面的工作。物资管理工作的主要任务有以下几个方面:

(1)保证生产需要。做好市场调查,充分掌握物资的来源和供应渠道,按质、按量、按品种及时供应企业生产所需的各种物资。

(2)降低物资成本。加强定额管理,制定合理的物资消耗定额,严格控制采购、运输、保管三个环节费用的支出,使物资成本不断降低。

(3)节约物资储备资金。制定合理的物资储备定额,加强库存控制和仓库管理工作,加速资金的周转,节约物资储备资金。

以上三项任务是相互联系的,在考虑任务的某一方面时,必须同时考虑对其他方面的影响,努力以最低的物资成本和最少的资金占用来保证生产的需要。

二、物资定额管理

物资定额管理包括物资消耗定额和物资储备定额。

(一)物资消耗定额

1. 物资消耗定额的概念和作用

物资消耗定额是指在一定的生产技术和生产组织条件下,制造单位产品或完成单位工作量合理消耗物资的数量标准。物资消耗定额通常用绝对数来表示,如制造一台机床消耗多少钢材;有的也可以用相对数表示,例如冶金、化工等企业用配料比、成品率、生产率等来表示。

物资消耗定额是企业管理工作中一项重要的技术经济指标,它综合反映了企业生产技术水平和管理水平的高低,在企业管理工作中起着重要的作用。

(1)物资消耗定额是企业编制物资供应计划的重要依据。有了先进、合理的物资消耗定额,企业才能正确计算物资需要量、储备量和采购量,从而编制准确、科学的物资供应计划。

(2)物资消耗定额是企业内部供料计划的依据之一,是定额供料、考核材料消耗指标、加强经济核算和确定产品计划成本的重要基础,可以促使生产现场工人合理使用和节约物料。

2. 物资消耗定额的分类

由于企业的性质、生产组织、产品特征、物资本身的特点以及物资在生产建设中所起的作用等情况的不同,物资消耗定额的分类方法也不同。

(1) 按照物资在生产中的作用,可以将物资消耗定额分成原材料定额、主要材料定额、辅助材料定额、燃料定额及工具定额等。

(2) 按照物资的使用范围和方向,可以将物资消耗定额分为生产消耗定额,维修消耗定额,大修理消耗定额,基本建设用物资概算定额和预算定额,建筑安装工程概算定额、预算定额和施工定额等。

(3) 按照物资消耗的综合程度,可以将物资消耗定额分为单项物资消耗定额和综合物资消耗定额。

(4) 按照基建或建筑安装工程的要求,可以将物资消耗定额分为概算定额、预算定额和施工定额。

(5) 按照物资消耗的构成内容,可将物资消耗定额分为工艺消耗定额、实际消耗定额和供应定额。

3. 制定物资消耗定额的基本方法

物资消耗定额的制定包括"定质"和"定量"两个内容。"定质"是指合理选定所需物资的品种、规格和质量;"定量"是指确定物资消耗定额的数量标准。

"定质"的原则是:技术可靠,经济合理,供应可能。一种产品采用何种材料最适宜,应列出多种方案,进行必要的试验和技术经济分析,从中选出最佳方案。

确定物资消耗定额数量标准的主要方法有经验统计分析法、技术计算法、实验及写实查定法等。这几种方法各有利弊,适用于不同的情况。

(1) 经验统计分析法。经验统计分析法是根据物资实际消耗的历史资料,在统计分析的基础上制定物资消耗定额的方法。其优点在于简单易行,容易掌握和推广;其缺点在于其准确程度受统计资料的合理性和准确性以及制定人员的技术业务水平的直接影响。在实际工作中,除主要材料外,大部分辅助材料的消耗定额都采用这种方法。在缺乏必要的技术资料时,也可以用这种方法制定主要材料的消耗定额。

(2) 技术计算法。技术计算法是指在详细研究改善生产工艺和科学研究成果的基础上,根据产品的设计图纸和有关资料,通过精确计算后制定物资消耗定额。这种定额是比较科学和先进的。但是,这种方法要求掌握大量的技术资料和多方面的技术知识,计算分析工作也比较复杂,制定工作需要的时间较长,广泛使用还受到一定的限制。

(3) 实验及写实查定法。实验法是指利用专门仪器设备,通过试验计算求出物资消耗量,然后再依据生产条件加以修订,从而制定出物资消耗定额的方法。写实查定法是指选择适当的试验或写实对象,通过生产实践或现场测试,根据试验和写实记录进行整理分析,制定物资消耗定额的方法。该方法的优点是真实可靠,在实验和测定中能发现一些非合理消耗的因素,便于采取相应措施来消除这些因素。但这种方法受到所选择的写实对象及写实过程中一定的生产技术条件和查定人员水平的影响;同时,对于生产周期长或流动性大的产品,其材料消耗情况难以实测。

(4) 比较类推法。比较类推法是指根据已有同类相似产品的消耗定额,通过对比、计算和分析,找出比已有产品消耗定额增加或减少的因素和数据比例,以类推的方法求出该种产品的物资消耗定额。该方法一般适宜于新产品试制,同时必须选择好可比的类似产品。

(二) 物资储备定额

企业的物资储备定额是指在一定生产技术组织条件下,为保证生产活动正常进行所必需的、经济合理的物料储备数量标准。企业的物资储备既不能过多,也不能过少,必须制定一个经济合理的物资储备定额。工业企业的物资储备定额,主要有经常储备定额和保险储备定额两种。在有些企业里,由于某种物料供应受自然条件和季节性影响,还需要有季节性储备定额。

1. 经常储备定额

经常储备定额是企业为了保证日常供应而建立的储备,是指在前后两批物料进厂的供应间隔期内,为保证生产正常进行所必需的储备数量。这种储备是动态的,当一批物料进厂时,达到最高储备量(即经常储备量加上保险储备量),随着生产的耗用,储备量逐渐减少,直到下批物料进厂前,降到最低储备量(即保险储备量)。这样,不断补充,不断消耗,周而复始,不断循环。经常储备定额的确定方法,主要有以期定量法和经济订购批量法两种。

(1) 以期定量法(供应间隔期法)。以期定量法是一种先确定物料的供货间隔天数,然后再确定物料经常储备量的一种方法。供货间隔天数是指前后两批物资到货的间隔时间。其计算公式如下:

$$经常储备定额 = 供货间隔天数 \times 平均每日需用量$$

(2) 经济订购批量法。经济订购批量是指采购费用和保管费用两者之和即总费用最小时的批量。其计算公式如下:

$$Q = \sqrt{\frac{2DS}{H}}$$

式中,Q 为经济订购批量;D 为年度物资需要量;S 是每次订购费用;H 是单位物资的年保管费用。

2. 保险储备定额

保险储备定额是指企业在供应单位误期供给及其他意外情况发生时,为保证生产正常进行所必需的物资储备数量标准。物料在供应过程中可能出现运输误期、拖期、质量、品种、规格不合标准以及计划超产等不正常情况,为了保证生产连续进行,企业需要在经常储备之外增加保险储备。在正常情况下,保险储备一般是不动用的。保险储备定额的计算公式如下:

$$保险储备定额 = 平均每日需用量 \times 保险储备天数$$

保险储备天数一般按"平均误期天数"确定,根据以往统计资料中平均误期天数或按实际情况来决定。

3. 季节性储备定额

季节性储备定额是指企业为了克服某些物料供应的季节性因素影响,保证生产正常进行而建立的物料储备量。其计算公式如下:

$$季节性储备定额 = 季节性储备天数 \times 平均日需用量$$

季节性储备天数一般根据生产需要和供应中断天数确定。在实际工作中,凡是已建立季节性储备的物料,一般就不需要再考虑经常储备和保险储备了。

三、物资采购管理

采购是企业向供应商购买所需物资的过程。企业经营活动所需要的物资绝大部分是通过采购获得的,采购是企业物资管理的起点。

根据不同的标准可将采购分为不同的类型,按地区可分为国内采购和国外采购;按采购方式可分为直接采购、委托采购、调拨采购;按采购政策可分为集中采购、分散采购;按性质可分为一般采购和项目采购;按采购主体可分为政府采购和集体采购等。

（一）采购过程

采购管理要实现科学化,首先需要规范采购作业的行为模式。如果按采购员个人的工作习惯随意操作,其质量难以保证。为此,通常采用以下几个步骤的采购流程,以保证工作质量、堵住资金流失的漏洞。

（1）接受采购要求。从各职能部门和库存管理部门获得对各种物资的采购要求,其主要内容包括采购品种、数量、质量要求以及到货期限等。一般情况下,制造企业的采购要求来自生产计划部门,而生产计划部门是根据企业市场销售部门对企业产品的制造要求以及企业原材料库存情况来下达采购指示的。因此,企业的采购策略和市场策略紧密联系。

接受采购要求以后,采购部门往往需要进一步了解对各种物资的技术要求和等级,按不同的供应商将物资分类编组,对特定的物资进行招投标。

（2）选择供应商。一个好的供应商是确保供应物料的质量、价格和交货期的关键。因此,在采购管理中,供应商的选择以及如何保持与供应商的关系是一个主要问题。在采购管理的程序中,这一步骤是首先评价多个候选供应商,最后确定供应商。对确定的供应商的评价包括调查供应商的商业信誉以及提供所需品种的能力,汇总该供应商所能提供物料的种类,并就这些物料的供货要求与供应商进行商谈。

（3）订货。订货手续有时可能很复杂,如昂贵的一次性订货物品;有时也可能很简单,如常年使用的、有固定供应商的物品。值得注意的是,信息技术已经为许多企业提供了简洁、便利的订货渠道,采购商和供应商用计算机连接,不需要任何纸质媒介就可简洁、迅速地完成订货手续。

（4）订单跟踪。主要是指订单发出后的进度检查、监控、联络等,目的是防止到货延误或出现数量、质量上的差错,确保企业原材料的供应能按计划执行。

（5）验货收货。对订购到货的原材料就规格、数量、质量等进行查验入库。如果供应商很可靠,这一步骤的工作就可省略。例如,很多日本企业与它们的供应商之间就可以做到货到无检验,直接送到生产线,但就我国企业目前的经营环境而言,要做到这一点还需要一定的时间。

（6）过程评估。随时记录价格、质量、进程等信息,以便对采购过程的有效性进行评估。这是一个监督步骤,目的在于保证采购活动合理、高效、满足需要、节约成本。尽管采购过程是复杂的,但只要管理者使用某些系统的方法来执行和监督,它就能有效地安排好。

（二）供应商管理

1. 供应商选择

选择良好的供应商并同其维持稳定的合作关系,将会使企业整体的供应链更具竞争力。选择供应商一般要考虑以下条件:产品技术水平、生产能力、质量控制方法、价格、可靠性、地理位置、售后服务、过去合同的执行情况等。

2. 单货源与多货源决策

一种物资可以从多个货源采购,也可以从单个货源采购。多货源和单货源的比较如表7-1所示。如果有多个供应商,则采购不到特定物资的风险较小,供货的可靠性较高,讨价还价的余地和对物资技术规格的选择余地较大,但由于与多个供应商打交道,工作量较大,与供应商的关系较松散,供应商对长期合作的信心不足,责任心较弱。

表 7-1　多货源与单货源比较

比较项目	多货源	单货源
风险性	小	大
供货可靠性	高	低
讨价还价	余地较大	余地较小
采购工作量	大	小
供应商的责任心	弱	强
物资技术规格的选择余地	大	小
制造商与供应商关系	松散	紧密

供应商选择是一项费时的工作,然而又是一件十分重要的工作。由于受日本企业准时制生产的影响,当前的趋势是选择较少的供应商。

3. 供应商关系管理

从传统的供应商管理到现代的供应商关系管理,企业在供应商管理方面有了很大创新。通过表 7-2 的比较可以看出,两种管理模式有着根本的区别。

表 7-2　供应商管理模式比较

比较项目	传统供应商管理	现代供应商管理
供应商数目	多数	少数
供应商关系	短期、买卖关系	长期合作、伙伴关系
企业与供应商的沟通	仅限于采购部与供应商销售部之间	双方多个部门沟通
信息交流	仅限于订货、收货信息	多项信息共享
价格谈判	尽可能低的价格	互惠的价格,双赢
供应商选择	凭采购员经验	完善的程序
供应商对企业的支持	无	提出建议
企业对供应商的支持	无	技术支持

现代企业供应商管理的目标是设计一种能最大限度地降低风险的合理的供应结构,并且与供应商建立一种能促使供应商不断降低成本、提高质量的长期合作关系。因此,在对采购物品进行分类后,接下来可对供应商进行分类。针对不同的供应商建立不同的关系,比较简单的做法是按照 80/20 原则,将供应商分成普通供应商和重点供应商。

四、库存管理

库存管理是现代企业物资管理的重要内容,直接影响到流动资金的周转速度和使用效益,影响到企业财产的安全。

库存也称为"储备"或"存贮",无论对制造业还是服务业都十分重要。传统意义下的库存是指存放在仓库中的物品。一般地,库存是为了满足未来需要而暂时闲置的资源,或者说是在企业生产经营过程中处于储存状态的物品或商品,既包括存储在仓库中的原材料、成品和工具,也包括处在生产环节的各种在制品。物资库存管理包括仓库业务和库存控制两个方面的内容。

（一）仓库业务

仓库业务是物资库存管理的具体操作性工作，包含多项业务，如物资的验收入库、储存保管、发放、废旧物资的回收利用、物资储备管理以及为物资统计提供可靠的原始记录和凭证，为开展经济核算提供资料依据等。

1. 物资的验收入库

物资的验收入库，是做好仓库管理的基础。在物资验收中，凡是仓库能检验的由仓库负责检验；凡是需要由检验部门或专门检验单位检验的，就需要有检验合格证明。验收入库要严格做到凭证不全不收，手续不齐不收，数量不足不收，质量不符合标准不收。如在验收中发现数量、质量和单据不符等情况，应报告有关部门，查明原因、及时处理。国外进口的物资，必须在索赔期内验收完毕，避免遭受经济损失。

2. 物资的保管

物资验收合格入库后，为了保证物资的完整无损，对于不同的物资，要根据其物理性能、化学成分、体积大小、轻重、包装等情况进行分区、分类，并采取不同的管理方法，分别妥善保管。物资保管工作的基本任务是要做到物资不短缺、不损坏、不变质，不同物资品种、规格不混乱，对有毒、易爆等危险物资必须按国家有关保管条例的规定严格执行；同时，物资的存放要便于发放、检验、盘点和清仓。

3. 物资的发放

物资的发放是保证企业正常生产和节约使用物资的重要环节。仓库的物资发放工作要面向生产、面向基层，为生产第一线服务。发放物资有两种形式，即领料制和送料制。领料制是由用料单位到仓库领取生产所需的物资。送料制是由仓库管理人员将生产所需的物资送到用料单位。不管采用哪种形式，均须严格检查有关单据及其审批手续，如领料单、送料单、转库单、外拨加工和对外销售的单据及审批手续，经检查无误后才能发货。物资发放后，应及时登记账卡，整理原始凭证，统计有关基础资料，以利于加强管理。

4. 清仓盘点

企业仓库的物资流动性很大，为了及时掌握物资的变动情况，避免物资的短缺丢失和超储积压、变质损毁，保持账、物、卡相符，企业必须进行经常和定期的清仓盘点工作。经常的清仓盘点主要由仓库管理人员完成，每月通过发料及时检查库存物资的账、卡、物是否相符，对有变动的物资进行一至两次的复查或轮番抽查，年中或年末逐项逐件全面清点。定期的清仓盘点是由物资供应部门、财会部门和仓库部门共同组织由领导干部、管理人员和工人参加的清仓盘点小组，按制度规定的时间对仓库物资进行全面的清点。

5. 加强原始记录和统计分析工作

这项工作的主要内容包括：做好入库物资的验收记录；健全库存物资台账、卡片及其管理规范；收集好发放物资的凭证单据；对各种记录报表及时进行分析、处理。这些原始记录和凭证也是企业经济核算与成本控制的重要依据。

（二）库存控制

库存控制主要从系统的观念出发，以定性和定量的方法为企业库存管理求得经济效益最优的库存方案。不同企业对库存控制有着不同的具体要求，但库存控制的总体目标可归结为以最低成本满足企业生产对物资的需要。随着生产发展，人们总结提出了许多卓有成效的管理思想、方法和模式，在企业库存控制中都有广泛应用。典型库存控制系统和控制方法有：

1. ABC 分析法

ABC 分析方法又称重点管理法、ABC 管理法,其原理是把物资按重要程度、消耗数量、价值大小和资金占用等情况分类排队,然后分别采取不同的管理方法,达到抓住重点、照顾一般的目的。

ABC 分类的标准一般为:将品种数累计百分数为 5%—15% 而平均资金占用额累计百分数为 60%—80% 的前几个物品,确定为 A 类;将品种数累计百分数为 20%—30% 而平均资金占用额累计百分数为 20%—30% 的物品,确定为 B 类;其余为 C 类,C 类情况恰好与 A 类相反,其累计品种百分数为 60%—80% 而平均资金占用额累计百分数仅为 5%—15%。

库存控制运用 ABC 分析法的步骤如下:

(1) 将物品按年耗用金额从大到小进行排序;
(2) 计算各种物品占用资金额占全部库存资金额的百分比并进行累计;
(3) 按照分类标准,选择断点进行分类,确定 A、B、C 三类物品;
(4) 根据 ABC 分类的结果,再权衡管理力量与经济效果,对三类库存物品进行有区别的管理。表 7-3 是为减少流动资金占用、压缩库存成本所制定的管理要点。

表 7-3 ABC 分类的管理要点

品种	占销售额的比例(%)	占品种的比例(%)	控制程度	库存配置	订货方法	记录要求	安全库存量	库存检查
A 类	65—80	5—15	严格	配送中心	定期订货法重点管理	详细	较低	经常
B 类	20—30	20—30	一般	仓库和配送中心各半	定期或定量订货,一般管理	一般	较大	一般
C 类	5—15	60—80	稍微	工厂仓库	两库存法简单管理	简单	大量	很少

2. 分级归口管理

存货资金由财务部门统一管理,并将各项指标分解落实到有关单位和个人,对资金使用情况进行检查和考核。一般情况下,原材料、燃料和包装物等归供销部门管理;在产品和自制半成品归生产部门管理;成品归销售部门管理;工具、用具归工具管理部门。同时,各归口的管理部门再根据具体情况对指标进一步分解,分配给下属部门或个人,实行分级管理。

分级归口管理有利于调动各职能部门、各级单位和职工群众管好用好物资的积极性和主动性,把存货管理同生产经营管理结合起来;另一方面,也有利于财务部门面向生产,把存货的集中统一管理和分管紧密结合起来,不断提高企业流动资金管理水平。

3. 固定量系统

固定量系统就是订货点和订货量都为固定量的库存控制系统,固定量系统一般按经济订货批量订货,因此也称经济批量采购法。如图 7-1 所示,当库存控制系统的现有库存量降到订货点及以下时,库存控制系统就向供应厂家发出订货,每次订货量均为一个固定的量 Q。经过一段时间,所发出的订货到达入库,库存量增加 Q。从发出订货至货物到达入库所经历的时间称为提前期(Lead Time,LT),其中包括订货准备时间、发出订单、供方接受订货、供方生产、产品发运、产品到达、提货、验收、入库等过程。提前期受多种因素的影响,一般为随机变量。

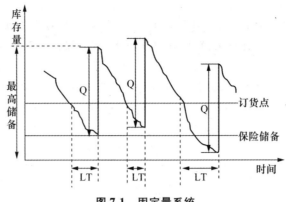

图 7-1 固定量系统

要发现现有库存量是否达到订货点,必须随时检查库存量,因此固定量系统也称连续检查库存控制系统。需要随时检查库存量,虽然增加了管理工作量,但它使得库存量得到严密的控制,比较适用于重要物资的库存控制。

4. 固定间隔期系统

固定间隔期系统又称定期检查库存控制系统、定期采购法,就是每隔一定时间检查一次库存,并发出一次订货,将现有库存补充到最高库存水平 S(最高储备),如图 7-2 所示。当经过固定间隔时间 t 之后,库存量降到 L_1,这时发出订货,订货量为 $S-L_1$;经过一段时间(LT)到货,库存量增加 $S-L_1$。再经过固定间隔期 t 之后,库存量降到 L_2,又发出订货,这时订货量为 $S-L_2$,经过一段时间(LT)到货,库存量增加 $S-L_2$。

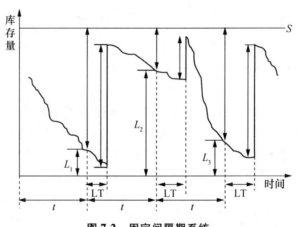

图 7-2 固定间隔期系统

固定间隔期系统不需要随时检查库存量,到了固定的间隔期,各种不同的物资(其最高水平 S 可以不同)可以同时订货。这样,简化了管理,也节省了订货费。其缺点是不论库存水平 L 降得多还是少都要按期发出订货,当 L 很高时,其实没有必要订货。为了克服这个缺点,就出现了最大最小系统。

5. 最大最小系统

最大最小系统仍然是一种固定间隔期系统,只不过它需要确定一个订货点 s。当经过时间间隔 t 时,如果库存量降到 s 及以下,就发出订货;否则,再经过时间 t 时再考虑是否发出订货。最大最小系统如图 7-3 所示。当经过间隔时间 t 之后,库存量降到 L_1,L_1 小于 s,发出订货,订货量为 $S-L_1$,经过一段时间 LT 到货。再经过时间 t 之后,库存量降到 L_2,L_2 大于 s,不发出订货。再经过时间 t,库存量降到 L_3,L_3 小于 s,发出订货,订货量为 $S-L_3$,经过一段时间 LT 到货,库存量增加 $S-L_3$,如此循环。

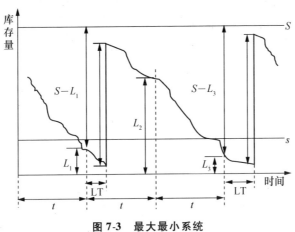

图 7-3 最大最小系统

最大最小库系统避免了固定量系统和固定间隔期系统的一些缺点,但是应用这种库存控制方式出现缺货的可能性增大,因此需要设定较高的订货点 s。这种方法比较适用于不太重要的一般物资的库存控制。

6. 供应商管理库存

20 世纪 90 年代出现的供应链管理的概念,使库存控制也具有了相应的特点——供应商管理库存(Vendor Managed Inventory,VMI)。VMI 就是由供应商等上游企业基于其下游客户的生产经营、库存信息,对下游客户的库存进行管理与控制。

VMI 是一种在供应链环境下的库存控制模式,本质上是将多级供应链问题变成单级库存管理问题。相对于按照用户发出订单进行补货的传统做法,VMI 是以实际或预测的消费需求和库存量作为库存补货的依据。根据实际销售资料和消费需求信息,供货商可以更有效地计划、更快速地对市场变化和消费需求做出反应,特别是在零售行业中,能够在很大程度上消除"长鞭效应"。

供应商要对下游企业的库存行使决策权,需要收集分销中心、仓库和 POS 数据,实现需求和供应相结合。因此,VMI 的实施要求企业有较完善的管理信息系统,以便供应商能更准确、及时地掌握消费者的需求以及需求变化情况,以做出快速的库存和补货决策。这种库存控制策略打破了传统的各自为政的库存管理模式。

第二节 供应链管理

一、供应链管理概述

1. 供应链的概念

供应链(Supply Chain)是指提供产品和服务给顾客的产业上、下游厂商所形成的系统。供应链围绕核心企业,通过对商流、信息流、物流和资金流的控制,将供应商、制造商、分销商、零售商直到最终用户连成一个整体的功能网链结构(如图 7-4 所示)。

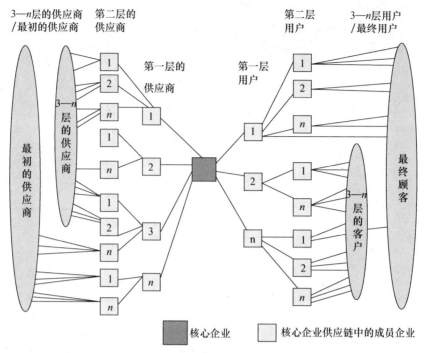

图 7-4 供应链系统的网链结构

早期的观点认为,供应链是制造企业中的一个内部过程,是指把从企业外部采购的原材料和零部件,通过生产转换和销售等活动,再传递到零售商和用户的一个过程。其后发展起来的供应链管理概念注意了与其他企业的联系,注意了供应链企业的外部环境,认为它是一个"通过链中不同企业的制造、组装、分销、零售等过程将原材料转换成产品,再到最终用户的转换过程",这是更大范围、更为系统的概念。

而到了最近,供应链的概念更加注重围绕核心企业的网链关系,比如核心企业与供应商、供应商的供应商乃至与一切前向的关系,核心企业与用户、用户的用户及一切后向的关系。此时对供应链的认识形成了一个网链的概念,像丰田、耐克、尼桑、麦当劳和苹果等公司的供应链管理都从网链的角度来理解和实施。

2. 供应链管理

一般认为供应链管理是通过前馈的信息流(需方向供方流动,如订货合同、加工单、采购单等)和反馈的物料流及信息流(供方向需方的物料流及伴随的供给信息流,如提货单、入库单、完工报告等),将供应商、制造商、分销商、零售商直到最终用户连成一个整体的模式。

供应链管理的根本目的是把所有节点企业看作一个整体,形成一个极具竞争力的战略联盟,以降低协调成本、提高应变能力、实现共同发展,最终提高供应链的整体竞争能力。供应链管理通过深入供应链的各个增值环节,将顾客所需的正确产品(Right Product)能够在正确的时间(Right time),按照正确的数量(Right Quantity)、正确的质量(Right Quality)和正确的状态(Right Status)送到正确的地点(Right Place),即实现"6R",并使总成本最小。

供应链管理的实施离不开物流、信息流、资金流、工作流的集成。尤其是物流,对供应链管理的运作影响最大。因为其他几种"流"都可以不受空间因素的影响,可以在不改变空间位置的情况下完成交易活动,但是物流一定要发生地理上的位移才能实现其功能。地理空间的位移需要消耗时间。如果供应链各节点企业间不协调,就会影响物流绩效,致使物流过程消耗时间过长、成本过高,从而影响供应链的整体绩效。

二、供应链管理下的现代物流管理

(一)物流的概念

物流是有形产品从产出源点到最终消费终点的流动存储活动,具体包括运输、保管、包装、搬运、装卸、流通加工及信息处理。从职能来看,物流可分为供应物流、生产物流、销售物流、回收物流及废弃物流等五个职能,它是影响企业生产效率和经济效益的重要环节。

(二)物流系统及其组成

物流系统是由若干相互依赖、相互制约的部分紧密结合而形成的,能实现物流目的的有机整体。它由物流作业系统和支持物流系统的信息流动系统即物流信息系统两个分系统组成。

(1)物流作业系统。在运输、保管、搬运、包装、流通加工等作业中使用种种先进技能和技术,并使生产据点、物流据点、配送路线、运输手段等网络化,以提高物流活动的效率。

(2)物流信息系统。在保证订货、进货、库存、出货、配送等信息通畅的基础上,使通信据点、通信线路、通信手段网络化,提高物流作业系统的效率。

物流系统以 Speed(快速)、Safety(可靠)、Low(低费用)为原则,即以最少的费用提供最好的物流服务。

(三)企业物流模式

目前,我国企业主要有三种物流模式:企业自营物流、物流外包、协作物流。

1. 企业自营物流

自营物流是货主企业利用已有的物流资源进行物流活动。传统的自营物流主要源于生产经营的纵向一体化。生产企业自备仓库、车队等物流设施,内部设立综合管理部门统一企业物流运作。

2. 物流外包

企业物流业务外包的主要方式是第三方物流。所谓第三方物流,是指生产经营企业为集中精力搞好主业,把原来属于自己处理的物流活动,以合同方式委托给专业物流服务企业,同时通过信息系统与物流服务企业保持密切联系,以达到对物流全程的管理和控制的一种物流运作与管理方式。

3. 协作物流

协作物流(Collaborative Logistics)是基于互联网技术,若干企业将自己的物流业务联合起来建立的协作物流联盟体系,也被称为协作物流联盟。协作物流一方面有利于实现物流业务运作和服务能力资源的共享,在节约自身物流成本的同时获取规模经济效益;另一方面,又掌握着对物流运作的实际控制权。因此,基于互联网技术的协作物流将代表未来物流企业运作的发展方向。

(四)现代物流发展趋势

随着经济全球化步伐的加快,科学技术尤其是信息技术、通信技术的发展,跨国公司的出现所导致的本土化生产、全球采购、全球消费趋势的加强,现代物流的发展呈现出新的特点:

1. 电子物流的兴起

电子物流(E-Logistics)也可称为物流电子化或物流信息化,它是指利用电子化的手段,尤其是利用互联网技术来完成物流全过程的协调、控制和管理,实现从网络前端到最终客户端的所有中间过程服务,其最显著的特点是各种软件与物流服务的融合应用。

电子物流本质上是一整套的物流信息化解决方案,其目的就是通过物流组织、交易、服务、管理方式的电子化,使物流商务活动能够方便、快捷地进行。以实现物流的速度、安全、可靠、低费用。特别是物联网的出现和发展,把传感器、控制器、机器、人员和物等通过新的方式联在一起,形成人与物、物与物相连,实现了物流管理的信息化、智能化和远程控制。

2. 物流规模和物流活动向集约化与协同化发展

随着市场经济和社会化的发展,一方面专业化分工越来越细,合作越来越密切;另一方面,各专业化企业的规模、活动范围越来越大。现代物流社会化趋势是社会经济活动发展、物流规模经济效益、物流资源综合利用的必然结果。在大城市出现现代化综合性或专业性物流园区、物流中心、物流基地、物流企业已成为普遍现象。

3. 物流服务的优质化和全球化

随着消费多样化、生产柔性化、流通高效化时代的到来,社会和客户对物流服务的要求越来越高,物流服务的优质化是物流今后发展的重要趋势,物流成本已不再是客户选择物流服务的唯一标准,人们更多的是注重物流服务的质量。物流服务的全球化是今后发展的又一重要趋势。

4. 绿色物流是物流发展的又一趋势

物流虽然促进了经济的发展,但是物流的发展同时也会给城市环境带来不利的影响。为此,21世纪对物流提出了新的要求,即绿色物流。绿色物流包括两方面:一是对物流系统污染进行控制,即在物流系统和物流活动的规划与决策中尽量采用对环境污染小的方案,如采用排污量小的货车车型、近距离配送、夜间运货(减小交通阻塞、节省燃料和减小排放)等,发达国家政府倡导绿色物流的对策是在污染发生源、交通量、交通流等三个方面制定了相关政策;二是建立工业和生活废料处理的物流系统。

5. 不断采用新的科学技术改造物流装备和提高管理水平

国外物流企业的技术装备已达到相当高的水平,目前已经形成了以系统技术为核心,以信息技术、运输技术、配送技术、装卸搬运技术、自动化仓储技术、库存控制技术、包装技术等专业技术为支撑的现代化物流装备技术格局。今后进一步的发展方向是:信息化——采用无线互联网技术、卫星定位技术(GPS)、地理信息系统(GIS)、射频标识技术(RF)等;自动化——自动导引小车(AGV)技术、搬运机器人(Robot System)技术等;智能化——电子识别和电子跟踪技术、智能运输系统(ITS);集成化——信息化、机械化、自动化、智能化于一体。

第三节 设备管理

一、设备管理概述

设备是指进行生产所使用的各种机械的总称,包括生产设备、运输设备、科研设备、仪器仪表和各种工具等。设备技术状态的好坏,直接影响企业所生产的产品的数量、质量和成本,决定企业的服务水平和竞争能力。因此,搞好企业的设备管理具有十分重要的意义。

1. 设备管理的基本内容

设备管理的主要内容有技术、经济、组织三个方面,三者是不可分割的有机整体。具体内容包括:

(1) 依据企业经营目标及生产需要制定企业设备规划。

（2）选择和购买所需设备，必要时组织设计和制造。主要从技术性、经济性及生产可行性等方面进行选择。

（3）组织安装和调试即将投入运行的设备。

（4）对投入运行的设备进行正确、合理的使用。通过正确、合理地使用设备，减轻设备磨损、延长设备使用寿命，预防事故的发生。

（5）精心维护和及时检修设备，保证设备正常运行。正确运用设备，合理地制定检查、维护、修理等各项规章制度，保证设备的顺利运行。

（6）适时改造和更新设备。通过对设备进行及时的改造和更新，实现技术进步。

（7）其他日常管理，比如设备的分类、编号、报废等。

2. 设备管理的任务

设备管理的主要任务是贯彻执行企业的经营总方针，采取一系列的技术、经济、组织措施，对设备进行综合管理，以达到企业的经营目标。具体地，设备管理的主要任务包括以下几个方面：

（1）根据技术先进、经济合理、生产可行的原则，正确选择和购置所需设备，保证设备的各项总体能力均能满足生产与服务的发展需要。

（2）保证设备经常处于良好的技术状态，使设备的性能、精度、可靠性等均满足生产工艺要求，实现设备的综合效率最优化。

（3）不断提高设备管理的经济效益，在保证设备正常运行的前提下，努力降低维护、检修费用，达到设备的寿命周期费用最经济的目的。

（4）促进企业的技术进步。对企业现有的设备进行技术更新和改造，有计划地挖掘现有设备的技术潜力，促进企业技术不断进步。

3. 设备管理的发展阶段

从设备维修体制的角度看，设备管理的发展可划分为事后修理、预防维修、生产维修、维修预防和设备综合管理五个阶段。

其中，设备综合管理阶段在设备维修预防的基础上，从行为科学、系统理论的观点出发，又形成了设备综合管理的概念。设备综合管理有以下五个特点：① 把设备的最经济寿命周期费用作为研究目的；② 把与设备有关的工程技术、财务、管理等方面结合起来进行管理；③ 研究提高设备的可靠性、维修性设计，提高设计的质量和效率；④ 把设备当作一个系统，并以它的整个寿命周期为管理和研究对象；⑤ 强调设备的设计、使用和费用的信息反馈，要求设备的生产厂和用户厂之间疏通信息反馈的渠道。

最近几年，还出现了基于状态维修（Condition-based Maintenance）和智能维修（Intelligent Maintenance）的制度。基于状态维修是指把可编程逻辑控制器（PLC）直接连接到计算机上，实时监控设备状态，如与控制标准发生偏差，将自动发出报警或修理指令。智能维修是指将远处的数据传到中央工作站，在专家系统、神经网络的支持下进行维修决策，向远处现场发出命令，维护例行程序，做出相应的调整和改变。

二、设备全寿命周期管理

（一）基本概念

现代意义上的设备全寿命周期管理，涵盖了资产管理和设备管理双重概念，应该称为设备资产全寿命周期管理（Equipment-asset Life-cycle Management），它包含了资产和设备管理的全过程,从采购、安装、使用、维修、轮换、报废等一系列过程,即包括设备管理,也渗透着其全过程的价值变动过程,因此要综合考虑设备的可靠性和经济性。

设备全生命周期以生产经营为目标,通过一系列的技术、经济、组织措施,对设备的规划、设计、制造、选型、购置、安装、使用、维护、维修、改造、更新直至报废的全过程进行管理,以获得设备寿命周期费用最经济、设备综合产能最高的理想目标。

(二) 设备全寿命周期管理的阶段

设备的全寿命周期管理包括前期管理、运行维修管理和轮换和报废管理三个阶段(见图7-5)。

图 7-5 设备全寿命周期管理

1. 前期管理

设备的前期管理包括规划决策、设计、选型、购置,直至安装调试、试运转的全部过程。

规划期:在投资前期做好设备的能效分析,确认能够起到最佳的作用,进而通过完善的采购方式,进行招标比价,在保证性能满足需求的情况下以最低成本购置。

安装期:此期限比较短,属于过渡期,若此阶段没有规范管理,很可能造成库存期与在役期之间的管理真空。

2. 运行维修管理

运行维修管理包括防止设备性能劣化而进行的日常维护保养、检查、监测、诊断以及修理、更新等管理,其目的是保证设备在运行过程中经常处于良好技术状态,并有效地降低维修费用。在设备运行和维修过程中,可采用现代化管理思想和方法,如行为科学、系统工程、价值工程、定置管理、信息管理与分析,使用和维修成本统计与分析、ABC 分析、PDCA 方法、网络技术、虚拟技术和可靠性维修等。

3. 轮换和报废管理

更新期:对于部分可修复设备,定期进行轮换和离线修复保养,然后继续服役。此期间的管理对于降低购置及维修成本、重复利用设备具有一定的意义。

报废期:设备整体已到使用寿命,故障频发,影响到设备组的可靠性,其维修成本已超出设备购置费用,必须对设备进行更换,原有设备资产进行变卖或转让或处置,相应的费用进入企业营业外收入或支出,建立完善的报废流程,以使资产处置在账管理,既有利于追溯设备使用历史,也有利于资金回笼。

三、设备的选择和评价

设备的选择和评价是企业设备管理中的重要环节。

1. 设备的技术性评价

选择设备,首先要从使用上和技术上对设备进行仔细的考察,以确定设备在技术上是否满足企业的需要。对设备进行技术评价,主要考虑以下因素:

(1)设备的生产效率,一般表现为设备功率、效率等指标,某些设备则以单位时间内的产品数量来表示。

(2)设备的成套性,这是形成设备整体生产能力的重要标志之一。

(3)设备的可靠性,其实质上是反映设备性能或精度的保持性、零部件的耐用性、设备运行的稳定性等。

(4)设备的维修性,指设备整体结构与零部件等需要修理的系统,所具有的易于检查维修的程度以及可否修理的情况。

(5)设备的安全性,指设备在使用过程中对生产安全、人身健康的保证程度。

(6)设备的节能性和省料性,指设备节约资源的能力,表现为热效率高、能源消耗少、材料利用率高。

(7)设备的灵活性,指能适应不同的工作环境条件,使用方便灵活;能适应多种零部件加工要求,即通用性强;设备的结构简单、体积小。

(8)设备的环保性,指设备使用中噪音和废气、废水、废渣的排放及对环境的污染程度。

(9)设备的备件供应,指能否可靠、方便地得到需要的配件或零部件,价格是否合理等。

(10)设备的售后服务,指设备供应厂家提供安装、调试、培训及维修服务的能力和条件。

2. 设备的经济性评价

企业选择、购置新设备实质上是一项投资活动。因此,不但要进行技术评价,还应进行经济性评价。一般来说,通过技术评价,技术上先进、生产上可行的设备可作为设备投资的预选方案,但是否投资、购置,还要考虑它在经济上是否合理,即进行经济性评价。

进行经济评价,不仅要考虑设备的购置费,而且还要考虑设备的使用和维护费,即以设备寿命周期费用为评价的基本依据。常用的经济评价方法有:

(1)投资回收期法。一般来说,在其他条件相同的情况下,投资回收期最短的设备可视为最优的选择。投资回收期的计算公式如下:

$$投资回收期(年) = \frac{设备投资额(元)}{预计年新增净利润 + 折旧(元/年)}$$

其中,设备投资额是期初设备投资额,也即原始投资额,包括购价、运费和安装费用等;预计年新增净利润加折旧即现金净流量,包括年新增利润和折旧。现金净流量可能每年相等,也可能不相等,计算投资回收期时要加以区别。

(2)费用换算法。设备在其整个寿命周期内发生的所有费用,由两大部分组成:一是在购买设备时的一次性投资费用;二是在设备使用过程中所发生的费用,称为设备维持费或使用费。由于资金具有时间价值,所以在不同时期发生的费用不能直接进行数量比较。费用换算法就是按资金时间价值原理对费用进行动态的修正计算,从而更准确地进行经济性评价的方法。

四、设备的使用

1. 设备安装与调试

设备购置或自制完成后,下一步即为安装与调试阶段,包括安装、调整、试运转、验收、移交生产等环节。这一阶段应考虑下列因素:① 设备的安装应与生产组织的要求相符合,并满足工艺要求;② 方便工件的存放、运输以及切屑的清理;③ 设备安装、维修及操作安全方面的要求;④ 动力供应和劳动保护的要求。

2. 设备的合理使用

合理使用设备是保证设备经常处于良好状态的一项重要措施。合理使用设备,可以减少设备的磨损,延长设备的使用寿命,提高设备的利用率,充分发挥设备效能。企业设备要正确合理地使用,应做好如下工作:

(1) 设备的合理配置。企业及其所属的部门、车间应该合理配置设备,充分发挥设备效益,做到高产优质。为此,要根据产品的生产工艺特点,综合生产计划的实际需要,灵活地选用合适的设备原则,保证设备配置的合理性。

(2) 协调好设备与操作者的关系。操作者的技术水平应该与机器设备的复杂程度和操作难度相适应。操作者必须具有"会使用、会保养、会检查、会排除故障"的能力,做到"管好、用好、维护好"设备,避免错误操作带来的意外损失。

(3) 建立健全设备合理使用的规章制度。企业应针对设备的不同情况和要求,建立和健全各种规章制度,如岗位责任制、设备操作规程、计划预防修理制度、维护保养制度、交接班制度等。严格执行这些制度,是合理使用设备的重要保证。

(4) 加强职工教育,增强正确使用和爱护设备的意识。职工是设备的直接使用者,合理使用设备,是设备使用者的责任和义务。只有加强这方面的教育,广泛发动群众,才能从根本上保证设备得到合理使用和维护。

五、设备磨损和维护

设备在投入使用以后,设备管理工作最重要的就是设备的维护与修理工作。在这一阶段,除应做到合理使用设备外,还要在掌握设备磨损和故障发生规律的基础上,制定科学的维护和修理方法。

(一) 设备的磨损理论

机器设备在使用(或闲置)过程中,由于各种原因,都会发生磨损。设备的磨损有两种类型:有形磨损和无形磨损。

1. 设备的有形磨损

有形磨损又称为物质磨损、实体磨损。这种磨损可以通过感官察觉,故称有形磨损。按其产生的原因不同,可分为两种:

(1) 使用磨损。这种磨损是设备在使用运转过程中,其零部件由于摩擦、振动和疲劳的影响,致使其实体发生的磨损。通常表现为:零部件尺寸变化、形状变化、公差配合性质改变、性能精度降低、零部件损坏等。

(2) 自然磨损。这种磨损不是由于使用产生的,而是由于自然力的作用所产生的磨损,表现为生锈、腐蚀、精度降低和丧失工作能力等。

无论哪一种有形磨损,都会造成机器设备物质技术状态的劣化。从磨损补偿的角度看,设备的有形磨损可分为可消除的有形磨损与不可消除的有形磨损两种。

2. 设备的无形磨损

无形磨损是由于技术进步和竞争引起的,设备虽然性能还是良好的,但使用的效率、成本、效益均不如新设备,表现为设备价值上的贬低和经济上的劣化,也称为精神磨损。

(二) 设备维护的基本内容

设备维修是指设备技术状态劣化或发生故障后,为恢复其功能而进行的技术活动。设备维修的基本内容包括:设备维护保养、设备检查和设备修理。

1. 设备维护保养

维护保养是设备在使用过程中自身运行的客观要求,是为保持设备正常工作以及消除隐患而进行的一系列日常保护工作。按工作量的大小以及维护内容的广度、深度,一般执行三级保养制度:

(1) 日常保养。设备操作工人每班必须进行设备保养工作,其重点是对设备进行擦拭、清洗、加油、调整、紧固易松动的零部件并检查润滑、异音、漏油(水)等情况。这类保养较为简单,大部分工作在设备的表面进行,一般由操作工人负责完成,又叫例行保养。

(2) 一级保养。一般要普遍地进行清洗、润滑、紧固、检查,或对设备进行局部解体检查,进行内部清洗、润滑,恢复和更换易损件等。一般以操作工人为主、在专业维修人员的协助下完成。

(3) 二级保养。对设备主体进行彻底检查和调整,更换已经磨损的零件,并对主要零部件进行磨损状况测量和检查鉴定,为编制设备维修计划提供依据。一般以专业维修人员为主、在操作工人的配合下定期完成。

一般情况下,企业设备保养的内容,主要根据设备的生产工艺、设备结构复杂程度、设备维护工作量大小以及部门维修习惯等确定。我国企业的设备保养制度,不同行业是不尽相同的。例如,机械工业企业执行的是"例行保养""一保""二保""三保"的四级保养制度;而某些纺织企业中织机保养制度则把部分检修、预防检修、巡回检修等内容都包括在内;冶金企业的高炉、平炉以及化工生产设备的保养,则大多不规定保养等级。

2. 设备检查

设备检查是指对设备的运行情况、工作精度、磨损或腐蚀程度进行测量和校验。通过检查,全面掌握机器设备的技术状况和磨损情况,及时查明和消除设备的隐患,有目的地做好修理前的准备工作,以提高修理质量,缩短修理时间。

3. 设备修理

设备修理是对由于正常或不正常原因引起的磨损或损坏所进行的补偿或修复,其实质是补偿设备的物质磨损。按修理内容的多少、要求程度的高低以及工作量的大小,可以分为小修、中修、大修三种。

(1) 小修。小修是对设备进行的局部修理。针对日常检查和定期检查发现的问题,拆卸部分零部件进行清洗、更换和调整,恢复设备的使用性能。

(2) 中修。中修是工作量较大的一种修理,对设备进行部分解体,修理或更换磨损机件,校正设备的基准,保证设备主要精度达到工艺要求,以达到缩短停机时间、减少修理费用、保证设备正常运转的目的。

(3) 大修。大修是工作量最大的一种修理,是在设备长期使用后,为了恢复其原有的精度、性能和生产效率而进行的一种彻底的修理方式。大修需将设备全部拆卸分解,更换或恢复主要大型零件以及所有不符合要求的零件和部件,以全面恢复设备的工作能力,达到设备出厂的精度标准和工作效率。许多企业将设备大修与设备的技术改造结合起来,取得了事半功倍的效果,大大地提高了设备的现代化水平。

六、设备的改造与更新

(一)设备磨损的补偿

机器设备的磨损形式不同,其补偿方式也不同。补偿分局部补偿和完全补偿。设备有形磨损的局部补偿是修理,设备无形磨损的局部补偿是现代化改造。设备有形磨损和无形磨损的完全补偿是更新。设备磨损的补偿方式如图7-6所示。

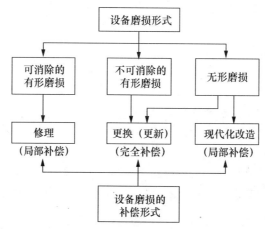

图7-6 设备磨损的补偿方式

设备更新的时机主要取决于设备的寿命。在进行设备更新时,应多掌握设备运行的实际情况,从技术、经济两个方面着手,做出正确的更新决策。

(二)设备的寿命

设备的寿命是指设备可运行的年限。从不同的角度考虑,设备的寿命可以表现为以下四种形式:

(1)设备的物质寿命,也称为自然寿命,指设备从投入使用到无法运行为止所经历的时间。自然寿命的长短取决于设备的质量高低、使用程度和维修保养的好坏。

(2)设备的技术寿命,是指设备从投入使用到被新技术淘汰为止所经历的时间。一般来说,技术发展越快,设备的技术寿命就越短。

(3)设备的折旧寿命,是指财务部门为了收回设备投资以便日后重置或更新设备而把设备投资逐步摊入产品成本,使设备价值的余额折旧到接近于零时所经历的时间。

(4)设备的经济寿命,是以设备的维修费用为标准所确定的设备寿命,指设备从投入使用到继续使用不经济而被淘汰所经历的时间。确定设备经济寿命的方法很多,比较常见的是利用费用曲线来确定。如图7-7所示,设备的购置费用曲线与使用费用曲线组成的总费用曲线的最低点,即为经济寿命的最佳年限。

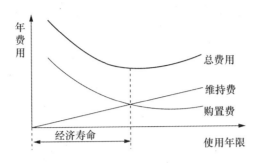

图 7-7 设备的经济寿命

设备的经济寿命可按下式计算：

$$T = \sqrt{\frac{2K}{\alpha}}$$

式中：T 为设备的经济寿命；K 为设备原值，即设备的购置费用；α 是逐年增加的维持费，即每年的维持费分别是 α、2α、3α、4α、$\cdots t\alpha$。

一般地，随着使用年限增加，每年的设备运营维护费也增加。这种现象称为设备的低劣化。此外，也可利用设备综合经济效益来确定经济寿命，即当设备所创造的经济效益（多以利润表示）无法抵消为维持设备运行而支出的总费用时，设备的经济寿命即告终结。

（三）设备的改造

设备改造又叫设备现代化改装，是指对原有设备作局部改革，以完善性能、提高精度或生产效率。同时，它也把科学技术的新成果应用于企业的现有设备，通过给旧设备增添新部件、新装置，改善原设备的技术性能和使用指标，使局部或全部达到现代新设备的水平。设备改造是企业技术改造的主要内容之一。设备改造有以下两种类型：

（1）设备的改装，即对设备的容量、功率、体积和形式的加大或改变。比如，对设备以小拼大、以短接长、多机串联等，或根据生产的不同要求，对原有设备进行改装修复，在原机上增加附加件、专用夹具，达到一机多用、扩大设备使用范围、提高生产效率、满足增加产量或加工要求等目的，以充分利用现有条件，减少新设备的购置，节省投资。

（2）设备的现代化改造，就是应用科学技术的新成果来改变现有设备落后的技术面貌。设备的现代化改造一般是结合设备大修理进行的，以改变设备的结构，给旧设备换上新部件、新装置、新附件，使它达到或局部达到先进设备的技术水平。

（四）设备的更新

设备更新是指用先进的比较经济的设备来代替技术和经济上不宜继续使用的设备。设备更新是消除设备的有形磨损和无形磨损的重要手段，进行设备更新的目的是提高企业装备的现代化水平，更快地形成新的生产能力，以更好地实现企业的目标，提高企业效率。

1. 设备更新的方式

（1）设备的原型更新，也称简单更新。当原设备因有严重磨损而不能继续使用时，用结构相同的新设备去更换，即同型号设备的以旧换新。原型更新主要解决设备损坏问题，其优点是有利于维修；缺点是没有从根本上提高企业的现代化水平，因此不可能大幅度地提高企业的经济效益。

（2）设备的技术更新，也称设备的新型更新。当设备因技术或经济原因不宜继续使用时，用结构更先进、技术更完善、效率更高、性能更好、耗能和原材料更少的新设备去更换。从技术进步角度看,新型更新比原型更新意义更大。

2. 设备更新的对象

在企业设备更新资金有限的情况下,如何选择更新对象,以使企业的总体装备水平得到更快提高,是非常重要的。一般来说,企业在选择设备更新对象时,应重点考虑下列设备:

(1) 役龄长的设备。当设备役龄超过一定年限时,则设备性能劣化、结构陈旧、技术落后、维修费用增高。

(2) 性能、制造质量不良的设备。此类设备存在一系列先天性缺陷,又难以通过修理和改造加以消除,而且由于设备的"遗传性",这类设备对产品所造成的危害也是较大的。

(3) 经过多次大修已无修复价值的设备。有些设备如再进行大修,其费用将超过重新购置设备的价值。

(4) 技术落后的设备。随着科学技术的发展,某些无形磨损严重、生产效率低下、劳动强度大、造成环境污染甚至危及安全生产的设备已不能适应技术发展的需要。

(5) 不能满足新产品开发要求的设备。当企业开发新产品后,某些设备可能不适用于新产品的生产。

(6) 浪费能源的设备。

【思考题】

1. 简述物资管理的任务。
2. 简述物资定额管理的内容和作用。
3. 供应商管理包括哪些内容?
4. 简述仓库业务的主要工作。
5. 有哪些库存控制的方法?
6. 简述物流的含义和物流系统的构成。
7. 企业物流有哪几种模式?
8. 试述现代物流的发展趋势。
9. 什么是供应链?
10. 简述设备管理的基本内容。
11. 简述设备合生命周期管理。
12. 设备维修的基本内容有哪些?

【案例】

德国推行"工业4.0"革命,奔驰、宝马纷纷改造工厂设备

德国制造业在世界范围内举足轻重,现在该国正在推行"工业4.0",以图在这一领域维持金字塔顶尖地位。你坐在舒适的驾驶室,无须操作方向盘,车辆即可以在高速路上呼啸前行,而且安全有保障!无人驾驶技术在高级乘用轿车上多有应用,但对于载重数十吨的卡车,这项技术的推广并不容易。2014年的汉诺威商用车展,奔驰推出的"未来卡车2025"试图领导这一领域的技术革新。

沃尔特300万平方米的厂房,共经历了两次大的设备及流程改造,第一次是在1992年。

在此之前，工厂拥有1000名工人，每天生产160个车身；1992年之后，工厂大量使用机器人，只留下了300个工人，但工厂每天的产能却增加到360—400个车身。

这次的生产设备及流程改进之后，工厂的智能化程度更高、生产弹性更大，尽管工人增加到400名，但主要是用来监控设备，控制产品质量。

相对于卡车的生产，轿车生产更精密，对生产线要求更高，为了适应未来更智能化的生产需求，德国汽车企业相继摒弃了此前平台化的产品研发策略，而采用设备集成的模块化方式。

2014年3月，宝马和竞争对手奔驰同时在日内瓦车展期间宣布实施模块化生产、压缩产品平台的战略。加上大众已经开始实施的模块化计划，德国汽车工业除欧宝（美国通用汽车全资子公司）之外，未来都将采取模块化战略。

"合并平台带来的成本节约不可估量，产品质量也有所提升，新车和改款车从构思到上市的时间大幅缩短。你将看到我们会投放多少新车到市场，倘若没有新平台战略，是无法实现这一点的。"戴姆勒集团旗下梅赛德斯—奔驰全球研发负责人托马斯·韦伯（Thomas Weber）表示。

宝马集团研发负责人赫伯特·迪斯（Herbert Diess）则表示，除了BMWi系列，目前BMW和MINI总计拥有五大平台，未来将缩减为两个平台——前轮驱动和后轮驱动各一个。未来，宝马将在前驱平台和后驱平台基础上推出45款新车，包括30款后驱车型和15款前驱车型，其中至少有5款前驱车为宝马品牌。

（资料来源：《第一财经日报》2015年10月22日）

思考题：
1. 奔驰沃尔特工厂的设备改造从哪些方面提高了生产能力？
2. 梅赛德斯—奔驰取得的节约成本、产本质量提高和改款时间的缩短是如何做到的？
3. 试论述宝马公司将生产平台缩减后，在设备使用方面会遇到哪些问题。

第八章 信息管理与知识管理

【学习要点】
- ◆ 信息与信息化概念
- ◆ 信息管理五大原则
- ◆ 信息系统的开发、运行与维护
- ◆ 信息与知识的区别
- ◆ 知识管理十步走路线
- ◆ 技术管理
- ◆ 知识产权管理

当今社会，信息已成为重要的战略资源，它与物质、能量共同成为社会及经济发展的三大基础。无论是人力资源、资金资源还是物质资源、技术资源等，其开发、利用和管理都依赖于信息的支持。因此，信息是现代企业的重要资源，没有信息的流动，现代企业管理就无从谈起。与此相关，知识在企业发展中的作用日趋重要，知识型企业包括各类高新技术企业、文化传播、出版、新闻、广播电视、咨询服务、金融保险、大学和研究机构、服务型企业等，这些企业的生存和发展依赖于核心产品、核心技术、核心服务、核心人才等。因此，有效地测量、管理和利用企业的无形资产已成为现代企业管理的核心，成为企业发展成功的关键。

第一节 信息与知识

一、信息与知识的概念及分类

1. 信息的概念及分类

信息是一个十分广泛的概念，在信息系统领域，比较有影响的定义主要有以下几种："信息是有意义的数据"、"信息是关于客观事实的可通信的知识"、"信息是客观事物的特征通过一定物质载体形式的反映"等。

在企业生产经营过程中，可以根据不同的标志把信息划分为如下几类：

（1）按照管理的层次，可以分为战略信息、战术信息和作业信息。战略信息是提供高层管理人员制定企业长远规划的信息，如未来经济状况的预测信息；战术信息是为中层管理人员监督和控制业务活动、有效配置企业资源所提供的信息,如各种企业报表等;作业信息是反映企业具体业务状况的信息,如应付款信息、原材料消耗量、作业进度等。

(2) 按照信息产生的过程,可分为原始信息和加工信息(综合信息)。从信息源直接收集的信息称为原始信息;在原始信息基础上,经过信息系统的综合、加工生产出来的新的数据称为加工信息(综合信息),加工信息是管理决策中经常使用的信息。

(3) 按照信息的来源不同,可分为企业内部信息和企业外部信息。内部信息是组织内部各部门、各环节所产生的信息。外部信息是指组织所处的自然、社会、经济环境为组织活动所提供的信息,如国家宏观经济政策、税收政策、市场需求等。

(4) 按照内容的不同,可分为市场情报信息、科技信息、人才信息、财务信息等。

(5) 按照反映形式,可分为数字信息、图像信息和声音信息等。

2. 知识的概念及分类

与信息相关,知识可以简单概括为,"知识是可用于生产的信息"(见于1998年世界银行出版的《1998年世界发展报告——知识促进发展》)。可用于生产的信息是指在生产过程中以恰当的方式获得的相关的有用信息,任何人(不仅仅是知识的生产者)可以在任何时候用它来帮助决策。知识是智能决策、预测、设计、规划、争端、分析、评估和直觉判断的关键资源。它形成于个人和集体的头脑,并为之共享。它无法从数据库中产生,而是随着时间的推移从经验、成功、失败和学习中产生。从表8-1中我们可以对知识与信息的差别有一个比较直观的认识。

表8-1 信息与知识比较

信息	知识
经过处理的数据	可用于行动的信息
只为我们提供事实	帮助预测、建立临时关系
清楚、明细、结构化和简单	混乱、模糊,部分未被结构化
易于以书面方式表达	很难交流或用语言描述和表达
通过数据浓缩、校正、关联和计算获得	存在于联系、人机对话、经验性直觉,和人用于比较环境、问题和解决方案的能力中
缺乏所有者依存性	存在所有者大脑中
信息系统可以很好地处理	还需要非正式渠道
理解大量数据含义的关键资源	智能决策、预测、设计、规划、诊断、分析、评估和直觉判断的关键资源
从数据演变而来,以数据库、书籍、手册和文件的形式存储	产生于个人和集体的头脑,并为之共享,从经验、成功、失败和学习中产生
被形式化、获取和显性化,能够容易地包装为可再利用的形式	多形成于人的头脑中,从经验中得来

知识也是人类在实践中认识客观世界的成果。它包括事实、信息的描述或在教育和实践中获得的技能。它可以是关于理论的,也可以是关于实践的。知识可以分为隐性知识和显性知识,具体比较参见表8-2。

表 8-2　隐性和显性知识比较

特征	隐性知识	显性知识
本质	个人的,特定语境的	可以编码化、显性化
形式化	很难形式化、记录、编码或表述	可编码,并用系统、正式的语言传递
形成过程	产生于实践中不断试错的过程	产生于对隐性知识的说明和对信息的解释
存储地点	存储在人脑中	存储在文件、数据库、网页、电子邮件、图表等介质中
转化过程	常常通过隐喻和类推等外化方法转化为显性知识	无须再转化
IT支持	很难用IT来管理、共享或支持	现有IT能很好地支持
需要的媒介	需要丰富的沟通媒介	可以通过常规电子渠道传递

二、信息管理

信息与物质资源、能量资源一样是一种稀缺性资源,而且信息资源具有严格的时效性,失去了新颖性和时效性的资源不再具有或只有极少的经济价值。因此,如何搞好信息资源管理,最大限度地支持企业的计划、决策、组织、控制等各项管理职能,提高企业经济效益和竞争能力,是企业管理领域的重要内容。

1. 信息管理的概念

信息管理是为了确保信息资源的有效利用,以现代信息技术为手段,对信息资源实施计划、预算、组织、指挥、控制、协调的一种人类管理活动。所以信息管理也是一种管理过程,是以信息资源为对象的管理活动。

信息管理的最终目的是确保信息资源的有效利用,从而有效地提高每个人的生产率,最终提高组织的整体效益。信息管理要求组织成员必须把信息视作一种宝贵的资源,视信息共享为一种规则,充分发挥信息的资源作用。

2. 信息资源内容管理

信息管理的核心在于信息资源内容的管理,主要包括信息源管理、信息收集、信息加工、信息传输、信息储存、信息检索等方面的工作。

(1) 信息源。信息源是蕴含信息的一切事物。任何事物都能够产生、传递信息,所以信息源的范围非常广阔,包括所有产生、持有和传递信息的人、事物和机构。根据不同的分类标准,可将信息源分为不同的类型。例如,按组织边界划分,信息源可分为内部信息源和外部信息源;根据信息的载体形式,信息源可以分为个人信息源、印刷型信息源、缩微型信息源、电子型信息源和实物信息源等。

(2) 信息收集。信息收集也称信息采集,是根据特定的目的和要求将分散在不同时空的相关信息积聚起来的过程。信息收集是信息资源管理的第一步,也是重要的基础。信息质量的好坏,在很大程度上取决于原始信息的真实性和完整性。

企业信息资源极为广泛,必须通过各种形式和方法进行收集。对于不同的载体,其信息收集方法也不同:① 文献信息的收集方法主要是购买、检索、浏览、交换、索取等;② 个人信息的收集方法主要是调查、采访、谈话、通信等;③ 实物信息的收集方法主要有观察、考察、试验、监测等;④ 电子信息的收集方法主要有收听、收视、检索、网络浏览、查询等。

(3) 信息加工。信息加工也是信息管理的重要环节,它是指将收集到的信息资源按照一定的程序和方法进行分类、计算、分析、判断,使之成为一种真实、准确的信息资料,以便使用、传递和存储。信息加工的基本要求是准确、及时、系统、适用、经济、浓缩。在信息加工中,一定要防止虚构,要求以求实和求精的态度,详细分析和研究加工信息,仔细调查核对,使加工后的信息产品达到高质量。

(4) 信息传输。信息只有及时传送到使用者那里,才能起到应有的作用。信息能否发出和到达取决于信息传输的功能,信息传输要建立一定的传输渠道系统,形成信息流和信息网。管理组织机构和组织体系,决定了企业系统内部基本的信息传输渠道。此外,信息系统还要通过多条渠道,实现直接的和间接的、纵横交错的多方面联系。总之,信息传输网是个极其复杂而灵敏的系统。

(5) 信息储存。加工后的信息,一般并不立即使用,有的虽然立即使用了,但使用后的信息还要作为今后的参考。因此,就需要将信息储存起来。信息储存是信息在时间上的传输,发挥它的记忆功能。通过信息的储存和积累,有助于对客观经济情况进行动态的和全面的分析研究。

(6) 信息检索。信息检索是指根据信息用户的需求,从存储信息中查找有关信息的过程。从信息检索的基本概念可以知道,其核心问题是实现所存储信息的特征与用户提问特征之间的匹配,这也是信息检索的基本原理,概括起来就是信息集合与需求集合的匹配与选择。

以上所述对信息资源内容的管理,也反映了信息管理的一般过程,可以通过图8-1把它完整地表现出来。

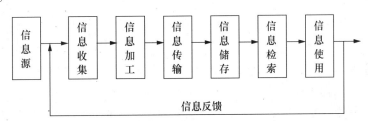

图 8-1 信息处理过程

3. 信息管理的基础条件

现代企业进行信息管理的基础条件主要包括以下六方面内容:

(1) 企业信息系统和信息网络。企业信息系统是企业内各种系统中的一种能够对信息进行收集、加工、存储、传播,向本企业提供信息管理服务的职能系统。企业信息系统由三部分组成:一是企业专门建设的计算机信息系统;二是企业内设立的、为企业自身服务的专门从事信息服务的信息机构所组成的系统;三是企业的组织系统。组织系统又包括企业正式组织系统和非正式组织系统。把企业信息系统理解成企业内设置的专职信息机构系统是不全面的。

企业信息网络就是由企业内分散的各种信息系统和社会上相关的其他信息系统连接而成的更大系统。企业信息网络是以计算机系统、通信设备、信息刊物等技术手段为依托,以信息机构和信息人员为节点所组成的有机综合体。以信息刊物、通信设备为依托的是人工信息网络,以通信设备、计算机系统为依托的是计算机信息网络。企业局域网只是指计算机网络,不包括人工信息网络,不等同于企业信息网络。

(2) 信息技术装备。一个完整的信息系统离不开现代信息技术装备。"工欲善其事,必先利其器",一个企业所拥有的现代信息技术装备,决定了企业信息管理可能达到的最高水平。信息技术装备包括硬件装备和软件装备。硬件装备主要有微机、中小型计算机或大型机、打印机、扫描仪、传真机、电视会议设备等;软件装备主要有系统软件和各类应用软件以及各类数据库、管理数学模型。表8-3列示了企业信息管理中常用为应用软件系统。

表8-3 企业信息管理中常用的应用软件系统

CAD 计算机辅助设计	信息安全软件
CAM 计算机辅助制造	财务管理软件
CAT 计算机辅助测试	MRPII 制造资源计划
CAE 计算机辅助工程	ERP 企业资源计划
MIS 管理信息系统	CIMS 集成制造系统
DSS 决策支持系统	SCM 供应链管理
MSS 管理支持系统	CRM 客户关系管理
SIS 战略信息系统	ECS 电子商务系统
OAS 办公自动化系统	

（3）企业信息机构。企业信息机构是企业中专门设置的,用于处理企业信息管理过程中大量重复出现的例行问题和日常事务工作的职能机构。一个完备的企业信息系统所包括的信息机构应该有:专门向管理者提供决策分析和预测、进行文字加工处理的信息综合部门,如战略情报中心、政策研究室、情报服务室等;采集、整理、存储信息资料的档案部门,如图书馆、专业期刊室、技术档案室、财务档案室、文书档案室等;快速传递信息的通信部门,如对外信息交流中心、企业网站、收发室等;企业在线数据管理部门,如CIO办公室、信息部、计算机中心、企业网站管理中心等。

（4）企业信息资源。企业信息资源主要是指企业内各种公用的、专用的、便于存储、检索的数据库,与企业技术、管理发展方向一致的图书、期刊、技术档案和资料,为企业开发管理服务的决策专用软件、数学模型和情报资料库等。此外,社会上的信息资源,不论是免费的公共信息资源,还是付费的商业信息资源,都属于企业信息资源的范畴。

（5）企业信息管理制度和标准。企业信息管理制度和标准,以及相关的规定、协议等,是企业信息管理的基本保证。企业信息化管理制度既包括企业管理机构在实施信息管理体制方式方法上的规范化和法制化的规则体系,也包括企业各部门在有关信息管理正常运行方面的各种规范化和标准化的规则体系。

（6）企业信息管理工作人员。企业信息管理工作人员,不仅是指企业内从事信息管理的管理者和信息部门的工作人员,还包括虽然属于其他部门但是要从事信息管理工作的管理者和人员。信息管理人员是企业信息管理活动的主体,他们的水平决定着企业信息管理活动的实际水平。

4. 信息管理的原则

企业信息管理的原则是指企业管理者在实施企业信息管理时观察问题和处理问题的准绳,主要包含以下五种：

（1）系统原则。系统原则是指以系统的观念和方法,立足整体,统筹全局地认识管理客体,以求满意结果的管理思想。

（2）整序原则。整序原则是指对所获得的企业信息,按照某种特征进行排序的管理思想。整序原则的内容如下：① 分类整序:进行分类时必须注意划分必须相称;划分出的子项不能越级;划分的子项不能交叉重复;每次划分的依据必须统一。② 主题整序:以能够代表信息单元主题的词语作为信息标识,再按词语的字顺为序的整序方法。③ 著者整序:按著者名的字顺为序的整序方法。④ 号码整序:按信息单元的固有序号为序的整序方法。⑤ 时间整序:按信息单元发表的时间为序的整序方法。⑥ 地区整序:按行政区划分名称字顺为序的整序方法。⑦ 部门整序:按部门名称字顺为序的整序方法。⑧ 计算机整序:用计算机排序功能给机内信息整序的方法。

（3）激活原则。激活原则是指对信息进行分析和排序,实现信息活化、为我所用的管理思想。激活原则的内容包括:① 个体激活,指管理者个人使用的信息激活方法。② 群体激活,指通过群体智力协作激活信息的方法。

（4）共享原则。共享原则是指在企业信息管理活动中,为充分发挥企业信息的潜在价值,力求最大限度地利用企业信息的管理思想。实施共享原则应该做到如下几点:① 动员全体员工把信息贡献给企业;② 把企业内各自独立的信息系统连成局域网;③ 企业及时地向员工公布应该公布的信息;④ 利用社会信息系统和信息市场共享企业外的信息;⑤ 让员工和管理者都建立起"共享"他人信息的意识。

（5）搜索原则。搜索原则是指在企业信息管理活动中,要尽可能多地搜索到相关信息。要实现这点,首先,要有强烈的搜索意识;其次,要有明确的搜索范围;最后,要有有效的搜索方法。

三、知识管理

1. 知识管理的概念

知识管理是对企业知识生产（创新）、分配、交流（交换）、整合、内化、评价、改进（再创新）全过程进行的管理,以实现知识共享,增加企业的知识含量和产品中的知识含量,提高企业创新能力和核心竞争能力,提高顾客（对企业产品）满意度和忠诚度,保证企业高速、健康、持续发展,使其在激烈的全球化竞争中立于不败之地。

知识管理的实质是知识创新管理,知识创新的主体是员工。知识管理就是对企业中所有员工的经验、知识、能力等因素的管理,实现知识共享并有效实现知识价值的转化,以促使企业知识化,促进企业不断成熟和壮大。总之,知识管理就是为企业实现隐性知识和显性知识共享提供新的途径,主要体现在以下方面:

（1）建立一个企业生产、交流、共享、整合和内化知识的战略决策,在企业各方面力量的配合下实施知识管理策略并对这一策略进行经常性评价。

（2）了解和熟悉企业的生存与发展环境以及本企业自身的发展特点与要求,尤其是企业内部的知识要求。

（3）建立和营造促进知识学习、知识积累和知识共享的环境,激励员工的知识创新和交流。

（4）监督和保证知识库中知识的内容质量、深度、风格与本企业的发展一致,其中包括知识的更新,保证知识库设施的正常运转,增强知识的积累、转换,提高知识编码率。

（5）提高员工整体素质,实施员工满意度战略,体现人力资源的价值,促进员工的数据信息处理能力、创新能力、工作技巧和合作能力。

（6）提高企业生存竞争能力,适应知识经济的产出智能、个性化、艺术化要求,加强研究开发、扩大绝对规模和创新能力。

（7）检测和评估知识资产的价值并有效实现知识价值的科学转化,利用知识改善企业的日常经营过程和在企业生产过程中充分利用知识。

2. 知识管理的过程

知识管理是一个复杂的活动,如果没有具体的计划,就无法产生业务影响。本章将知识管理的路线图分为四个阶段共十个步骤,如表 8-4 所示。

表 8-4 知识管理十步走路线

部分	步骤
阶段一 基础设施评价	第一步:分析现有的基础设施 第二步:协调知识管理和业务战略
阶段二 知识管理系统的分析、设计和开发	第三步:设计知识管理基础设施 第四步:现有知识资产与系统的审计 第五步:组建知识管理团队 第六步:规划知识管理蓝图 第七步:开发知识管理系统
阶段三 部署	第八步:利用结果驱动的渐进方法进行项目试验和部署 第九步:管理变革、文化和奖励机制
阶段四 评估测算	第十步:评价业绩,测算投资回报率,逐步修订知识管理系统

(1) 阶段一:基础设施评价

第一步,分析现有的基础设施。通过分析和描述企业已有的知识技术,找出与现有基础设施的关键差距。这样就可以在现有基础上发展知识管理系统。

第二步,协调知识管理和业务战略。业务战略一般是在更高的层次上,开发系统一般都是在基层。十步走的第二阶段就是要在两者之间建立联系:将知识管理平台的设计提升到业务战略的层面,将战略贯穿到系统设计的各个层面。

(2) 阶段二:知识管理系统的分析、设计和开发

第三步,设计知识管理基础设施。在这一步必须选择组成知识管理系统结构的基础设施要素,需要从信息基础结构,而不仅仅是基础设施的角度将各个部分整合起来建立知识管理模型。

第四步,现有知识资产与系统的审计。知识管理项目必须从企业已有的知识开始。代表企业不同部门的人组成知识审计团队,对企业的知识资产进行初步评价,以发现哪些是强项,哪些是弱项。

第五步,组建知识管理团队。要设计有效的知识管理系统,就必须清楚企业内外部的主要投资方。为了保证管理与技术的平衡,必须明确能够成功地设计、建设和开发系统的专家来源在哪里。

第六步,规划知识管理蓝图。在第五步所建立的团队基础上规划知识管理的蓝图,目的是为知识管理系统的建设和完善提供一个目标。

第七步,开发知识管理系统。一旦规划了知识管理的蓝图,下一步就是将各个部分放在一起形成一个工作系统,建立一个内在协同稳定的知识管理平台。

(3) 阶段三:部署

第八步,利用结果驱动的渐进方法进行项目试验和部署。像知识管理这样的大规模项目必须考虑到用户的实际需求。尽管跨部门的知识管理团队能够从不同角度展示这些需求,但

是开发试验项目还要接受现实的检验,必须决定如何选择渐增的版本,以得到最大回报并确定项目的范围,找到识别和孤立失败点的方法和途径。

第九步,管理变革、文化和奖励机制。很多企业最常见的错误假设是:知识管理系统的革新所带来的内涵价值,会使人们非常乐意接受和使用它们。然而强迫别人共享知识实属不易,这就需要新的激励机制鼓励员工接纳和利用知识管理系统。这一过程也需要富有激情的领导者来树立榜样。

(4) 阶段四:评估测算

第十步,评价业绩,测算投资回报率,逐步修订知识管理系统。这一步是对投资回报率的测算,因为必须考虑知识管理对企业财务和竞争力的双重影响。测算投资回报率主要有两个目的:一是通过掌握运营数据和现金数据来证明知识管理的有效性;二是通过不断的迭代来改善知识管理设计。

第二节　企业信息化与信息系统管理

一、企业信息化

1. 信息化的概念

信息化这一概念是日本学者在20世纪60年代提出来的。如同工业化一样,它是对经济发展到某一特定阶段的概念描述,是针对工业化高度发展之后社会生产力出现的新情况而提出的。由于信息化涉及各个领域,是一个外延很广的概念,目前还没有一个严谨的、形式化的有关"信息化"的定义。一般认为,信息化是指人们依靠现代电子信息技术等手段,通过提高自身开发和利用信息资源的能力,利用信息资源推动经济发展、社会进步乃至人的自身生活方式变革的过程。

信息化是人类社会从工业经济向信息经济、从工业社会向信息社会逐渐演进的动态过程。从信息化涉及的社会层面来说,信息化包括企业信息化、产业信息化和社会信息化。

2. 企业信息化

企业信息化是指企业在一定的深度和广度上利用计算机、数据库等现代信息技术,控制和集成管理企业生产经营活动中的所有信息,全面实现企业的资金流、物流、作业流和信息流的数字化、网络化管理,实现企业内外部信息的共享和有效利用,以提高企业的经济效益和市场竞争力。

企业信息化的基础是企业的管理和运行模式,而不是计算机网络技术本身,后者仅仅是企业信息化的实现手段。企业的信息化建设是一个人机合一的有层次的系统工程,包括企业领导和员工理念的信息化;企业决策、组织管理的信息化;企业经营手段的信息化;设计、加工应用的信息化。

二、信息系统概述

(一) 信息系统的概念

信息系统可以从不同的角度理解。从技术角度看,信息系统由一组相互关联的要素构成,目的是完成企业内信息的收集、传输、加工、存储、使用和维护等,支持企业的计划、组织、调节和控制等各项管理职能。

需要说明的是,信息系统既可以是手工的,也可以是计算机化的。早期的组织同样存在着为计划、决策和控制提供支持的信息系统,只是这些信息的收集、处理、传递功能是由人工来完成的。许多信息系统开始都是手工系统,只是随着信息技术的发展和竞争的加剧,才逐步发展成为计算机化的信息系统。因此,现代意义上的信息系统是一个基于计算机的人机系统,它是由人、硬件、软件和数据源组成的,能进行信息处理和传输的系统。

（二）信息系统的结构

目前,对信息系统的结构描述尚无统一的模式。由于信息系统贯穿于企业管理的全过程,同时又覆盖了管理业务的各个层面,因而其结构也必然是一个包含各种子系统的广泛结构。从广义概念看,信息系统的结构呈矩阵形式,如图 8-2 所示。纵向概括了基于管理任务的系统层次结构;横向从管理的组织和职能上概括了信息系统的组成。

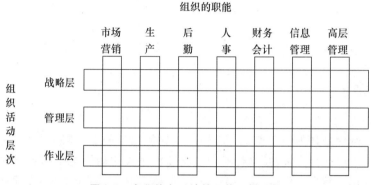

图 8-2　企业信息系统的总体逻辑结构

1. 信息系统的层次结构

人们通常将组织的管理活动分为三个层次:作业层、管理层和战略层,不同层面的管理活动有着不同的目标和不同的信息需求。为管理服务的信息系统也相应地分为三个层面:作业层信息系统、管理层信息系统和战略层信息系统,不同层面的信息系统具有不同的特点。

（1）作业层信息系统是指支持、帮助甚至取代基层业务人员工作的信息系统,例如登记库存、记录销售数据、工资处理等。这类信息系统主要支持基层的日常业务活动,提高业务的处理效率和处理质量,部分或完全取代手工作业。作业层信息系统都是高度结构化的,按照事先设计的程序处理固定的业务活动,不具备灵活性。

（2）管理层信息系统主要是为组织中层管理人员的管理和控制提供支持的信息系统。管理层信息系统可以定期为管理人员提供反映组织各方面运营状态的综合性报告,管理人员据此开展计划和控制工作。较之作业层信息系统,管理层信息系统不仅具有信息处理功能,更重要的在于其决策支持功能,解决组织中普遍存在的结构化的决策问题,如销售计划的制订、生产控制等。

（3）战略层信息系统主要是为高层管理者的战略决策提供信息和决策支持的信息系统。战略层信息系统除了需要作业层和管理层信息系统提供各类信息之外,更需要大量的来自外部环境的信息,如用户需求、竞争对手、供应商等方面的信息,以及宏观经济发展状况和行业发展动态等信息;同时,还有与组织发展有关的政治、文化、心理等多方面的信息。战略层信息系统还包含了进行战略决策所必需的各类决策支持工具,如各类决策模型、各种分析软件等。同管理层信息系统相比,战略层信息系统着重支持组织的半结构化和非结构化的战略决策问题,因此,战略层信息系统具有较大的灵活性。

2. 信息系统的职能结构

企业管理活动一般是按职能划分的。按照所承担的职能不同,信息系统可以分为不同的职能系统。一般制造业的信息系统可分为以下几个职能系统:

(1) **市场销售系统**:进行销售统计、销售计划制订,协助管理者进行销售分析与预测,制订销售规划和策略。

(2) **生产系统**:协助管理者制定与实施产品开发策略、制订生产计划和生产作业计划,进行生产过程中的产品质量分析、成本控制与分析等。

(3) **供应系统**:协助管理者制订物料采购计划、物资存储和分配管理。

(4) **人事系统**:支持管理者进行人员需求预测与规划、绩效分析、工资管理等。

(5) **财务系统**:支持管理者进行账务管理、财务计划、财务分析、资本需求预测、收益评价等。

(6) **信息管理系统**:支持信息系统发展规划的制定,对信息系统的运行和维护进行统计、记录、审查、监督,对各部分工作进行协调。

(7) **高层管理系统**:为高层管理人员制订战略计划、进行资源分配等工作提供支持,协助管理人员进行日常事务处理,对下级工作进行检查、监督和协调。

(三) 信息系统的生命周期

任何系统都有其产生、发展、成熟、消亡或更替的过程,这个过程称为系统的生命周期。信息系统的生命周期包括系统规划、系统开发、系统运行与维护、系统更新四个阶段。

系统规划是信息系统的起始阶段,其主要任务是:根据组织的整体目标和发展战略,确定信息系统的发展战略,明确组织的信息需求,制订信息系统建设计划,其中包括确定拟建的信息系统的总体目标、功能、规模和所需资源,并根据信息需求的迫切程度和应用环境的约束,确定出信息系统开发的优先顺序,以便分期、分批进行系统建设。

系统开发是系统建设中工作最为繁重的阶段,不论采取何种开发方式,系统分析都是必要的。其主要任务是根据系统规划阶段确定的系统总体方案和开发项目的安排,进行系统开发。系统开发阶段又分为系统分析、系统设计和系统实施等阶段。系统分析阶段主要是通过初步调查,确定系统开发的可行性,对现行系统进行详细调查,明确用户的信息需求,提出新系统的逻辑方案。系统设计阶段主要是根据新系统的逻辑方案进行软硬件系统的设计,具体包括总体结构设计、输入设计、输出设计、处理过程设计、数据存储设计和计算机系统方案的选择等。系统实施阶段是将设计的系统付诸实施,主要工作有软件程序的编制、软件包的购买、计算机与通信设备的购置,系统的安装与调试、新旧系统的转换等。

系统运行与维护是系统生命周期中历时最长的阶段,也是信息系统实现其功能、发挥其效益的阶段。系统开发项目投入使用后,就进入了正常运行和维护阶段。信息系统规模庞大,结构复杂,管理环境和技术环境不断变化,系统维护的工作量大,涉及面广,投入资源多。

系统更新是老系统的终结、新系统建设的开始。当现有系统或系统的某些主要部分已经不能通过维护来适应环境和用户信息需求的变化时,系统就需要进行更新。这一阶段是新老系统并存的时期,对现行系统可以全部更新,也可以部分更新或有步骤地分期分批进行更新。

三、信息系统的开发方式

信息系统开发主要有全部专门开发、全面购置商品软件及二者的集成这三类方式。

1. 全部专门开发

应用系统的全部专门开发是早期就一直被采用的方式,由于当时信息系统开发方法与技术不成熟,缺乏开发经验,几乎没有现成的商品软件供选购,逐个地根据企业的具体情况开发信息系统是必然的。专门开发的工作量非常庞大,应用系统软件的重复设计与编制耗去了大量的人力与时间。

2. 全面购置商品软件

随着信息系统开发与应用的深入和普及,一些通用的解决企业管理中部分问题的商品软件陆续产生,其中典型的有MRPⅡ、财务管理、人事管理软件等。

商品软件的购置首先由企业提出需求,选择可靠的软件公司,与其洽谈,明确所要达到的目标与总要求,通过洽谈确定具体的需购置的模块;在此基础上软件公司对与模块有关的管理过程做调查分析与运行方案的设计;方案提出后双方对其做详细的讨论,在需求与可能两方面的某点上取得一致,确定方案;然后,企业与软件公司正式开展实施工作,其中主要是软件公司为企业有关人员做培训,对模块做功能调整及参数设置,企业则同时按方案要求对原有管理过程做必要的调整,搭建硬件平台,待系统构成后录入基本数据;完成以上工作后,即可在某个恰当的时间试运行系统,若试运行成功即可做新老系统的切换,正式运行所购置的模块。商品软件的购置与实施过程大体如图8-3所示。

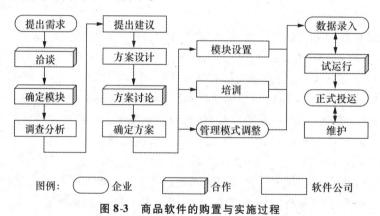

图8-3 商品软件的购置与实施过程

3. 购买与专门开发集成

购置商品软件可加快信息系统的开发进度,也可提高开发的成功率。但每个企业的管理模式不尽相同,也不可能买到能解决企业所有管理问题的商品软件,因此不得不采用应用系统软件购置与专门开发并举的集成方式,即购置一些管理过程较稳定、模式较统一的功能模块,而对结合企业具体特点的、稳定性较差的或决策难度较大的功能模块则采用专门开发的方式。当然,两者应有机地结合,构成一个完整的信息系统。

购置与专门开发并举的集成方式除兼有两种开发过程外,还有购置与专门开发两类模块的划分选择、二者的接口设计与集成等工作,如图8-4所示。

尽管不同的信息系统开发策略与开发方法有不同的开发过程,但其目标是相同的,其工作性质也是相同的,都包括系统分析、系统设计、系统实施和系统维护这四个基本阶段。不管采用什么方法开发信息系统,都可将其作为一个项目来看待,用工程项目管理的方法来管理好信息系统的开发。

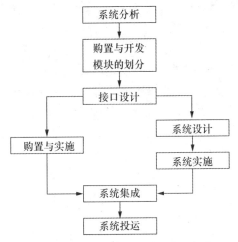

图 8-4 购置与专门开发集成的开发过程

四、信息系统的运行

信息系统运行管理的目的是使信息系统在一个预定的时期内能够正常地发挥作用,产生其应有的效益。为此,必须对信息系统的运行进行管理和控制,记录其运行状态,进行必要的扩充,以便使信息系统真正符合管理决策的需要,为组织的战略目标服务。

1. 信息系统运行管理制度

为保证信息系统在运行期间正常工作,必须建立健全信息系统的运行管理制度,对运行的信息系统进行监督和控制。信息系统运行管理制度主要包括机房管理制度、技术档案管理制度、信息系统维护制度、系统运行操作规程、信息系统修改规程、系统运行日志等。

2. 信息系统运行管理的内容

信息系统运行管理一般包括以下三方面的工作:

(1) 系统的日常运行管理。信息系统的日常运行管理是为了保证系统能够长期有效地正常运行而进行的活动,具体包括建立系统运行管理制度、系统运行情况记录。

(2) 系统的文档管理。信息系统的文档是描述信息系统从无到有整个发展与演变过程及各个时期状态的文字资料。系统文档不是一次性形成的,它是在系统开发、运行与维护过程中不断地按阶段依次编写、修改、完善和积累的结果。在系统开发阶段,系统文档是对系统结构、功能和开发过程的记录。在系统运行与维护阶段,系统文档记录了系统运行状态,反映了系统存在的问题,为系统维护提供依据。文档管理是规范开发与运行信息系统必须做好的重要工作,必须由专人负责,并形成制度化管理。

(3) 系统的安全与保密。随着信息系统的普及,社会各个方面对信息系统的依赖越来越强。信息系统在运行过程中会产生和积累大量的信息,这些信息是组织的重要资源,反映了组织各个方面的状况。系统软硬件的损坏、有意或无意的信息泄漏都会给组织带来不可估量的损失,甚至危及组织的生存与发展。因此,信息系统的安全与保密是一项极其重要的信息系统管理工作。

五、信息系统的维护

信息系统维护是为了保证系统正常工作,针对信息系统内外环境及其他因素变化而采取的有关活动。其目的是要保证信息系统正常、可靠地运行,并能使系统不断得到改善和提高,以充分发挥作用。

1. 信息系统维护的原因

信息系统需要维护的原因很多,归纳起来主要有以下几点:

(1)组织的变化。组织的发展始终处在不断变化的环境之中,为了适应环境的变化,组织必须不断调整其战略目标和经营策略,信息系统作为支持组织实现战略目标的重要手段和工具,也必然需要不断改进与提高。

(2)用户需求的变更。随着组织业务的发展,用户的信息需求也会不断增多,对信息系统的功能和结构会提出新的要求。原有信息系统不能满足用户新的业务需求,就需要对原有的软硬件系统进行调整。

(3)系统原有设计中存在的问题。信息系统在开发过程中,由于系统的复杂性,导致系统分析、系统设计以及系统实施中存在错误。在系统运行过程中,经常会出现原有设计中的错误,特别是信息需求分析方面的错误。

(4)系统运行的环境发生变化。有关政策和法规的改变、组织管理模式和方法的变化、技术的发展等因素,会造成系统运行环境发生变化。若原有的信息系统不能够适应这种变化,就必须进行相应的调整和变更。

2. 系统维护的对象

系统维护是面向信息系统中各种构成要素的,其维护的对象可以分为以下几类:

(1)应用程序维护。系统的业务处理过程是通过应用程序的运行来实现的,一旦应用程序出现问题或业务发生变化,就需要对程序进行修改和调整。应用程序的维护是系统维护的主要内容。

(2)数据维护。业务处理对数据的需求是不断变化的,必须对系统中的业务数据进行更新以及备份等,这些都是数据维护的工作内容。

(3)代码维护。随着系统应用范围的扩大和应用环境的变化,系统中的各种代码需要进行一定的增加、修改、删除,以及设置新的代码。

(4)硬件设备维护。主要是指对主机及外部设备的日常维护和管理,如机器部件的清洗、润滑,设备故障的检修,易损部件的更换等。

3. 系统维护的类型

系统维护主要包括硬件系统维护和软件系统维护两类。硬件系统维护主要有定期的预防性维护和突发性的故障维护。前者维护的内容主要是在一定的间隔期内进行硬件设备的例行检查和保养,做到隐患事先排除;后者是针对突发性的故障,集中人力进行检修和更换。

软件系统维护是系统维护的重点。按照软件维护的不同性质可以将其分为:

(1)正确性维护,即主要针对系统开发阶段遗留的错误进行修改。由于系统测试不可能发现系统存在的所有问题,在系统投入使用后,频繁的实际应用会暴露出系统内存在的错误。诊断和修正系统中遗留的错误,就是正确性维护。

(2)适应性维护,即为了适应组织内外部环境变化而进行的维护工作。一方面,随着信息技术的发展,新的操作系统不断推出,外部设备和其他系统部件不断增加,信息系统必须调整以适应新的技术环境;另一方面,由于组织的发展,原有的组织结构、管理模式、业务流程等都会随着时间发生变化,导致原代码改变、数据结构、数据输入和输出方式、数据的存储介质发生变更,这些都需要对信息系统进行调整,以适应应用对象的变化。

（3）完善性维护。在系统使用过程中，用户经常需要增加新的系统功能，改善软件系统的性能。例如，改善用户界面，使之更加友好；增加新的处理功能，满足发展的需要。

（4）预防性维护，即为了减少或避免以后可能出现的各类维护问题，而预先对软件系统进行的维护工作。目的是通过预防性维护为未来的调整和完善奠定坚实的基础。

六、信息系统的评价

信息系统交付使用后，如何科学、客观地评价信息系统的性能、质量以及给组织带来的影响，是信息系统管理的另一重要内容。信息系统特别是大型、复杂的信息系统开发，投入了大量的人力、物力、资金和时间，其投入是否取得了预期的效果，能否满足用户的需求，这些都需要通过系统评价才能得出结论。

1. 系统评价的目的

信息系统评价是对信息系统的功能、性能和使用效果进行全面估计、检查、测试、分析和评审，将实际指标和计划指标进行比较，确定系统目标的实现程度等。通过信息系统评价，可以促进系统设计目标的实现，减少不必要的修改费用，提高信息系统投资的效益。

系统评价本身不是目的，只是手段。从总体上看，系统评价的目的都是为了决策的需要。具体来说，信息系统评价的目的主要有以下几个方面：

（1）衡量信息系统的价值。通过信息系统评价，可以将系统的功能、性能、效用和效益用量化的方法体现出来，有助于人们认识信息系统的价值。

（2）支持信息系统的开发决策。当决策者对不同的系统开发方案无法取舍时，客观的系统评价可以为决策者提供信息，为决策提供参考和依据。

（3）对系统开发的决策行为进行说明。当决策者决定开发信息系统时，为了使组织其他成员也能够理解信息系统开发的意义，可以通过对信息系统的评价，揭示系统的功能和作用，以及系统建设能够给组织带来的效益，使组织成员理解开发决策的意义，使系统开发获得更为广泛的理解和支持。

（4）分析信息系统存在的问题。系统评价的过程往往也是发现问题的过程。通过系统评价，可以把复杂的系统问题分解为简单易懂的具体问题，有利于发现系统存在的问题，也有助于问题的解决。

2. 系统评价的时期

对信息系统实施评价应贯穿于系统开发的全过程。从一定意义上讲，不同的评价目的决定了系统评价的不同时期。通常，系统评价可以分为初期评价、终期评价和跟踪评价。

（1）初期评价。这是在制定系统开发计划时所进行的评价，目的是沟通开发商和用户的意见，分析和评价系统开发的可行性，包括技术上是否先进，经济上是否合理，管理上是否有基础等，并探讨系统开发的关键性问题以及难点问题。

（2）终期评价。这是指信息系统开发完成、投入使用前进行的评价。其重点是全面审查信息系统的各项功能是否达到原先的计划要求；同时，通过评价，为信息系统的切换做好技术上和管理上的准备，并预防可能出现的其他问题。

（3）跟踪评价。为了考察信息系统的实际使用效果，在其生命周期内，每隔一定时间对其进行一次评价。这样一方面对系统当前的状态有明确的认识，另一方面也为系统的改进和完善做准备。

3. 系统评价的指标体系

信息系统本身的复杂性,决定了系统评价的复杂性。信息系统评价不仅涉及信息系统的功能、结构等技术性因素,还包含信息系统投资的效益、用户的满意度等经济和社会性因素。信息系统评价的科学与否,与评价指标的选择密切相关。

信息系统评价指标的选择与评价目的密切相关。比如,评价的目的是确定信息系统的价值,那么信息系统的成本与收益方面的指标应该是主要的;其次,评价指标应构成一个完整的体系,即全面反映所需评价对象的各个方面;最后,评价指标的数目应有所控制,以降低评价的复杂性和评价费用,提高评价的经济性和准确性。按照评价指标设置的原则,以全面评价信息系统的状况为目的,可以将信息系统评价指标分为经济效益、技术性能和用户满意三个方面,每一个方面又可细分为若干具体指标,构成一个带有层次的评价指标体系(见图 8-5)。

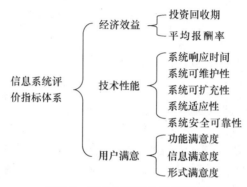

图 8-5　信息系统评价指标体系

上述评价指标体系属于层次模型,分为三大类,每一类有若干一级子指标,一级子指标下还可有下一级指标。由于评价指标多为非量化指标,尚无确切的度量方法,主要依靠人们的主观判断。为了能够全面、合理、准确地评价信息系统,可以综合运用层次分析法和模糊评价法,对信息系统评价指标中存在的模糊概念进行定量化描述和分析。

七、常见的企业信息系统

企业信息系统是软件信息系统和硬件信息系统的结合体,也是在线信息系统和非在线信息系统的结合体。所谓在线信息系统,是指企业内使用计算机进行管理的信息系统;非在线信息系统是指不使用计算机进行管理的信息系统。下面简要介绍四种集成的管理信息系统。

1. 企业资源规划(ERP)

ERP 系统是一种对企业内物料、资金、信息等三大资源进行全面集成管理的管理信息系统,它将企业的运作整合为一个紧凑、高效的整体。ERP 的发展历程可以从 20 世纪 40 年代的"订货点法"说起,逐步发展到 60 年代 IBM 公司的约瑟夫·奥利佛博士提出的新管理理论:物料需求计划(Materiel Requirements Planning, MRP),以及 80 年代进一步发展而来的制造资源计划(Manufacture Requirement Planning),即 MRP Ⅱ 系统。直到 90 年代初,美国 Gartner Group 提出 ERP 概念,实现在 MRP Ⅱ 基础上的超越。

典型的 ERP 系统主要由以下部分组成:销售管理系统、主生产计划系统、物料需求计划系统、能力需求计划系统、采购管理系统、库存管理系统、车间管理系统、财务管理系统、固定资产管理系统、成本管理系统、设备管理系统、质量管理系统、分销资源管理系统、人力资源管理系统、客户关系管理系统和决策支持管理系统等。

ERP体现了以下三种核心管理思想：首先是企业资源整合优化、内外供应链协调运作的思想；其次是实现精益生产、同步工程和敏捷制造的思想；最后是实现事前计划、事中控制、事后分析的闭环调控思想。但ERP的实际部署和应用也不是一帆风顺的，因为ERP也有其自身的局限性，比如重心只在企业内部，不能满足企业个性化管理需求，与互联网、EC系统集成度不高等。正因为有上述缺陷，为满足外部商业环境的需要，企业需要给ERP增加商业智能(Business Intellect)以实现向智能资源计划(Intelligent Resoure Planning, IRP)系统发展；为满足企业个性化管理需要，促进ERP向模块化发展，以保证可以对系统实现自由裁剪和重新配置；为适应企业电子商务化需要，实现ERP与电子商务系统、因特网的有机集成。

2. 客户关系管理(CRM)

CRM最初是由Gartner Group提出的，就如同它提出ERP一样，其对CRM的权威定义是："客户关系管理(CRM)是针对增进盈利、收入和提高客户满意度而设计的企业范围的商业战略。"简言之，CRM是一个获取、保持和增加可获利客户的过程。

CRM是一种旨在改善企业与客户之间关系的信息管理理念，主要应用于企业的市场营销、销售、服务与技术支持等与客户相关的领域。CRM的目标一方面是通过提供更快速和更周到的优质服务，吸引和保持更多的客户，另一方面是通过对企业业务流程的全面管理来降低企业的成本。狭义的客户关系管理是对企业与企业外的客户之间关系的管理，而广义的客户关系管理还包括企业内部的"客户关系"。

CRM既是一种管理理念，也是一套管理软件和技术。它的功能组件主要包括：销售管理系统、市场营销管理系统、客户服务和支持管理系统、客户管理和联系人管理系统、时间管理系统、呼叫中心管理系统、电子邮件管理系统、合作伙伴关系管理系统。

CRM的主要内容包括：相关过程管理、客户信息管理、客户状态管理、客户成本管理。

【参考知识8-1】 关系营销

关系营销是把营销活动看成一个企业与消费者、供应商、分销商、竞争者、政府机构及其他公众发生互动作用的过程，其核心是建立和发展与这些公众的良好关系。

1985年，巴巴拉·B.杰克逊(Barbara B. Jackson)提出了关系营销的概念，使人们对市场营销理论的研究又迈上了一个新的台阶。关系营销理论一经提出，迅速风靡全球，杰克逊也因此成了美国营销界备受瞩目的人物。巴巴拉·B.杰克逊为美国著名学者、营销学专家。他对经济和文化都有很深入的研究。科特勒评价说："杰克逊的贡献在于，他使我们了解到关系营销将使公司获得较之其在交易营销中所得到的更多。"

3. 供应链管理(SCM)

SCM是一种从供应商开始，经由制造商、分销商、零售商直到最终客户的全要素、全过程的集成化管理模式。每一条供应链都有一个核心企业，供应链则是由核心企业向供应链前、后扩充形成的综合网络。其目标是从整体的观点出发，寻求建立供、产、销企业以及客户之间的战略合作伙伴关系，最大限度地减少内耗与浪费，实现供应链整体效率的最优化，形成客户、零售商、分销商、制造商、供应商的全部供应过程的功能整体。

供应链管理与精益生产和敏捷制造的概念密不可分。精益生产(Lean Production, LP)指的是采用通用性强、自动化程度高的设备来生产可变化的各种大宗产品,它综合了单件生产和批量生产的优点,收到了高质量、低成本、多品种的实效。敏捷制造(Agile Manufacturing,AM)是对顾客的需求,包括新产品或增值服务的需求,能够做出快速反应并及时满足的生产方式。供应链管理就是在精益生产和敏捷制造模式的基础上诞生的。新的供应链管理模式把供应链概念扩展到关联企业,认为供应链开始于供应的原点,结束于消费的终点。它由一系列企业所组成,跨越了企业的边界,形成了一种合作制造和战略合作的新思维。

SCM 作为一种管理模式,其核心思想是:将精益生产、横向一体化和敏捷制造模式融合在一起,体现了系统集成和协同商务的现代管理思想精髓。SCM 把供应链上的各个企业看成一个不可分割的整体,使供应链上的各企业分担的采购、生产、分销和销售等职能彼此衔接,成为一个协调发展的有机体。同时,SCM 还体现了战略性供应商和用户合作伙伴关系管理、供应链商品需求预测和计划、企业内部即企业之间物料供应与需求管理、企业间资金流管理、基于供应链的产品设计与制造管理、生产集成化计划、跟踪与控制、用户服务与物流等一系列协同商务思想。

4. 电子商务(EC)系统

EC 是利用计算机网络提供的通信手段,在网上进行交易的商务活动。它通过计算机网络,沟通买卖双方的商务信息,通过电子支付,按照相互认同的交易标准实现其商务活动。EC 起源于 20 世纪 60 年代的电子数据交换(Electronic Data Interchange),在互联网迅速发展的 20 世纪 90 年代成为一种新型商业模式。

按照交易对象的不同,可将 EC 分为:供求企业、协作企业间的电子商务(B2B)、网上企业与顾客间的电子商务(B2C)、通过中介机构进行的顾客与顾客之间的电子商务(C2C)、政府采购企业与政府间的电子商务(B2G),以及福利费发放、税款征收类的工作中消费者与政府间的电子商务(C2G)等。

EC 从功能上来看,具备业务组织和运作功能、网上宣传功能、网上咨询洽谈功能、网上销售与服务功能、网上货币支付功能和网上交易活动的管理功能等。

第三节　知识型企业组织的构建及应用

一、知识型企业及特点

(一) 知识型企业

随着知识经济的发展,出现了一种新型的企业,这种企业以知识为主要生产要素,以创造和运用知识为主要生产目的,以经营知识作为取得财富的主要手段,这就是知识型企业。从另一个角度来说,如果某个企业的产出中知识的贡献率超过 50%,那么这家企业就可以被称为知识型企业。

世界上典型的知识型企业有微软、谷歌、诺基亚、三星、百度、量子基金等。从这些企业的比较中我们可以发现一些共同的特点,即"投入的是知识,生产的是知识,销售的是知识,管理的还是知识,知识型企业就是这样一个由各种知识堆积而成的金字塔"。这是因为:① 知识是立业创造财富的最主要资本;② 创新及运用创新的能力是企业的灵魂;③ 知识型人才是企业生命力的源泉;④ 学习者与教育者相统一是企业的新型角色定位;⑤ 经营者与管理者相分离是企业的突出特征。

表 8-5　传统型企业组织与知识型企业组织的不同

	传统型企业组织	知识型企业组织
战略	战略规划中没有将知识列入考虑	知识优势是战略规划中的考虑重点
结构	中央集权,垂直功能分工	网络型组织,自主团队,激励团队协调合作
作业风格	命令式、指挥式、注重控制,消极反应	协调式、互助式、开明、积极主动、互相信任,充分授权
信息系统	功能式、孤岛式、本位主义,主要用来控制和监督绩效	整合式,充分利用内外部信息,流通顺畅的正式与非正式网络系统支持员工互动
员工	专注于个别、独立的知识领域	专业且有弹性,充分授权,公开互动的团队精神
技能	专注于某一技术、产品、任务的专业技能	富有灵活性,专业技能,重视创意及创新组合各种产品,产生强大的杠杆作用
价值观	个人英雄主义	分享、合作、团队精神

资料来源:林东清.知识管理理论与实务.北京:电子工业出版社,2005:431。

（二）知识型企业的特点

知识型企业组织是一种为适应经济时代信息化、全球化的需要,以知识为基础的开放、互动、有利于学习与创新的组织。其主要特点可以概括为扁平化、弹性化、网络化、虚拟化和柔性化。

1. 扁平化

组织结构从等级制转向扁平化已经成为现代企业发展的必然趋势,组织的扁平结构能够减少中间层次,增大管理幅度,促进信息和知识的传播与沟通。管理学中将少组织层次、宽管理跨度的组织称为扁平化组织。相比传统的金字塔形组织而言,扁平化组织结构具有更敏捷、灵活、高效的优点。具体体现在以下几方面:

（1）扁平化组织可以使企业更适于学习和建立开创性思考方式,有利于员工发挥主动性,有利于缩短知识传递的时间和空间,因而通过组织成员的相互作用可以有效地实现知识的传播、整合、共享与创新。

（2）扁平化组织由于管理层次减少,使得管理人员减少,从而大大降低了管理成本。

（3）扁平化组织结构削弱了组织内部的界限,使原有的垂直和水平界限日益模糊,缩短了上下层之间的距离,既可以提高信息传递的速度,又可以提高决策的效率,还可以促进上下级之间的沟通。

（4）扁平化组织结构的层次减少,决策权力下放,加大了员工的工作责任感,增大了工作职位的挑战性,有利于基层管理员工的快速成长。扁平化组织结构充分下放权力,有利于提高组织决策的民主化和科学化程度。

2. 弹性化

组织为了实现特定目标,把在不同领域工作的、具有不同知识和技能的人组成特定的动态团队,共同完成某个项目,待项目完成后团队成员各回各处。这种动态团队组织结构灵活便捷,能伸能缩,通常表现为临时团队、工作团队、项目小组、工作小组等形式。此外,动态团队的成员也可以是来自企业外部的专家、顾问等,如图 8-6 所示。

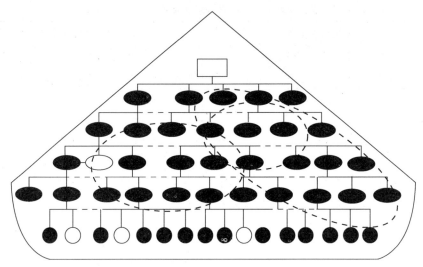

图 8-6 跨职能的任务团队

资料来源:萨维奇. 第 5 代管理. 珠海:珠海出版社,1998:250。

弹性化组织灵活机动、整合优势,在降低成本的同时能够促进企业人力资源的开发,推动组织结构的扁平化。弹性化的动态团队促进了企业知识的获取、共享和应用,使得不同背景的员工能够在工作中充分交流,创造出更有价值的知识。

3. 网络化

网络化是一种不断与他人保持接触,从而使工作能够顺利完成的过程。当个人、团队或组织成为网络中的节点(知识资源)时,它将获得所需要的知识并提高工作效率。组织的网络化主要体现在以下几个方面:

(1)组织内部网络化。组织的架构日趋扁平,管理层次跨度加大,执行层机构增多,决策层下移,执行机构与决策层建立了直接的关系,横向的联络也在不断增多,形成了组织内部的网络化,使组织内部成为一个不断更新的知识网络。

(2)信息传递网络化。随着信息化的飞速发展,组织的信息传递和人际沟通正在日益数字化、网络化。因此,信息技术架构是知识管理的基石,信息传递的网络化环境是知识管理实施的必要条件。

(3)外部联系网络化。具有共同利益基础的企业集团大量出现,使得众多企业之间的联系日益紧密起来,构成了企业组织形式的网络化。随着知识经济的到来,企业的边界日益模糊,把客户、合伙人、联盟、其他利益相关者甚至竞争者看作企业网络的成员,形成了企业的外部网络。企业的外部网络主要包括专家网络、主管部门信息网络、供应商网络、经销商网络、合作机构网络、技术源网络等相关网络。知识管理的重点在于明确对企业有利的外部知识的范围,并对其进行系统管理。组织的网络化促使知识在企业内、外部顺畅流动,方便了知识的共享和使用,又可以节约组织的运营成本。

(4)经营方式网络化。许多企业通过发展连锁经营的方式,形成了一个庞大的销售网络,使得企业的营销组织网络化。

4. 虚拟化

分布在不同地区的知识型组织,利用信息技术手段,把组织的人员、资产、创意等资源动态地联系在一起。虚拟组织打破了传统企业各成员之间的隶属关系,通过契约关系共享资源。

虚拟化组织促进了知识的共享和增值,以最大限度地积累各个方面的知识,方便了知识的获取、共享和利用。

5. 柔性化

柔性组织有助于企业实现知识整合、建立知识联盟以及创建知识网络,促进知识管理的有效实施。柔性组织具有如下特点:

(1) 集权与分权的统一。柔性组织一方面为一线员工留出空间,保证其主动和快速反应的创造能力;另一方面有严格的集中管理,以保持战略的内聚力,管理相互依存的单元减少决策和行动上的时滞。集权与分权的结合依靠的是正式和非正式的联系机制,在管理者和一线员工之间建立直接交流的渠道。

(2) 稳定性和动态性的统一。柔性组织在使自己提高适应性和灵活性的同时,保持了组织管理的有序性。

(3) 单一性和多样性的统一。知识管理组织的柔性化体现了组织管理的多维概念,需要灵活性和多面性。

二、知识型组织的构建

要构建知识型组织,需要集中精力做好以下几项关键工作:

1. 组织文化创新

企业文化是企业核心竞争能力的主要表征。企业文化和企业知识创新息息相关。GE的宣传口号是"让我们为生活带来美好的东西",在这个朴实无华的口号背后是GE人对企业的自豪和对技术创新的热爱。这种观念的具体化,就是内部激励机制创造的GE人的高效率、组织结构的无边界化、低成本和全球化的协作。要加快企业的知识创新进程,不断提高自身的竞争力,一定要进行文化创新。中国企业在进行文化创新时,应体现以人为本、以德为先和人人为人三个方向。

2. 基于知识形成战略

知识型组织根据所知道的和所做的来确定企业战略。在某个领域比竞争者知道得更多,在战略上就可以形成竞争优势,同时也意识到知识对企业成功的影响力(制定战略的过程也是知识创新的过程)。举例来说,美国第一金融的核心专业知识是微观市场营销和目标风险分析,而不是销售信用卡。公司凭借其在统计建模和实验设计上超人一等的能力,将企业战略定位于个人财务风险管理。该公司认为,如果不是敏锐地注意到私人财产数据库的发展,公司在市场中的竞争优势不会这么明显。

3. 拟定知识发展战略规划

知识战略规划规定了组织应该在什么领域创造何种知识,它为知识创新过程以及创新的知识指明了方向。简言之,正是这种战略规划决定了组织及其知识基础如何长期发展。知识是没有疆域的,不管组织的业务结构如何,任何形式的新知识都能被创造出来。所以拟定的知识战略规划超越现存产品、分工、组织和市场的限制,就显得尤为重要。一个优秀的、清晰的知识战略规划会使组织具有可靠的竞争优势。许多有知识战略规划的公司拥有与思想和行动原则紧密相关的价值,而思想与行动原则又与知识创新紧密相关。例如,摩托罗拉公司一直强调"激发员工潜在的创造力";本田公司的管理基础是"尊重理论",并坚定地认为没有"正确理论"为基础,任何努力都毫无价值;夏普公司的价值观是"决不模仿",要创造让人模仿的产品。

4. 将企业转变为战略学习型组织

一个企业的知识创新能力取决于学习的能力。成功的企业寻找机会时会在具有战略意义的知识领域开展学习和试验。林肯再保险公司搜寻有关再保险的各种疑难案例进行研究,创造学习机会;霍尔森公司也做同样的事,寻找机会参与不同寻常的建筑工程。将客户、贸易伙伴、供应商和利益团体纳入学习的范围也很重要,简而言之,要向一切能带来企业所需知识的人学习。

最终,要把企业战略作为一个假设,然后在验证的过程中鼓励企业进行学习。比如,第一金融公司把每一个市场、每一个产品和每一项工作都作为一个实验进行测评、验证和改善,不仅按产品和服务来给客户分类,而且根据企业从客户身上学到知识的多少来分类。虽然第一金融和林肯再保险等公司向熟悉的客户学习,客户也提供了越来越多的学习机会,但是公司还积极寻找机会,向其他的细分市场学习。新客户是最重要的学习来源,也是未来重要的战略机遇。

将学习的成本作为投资,而不是开支。管理者应将学习投资视作一种期权,而不是按照传统的投资回报分析理论将其作为沉没成本。哪怕公司以亏本的方式去获得一个客户,如果这样做公司可以了解未来的市场机会,或者使公司有足够长的时间去研究市场机遇,那么这种做法就是一项有利的投资。比如,林肯再保险公司通常采用期权定价模型来评价在知识和学习上的投资。知识型组织既重视学习的经济价值,也了解学习的战略价值。

5. 认真对待人力资源管理

知识型组织一般按照竞争的需要和战略的需要来招募员工和制定员工的职业发展规划,并将社会资本作为知识创造、交流和运用的关键促进因素,奖励创新、冒险、大胆实验和大胆想象的行为,甚至也奖励失败,如果能够从中得到重大启发的话。

三、企业技术管理

技术管理在企业层面上作为对知识管理的基础,侧重于在生产过程对知识成果的应用,也是企业知识管理的重要组成部分。

1. 技术管理的概念

技术通常指根据生产实践经验和自然科学原理总结发展起来的各种工艺操作方法与技能。现代企业技术管理就是依据科学技术工作规律,对企业的科学研究和全部技术活动进行的计划、协调、控制和激励等方面的管理工作。

企业技术管理是整个企业管理系统的一个子系统,是对企业的技术开发、产品开发、技术改造、技术合作以及技术转让等进行计划、组织、指挥、协调和控制等一系列管理活动的总称。企业技术管理的目的,是按照科学技术工作的规律性,建立科学的工作程序,有计划地、合理地利用企业技术力量和资源,把最新的科技成果尽快地转化为现实的生产力,以推动企业技术进步和经济效益的实现。

2. 企业技术管理的任务

(1) 进行科学技术预测,制定规划并组织实施;

(2) 改进产品设计,试制新产品;

(3) 制定和执行技术标准,进行产品质量的监督检验;

(4) 组织信息交流;

(5) 建立健全技术操作规程;

(6) 技术改造、技术引进和设备更新;

(7)做好生产技术准备和日常技术管理;

(8)做好技术经济的论证工作。

3. 企业技术管理的意义

(1)正确贯彻执行国家的技术政策。企业许多技术问题和经济问题的解决都离不开国家的有关技术政策。我国现代企业的技术政策很多,主要包括产品质量标准、工艺规程、技术操作规程、检验制度等,其中,产品的质量标准是最重要的。

(2)建立良好的生产技术秩序,保证企业生产的顺利进行。企业要通过技术管理,使各种机器设备和工具经常保持良好的技术状况,为生产提供先进、合理的工艺规程,并严格执行生产技术责任制和质量检验制度,及时解决生产中的技术问题,从而保证企业生产的顺利进行。

(3)提高企业的技术水平。现代企业要通过各种方式和手段,提高工人和技术人员的技术素质,对生产设备、工艺流程、操作方法等不断进行挖潜、革新和改造,推广行之有效的生产技术经验;努力学习和采用新工艺、新技术,充分发挥技术人员和工人的作用,全面提高所有生产人员的科学文化水平和技术水平,以加速企业的现代化进程。

(4)保证安全生产。操作工人和机器设备的安全是现代企业生产顺利进行的基本保证,也是社会主义制度的一个基本要求。企业生产的安全应靠企业上下各方面的共同努力,从技术上采取有力措施,制定和贯彻安全技术操作规程,从而保证生产安全。

(5)广泛开展科研活动,努力开发新产品。在市场经济中,现代企业必须及时生产出符合社会需求的产品,才能取得相应的经济效益。这就要求企业必须发动广大技术人员和工人,广泛开展科学研究活动,努力钻研技术,积极开发新产品,不断满足需求,开拓新市场。

四、企业知识产权管理

(一)知识产权概念及特征

1. 知识产权的概念

知识产权可以表述为民事主体对其智力活动创造的成果和经营活动中的标记、信誉等依法享有的运用、保护和管理的专有权利。主要包括版权与邻接权、商标权、地理标志权、工业品外观设计权、专利权、集成电路布图设计权以及未披露过的信息专有权。

知识产权的保护对象包括主体在科技或文化等活动中创造或创作的以发明创造或文艺作品方式等存在的产品,简称知识产品。知识产品大致分为三类:一是创造性成果,包括作品(著作权客体)及其传播媒介(邻接权客体)、工业技术;二是经营标记,即在产业领域中标示产品来源和厂家特定人格的商标、商号、产品名称等区别性标记;三是经营性资信,即工商业主体在经营活动中具有的经营资格和优势及其所获得的特许专营资格、特许交易资格、信用及商誉等。

2. 知识产权的特征

(1)专有性。知识产权的专有性主要表现在两个方面:一是知识财产为权利人所独占并受相关法律严格保护,没有法律依据或未经权利人许可,任何人不得使用权利;二是对同一项知识产品,不允许有两个或两个以上同一属性识产权并存。

(2)时间性。知识产权的时间性是指知识产权只能在法律规定的期限内受到保护,法定期限届满之后,该知识产品就会进入公有领域,成为整个社会的共用财富,供人类共同使用。

(3)地域性。按照一个国家或地区的相关法律规定,对知识产品授予的专有权利只能在该国或该地区范围内发生效力。

（二）常见的知识产权载体

1. 专利

专利是政府主管部门发布的对设计者的发明成果颁发专利证书，进行专利权的保护。主体是发明人或者设计人，专利权人和专利受让人等。客体包括发明、实用新型、外观设计。

2. 著作权

著作权是指文学、艺术和科学作品的创作者对其创作的作品享有的权利，其中作品是指具有独创性的各种形式的创作成果，如小说、诗歌、散文、戏剧、绘画等。主体是依法就作品享有著作权的作者或者著作权继承人。

3. 商标权

商标是指能够将不同的经营者所提供的商品或者服务区别开来，并可为视觉感知的标记。一般由文字、图形或其组合图案构成。按照不同的标准，可以将商标分为注册商标与未注册商标、商品商标与服务商标、平面商标与立体商标、集体商标与证明商标。

（三）知识产权管理

1. 知识产权管理的定义

知识产权管理是指政府机构、高校、科研院所、企业或者其他组织等主体计划、组织、协调和控制知识产权相关工作，并使其发展符合组织目标的过程。知识产权管理具有合法性、市场性、动态性和国际性。

2. 知识产权管理的目的

知识产权管理的目的是强化创新主体的知识产权意识，提高创新主体的知识产权产出效率和质量，提升创新主体的知识产权运用能力，提高创新主体的知识产权管理水平，完善知识产权管理组织或机构的规章制度，培养知识产权管理人才，奠定知识产权文化基础。

3. 知识产权管理的手段

知识产权管理的手段主要包括行政手段、法律手段和市场手段。

知识产权管理的行政手段，主要是指知识产权行政管理机关开展知识产权申请的审查、授权、登记等活动时所采取的手段，以保证其有效运作。

知识产权管理的法律手段主要是指政府知识产权行政机构等运用知识产权的相关制度、政策来处理用于其职权范围内的知识产权事务的方式。

知识产权管理的市场手段主要是指企业、高等院校、科研院所等知识产权经营或研究主体以市场为导向，以市场竞争为内容，以市场效益为目标，运用市场手段对知识产权工作进行管理的方式。知识产权管理的三种手段并非相互孤立，而是相辅相成的。

【思考题】

1. 简述信息的定义和分类。
2. 简述信息的作用。
3. 信息资源内容管理包括哪些工作？
4. 什么是企业信息化？我国企业信息化发展经历了哪些阶段？
5. 什么是信息系统？
6. 简述信息系统的生命周期。
7. 信息系统的开发方式有哪几类？
8. 简述如何构建企业知识型组织。

9. 知识型组织的特点有哪些?
10. 企业技术管理的意义有哪些?
11. 常见的企业知识产权包括哪几种?

【案例】

信息化为洛阳国机重工打造核心竞争力

洛阳国机重工是名副其实的老国企,2011年经过重组后面临诸多问题,经济发展的新常态倒逼老国企深化改革;产品研发和销售压力倒逼企业经营管理转型;信息化技术倒逼企业组织和业务流程创新。作为典型的多品种、小批量生产企业,洛阳国机重工在企业转型升级过程中遇到的难题,远远不只对员工的管理,还有各项业务带来的挑战。

2013年前,经济下行压力给装备制造行业带来不小的挑战。工程机械产品结构复杂,产品数据管理非常复杂;在响应客户订单时,用户个性化需求很多,有时候需求不清晰,BOM不明确,导致企业的生产组织难度加大;客户要求的交货周期远远低于正常的生产制造周期;工程机械产品工序多、路线长,生产过程管理与进度跟踪困难;保交付与降库存矛盾难以协调,要么整机积压,造成库存资金占压多,要么交货延期,难以实现精细化成本核算。

企业决定用信息化技术武装企业管理,花了三个月时间进行调研并制定了企业发展的三年规划。首先从数据源头抓起,制订了PDM-ERP-CAPP等系统的实施计划,并逐步将应用延伸至生产经营环节。2014年,洛阳国机重工成功申报了河南省信息化资金发展专项项目的《面向工程机械单一数据源多系统集成云平台的搭建》,并顺利通过了阶段性验收。

从目前的情况来看,洛阳国机重工对信息化理解的程度越来越深刻,应用的水平也越来越高。截至目前,洛阳国机重工已经建成三线路接入的三地虚拟化局域网(VPN),软硬结合的安全防护体系,有核心服务器三十余台;熟练应用基于集团构架的协同办公系统;普及应用的2D/3D CAD设计软件,以及CAE三维虚拟分析系统;已经建成的、正在积累的产品知识和数据管理PDM系统;正在扩大应用范围的数据交换中心及工艺设计CAPP系统;正在调研和准备部署的MES系统。如今,通过企业信息化平台的应用,实现了沟通的扁平化,内部的沟通效率得到了大大提升。未来,企业空间的应用将延伸到员工的生活中,同时也会把供应商和经销商纳入到企业空间中,这样可以为客户提供更直接的服务,实现从制造型企业向服务型企业的转型。

(资料来源:王阳.信息化为洛阳国机重工打造核心竞争力.数字化企业网,2015年5月)

思考题:

1. 洛阳国机重工从哪些方面入手进行企业信息化建设?
2. 企业的信息化建设取得了什么成效?
3. 信息化建设与现代企业管理的关系如何?

第三篇
生产管控篇

第九章 生产管理

【学习要点】
- ◆ 生产及生产系统的概念
- ◆ 生产过程及其组织
- ◆ 生产计划与监控
- ◆ 现代生产管理方式

生产是人类社会获得一切财富的源泉,也是企业经营活动的基础。生产管理与财务管理、市场营销、组织人事等一样,都是企业管理的重要内容。在日趋激烈的市场竞争中,企业产品的成本、质量、交货期三大竞争基础都与生产管理的状况密切相关,因此加强生产管理有着特别重要的意义。

第一节 生产管理概述

生产是企业一切活动的基础,生产管理是企业管理的一项重要职能。

一、生产的概念

传统的生产主要是指物质资料的生产,人们最初对生产过程的研究也主要限于有形产品的变换过程。随着社会经济的发展,人们除了对各种有形产品的需求之外,对相关服务的需求也不断提高。而且随着社会分工的细化,原来附属于生产过程的一些业务、服务过程相继分离并独立出来,形成了专门的流通、零售、金融、房地产等服务行业。服务业的兴起,使生产的概念得到延伸和扩展。过去西方学者把与工厂联系在一起的有形产品的生产称作 Production,而把提供服务的活动称作 Operations。现在有时将两者统称为 Operations。西方学者将有形产品和劳务结果都称作财富,把生产定义为创造财富的过程,从而把生产的概念扩展到非制造领域。为了区分 Production 和 Operations,国内将它们分别译为生产和运作。一般情况下,将两者统称作生产或生产运作。

因此,现代生产是一切社会组织为实现自身目标,将一定的输入按照特定要求转化为一定输出的过程,即投入一定的资源,经过一系列、多种形式的变换,使其价值增值,最后以某种形式的产出提供给社会的过程。

从事生产活动的主体是各种各样的社会组织,其中包括各行各业的企业组织,也包括非营利性的各种事业组织和政府部门,社会正是由这些形式多样的组织构成的。表 9-1 列出了几种典型的社会组织的输入、转化和输出的内容。

表 9-1　典型社会组织的输入、转化和输出

社会组织	主要输入	转化的内容	主要输出
工厂	原材料	加工制造	产品
运输公司	产地的物资	位移	销地的物资
修理站	损坏的机器	修理	修好的机器
医院	病人	诊断治疗	恢复健康的人
大学	高中毕业生	教学	高级专门人才
咨询站	情况、问题	咨询	建议、方案、办法

二、生产系统

1. 生产系统的含义

生产管理实际上就是对生产系统的管理。生产系统是指由若干要素构成的,能将一定输入转换为特定输出的一个有机整体,是企业系统中的一个子系统。现代企业生产系统模型如图 9-1 所示,由六个部分组成:供应商、用户、输入、转化、输出和管理。与传统观念不同的是,供应商和用户是现代企业生产系统的重要组成部分。

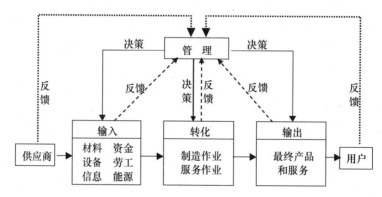

图 9-1　现代企业生产系统

2. 生产系统的构成要素

生产系统由系统的硬件和软件两部分组成。

(1) 生产系统的硬件通常是指生产场地、厂房、机器设备、工件器具、运输工具以及各种生产设施。这些构成生产系统的物质形式。这些硬件要按一定的数量比例和一定的空间布局进行配置。硬件要素的构成反映生产系统的工艺特征和技术水平,决定生产系统的功能特点和生产能力。建立一个生产系统,硬件部分需要大量的投资,而且一旦建立并形成一定的组合关系之后,要改变其状态比较困难,这就要求在规划设计生产系统的硬件时应慎重行事。

(2) 生产系统的软件通常是指生产组织形式、生产技术、人员配备要求、工作制度、运作方式以及管理上的各种规章制度。它是安排和控制生产过程顺利进行的规范和手段。建立生产系统的软件所需投资相对较小,并且建立以后允许灵活地改变、调整它的组成和内容。所以采

用何种软件,其决策的风险不像硬件部分那么大。但是软件系统的组成因素比较复杂,特别是在实施时受人的因素影响较大,往往同一套制度和方法由于贯彻时把握上的不一致,产生的效果会有很大的差异。这是软件系统的重要特点。

3. 生产系统的功能目标

企业生产系统的主要功能是制造产品或提供服务,一个企业决定生产何种产品,受社会需求和市场竞争状况的影响。企业的生产系统通常应具备以下七个方面的功能:

(1) 创新,即生产系统开发新产品的能力,对产品系列宽度和深度的扩展能力。创新能力还表现为对新技术、新工艺的采用吸收能力、应用能力和系统自我完善的能力。

(2) 生产质量,指生产系统对产品质量的保证能力。生产系统从产品设计、制造工艺、原材料供应和作业过程等多方面来控制产品的质量,使之达到规定的标准,使顾客满意,并能保持质量的稳定性。

(3) 柔性,指生产系统对产品品种款式和生产数量变化的应变能力。由于市场需求多变,而且变化的速度大大加快,因此对生产系统的柔性要求将越来越高。

(4) 成本,指生产系统对产品制造成本的控制能力。保持低的成本水平,企业在价格上才有竞争优势。

(5) 继承性。产品升级或更新换代的速度加快,为了使用户在产品升级后减少损失,就要求所生产的产品有继承性、可扩展性和兼容性。

(6) 按期交货。产品能否按期交货,取决于产品的生产技术准备周期和制造周期。缩短准备周期和制造周期,提高按期交货的保证能力,与生产系统的组织形式及所采用的计划控制方式有密切关系。

(7) 环保与安全。要使产品满足环保与安全的需要,就要求企业的生产系统成为绿色生产系统,在制造过程中不对环境产生污染,生产的产品符合安全要求和不污染环境。

以上这七项功能就是生产系统的功能目标体系。它们是一个整体,只有每一项功能都达到社会要求的基准水平,生产系统产出的产品才能在市场上销售。

三、生产类型

生产类型是生产系统结构类型的简称,是产品的品种、产量和生产专业化程度在企业生产系统的技术、组织、经济效果等方面的综合表现。不同的生产类型所对应的生产系统结构、运行机制及其运行管理方法都不相同。

(一) 制造业企业的生产类型

制造性生产是将输入的生产要素经物理、化学变化,转化为有形输出的过程。按照工艺特性、生产组织以及产量的特点可以将制造性生产进行分类。

1. 连续性生产和离散性生产

根据生产对象在生产过程中的工艺特点,可以把制造性生产分成连续性生产和离散性生产。连续性生产又称作流程式生产,是指物料均匀、连续地按一定工艺顺序运动,在运动中不断改变形态和性能,最后形成产品的生产,比如化工、炼油、冶金、食品、造纸等的生产过程。离散性生产是指物料离散地按一定工艺顺序运动,在运动中不断改变形态和性能,最后形成产品的生产,如轧钢和汽车制造。

2. 备货型生产与订货型生产

按照企业组织生产的特点,可以把制造性生产分成备货型生产(Make-to-stock,MTS)和订货型生产(Make-to-order,MTO)两种。备货型生产是指在没有接到用户订单时,按已有的标准产品或产品系列进行的生产。生产的目的是补充成品库存,通过维持一定量成品库存来满足用户的需要,例如轴承、紧固件、家电等产品的生产。流程式生产一般为备货型生产。备货型生产的管理重点是做好市场需求分析与预测,平衡生产能力与库存,控制好产品成本与质量,做好原材料的供应,向用户提供快速服务及保证现货供应。订货型生产是指按用户的订单进行的生产。用户可能对产品提出各种各样的要求,以协议或合同的形式确认对产品性能、质量、数量和交货期等要求,然后组织设计和制造。例如,大型锅炉、船舶、机车等产品的生产,均属于订货型生产。备货型生产与订货型生产的主要区别如表9-2所示。

表9-2 备货型生产与订货型生产的主要区别

项目	备货型生产	订货型生产
产品	标准产品	按用户要求生产,多是变型产品与新产品
对产品的需求	可以预测	难以预测
价格	事先确定	订货时确定
交货期	不重要,成品库随时供货	很重要,订货时决定
设备	多采用专用高效设备	多采用通用设备
人员	专业化人员	多种操作技能人员

除了以上两种类型外,还有按订单开发(Engineering-to-order,ETO)和按订单装配(Assemble-to-Order,ATO)等扩展类型。

3. 大量生产、成批生产和单件生产

根据产品生产的重复程度和工作地的专业化程度,可以把生产过程分为大量生产、成批生产和单件生产类型。

(1)大量生产(Mass Production)。大量生产又可称重复性生产,生产的产品品种单一、产量大、产品生产重复程度高,是一种体现规模经济的生产方式。对大量生产,其生产管理的重点应是流水线的工程设计和生产计划制订:① 组织流水作业,要制订稳定而长期的生产能力计划,满足企业对产能的需求;② 制订周密的生产计划保证流水生产的连续性;③ 保证原材料及时供应;④ 实行设备的计划修理,严格操作规程,确保产品质量。

(2)成批生产(Batch Production)。成批生产的特点是产品品种较多,每一种产品都有一定的产量,各种产品在计划期内成批轮番生产。成批轮番生产是成批生产与大量生产的主要区别。成批轮番生产的特点既表现在产品的生产安排上,也表现在工作地的作业方式上。成批生产的管理工作比大量生产繁琐,合理地确定批量、组织好轮番生产、严格控制在制品数量是成批生产的管理重点。由于成批生产的产品品种较多,产量又不大,因此不能像大量生产那样广泛采用专用设备,只能根据技术要求部分地采用一些专用设备。属于成批生产的例子如机床厂、中小型电机厂等。

(3)单件生产(Job Shop)。单件生产的特点是生产的产品品种繁多,每种产品生产数量很少,有时就是一件,生产重复程度很低。在单件生产中,产品专用件很多,标准件和通用件所占比重很小。为了适应多品种生产要求,通常只采用通用设备。由于工作地专业化程度很低,手工操作比重大,使得产品生产周期长,生产成本高,产品质量不易保证。单件生产的例子有船舶制造、重型机床及某些专用设备。

(二) 服务型企业的生产类型

服务性生产又称作非制造性生产(Nonmanufacturing),服务型企业的基本特征是提供劳务,而不是制造有形产品。

1. 服务性生产的分类

(1) 按照是否提供有形产品,可将服务性生产分成两种:纯劳务生产和一般劳务生产。纯劳务生产不提供任何有形产品,如咨询、法庭辩护、讲课等。一般劳务生产则通过提供有形产品来提供劳务,如批发、零售、邮政、图书馆借阅书刊等。

(2) 按照顾客是否参与,也可将服务运作分成两种:顾客参与的服务生产和顾客不参与的服务生产。前者如理发、保健、旅游、客运、教学、娱乐中心等,没有顾客参与,服务就不能进行;后者如修理、洗衣、邮政、货运等。顾客参与的服务运作管理较为复杂。

2. 服务性生产的特点

服务业以提供劳务为特征,但也从事一些制造性生产,例如饭店需要制作各种菜肴。但是,服务以提供服务为主要目的,并且与顾客打交道是其与制造业的重要区别。服务性生产的管理与制造性生产的管理有很大不同,不能把制造性生产的管理方法简单地搬到服务业中。与制造性生产相比,服务性生产有以下几个特点:

(1) 服务性生产的生产率难以测定。虽然有一些服务业也提供直接的产品,但这些产品只是提供服务的手段,人们真正需要的是其中的服务,而服务是无形的产出,不像制造的产品一样可以进行准确的计量。

(2) 服务性生产的质量标准难以建立,服务质量难以评价。无形产品无法触摸、不能测量,而且在产生的同时被消费掉。因而,没有办法建立一个标准的质量体系,对服务的质量和数量很难给予客观衡量。

(3) 与顾客接触是服务性生产的一个重要内容,但这种接触使得生产(服务)过程难以控制,往往导致效率降低。

(4) 服务性生产不能通过库存来调节。服务无法保存起来留给以后使用,相反,服务型企业常常能通过顾客的排队队列来储存顾客,服务型企业管理顾客等候的队列就像制造型企业管理库存一样重要。

(5) 服务性生产的市场区域有限,服务性的生产系统通常只能满足本地市场,不能取得经济规模的效应。

四、生产管理概述

生产管理是指对企业生产活动的计划、组织和控制。

(一) 生产管理的内容

随着时代的发展、生产规模的扩大以及生产形式的多样化,生产管理的内容也在不断地变宽、变广。同时,它与其他管理的界限正逐步淡化,相互的渗透与影响日趋明显。按照对生产系统的设计、运行及维护过程的管理,可以将生产管理的内容归纳为生产过程组织工作、生产计划工作和生产控制工作三个方面。

1. 生产过程组织工作

生产过程组织是指围绕生产过程所进行的生产准备、生产组织等活动。生产准备主要包括以下三方面内容:(1) 工艺、技术以及设备方面的准备,主要包括编制工艺文件、进行工艺方案的选择、设备选择的经济评价以及设计和补充工艺装备等;(2) 人力的准备,主要包括对工种、人员进行选择、配备和调整,充分发挥及挖掘人力资源的能力;(3)物料、能源的准备,主要包括原材料、辅料、燃料、动力等的准备。

2. 生产计划工作

生产计划工作是指对产品生产计划和计划任务的分配工作。对应的生产计划主要包括产品的生产计划和生产作业计划等。生产计划主要规定企业在一定时期内所需生产的产品品种、产量、质量、总产值、增加值等计划,以及为保证实现生产计划的技术组织措施计划。生产作业计划是生产计划的具体执行计划,它根据企业的生产计划与市场形势的变化,以较短的时间为企业的各个生产环节规定具体的生产任务以及实现方法,并保证生产过程各阶段、各环节、各工序之间在时间和数量上的协调和衔接。

3. 生产控制工作

生产控制是指围绕着完成生产计划任务所进行的各种检查、监督、调整等工作。具体来说,生产控制包括:投产前的控制、生产过程控制(包括生产调度工作、产品管理等)、产品质量控制、库存及资金占用的控制、物料消耗以及生产费用等方面的控制。实行生产控制,重点在于建立健全各种控制标准,加强信息收集和信息反馈,实现预防性控制。

生产管理的内容对于不同生产形式有所不同,而且它也在不断变化。科学技术的迅猛发展,会不断赋予其新的内容,进而会更加丰富。

(二)生产管理的目标

当前,激烈的市场竞争对企业的要求包括四个方面:时间(Time,T)、质量(Quality,Q)、成本(Cost,C)和服务(Service,S)。因此,生产管理的目标可以用一句话来概括:高效、低耗、灵活、准时地向顾客提供合格产品和(或)满意服务。高效是对时间而言,指能够迅速地满足用户的需要。在当前激烈的市场竞争条件下,谁的订货提前期短,谁就能争取用户。低耗是指生产同样数量和质量的产品,人力、物力和财力的消耗最少。低耗才能低成本,低成本才能低价格,低价格才能争取用户。灵活是指能很快地适应市场的变化,生产不同的品种和和开发新品种或提供不同的服务和开发新的服务。准时是在用户需要的时间,按用户需要的数量,提供所需的产品或服务。合格产品和(或)满意服务,是指质量。

第二节 生产过程组织

生产过程是生产管理的主要对象。生产过程组织是从时间和空间上对生产过程的各个组成部分进行合理安排,使它们能够相互衔接、密切配合。

一、生产过程的概念及构成

生产过程就是企业把资源转化为能满足人们某些需要的产品或服务的过程。产品的生产过程是从原材料投入开始,经过一系列加工转化,直至成品制造出来为止的全部过程。生产过程是劳动过程和自然过程的结合。劳动过程是利用劳动手段作用于劳动对象,使之成为产品的全部过程。自然过程是借助于自然力,改变加工对象的物理和化学性能的过程,如化工产品的化合作用、制造厂铸件的自然冷却等。

服务业企业的生产过程与上述内容类似,是从接受顾客服务开始,直到完成顾客服务为止的全部过程。

生产过程的构成可以从要素结构和功能属性两个方面来理解。

1. 生产过程的要素结构

按照生产过程的构成要素,可以将生产过程分为物流过程、信息流过程和资金流过程。

(1)物流过程。生产过程包括采购过程、加工过程或服务流程、运输(搬运)过程、仓储过程等主要环节。原材料经过这样一系列流程之后,就转换为市场上所需要的产品。这一过程既是物料的转换过程和增值过程,也是一个物流过程。对物流过程管理的好坏,直接关系到整个生产过程的绩效,如生产周期的长短、库存水平及生产成本的高低等。

(2)信息流过程。信息流是指在生产活动中,将有关的原始记录和数据,按照需要加以收集、处理并使之朝一定方向流动的数据集合。所谓数据集合,即反映客户订单、产品图纸、生产指令、原始凭证、台账、统计报表、各种规章制度等的原始记录和资料。信息流以及信息反馈主要用于指导生产和控制生产过程。

(3)资金流过程。生产过程中的资金流是以在制品和各种原材料、辅助材料、动力、燃料设备等实物形式出现的,分为固定资金与流动资金。资金的加速流转和节约是提高生产过程经济效益的重要途径。

2. 生产过程的功能结构

按照生产过程组织的功能和承担的任务不同,可以将生产过程划分为基本生产过程、辅助生产过程、生产服务过程和附属生产过程。

(1)基本生产过程,指与企业的基本产品实体构成直接有关的生产过程。所生产的产品以市场销售为目的。

(2)辅助生产过程,指为保证基本生产过程的实现,不直接构成与基本产品实体有关的生产过程。例如,制造企业不以销售为目的,仅为本企业的需要而进行的动力、工具、设备修理用备件等的生产。

(3)生产服务过程,指为保证基本生产过程和辅助生产过程正常进行的服务性生产活动,如原材料和半成品的供应、运输、配送、仓储管理等。

(4)附属生产过程,指利用企业生产主导产品的边角余料、其他资源、技术能力等,生产市场所需的不属于企业专业方向的产品的生产过程,如电机厂利用边角余料生产小电器制品的生产过程。

值得注意的是,随着市场竞争特点的不断变化,企业在组织生产的过程中,并不一定要求由本企业承担起所有生产过程的组织,对于某些过程(如辅助生产过程或生产服务过程中的业务)可以采取外包或外协的方式,与其他企业结成战略联盟关系,充分利用企业的外部资源完善自己并不擅长的业务过程,而将本企业的资源集中于增强自己的核心业务的竞争力。例如,可以将仓储、运输等业务外包给第三方物流企业。

二、组织生产过程的基本要求

组织生产过程是企业内部的工作,但它必须与外界需求和环境的发展变化相适应。合理组织生产过程的基本要求,是要保持生产过程的连续性、平行性、比例性、均衡性、准时性与柔性。

1. 生产过程的连续性

生产过程的连续性是指物料处于不停的运动之中,且流程尽可能短,它包括空间上的连续性与时间上的连续性。时间上的连续性是指物料在生产过程的各个环节的运动,自始至终处于连续状态,没有或很少有不必要的停顿与等待现象。空间上的连续性要求生产过程各个环节在空间布置上合理紧凑、使物料的流程尽可能短,没有迂回往返现象。

2. 生产过程的平行性

生产过程的平行性是指物料在生产过程中实行平行交叉作业,就是将生产过程中的一些活动、工序在时间上采取平行作业,齐头并进的方式。它的直接效果为生产周期缩短,单位时间内产量增加。

3. 生产过程的比例性

生产过程的比例性主要强调生产过程各阶段、各工序之间在生产能力上要保持一定的比例关系。比例性是生产顺利进行的重要条件,如果比例性遭到破坏,则生产过程必将出现"瓶颈"。瓶颈制约了整个生产系统的产出,造成非瓶颈资源的能力浪费和物料阻塞,也破坏了生产过程的连续性。

4. 生产过程的均衡性

生产过程的均衡性也称生产过程的节奏性,是指产品从投料到完工能按计划均衡地进行,能够在相等的时间间隔内完成的工作量大体相等或均衡上升。生产不均衡会造成忙闲不均,既浪费资源,又不能保证质量,还容易引起设备和人身事故。

5. 生产过程的准时性

生产过程的准时性是指生产过程的各阶段、各工序都按后续阶段和工序的需要生产。就是在需要的时候,按需要的数量,生产所需要的零部件。准时性将企业与用户紧密联系起来,企业的生产过程必须做到准时。只有各道工序都准时生产,才能准时地向用户提供所需数量的产品。

6. 生产过程的柔性

现代企业生产组织必须适应市场需求的多变性,要求在短时期内,以最少的资源消耗,从一种产品的生产转换为另一种产品的生产。柔性也可以被称为适应性,就是加工制造的灵活性、可变性和可调节性。

合理组织生产过程的各项要求是相互联系、相互影响的,在生产过程的组织、计划、控制过程中,需根据具体情况综合考虑时间、资金占用、有关费用等多项因素,统筹安排,提高经济效益,实现企业的经营战略和经营目标。

三、生产过程的空间组织

生产过程组织的基本内容包括空间组织和时间组织两个方面。生产过程的空间组织是指在一定的空间范围内,合理地设置企业内部各基本生产单位(如车间、工段、设备等),使生产活动能高效、顺利地进行。生产过程空间组织就有两种典型的专业化形式,即工艺专业化和对象专业化。

1. 工艺专业化形式

工艺专业化形式又称为工艺原则,就是按照生产工艺的特点来设置生产单位。在工艺专业化的生产单位内,集中着同种类型的生产设备和同工种的工人,每一个生产单位只完成同种工艺方法的加工或同种功能。如机械制造企业中的机械加工车间、热处理车间等,机械加工车间中又可以按照同工种、同设备分为机床组、铣床组、钻床组等,如图9-2所示。

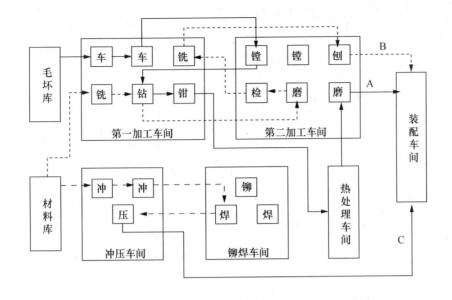

图 9-2　工艺专业化示意图

按照工艺专业化原则组成的生产单位,将同类型的工艺设备和相同的工艺加工方法集中在一起,带来了以下优点:
(1) 产品的制造顺序有一定的弹性,比较灵活,能较好地适应产品品种变化的要求;
(2) 生产系统的可靠性较高,个别设备出现故障或进行修理对整个生产进程影响较小;
(3) 有利于提高设备的利用率;
(4) 工人固定操作某一种设备,有利于提高其专业技能;
(5) 工艺及设备管理较方便。

但是工艺专业化的生产单位,由于不能独立地完成产品(或零件)的全部加工任务,一件产品必须通过许多生产单位后才能完成,因此其具有以下缺点:
(1) 产品在加工制造过程中的运输路线较长,运送原材料、半成品的工作量较大;
(2) 产品在加工过程中停放、等待时间增多,延长了生产周期,增加了在制品和资金占用;
(3) 各生产单位之间的协作、往来频繁,使生产作业计划管理、在制品管理以及产品的成套性工作比较复杂;
(4) 只能使用通用机床、通用工艺装备,生产效率低。

2. 对象专业化形式

对象专业化形式又称对象原则,它是按照产品(或零部件)建立生产单位。在对象专业化的生产单位内,集中了为制造某种产品所需要的不同类型的生产设备和不同工种的工人,这样就构成了诸如汽车制造厂、发动机分厂、电机车间、齿轮工段等生产单位,每一个生产单位基本上能独立完成该种产品的全部或大部分工艺过程。对象专业化示意如图 9-3 所示。

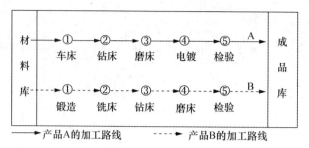

图 9-3 对象专业化

按照对象专业化原则组成的生产单位具有以下优点:

(1) 可以大大缩短产品在加工过程中的运输距离,并可减少运输次数,节省运输的人力、设备费用,减少仓库和生产面积的占用。

(2) 可以减少产品在加工过程中的停放、等候时间,缩短生产周期,减少加工过程中的在制品库存,节约资金。

(3) 便于采用先进的生产组织形式,如流水生产、生产线、成组加工单元等。

(4) 减少了生产单位之间的协作关系,从而可以简化生产作业计划工作和生产控制工作。

(5) 有利于强化质量责任和成本责任。由于每一个按对象原则组织的生产单位基本上独立完成某种产品或零件的加工任务,故应当承担产品或零部件的质量责任和成本责任。

按照对象专业化原则组织的生产单位具有以下缺点:

(1) 对品种变化适应性差。一旦生产的产品市场不再需求而要进行设备更换,则调整代价大;

(2) 生产系统的可靠性较差。这是因为对象专业化生产单位的工艺或功能相对封闭,有时一台设备出了故障,会影响到整个生产单位的工作。

但总的来看,对象专业化是一种优点较多、经济效益好的生产组织形式,它代表了现代生产过程组织的大趋势。在实际生产过程的组织中,一般会综合运用以上两个原则,以取两者的优点。应用形式有两种:(1) 在对象专业化原则的基础上,局部采用工艺原则,如锅炉厂的铸造车间、锻造车间;(2) 在工艺专业化原则的基础上,局部采用对象原则,如铸造厂的厢体造型工段、床身造型工段。

四、生产过程的时间组织

合理组织生产过程,不仅要求生产单位在空间上密切配合,而且要求劳动对象和机器设备在时间上紧密衔接。生产过程在时间上的衔接程序,主要表现为劳动对象在生产过程中的移动方式。劳动对象的移动方式,与一次投入生产的劳动对象数量有关。以加工零件为例,当一次生产的零件只有一个时,零件只能顺序地经过各道工序,而不可能同时在不同的工序上加工。当一次投产的零件有两个或两个以上时,工序间就有不同的移动方式。一批零件在工序间存在着三种移动方式,即顺序移动、平行移动、平行顺序移动。

1. 顺序移动方式

顺序移动方式指一批零件在前一道工序全部加工完毕后,整批转移到下一道工序进行加工的移动方式。其特点是:一道工序在工作,其他工序都在等待。若将各工序间的运输、等待加工等停歇时间忽略不计,则该批零件的加工周期 $T_{顺}$ 的计算公式为:

$$T_{顺} = n\sum_{i=1}^{m} t_i$$

式中：n 为工件批量，即需要加工的零件数量；m 为工序数；t_i 是第 i 道工序的单件加工时间。

例 9-1 某产品生产 4 件，经过 4 道工序加工，每道工序的加工时间分别为 10、5、15、10 分钟。求 $T_{顺}$。

解 如图 9-4 所示，已知 $n=4$，$t_1=10$ 分钟，$t_2=5$ 分钟，$t_3=15$ 分钟，$t_4=10$ 分钟。则

$$T_{顺} = n\sum_{i=1}^{m} t_i = 4 \times (10+5+15+10) = 160(分钟)$$

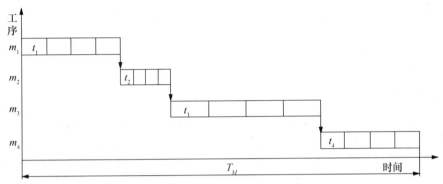

图 9-4 顺序移动方式

顺序移动方式的组织与计划工作比较简单，由于一批工件集中加工、集中运输，所以有利于减少设备的调整时间和提高工效。但是，工件中大多数都有等待加工和等待运输的时间，而且各工序间没有平行作业，因而生产周期长。这种方式适宜于在产品批量不大、工序单件作业时间较短的情况下采用。

2. 平行移动方式

平行移动方式是指在一批工件中，每一个工件在上一道工序加工完毕后，立即转移到下道工序继续加工，工件在各道工序上呈平行作业。采用平行移动方式，一批零件的加工周期 $T_{平}$ 为：

$$T_{平} = \sum_{i=1}^{m} t_i + (n-1)t_L$$

式中：t_L 为最长的单件工序时间，其余符号同前。

如图 9-5 所示，将例 9-1 中的单件工序时间代入，可求得 $T_{平}$。

$$T_{平} = \sum_{i=1}^{m} t_i + (n-1)t_L = (10+5+15+10) + (4-1) \times 15 = 85(分钟)$$

在平行移动方式下，工件在各道工序间逐个运送，停歇时间短，而且整批工件生产周期最短。但是，工件运输工作频繁，当前、后两道工序的单件加工时间不相等时，会出现等待加工或停歇现象，设备空闲时间多而零碎，不便于充分利用。

3. 平行顺序移动方式

平行顺序移动方式是将上述两种移动方式结合起来，综合两者的优点的方式。平行顺序移动方式既要求每道工序连续进行加工，又要求各道工序尽可能平行地加工。具体做法是：

（1）当 $t_i < t_{i+1}$ 时，第一个工件应立即转移到后工序去加工，按平行移动方式转移。其余工件根据连续性要求，能合并转移的应合并在一起转移，否则立即转移。

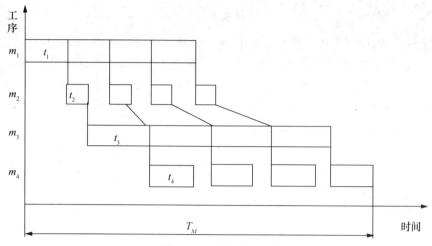

图 9-5 平行移动方式

（2）当 $t_i \geq t_{i+1}$ 时，以 i 工序最后一个工件的完工时间为基准，往前推移 $(n-1) \times t_{i+1}$ 作为工件在 $(i+1)$ 工序的开始加工时间，即前道工序完工的工件并不立即转移到后工序，而是积存到一定的数量，足以保证后道工序能连续加工而且工序间又尽可能平行时，才将完工工件转移到后工序去。

采用平行顺序移动方式，一批工件的加工周期 $T_{平顺}$ 为：

$$T_{平顺} = n \sum_{i=1}^{m} t_i - (n-1) \sum_{j=1}^{m-1} \min(t_j, t_{j+1})$$

如图 9-6 所示，将例 9-1 数值代入，得

$$T_{平顺} = 4 \times (10 + 5 + 15 + 10) - (4-1) \times (5 + 5 + 10) = 100(分钟)$$

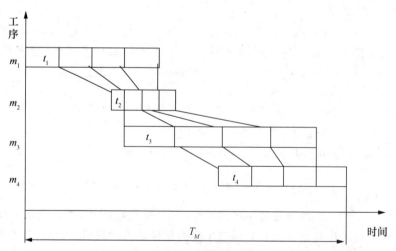

图 9-6 平行顺序移动方式

上述三种移动方式是工序衔接的基本形式，实际生产情况要复杂得多。在实际生产中选择工件的移动方式，不仅要考虑生产周期，还应考虑工件的大小、工件加工时间的长短、批量的大小以及生产单位专业化的形式。一般来讲，大工件宜平行移动，小工件宜顺序移动或平行顺序移动，如表 9-3 所示。

表9-3　选择工件移动方式需考虑的因素

	工件重量	任务期限	批量大小	专业化形式
顺序移动方式	小	不紧	小	工艺专业化
平行移动方式	大	紧	大	对象专业化
平行顺序移动方式	小	紧	大	对象专业化

五、现代企业生产组织形式

（一）生产线

生产线是按照对象专业化原则组织的一种生产组织形式。生产线按照产品加工工艺的先后顺序排列工作地及设备，使加工对象依次经过各个工作地进行加工并出产产品。它的特点是，在生产线内配置为完成某几种产品所必需的设备，这些设备和工作地是按照生产线的主要产品或多数产品的工艺路线、工序劳动量的比例来配备和排列的。生产线具有较大的灵活性，能适应多品种生产的需要，在企业的产品规格较多而多种产品的产量又不大的情况下，组织生产线生产能获得较好的经济效益。

生产线有多种类型，按生产对象分为产品生产线和零部件生产线，按节奏控制分为流水生产线和非流水生产线，按自动化程度分为自动化生产线和非自动化生产线。

（二）流水生产线

流水生产线简称流水线，是一种有固定节拍的生产线。在大量生产的情况下，流水生产线由于能将对象专业化的生产组织和劳动对象的平行移动方式有机地结合起来，是一种被广泛采用的生产组织形式。其主要特征是：① 工作地专业化程度很高，每个工作地只固定完成一道或少数几道工序；② 各工作地按照劳动对象加工的工艺顺序排列，劳动对象在工序间做单向移动；③ 按照规定的节拍出产产品；④ 各道工序的工作地数（设备）与该工序的单件作业时间的比例相一致。

生产线与流水线的主要区别是：生产线没有严格的节拍，不能采用更多的专用设备和专用工具，不能保证生产过程的高度连续性。

（三）自动生产线

自动生产线简称为自动线，它是在流水生产线的基础上发展起来的一种先进生产组织形式。所谓自动生产线，就是通过一系列加工工艺、供料、检验、运输等方面的自动装置，由计算机自动控制的自动化生产体系。在自动生产线上，生产工序与辅助工序全部由加工设备、各种机器仪表等装置自动完成，其优点主要有：改善劳动条件，减少工人需要量；提高产品质量；缩短生产周期，减少在制品，节约流动资金等。

自动生产线是以利用电子计算机对生产过程进行自动控制为前提的，所以企业必须具备有较高的生产技术条件和管理水平。

（四）成组生产单元

成组技术（Group Technology, GT）就是把结构和工艺上相似的零件集中起来进行批量加工，使原来单件小批生产的工件用上了先进的高效设备，从而使生产率得到很大提高。成组生产单元（GT Production Cell）是按成组技术的原理建立的生产单位。在成组生产单元里，为一个或几个工艺过程相似的零件族配备了成套的生产设备和工艺装备以及相关工种的工人，以便能在单元里封闭地完成这些零件族的全部工艺过程。

成组生产单元兼有工艺专业化和对象专业化的优点,既富有柔性,能适应多品种生产,又是按一定的零件族组织的,具有对象专业化的特征,能获得对象专业化组织所具有的高效率。因此,成组生产单元成为多品种中小批量生产的理想组织形式。

(五)柔性制造系统

柔性制造系统(Flexible Manufacturing System,FMS)是由计算机控制的以数控机床(NC)和加工中心(MC)为基础适应多品种中小批量生产的自动化制造系统。FMS是20世纪60年代后期诞生和发展起来的。它综合应用现代数控技术、计算机技术、自动化物料输送技术,由计算机控制和管理使多品种中小批量生产实现了自动化。

FMS一般由多台MC和NC机床组成,它可以同时加工多种不同的工件。一台机床在加工完一种零件后可以在不停机调整的条件下,按计算机指令自动转换加工另一种零件。各机床之间的联系是灵活的,工件在机床间的传输没有固定的流向和节拍。80年代以来,FMS技术已进入实用阶段,许多工业发达国家已能成套提供作为商品出售的FMS。目前多数的FMS是用于机械加工的,但焊接、钣金、成形加工和装配等领域也都在发展FMS。

(六)大规模定制

大规模定制是一种以大批量生产的低成本、高质量和高效率提供定制产品和服务的生产方式。大规模定制生产依靠标准技术、现代设计方法、信息技术和先进制造技术,能使企业以低成本、大批量地提供多样化、个性化的产品或服务。与传统的手工定制生产及大批量生产具有本质的不同,大规模定制既有规模生产的高效率、低成本优势,又能满足顾客的个性化需求。企业实行大规模定制生产,关键在于生产管理技术和产品的创新以及企业间的有效配合,主要有以下特点:① 产品设计模块化;② 产品制造专业化;③ 生产组织和管理网络化。

第三节 生产计划与监控

生产计划是任何一个企业组织生产活动的依据,生产作业控制是实现生产计划的重要保证。现代化企业的生产是社会化大生产,企业内部有细致的分工和严密的组织体系,若没有一个统一的计划和监控系统站在企业全局的高度来协调和指挥生产,企业就无法进行正常的生产经营活动。

一、生产计划体系

一般地,企业生产计划体系可分为三个层次,每一层次都有特定的内容(如图9-7所示)。

1. 长期计划

长期计划的计划期一般为3—5年。它是企业在产品发展方向、生产发展规模、技术发展水平、新生产设施的建造等重大问题上的规划。长期计划提出了企业的长远发展目标以及为实现目标所制定的战略,包括产品与市场发展计划、资源发展计划及生产战略计划和财务计划等几种计划。

2. 中期计划

中期计划的计划期一般为1年或更长一些时间(有些生产周期较长的产品如大型机床等,可能是2年、3年或5年)。因此,有些企业也把中期计划称为年度生产计划或综合计划。中期计划具体表现为生产计划大纲、能力计划和主生产计划(产品出产进度计划),是编制企业计划中其他各专项的重要依据。

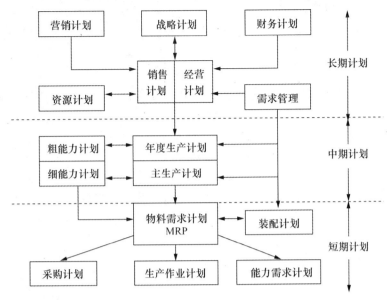

图 9-7 企业生产计划体系一般结构

3. 短期计划

短期计划的计划期长度在 6 个月以下,一般为月或跨月计划,它包括物料需求计划、能力需求计划、装配计划以及在这些计划实施过程中车间内的作业进度计划和控制工作。

二、生产计划的主要指标

企业生产计划的主要指标有品种、产量、质量、产值和出产期等,它们从不同侧面反映了企业生产产品的要求。

(1) 品种指标是企业在计划期内出产产品的品名、规格、型号和种类数,它涉及"生产什么"的决策。确定品种指标是编制生产计划的首要问题,关系到企业的生存和发展。

(2) 产量指标是企业在计划期内出产的合格品数,它涉及"生产多少"的决策,关系到企业能获得多少利润。

(3) 质量指标是企业在计划期内产品质量应达到的水平,常采用诸如"一等品率""合格品率""废品率"等指标表示。

(4) 产值指标是企业在计划期内应完成任务的货币表现。根据具体内容和作用的不同,分为商品产值、总产值、净产值。

(5) 出产期指标是为了保证按期交货确定的产品出产日期。正确地确定出产期很重要。因为出产期太紧,保证不了按期交货,不但会给用户带来损失,也会使企业的信誉受损;出产期太松,不利于争取用户,还会造成生产能力的浪费。

三、生产计划工作的主要内容

1. 编制生产计划的准备

预测计划期的市场需求,核算企业自身的生产能力,为确定生产计划提供外部需要和内部可能性的依据。

2. 确定生产计划指标

根据满足市场需要、充分利用各种资源和提高经济效益的原则,在综合平衡的基础上,确定和优化生产计划各项指标,如品种、产量、出产期等。

3. 安排产品的生产进度

在编制完生产计划、确定了全年总的产量任务后,企业要进一步将全年的生产任务具体安排到各个季度和各个月份,这就是安排产品的生产进度。安排产品生产进度的总原则是:保证交货期,实现均衡生产,注意和企业技术准备工作及各项技术组织措施的衔接。不同类型的企业生产特点不同,安排产品生产进度的方法也不同。

(1) 大批量生产企业产品生产进度的安排。大量生产企业,产品品种少、产量大、生产的重复程度高。大量大批生产是典型的备货型生产,其生产的直接目标是补充成品库存。可以采用改变库存水平的策略,通过成品库将市场与生产系统隔开,使生产率均匀,保证生产的节奏性。这类企业安排产品生产进度,主要是将全年生产任务均衡地按季、按月分配。通常采用均匀分配、均匀递增、抛物线递增分配等方式分配各季各月的产量。

(2) 成批生产企业产品生产进度的安排。成批生产企业,由于品种多、各种产品交替生产,所以在安排生产进度时,不仅要合理分配产品产量,而且要合理组织不同时期(季、月)各种产品搭配生产,以保证企业生产的稳定性,做到经济合理。例如,对于产量较大的、市场需求比较稳定的产品,可采取"细水长流"的办法,在全年各季各月做比较均衡的安排;对于产量分淡、旺季或同系列的产品,可采取集中生产或集中轮番生产。

(3) 单件小批量生产企业产品生产进度的安排。单件小批量生产企业产品品种繁多,每种产品产量很少甚至是一次性生产,技术准备工作量较大又复杂,许多订货来得迟、要得急、变动多。这类企业在安排产品进度时,要先安排已经明确的订货任务,尚未明确的生产任务,用概略的计算单位做粗略的安排;尽量把通用件多的产品,安排在同一期内生产;要避免生产技术准备工作和关键设备忙闲不均。

企业在安排产品生产进度的同时,还要安排各车间的生产任务,即把全年的生产任务具体落实到各个车间,使各车间做好技术准备工作,平衡生产任务和生产能力,使企业内部各主要环节的生产任务在产品品种、数量和时间上相互协调,确保全厂产品生产进度按计划进行。

四、生产作业监控

生产计划实施过程中难免会出现一些意外的妨碍计划完成的因素,为了保证计划的实现,需要对计划实施的全过程进行监督控制,不断检查计划执行情况,以便及时了解计划与实际之间的偏差及其原因,并迅速采取措施予以纠正或预防其发生,这就是生产作业监控。

1. 实行生产作业监控的原因

(1) 生产环境发生了变化。由于计划与实施有一个时间上的提前量,计划时所考虑的生产环境是一种情况,过了一段时间实施时有可能生产环境发生了变化,例如采用了新的工艺技术、买进了新的设备、更换了供应商等,这时根据原来环境制订的计划已经不符合新的生产环境了。

(2) 计划的失误。影响实际生产进度的因素众多,在计划制订过程中有可能会疏忽一些因素,造成计划不符合现在情况。特别是对于单件小批量生产类型而言,很多任务都是第一次碰到,很难将每道工序的加工时间估计得很准确,这样在实施的过程中就会出现偏离计划的情况。

（3）执行的原因。在执行的过程中，有可能会出现操作人员执行不力、效率不高和工作态度不端正等现象，造成计划完不成。

（4）扰动因素的影响。企业是处在一个动态的环境中，内外部环境会随时发生变化。例如，顾客修改订单、新接到一个紧急订单、设备突然发生故障、关键岗位的工人突然跳槽、原材料不能按时到达、突然停电等扰动因素都需要对计划做出调整。

2. 生产作业监控的功能与程序

生产作业监控的功能有：① 为每个车间的工单指派优先级；② 维护车间在制品数量信息；③ 将车间工单信息传送到相应办公室；④ 提供实际产出数据来为能力控制服务；⑤ 根据车间工单对机位的要求，为在制品库存管理提供数量信息；⑥ 测量人员和设备的效率、利用率和产量。

生产作业监控实际上就是以生产计划和生产作业计划为标准，根据实际生产（车间、班组）所反馈的信息来对计划与实际生产进行协调的过程。一般来说，生产作业监控可以分为以下几个步骤：

（1）制定生产作业监控体系。生产作业监控体系的目标是收集相关生产作业的信息，以评估是否与计划产生了偏差，并确保生产任务的完成。确定生产作业监控体系的依据是生产计划和生产作业计划。需要注意的是，凡是生产计划与生产作业计划可能发生偏离的点都应该纳入监控的范围，例如生产计划与作业计划中所规定的零部件的投入出产时间以及相应的工序的开始加工和加工结束时间，等等。

（2）监控实际生产过程。生产活动开始后，根据所制定的生产作业监控体系，对体系中的监控点实施监控，并将相关信息反馈到生产管理部门。实际监控中有人工报告或计算机辅助生产管理信息系统中的统计模块，具体形式有日报、月报、例外报告、异常报告等。

（3）评估偏差情况。根据所得到的实际生产过程中的信息，以计划内容作为标准对实际生产情况进行评估，看看是否出现了偏差、偏差对计划的影响程度、偏差可能的发展趋势等，以确定是否需要采取措施。如果出现了偏差并且该偏差还有继续扩大的趋势，直接影响到计划的完成，就需要采取措施纠正，但纠前还需要对偏差产生的原因进行分析。

（4）采取纠偏措施。根据上一步所分析的产生偏差的原因，制订相应的纠偏方案。一般在制订方案时要进行多方案比较，并进行成本效益分析。

3. 生产作业监控的两个重要环节

生产作业监控的两个重要环节生产前控制和产中控制。

产前控制是生产过程控制的开始，主要指投产前各项准备工作的控制，包括技术、物资、设备、动力、劳动力等的准备，以保证投产后整个生产过程能均衡、协调、连续地进行。

产中控制即投入产出控制，是在投料运行后对生产过程的控制。它具体分为投入控制和产出控制两个方面。投入控制（又称投入进度控制）是指按计划要求对产品开始投入的日期、数量、品种的控制，是预先性的控制。产出控制（又称为产出进度控制）是指对产品（包括零件、部件）产出日期、生产提前期、产出数量、产出均衡性和成套性的控制。产中控制主要是从生产进度与计划进度的对比中发现偏差，观察生产运行状态，分析研究其原因，采取相应措施纠正偏差。通常是根据企业不同生产类型，通过一系列"进度控制图表"加以控制的。

4. 生产作业监控的手段

生产作业监控的手段包括生产调度工作、生产作业核算、在制品管理。

生产调度工作就是组织执行生产作业计划的工作。它包括检查、督促、协助相关部门做好生产准备和生产服务工作;检查、了解、控制生产环节的生产进度(投入进度、产出进度、工序进度);根据生产需要合理调配生产资源,及时解决生产计划执行过程中的问题;对计划完成情况进行统计分析。生产调度以生产进度计划为依据,生产进度计划要通过生产调度来实现。

生产作业核算是指在实施生产作业计划过程中,对生产各阶段、各环节中的原材料投入、在制品流转和产品产出,以及设备运转、维修时间消耗、分析检验等所进行的核算,是为保证作业计划实现而进行的日常统计、汇总、对比分析工作。

在制品管理是生产作业控制的辅助性手段,是指对在制品的计划、协调和控制工作的总称。它起着调节各车间、工作地、工序之间连续、协调、平衡生产的重要作用。在制品管理工作体现在对在制品的投入、产出、领用、发放、保管、周转等方面,做到"有数、有据、有手续、有制度、有秩序"。

第四节 现代生产管理方式

随着现代科学技术在生产及生产系统中的广泛运用,发达国家兴起了管理变革的浪潮,相继创立了适应当今时代要求的新型生产方式和管理模式。

一、新型生产方式

(一) 准时制生产

准时制生产(Just in Time,JIT)是由日本丰田汽车公司于1953年提出的,经过十几年的不断发展和完善。1972年以后,准时制生产管理被广泛应用于日本的汽车和电子工业,此时,人们通常把它称为"丰田生产管理系统"。

1. JIT的基本思想

JIT的基本思想可概括为"在需要的时候,按需要的量生产所需的产品"。其核心是追求一种无库存或使库存达到最小的生产系统。JIT认为库存是"万恶之源",它不仅直接造成浪费,还将许多管理不善的问题掩盖起来,使得问题得不到及时解决。因此,JIT通过不断减少库存来暴露生产中的问题,并进行不断改进,从而不断消除浪费、增加价值。在生产现场控制技术方面,采用"拉动"式生产模式,将传统生产过程中前道工序向后道工序送货,改为后道工序根据"看板"向前道工序取货。看板系统是JIT生产现场控制技术的核心,但JIT不仅仅是看板管理。

2. JIT的支持手段

JIT主要采用三种手段来达到其目标,如图9-8所示,既包括JIT生产方式的基本目标以及实施这些目标的三个手段和方法,也包括这些目标与各种手段方法之间的相互内在联系。

(1) 适时适量生产。适时适量生产主要是两种方法:生产同步化,即工序间不设置仓库,一道工序加工结束后立即转到下一道工序,装配线与机械加工几乎同步进行;生产均衡化,即总装配线在向前工序领取零部件时应均衡地使用各种零部件,生产各种产品。

(2) 弹性作业人数。根据生产量的变动,弹性地增减各生产线的作业人数,以及尽量用较少的人力完成较多的生产。

(3) 质量保证。在JIT生产方式中,通过将质量管理贯穿于每一道工序之中来实现提高质量与降低成本的一致性,具体方法是自动化。自动化是指融入生产组织中的两种机制:第一,使设备或生产线能够自动检测不良产品;第二,生产第一线的设备操作工人发现产品或设

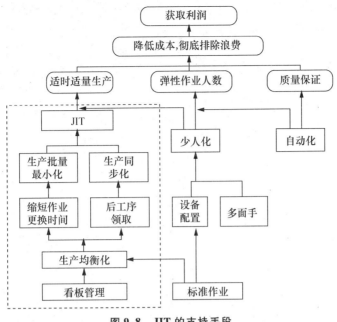

图 9-8 JIT 的支持手段

备的问题时,有权自行停止生产的管理机制。

JIT 的基础是均衡化生产、高质量、多技能员工、小批量生产、预防性维修、U 形布置、看板控制等,因此 JIT 是一种全方位的系统管理工程。

（二）精益生产

精益生产(Lean Production,LP)起源于日本丰田汽车公司。丰田生产系统(Toyota Production System,TPS)造就了日本汽车的质量与成本优势,一度压得美国汽车抬不起头。1985 年,美国麻省理工学院的国际汽车项目组用了近 5 年的时间对 90 多家汽车厂进行对比分析。1992 年出版了《改变世界的机器》一书,把丰田生产方式定名为精益生产,并对其管理思想的特点与内涵进行了详细的描述。

精益生产的实质就是不需投入多余的生产要素,只是在适当的时间生产需要的产品,它的突出特点是在多品种小批量生产条件下高质量、低成本地进行生产。精益生产既是一种原理,又是一种新的生产方式。它是继大量生产(Mass Production,MP)方式之后,对人类社会和人们的生活方式影响最大的一种生产方式,是新时代工业化的象征。

精益生产方式具有如下特点:① 通过排除各种浪费降低成本;② 只在必要的时候,按必要的量,生产必要的产品;③ 零库存生产;④ 弹性配置作业人数;⑤ 将质量控制融入每一道工序,产品每经过一道工序就被把一次关;⑥ "连续改进,追求尽善尽美"的经营理念。

与大量生产不同,精益生产的一切都是"精简"的,而且注重"效益"。与大批大量生产相比,只需要更少的劳动强度、更少的制造空间、更少的设备投资、更少的产品开发时间,而且库存与废品大量减少、品种大量增加。大批量生产强调成本低、效率高,而精益生产则追求整体完美性,不断降低价格、零缺陷、零库存和无限多的品种。

（三）敏捷制造

敏捷制造(Agile Manufacturing,AM)直译为灵活、快捷的生产制造。它是将柔性生产技术、高技能劳动力与灵活的管理集成为一体,对迅速变化的市场需求和时机能够做出快速响应的生产管理体系,其基本原理如图 9-9 所示。敏捷制造的关键就是灵活性。

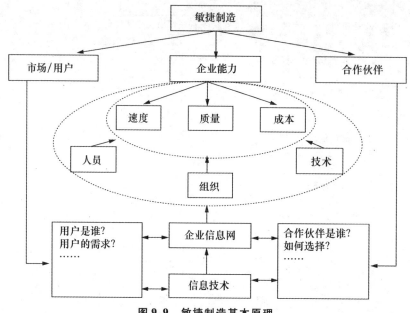

图 9-9　敏捷制造基本原理

敏捷制造面对的是全球化激烈竞争的买方市场,采用可以快速重构的生产单元构成的扁平组织结构,以充分自治的、分布式的协同工作代替金字塔式的多层管理结构,注重发挥人的创造性,变企业之间你死我活的竞争关系为既有竞争又有合作的"共赢"(Win-win)关系。

这种新型生产管理模式的特点是:

(1)借助信息技术,把企业与顾客、供应商有机地联系起来,成为一个整体。它能够快速地响应市场需求的变化,迅速设计和制造出全新的产品。

(2)通过提高产品的研发速度,降低开发成本,不断改进老产品,满足顾客的多种需求。

(3)采用先进的制造技术和高度柔性的设备,使生产系统能够重新组合,打破成本与批量之间的直接关系形式,降低生产准备结束时间,生产系统柔性化,并做到完全按订单生产,提供个性化服务,同时不失去高效率、低成本的优点。企业的发展着眼于长期经济效益。

(4)最大限度地调动和发挥人的积极性和创造性。这是企业竞争优势的根本所在。

(5)改变传统金字塔形的多级管理,采用多变的动态组织结构形式,组织虚拟公司。

(6)企业之间建立起所谓的动态战略联盟关系,强强联合,双方都是赢家,组织结构实现扁平化。

(四)计算机集成制造系统

计算机集成制造(Computer Integrated Manufacturing)的概念最早由美国的约瑟夫·哈林顿(Joseph Harrington)博士于 1974 年提出。其基本思想有两点:一是从产品的研制到售后服务的生产周期的全部活动,是一个不可分割的整体,每个组成过程应当联系起来综合考虑,不能单独考虑;二是整个企业的生产制造过程是一个对信息数据收集、处理、传递的过程。

在这种思想的基础上,逐渐发展起了计算机集成制造系统(Computer Integrated Manufacturing System,CIMS)。CIMS 就是在自动化技术、信息技术和制造技术的基础上,在新的管理模式和生产工艺的指导下,把以往企业中相互孤立的工程设计、生产制造、经营管理等全部生产、经营活动所需的各种孤立的、局部的子系统,借助数据库和数字通信网络有机地集成起来,构成的一个覆盖整个企业的综合系统。

CIMS 的具体结构在不同的企业有不同的形式,但从功能和组织要素上看却有着惊人的一致性。从功能上看,CIMS 包含了一个制造企业的设计、制造、经营管理三种主要功能,要使这三者集成起来,还需要一个支撑环境,即分布式数据库和计算机网络以及指导集成运行的系统技术。因此,计算机集成制造系统通常包括四个应用分系统和两个支持分系统,如图 9-10 所示。四个应用分系统为:(1)管理信息分系统;(2)工程设计自动化分系统;(3)制造自动化分系统;(4)质量保证分系统。两个支持分系统为:(1)数据库分系统;(2)计算机网络分系统。

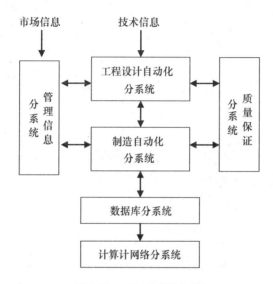

图 9-10　CIMS 功能组成

计算机集成制造利用计算机及其软件,把企业整个生产过程的有关单元技术、各局部的自动化有机地结合在一起,有效地利用信息资源,实现系统的优化。它特别适合于多品种、小批量的生产环境,大大提高了生产效率。

二、新型生产计划管理模式

新型生产计划管理模式主要包括物料需求计划、制造资源计划、企业资源计划等,这三种管理模式是现在企业使用较多、应用较为广泛的管理模式。

(一)物料需求计划

1. 物料需求计划的概念

物料需求计划(Material Requirement Planning, MRP)是指对在产品生产中构成产品的各种物料需求量与需求时间所做的计划。在企业的生产计划管理体系中,它属于作业层的计划决策。物料需求计划的基本逻辑原理如图 9-11 所示。

工业企业的产品大都产品结构复杂,而且品种繁多,编制物料需求计划是一项十分复杂、繁重和困难的工作,一直是生产管理中的一个瓶颈。随着计算机技术在企业管理领域的广泛应用,开发出了物料需求计划系统。该系统利用计算机处理信息的强大功能,能将产品生产计划自动分解为零部件和毛坯材料的需求计划。当情况发生变化时,还能根据新情况的轻重缓急要求,调整和更新计划。物料需求计划系统极大地提高了生产计划的准确性和可靠性,真正

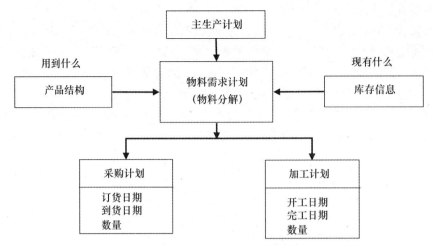

图 9-11 物料需求计划逻辑原理

起到了指导生产实际的作用。

2. 物料需求计划的基本思想

物料需求计划系统的基本思想是：只在需要的时候，向需要的部门，按需要的数量提供需要的物料。就是说，它既要防止物料供应滞后于生产对它们的需求，也要防止物料过早地产出和进货，以免增加库存，造成物资和资金的积压。

(二) 制造资源计划

1. 制造资源计划的概念

物料需求计划系统的出现，使生产活动方面的各种子系统得到了统一。但物料管理只是生产管理的一个方面，它所涉及的仅仅是物流，而与物流密切相关的还有资金流，这在很多企业是由财会人员另行管理的，这就造成了数据的重复输入与存储，甚至造成数据不一致。于是，人们就把生产活动和财务活动联系到一起，实现财务信息和物流信息的集成，从而将物料需求计划发展为制造资源计划(Manufacturing Resource Planning)。为了与物料需求计划相区别，又体现是物资需求计划的继续和发展，称之为 MRP Ⅱ。

制造资源计划中的制造资源，主要包括人工、物料、设备、能源、资金、空间和时间，将这些资源以信息的形式加以表示，通过信息的有效集成，对企业内的各种资源进行合理调配、充分利用，以形成最有效的生产能力。

2. 制造资源计划的基本思想

制造资源计划的基本思想就是把企业作为一个有机整体，从整体最优的角度出发，通过运用科学方法对企业各种制造资源和产、供、销、财各个环节进行有效计划、组织和控制，使它们得以协调发展，并充分地发挥作用，主要体现在计划的一贯性与可行性、管理的系统性、数据共享性、动态应变性、模拟预见性以及物流、资金流的统一等六个方面。

(三) 企业资源计划

1. 企业资源计划的概念

进入 20 世纪 90 年代，随着市场竞争的进一步加剧，企业竞争空间与范围的进一步扩大，制造资源计划主要面向企业内部资源全面计划管理的思想，逐步发展为怎样有效利用和管理整体资源的管理思想，企业资源计划(Enterprise Resource Planning, ERP)随之产生。

企业资源计划在制造资源计划的基础上扩展了管理范围，给出了新的结构。从本质上看，企业资源计划仍然是以制造资源计划为核心,但在功能和技术上超越了制造资源计划,它是以顾客驱动的、基于时间的、面向整个供应链管理的企业资源计划。

2. 企业资源计划的基本思想

企业资源计划的基本思想就是实现对整个供应链的有效管理,主要体现在对整个供应链资源进行管理的思想、精益生产和敏捷制造的思想以及事先计划与事中控制的思想等三个方面。此外,计划、事务处理、控制与决策功能都在整个供应链的业务处理流程中实现,要求在每个流程的业务处理过程中最大限度地发挥每个人的工作潜能与责任心,实现企业组织结构从"高耸式"向"扁平式"的转变,提高企业对市场需求变化的响应速度。

三、新型生产管理体系

随着科学技术的快速发展以及生产理念的不断创新,越来越多的新型生产管理体系涌现出来,这些生产管理体系为企业管理者提供了新的思路和方法,促进了生产管理工作的提升。

(一) 现场 6S 生产管理体系

现场 6S 生产管理体系是在著名的"5S"基础上发展完善起来的,是对生产现场的人员、设备、材料等各种生产要素进行管理的一种有效方法。5S 指整理(Seiri)、整顿(Seiton)、清扫(Seiso)、清洁(Seiketsu)、素养(Shitsuke),后来又逐步添加了安全(Safety),从而发展成为 6S 生产管理体系。因其均以"S"开头,故得此名(其中前 5S 为日语罗马字发音,后 1S 为英文单词)。现场 6S 生产管理体系的具体内容如下:

(1) 整理。区分用与不用的东西,并将不用的东西清除出现场,只留下有用的东西,目的是将"空间"腾出来活用。

(2) 整顿。将有用的东西,如工具、器材、物料、文件等的位置固定下来,并明确数量及进行标识,以便在需要时能够立即找到,目的是不浪费"时间"找东西。

(3) 清扫。清除现场内的脏污,注重细微之处,并防止污染的发生,目的是消除"脏污",保持现场干净、明亮的状态。

(4) 清洁。将上面整理、整顿、清扫 3S 实施的做法制度化、规范化、标准化,并维持其成果,目的是通过制度化来维持成果。

(5) 素养。培养遵守规章制度、按规定行事、积极向上的工作习惯,养成良好的文明礼貌习惯及团队精神,目的是提升"人的品质",培养对任何工作都讲究"认真"的人。

(6) 安全。清除事故隐患,排除险情,保障员工的人身安全和生产正常进行,目的是防止安全事故发生。

现场 6S 生产管理体系致力于营造良好的工作环境、和谐融洽的管理气氛。6S 管理主要是针对企业中每位员工的日常行为提出要求,倡导从小事做起,力求使每位员工都养成事事严格要求的好习惯,这种管理不但可以迅速提升企业的现场卫生、工作效率、产品品质、安全、形象及竞争力,还可以控制成本开支、改善工作环境、创建良好的企业文化,更可培养人的科学的思考方式,提升人的素质。

(二) 全员生产维护

全员生产维护(Total Productive Maintenance,TPM)又译为全员生产保全,即全体人员,包括企业领导、生产现场工人以及办公室人员参加的生产维修、维护体制,以提高设备的综合效率。

全员生产保全与原来的生产保全相比,主要特征是突出一个"全"字。"全"有三个含义,即全效率、全系统和全员参加。所谓的全效率,是指设备寿命周期费用评价和设备综合效率。全系统即指生产维修的各个侧面均包括在内,如预防维修、维修预防、必要的事后维修和改善维修。全员参加即指这一维修体制的群众性特征,从公司经理到相关科室,直到全体操作工人都要参加,尤其是操作工人的自主小组活动。

TPM通过以全员参与的小组方式,创建设计优良的设备管理系统,提高现有设备的最有效利用,实现安全性和高质量,防止错误发生,从而使企业降低成本和提高全面生产效率。具体包括:强化设备基础管理,提高设备可动率;维持设备良好状态,延长设备寿命;提高生产效率,降低成本;改善工作环境,消除安全隐患,提高员工工作满意度;提高企业持续改善的意识和能力。

自主保全是TPM的一大特色,自主保全强调生产者自己进行设备日常维护,专职设备人员的重点职责则转化为设备专业技能的培训和计划保全、特定情况下的专业维修等。由单一专业保全转变为以自主保全为主,是企业设备管理思想的一次飞跃,难度虽大,但通过有效的思想意识教育和专业方法辅导完全能够实现。

TPM的推行离不开5S基础,在5S基础上,企业就可逐级开展如下工作:初期清扫;污染源及薄弱点对策;自主保养;自主管理等。通过深入开展TPM,企业就能不断接近"停机为零!废品为零!事故为零!"的奋斗目标。

(三) OEC管理法

OEC是Overall Every Control and Clear的英文缩写,意思为全方位优化管理法,其含义是全方位地对每人、每天所做的每件事进行控制和清理,做到"日事日毕,日清日高"。

OEC是海尔集团于1989年创造的企业管理法,是海尔集团管理体系的基石,也是全国企业到海尔集团学习先进管理经验的主要内容。OEC管理模式的实质是:管理不漏项,事事有人管,人人都管事,管事凭效果,管人凭考核。OEC管理法由三个基本框架构成,即目标系统、日清控制系统和有效激励机制。

1. OEC目标系统

OEC目标系统指企业发展的方向和要达到的目的。具体地说,OEC目标系统将所有的物和事进行分解,强调"三个一",即分解量化到每一个人、每一天、每一项工作,形成大到机器设备,小到每块玻璃,都清楚地表明责任人和监督人,有详细的工作内容的考核标准,形成环环相扣的责任链,做到奖有理、罚有据,同时追求各项工作的零缺陷、高灵敏度,把管理问题控制、解决在最短时间、最小范围,使经济损失降到最低,逐步实现基础管理的精细化。

2. OEC日清控制系统

海尔从实践中建立起每人、每天对自己所从事的每件事进行清理、检查的"日日清"控制系统。它包括两个方面:一是"日事日毕",即对当天发生的各种问题(异常现象),在当天弄清原因,分清责任,及时采取措施进行处理,防止问题积累,保证目标得以实现。如工人使用的"3E"卡,即每人(Everyone)、每事(Everything)、每日(Everyday)记录卡,就是用来记录每个人每天对每件事的日清过程和结果。二是"日清日高",即对工作中的薄弱环节不断改善、不断提高。要求职工坚持每天提高1%,70天工作水平就可以提高一倍。

3. OEC有效激励机制

激励机制是日清控制系统正常运转的保证条件。海尔在激励政策方面坚持的原则:一是公开、公平、公正。通过"3E"卡,每天公布职工个人的收入,不搞模糊工资,使员工心理上感到相对公平。二是要有合理的计算依据,如海尔实行的计点工资,从12个方面对每个岗位进行半年多的测评,并且根据工艺等条件的变化不断调整。所谓"计点工资",是将一线职工工资的100%与奖金捆在一起,按点数分配,在此基础上又进一步在一、二、三线对每个岗位实行量化考核,从而使劳动与报酬直接挂钩,报酬与质量直接挂钩,多劳多得。有效激励机制的形式有:公司招聘竞争上岗,发现人才并促进人才流动,实行"三工并存、动态转换"的政策("三工"即优秀员工、合格员工和试用员工)等。

【思考题】

1. 怎样理解生产和生产管理的含义?
2. 简述现代生产系统构成及其功能目标。
3. 生产过程的构成要素有哪些?组织生产过程的基本要求是什么?
4. 什么是工艺专业化原则和对象专业化原则?分别有什么优缺点?
5. 生产过程的时间组织方式有哪几种?各有什么特点?
6. 现代企业生产的组织形式有哪些,各自的特点是什么?
7. 简述生产计划体系的构成。
8. 生产计划的主要指标有哪些?
9. 简述实行生产作业监控的原因、程序和手段。
10. 简述现代生产管理方式及其特点。
11. 什么是精益生产?有何特点?
12. 什么是现场6S生产管理体系?

【案例】

海尔的现代生产运作管理方式

在当今激烈的市场竞争环境中,制造业企业的生产计划不但要以市场需求和客户个性化的要求来确定,还要根据企业制造资源的实际能力和库存、生产进度的动态变化来调整,制造过程的优化和监控成为提高企业竞争力不可避免的环节。

海尔借助全面的信息化管理手段,整合全球供应链资源,快速响应市场,创造了中国制造企业的一个奇迹。

海尔的经验如下:

ERP系统 + CRM系统

海尔集团调整了组织结构和业务流程,形成了"前台一张网,后台一条链"(前台的一张网是海尔客户关系管理网站(haiercrm.com),后台的一条链是海尔的市场链)的闭环系统,构筑了企业内部供应链系统、ERP系统、物流配送系统、资金流管理结算系统和遍布全国的分销管理系统及客户服务响应Call-Center系统,并形成了以订单信息流为核心的各子系统之间无缝连接的系统集成。

海尔ERP系统和CRM系统的目的是一致的,都是为了快速响应市场和客户的需求。前台的CRM网站作为与客户快速沟通的桥梁,将客户的需求快速收集、反馈,实现与客户的零距离;后台的ERP系统可以将客户需求快速触发到供应链系统、物流配送系统、财务结算系统、客户服务系统等流程系统,实现对客户需求的协同服务,大大缩短对客户需求的响应时间。

CIMS + JIT：海尔 e 制造

海尔的 e 制造是根据订单进行的大批量定制。海尔 ERP 系统每天准确、自动地生成向生产线配送物料的 BOM，通过无线扫描、红外传输等现代物流技术的支持，实现定时、定量、定点的三定配送；海尔独创的过站式物流，实现了从大批量生产到大批量定制的转化。

实现 e 制造还需要柔性制造系统。在满足用户个性化需求的过程中，海尔采用计算机辅助设计与制造(CAD/CAM)，建立计算机集成制造系统(CIMS)。在开发决策支持系统(DSS)的基础上，通过人机对话实施计划与控制，从物料资源规划(MRP)发展到制造资源规划(MRP-Ⅱ)和企业资源规划(ERP)。还有集开发、生产和实物分销于一体的适时生产(JIT)，供应链管理中的快速响应和柔性制造(Agile Manufacturing)，以及通过网络协调设计与生产的并行工程(Concurrent Engineering)等。这些新的生产方式把信息技术革命和管理进步融为一体。

现在海尔在全集团范围内已经实施 CIMS(计算机集成制造系统)，生产线可以实现不同型号产品的混流生产。为了使生产线的生产模式更加灵活，海尔有针对性地开发了 EOS 商务系统、ERP 系统、JIT 三定配送系统等六大辅助系统。正是因为采用了这种柔性制造系统，海尔不但能够实现单台电脑客户定制，而且能够同时生产千余种配置的电脑，还能够实现 36 小时快速交货。

零距离、零库存——零运营资本

海尔认为，企业之间的竞争已经从过去直接的市场竞争转向客户的竞争。传统管理下的企业根据生产计划进行采购，由于不知道市场在哪里，所以是为库存采购，企业里有许许多多"水库"。海尔现在实施信息化管理，通过三个 JIT 打通这些水库，把它变成一条流动的河，不断地流动。JIT 采购就是按照计算机系统的采购计划，需要多少，采购多少。JIT 送料指各种零部件暂时存放在海尔立体库，然后由计算机进行配套，把配置好的零部件直接送到生产线。海尔在全国建有物流中心系统，无论在全国什么地方，海尔都可以快速送货，实现 JIT 配送。海尔用及时配送的时间来满足用户的要求，最终消灭库存的空间，向零运营成本目标迈进。

(资料来源：http://blog.sina.com.cn/s/blog_9ebff85f010164z1.html)

思考题：
1. 请从海尔的生产管理方式中选出一个你熟悉的做具体阐述。
2. 请用自己的话概括海尔是如何进行生产管理的，以及收到了怎样的效果。
3. 结合你对海尔的了解，说说海尔的生产管理在海尔的成功中起到的作用。

第十章 质量管理

【学习要点】
◆ 质量管理相关概念
◆ 质量管理的重要思想
◆ 全面质量管理
◆ 质量管理体系及其构成
◆ 常用的质量控制和改进的工具
◆ ISO 9000 与质量认证

如果说 20 世纪是"生产率"的世纪,那么 21 世纪就是"质量"的世纪。进入 21 世纪以来,国际竞争的手段由单纯的数量扩张和价格竞争,逐步转变为质量和品牌的竞争。质量成为经济发展的强大驱动力和企业占领市场的强有力武器,加强质量管理已经成为现代企业管理的必修课。

第一节 质量管理概述

一、质量的概念

随着科学技术和经济生活的发展,人们对于质量的理解也是逐步变化的。在相当长的一段时间里,人们普遍认为产品符合规定的标准或要求就是合格的,即"符合性"质量。20 世纪 60 年代,美国著名质量管理专家朱兰(J. M. Juran)提出了质量就是"适用性"的观点,即质量就是产品在使用时能够成功地满足用户需要的程度。

但是适用性和满足顾客需要是比较抽象的概念,为了使之对质量管理工作起到指导作用,还需将其具体化。在这方面,美国质量管理专家戴维教授将适用性的概念具体为八个方面的含义,即:

(1) 性能。产品主要功能达到的技术水平和等级,如立体声音响的信噪比、灵敏度等。

(2) 附加功能。为使顾客更加方便、舒适等所增加的产品功能,如电视机的遥控器。

(3) 可靠性。产品和服务规定功能的准确性和准时性。比如,燃气灶、打火机每次一打就着火的概率;快递信件在规定时间内送达顾客手中的概率。

（4）一致性。产品和服务符合产品说明书和服务规定的程度,如汽车的百公里油耗是否超过说明书规定的公升数、饮料中的天然固形物的含量是否达到所规定的百分比等。

（5）耐久性。产品和服务达到规定的使用寿命的概率,比如电视机是否达到规定的服务使用小时、烫发发型是否保持规定的天数等。

（6）维护性。产品是否容易修理和维护。

（7）美学性。产品外观是否具有吸引力和艺术性。

（8）感觉性。产品和服务是否使人产生美好联想甚至妙不可言。如服装面料的手感、广告用语给人的感觉和使人产生的联想等。

以上八个方面是适用性概念的具体化。从这八个方面更容易明确顾客对产品的要求,从而可将这种要求化为产品的各种标准。然而,美国著名作业管理专家理查德·施恩伯格认为,这八个方面的质量含义偏重于制造企业和其产品,对于服务企业来说,还应进一步补充下列质量内容：

（1）价值。服务是不是最大限度地满足了顾客的希望,使其觉得钱花得值。

（2）响应速度。尤其对于服务业来说,时间是一个主要的质量性能和要求。有资料显示,超级市场出口处顾客等待时间超过5分钟时就显得很不耐烦,服务质量就会大打折扣。

（3）人性化。这是服务质量中一个最难把握但却非常重要的质量要素。人性化不仅仅是针对顾客的笑脸相迎,还包括对顾客的谦逊、尊重、信任、理解、体谅和与顾客有效的沟通。

（4）安全性。无任何风险、危险和疑虑。

（5）资格。具有必备的能力和知识,提供一流的服务。如导游的服务质量,就在很大程度上取决于导游人员的外语能力和知识素养。

国标 GB/T 19000-2008/ISO 9000:2005《质量管理体系基础和术语》将质量定义为"一组固有特性满足要求的程度"。这个概念已被广泛接受,在理解这一定义时需要注意以下几点：

（1）特性。特性分为固有特性与赋予特性。固有特性是指事物与生俱来的、长久不变的属性。例如,产品的尺寸、体积、重量,机械产品的机械性能、可靠性、可维修性等。赋予特性是为了适应不同要求而增加的特性,如产品的价格等。质量针对的是"固有特性"。

（2）要求。要求是指"明示的、通常隐含的或必须履行的需求与期望"。明示的要求是指合同等文件中规定或顾客明确指出的要求;通常隐含的要求是指作为一种习惯和常识,应当具有的不言而喻的要求;必须履行的要求是指法律法规规定的要求。

（3）程度。程度是特性满足要求的一种度量。质量对于同一品种来说有不同的档次,有高低优劣之分。度量必须在同一等级上进行。等级是指对功能用途相同但质量要求不同的产品所做的分类,档次低与质量差是两个不同的概念。

由此可见,随着科学技术和市场需求的不断发展,质量的概念也在逐步地拓展、深化和完善。从标准的"符合性"转变到用户的"适用性"再到顾客及相关方满意质量;从狭义的"产品质量"转变到广义的包括产品的性能、寿命、安全性、可靠性、准时性、经济性以及服务在内的质量概念;从产品提供者角度出发的"实物质量"转变为以产品使用者角度出发的"体验质量"等,质量的内涵与深度都在不断丰富与深化。但是,这一过程并不会停止,现如今,人们越来越追求高质量的产品和服务,而且所关注的质量领域在不断延伸:在企业内部延伸至过程质量和经营质量;在企业外部延伸至生活质量、环境质量和经济增长质量。今天,"大质量"的概念逐步广为人们所接受,且成为不可逆转的趋势。

【参考知识 10-1】 质量概念新发展——魅力质量

> 魅力质量理论是由日本著名的质量管理大师狩野纪昭（Noriaki Kano）提出的，它是根据顾客的感受和质量特性的实现程度，将质量划分为三种类型：基本型、期望型、魅力型。
>
> 基本质量是指符合产品或服务基本规格的质量，即顾客认为是理所当然应当具备的质量特性。例如，火车卧铺车厢应当保证开水供应和提供清洁的卧具。这类质量特性的特点是，即使提供充分也不会使顾客感到特别的兴奋和满意，但一旦不足却会引起强烈不满。
>
> 期望质量是指顾客要求并希望提供的质量特性，如商场售货员的服务态度、餐馆菜肴的味道等。这类质量特性的特点是，提供的充足，顾客就满意，越充足越满意，越不充足越不满意。
>
> 魅力质量是指通过满足顾客潜在需求，超越顾客期望，给顾客带来惊喜和愉悦以至于使顾客着迷的质量。这类质量的特点是，如果提供充足会使人产生满足，但不充足也不会使人产生不满。

二、质量管理及相关概念

质量管理是指组织为使产品或服务能够满足不断变化的质量要求、达到顾客满意而开展的策划、组织、实施、控制、检查、审核和改进等所有相关管理活动。

质量管理以质量管理体系为载体，通过建立质量方针和质量目标，为要实现的质量目标进行质量策划，实施质量控制和质量保证，开展质量改进等活动。质量策划、质量控制、质量保证和质量改进都是质量管理的组成部分（如图 10-1 所示）。

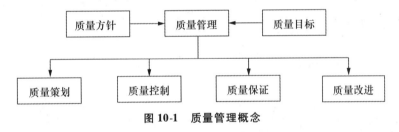

图 10-1 质量管理概念

（1）质量方针（Quality Policy），即由企业的最高管理者正式发布的该企业总的质量宗旨和质量方向。它是企业在一定时期内在质量方面的行动纲领，是企业经营方针的重要组成部分。反映了企业领导的质量意识和决策。

（2）质量目标（Quality Objective），即企业在质量方面所追求的目的。它是企业质量方针的具体体现。质量目标要切实可行并富有挑战性。

（3）质量策划（Quality Planning），即确定质量目标并规定必要的作业过程和相关资源以实现其质量目标的活动。它是质量管理中的筹划活动，是企业领导和管理部门的质量职责之一。

（4）质量控制（Quality Control），即企业为达到质量要求所采取的作业技术和活动。它通过对影响产品质量形成的因素"5M1E"（人、机、料、法、环、测）进行控制，实现其规定的要求。质量控制的目标是确保产品质量能满足用户的要求。

（5）质量保证（Quality Assurance）。质量保证致力于提供质量要求会得到满足的信任。企业为了表明其产品、过程和体系的质量能够满足要求，而在其质量体系中实施并根据需要进行证实的全部有计划和有系统的活动。质量保证可以分为内部质量保证和外部质量保证：前者是对组织的管理者提供信任，使其确信组织的质量管理体系有效运行；后者主要是向顾客提供信任，展示组织具备持续满足顾客需求的能力。

（6）质量改进（Quality Improvement）。质量改进致力于增强组织在满足质量要求方面的能力，是在现有基础上的提高和创新，以达到更高的质量水平。一般而言，质量改进应进行必要的策划，确定拟改进的项目，制订实施的计划，采取相应的措施，评价改进的效果。改进过程不是一次性事件，根据进展的情况和取得的结果，持续进行质量改进是非常重要的。

为了实现质量方针和质量目标，提高质量管理的有效性，应建立健全质量管理体系。质量管理体系是质量管理的组织、程序与资源的规范化、系统化。

三、质量管理重要思想

1. 朱兰"螺旋曲线"

产品质量会经历产生、形成和完善等三个过程。美国质量管理大师朱兰（J. M. Juran）率先采用一条螺旋上升的曲线来展示这一过程，即朱兰"螺旋曲线"，如图10-2所示。

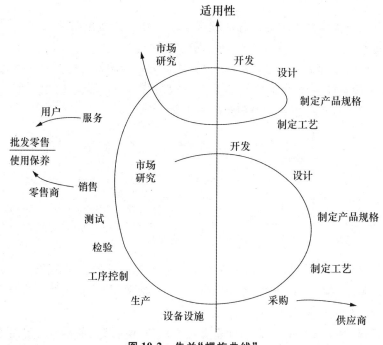

图10-2　朱兰"螺旋曲线"

朱兰"螺旋曲线"反映了产品质量产生、形成和发展的客观规律，可归纳为以下几点：

（1）产品质量形成的全过程包括市场研究、开发、设计、制定产品规格、制定工艺、采购、设备设施、生产、工序控制、检验、测试、销售、服务共13个环节。这是一个循序进行的工作过程，一环扣一环，持续改进。

（2）产品质量的形成过程是一个不断上升、不断提高的过程，每一次循环到达服务环节以后，又会以更高的水平进入下一次循环的起点——市场研究。

（3）产品质量的形成过程是各环节管理活动落实到各部门及有关人员的过程，也就是产品质量全过程管理。

（4）在螺旋曲线中有三个箭头分别指向供应商、零售商和用户，说明产品质量的形成过程，还要涉及组织以外的单位、部门和个人，因此质量管理是一项社会系统工程。

除"螺旋曲线"外，朱兰还提出了质量管理三元论，即把质量管理过程分为质量计划、质量控制和质量改进三项活动，质量管理三元论的核心是不断改进质量。

2. 戴明的质量管理"14条原则"

美国质量管理专家戴明（W. E. Deming）提出了质量管理的"14条原则"，又称为"戴明十四点"：

（1）要有一个改善产品和服务质量的长期目标，企业所有人员要对质量改进做出公开承诺。

（2）永远不要对自己的产品质量沾沾自喜，绝对不允许出现交货差错或延迟，不允许有缺陷的产品。

（3）摆脱对大规模检验的依赖性。通过建立基于统计过程控制的质量管理体系，从根本上提高质量水平。

（4）采购交易不应该只重视价格，应综合评价供应商的能力，减少供应商的数量，选择最好的供应商并与之建立长期关系。

（5）要有一个识别体系原因和非体系原因的措施。85%的质量问题和浪费现象都是由于体系的原因，而仅有15%是由于岗位上的原因。

（6）建立全面有效的岗位培训体系，并使用统计方法来衡量培训工作是否有效。

（7）建立领导体系。通过协调和监督机制，管理者和下属管理者能够及时发现和解决问题。

（8）建立有效的上下沟通机制，消除员工不敢提问题、提建议的恐惧心理。

（9）破除部门之间的壁垒，加强部门之间的信息沟通，鼓励研发、设计、销售和生产部门协同解决质量问题。

（10）取消不切实际的口号、标语和目标，提供切实可行的质量改进工具和方法。

（11）取消对一线员工的工作定额，对其进行投入、转换和产出方面的指导，提供过程改进的方法。

（12）尽可能消除妨碍基层员工工作顺畅和会失去工作尊严的因素，把工作成果转变为员工继续努力工作的动力。

（13）建立员工自我提高的机制，鼓励员工接受更多的培训和教育，以提高工作技能和个人素质。

（14）采取积极的行动推进组织变革，鼓励全体员工都来参加经营管理的改革。

3. 克劳斯比的"零缺陷"观点

20世纪60年代，零缺陷之父、美国质量管理大师克劳斯比（Philip B. Crosby）在Martin Marietta工作时，提出了"零缺陷"概念。他强调"预防"的重要性，并对"存在一定程度的缺陷"这一说法做出了新的诠释：不是停滞不前的借口，恰恰相反，是持续改进的机会所在。

按照"零缺陷"概念，克劳斯比认为任何水平的质量缺陷都不应该存在。为有助于公司实现共同目标，企业管理者应制订相应的质量管理计划。以下是克劳斯比的一些主要观点：

（1）高层管理者必须承担质量管理责任并表达实现最高质量水平的愿望；

（2）管理者必须持之以恒地努力实现高质量水平；

（3）管理者必须用质量术语来阐明其目标是什么，以及为实现这一目标的基层人员必须做什么；

（4）"第一次就做对"是最经济的；

（5）每个人都要尽到自己的工作职责。

四、质量管理的发展

质量管理随着企业管理理论与实践的发展而不断完善。不同时期，质量管理的理论、技术和方法都在不断地发展和变化。人们通常将质量管理的发展划分为三个阶段：质量检验阶段（Quality Inspect）、统计质量控制阶段（Statistical Quality Control，SQC）、全面质量管理阶段（Total Quality Control，TQC）。

1. 质量检验阶段

20世纪初，随着流水作业等先进生产方式的出现，产品的检验工作越来越重要，泰勒最早倡导将质量检验作为专职岗位独立出来，在车间中设立专门的质量检验人员。当时，质量管理工作主要是按照一定的标准对产品进行全数检验或抽样检验，对生产出的成品进行事后把关，剔出废品，防止不合格品出厂或转到下道工序。这种方法有效地减少了不合格产品流向市场，保护了顾客的利益，促进了产品质量的提高。但是，这种事后把关式的检验不能起到事前预防和控制的作用，不能有效减少因废品而造成的损失。

2. 统计质量控制阶段

20世纪30年代起，美国电报电器公司的休哈特（Walter A. Shewhtar）等工程师开始运用概率论与数理统计方法预测工序异常的发生，通过控制生产过程预防不合格品的产生。统计质量控制方法强调生产过程的预防性控制，使质量管理由单纯地依靠质量检验的事后把关，发展到预防性控制与事后检验相结合的工序管理，企业因此极大地减少了不合格产品的产生，降低了生产费用。但是统计质量控制方法需要计算机和数理统计软件的支持，对质量管理人员的素质要求较高，这在一定程度上限制了它的推广普及。

3. 全面质量管理阶段

随着科学技术的迅速发展，工业生产技术手段越来越现代化，工业产品更新换代也越来越频繁。特别是出现了许多大型产品和复杂的系统工程，质量要求大大提高了，特别是对安全性、可靠性的要求越来越高。此时，单纯依靠统计质量控制已无法满足市场的要求。20世纪50年代，美国通用电器公司的费根堡姆（A. V. Feigenbaum）和质量管理专家朱兰提出了全面质量管理的概念。他们认为除了依靠统计方法控制生产过程外，还需要开展一系列的企业管理工作，对设计、制造、生产准备以及产品使用等所有环节进行全过程的质量管理，公司全体人员都要具有质量观念，承担质量管理的职能。这一思想一经发布就得到了广泛的传播，在美国乃至世界范围内得到普遍接受和应用。质量管理从此掀开了新的一页，进入了全面质量管理阶段。

第二节　全面质量管理

全面质量管理是20世纪50年代提出的质量管理理念，随着科学技术的进步，全面质量管理的思想不断地丰富并得到广泛的传播。经过几十年的发展与完善，全面质量管理已经成为一套完整的质量管理体系。

一、全面质量管理的概念

全面质量管理是指企业以质量为中心,全员参与的致力于让顾客、员工及社会满意,从而使企业达到长期成功的管理模式。这就要求企业所有部门和全体人员都以产品质量为核心,把专业技术、管理技术和数理统计结合起来,建立起一套科学、严密、高效的质量保证体系,控制生产全过程影响质量的因素,以优质的工作、最经济的办法,提供满足用户需要的产品(服务)。简言之,全面质量管理就是全社会推动下的、企业全体人员参加的、用全面质量去保证生产全过程的质量的活动,而核心就在"全面"二字上。

全面质量管理为企业提供了从整体上提高效率、灵活性和竞争力的经营管理途径,对企业发展有重要意义,具体体现在如下方面:① 注重市场需求;② 在各个方面都达到高质量,而不是仅限于产品或服务质量;③ 选择可行、有效的方式检测所有的运作过程,以剔除无效作业和浪费;④ 识别所需的改进,并制定相应的绩效标准;⑤ 提高竞争意识,并制定有效的竞争战略;⑥ 倡导团队合作解决问题;⑦ 制定有效程序以便保持沟通;⑧ 保持经常性的评估,并制定持续改进的战略。

二、全面质量管理的基本思想

基于全面质量管理的定义,其基本思想主要体现在以下几个方面:

1. 以顾客为中心

没有顾客就没有企业的生存和发展。全面质量管理以顾客为中心,坚持"用户至上"和一切为顾客服务的思想,从顾客的角度制定并审视所有的质量管理策略,做到质量管理始于顾客的需要。

2. 预防为主

质量管理把工作的重点从"事后把关"转移到"事前预防",从管结果转变为管过程,实行"预防为主"的方针。

3. 持续改进

企业在实现和保持规定的产品质量的基础上,应不断提高经营管理水平,持续改进产品及质量管理体系,进而提高产品的质量。

4. 过程保障

产品质量管理是以过程为对象实施质量控制。因此,必须采用系统过程的方法,综合考虑所有影响产品质量的因素,建立健全企业的质量管理体系,以此规范产品的形成全过程,保证产品质量。

5. 突出人的作用

产品的设计、制造及企业经营管理等各项活动都离不开人的参与,而且必须以人为主导。要开展质量管理,人的因素是最积极、最重要的因素。为此,企业应突出人的作用,强调人的主观能动性,促使质量管理成为一项全员参与的活动。

三、全面质量管理的特点

全面质量管理的特点可归纳为"三全一多",即全员参与的质量管理、全过程的质量管理、全方位的质量管理、多种多样的质量管理工具和方法。

1. 全员参与的质量管理

全员参与的质量管理是指企业的所有成员都要参与到质量管理活动中。每个成员,上至执行总裁,下至一线作业工人,都处于不同的质量环中,每个人的工作都会影响产品或服务的质量。尤其是最高领导者,应该对质量管理做出承诺,确定质量方针和目标,营造全员重视质量管理的环境。

2. 全过程的质量管理

全过程的质量管理是指把质量管理贯彻到产品全生命周期内。全生命周期包括顾客需求调查、产品设计、原料获取、产品加工、配送分销、售后服务、最终处置。产品质量是设计和生产出来的,而不是检验出来的,只有坚持这种质量观,才能实现从事后检验到事前控制的转变。强调产品全生命周期质量管理,同时要求企业把质量管理上升到企业社会责任的高度。

3. 全方位的质量管理

全方位的质量管理是指各个职能部门要密切配合,按照职能划分,承担相应的质量责任。如果全过程质量管理是从纵向角度强调各个环节在质量形成过程中所起的作用,那么全方位质量管理就是从横向角度强调各个职能单位对质量管理应承担的相应责任。为做好全方位质量管理,必须建立贯穿整个企业的质量管理体系,并保证其运行。同时,质量涉及与企业相关的价值形成和市场链过程,因此企业的质量管理工作要全方位地延伸到供方和合作方等方面。

【参考知识 10-2】 6σ 管理法

σ 是一个希腊文字母,在统计学上用来表示标准偏差值,用以描述总体中的个体偏离均值的程度。测量出的 σ 表征着诸如单位缺陷、百万缺陷或错误的概率。

6σ 管理法最早被摩托罗拉公司应用于降低质量缺陷,取得了令人瞩目的成就,美国联合信号公司将 6σ 管理法推广到非制造领域,通用电气则将其提升到管理哲学和企业文化的层面。6σ 是一个目标,这个质量水平意味的是所有的过程和结果中,99.99966% 是无缺陷的,也就是说,做 100 万件事情,其中只有 3.4 件是有缺陷的,这几乎趋近到人类能够达到的最为完美的境界。

6σ 管理法是一种统计评估方法,追求零缺陷生产,防范产品责任风险,降低成本,提高生产率和市场占有率,提高顾客满意度和忠诚度。6σ 管理既着眼于产品、服务质量,又关注过程的改进。6σ 管理关注过程,特别是企业为市场和顾客提供价值的核心过程。过程能力用 σ 来度量后,σ 越大,过程的波动越小,满足顾客要求的能力就越强。6σ 理论认为,大多数企业在 3σ—4σ 间运转,也就是说每百万次操作失误在 6 210 至 66 800 之间,这些缺陷要求经营者以销售额 15%—30% 的资金进行事后的弥补或修正;而如果达到 6σ 的水平,事后弥补的资金将降低到约为销售额的 5%。

6σ 管理法主要采用五个主要步骤,即 DMAIC 流程:

D(定义),确定主要问题,定义改进项目的主要目标和确定关键特性;

M(度量),获得对问题和改进机会的定量认识,在此基础上获得项目实施方面的信息;

A(分析),增强对差距或者问题的理解,使用各分析步骤找出问题根源;

I(改进),针对差距和问题产生的原因,给出解决的方案,以获得突破和改进;

C(控制),建立保持措施,避免人们的工作方式回到旧的习惯和程序。

4. 多种多样的质量管理工具和方法

影响质量的因素可以归结为"5M1E",即人(Man)、机器(Machine)、材料(Material)、方法(Method)、环境(Environment)、测量(Measurement)。这些因素可以分为偶然性因素和必然性因素两大类。偶然性因素的出现没有规律,对产品质量造成的影响较小。必然性因素则相反,其出现有一定的规律性,一旦发生,就会造成严重的质量问题。显然,质量管理的重点应该放在发现、分析和控制必然性因素上。为此,就需要专门的工具或方法。比较常用的方法有:质量管理七种老工具、质量管理七种新工具、质量管理小组活动、头脑风暴法、标杆法、顾客需求调查、顾客满意度测评、质量机能展开、6σ管理、失误故障分析、可靠性检验等。

四、全面质量管理的工作程序

全面质量管理采用一套科学的、合乎逻辑的工作程序,即 PDCA 循环,就是按照计划(Plan)、执行(Do)、检查(Check)、处理(Action)四个阶段的顺序循环进行质量管理的一种方法。PDCA 循环是由美国质量管理专家戴明于 20 世纪 60 年代总结出来的,故也称作戴明环。

(一) PDCA 的四个阶段

PDCA 循环的四个阶段在具体工作中又进一步细化为八个步骤。

(1) 计划阶段(P 阶段)。经过分析研究,确定质量管理目标、项目和拟定相应的措施。这个阶段可具体分为四个工作步骤:① 分析现状,找出存在的质量问题,并用数据来说明;② 逐个分析影响质量的各种因素;③ 找出影响质量的主要因素;④ 针对主要原因制订解决问题的措施计划。措施计划要明确采取该措施的原因(why),执行措施预期达到的目的(what),在哪里执行措施(where),由谁来执行(who),何时开始执行和何时完成(when)以及如何执行(how),通常简称为 5W1H 问题。

(2) 执行阶段(D 阶段)。根据预定目标和措施计划,落实执行部门和负责人,组织计划的实现。

(3) 检查阶段(C 阶段)。检查计划实施结果,衡量和考察取得的效果,找出问题。

(4) 处理阶段(A 阶段)。有两个步骤:① 总结成功的经验和失败的教训,并纳入有关标准、制度或规定,巩固成绩,防止问题再度出现;② 将本次循环中遗留的问题提出来,以便转入下一个循环加以解决。

(二) PDCA 循环的特点

全面质量管理工作循环的特点:PDCA 循环一定要按顺序形成一个大圈,四个阶段不停地转;大环套小环,小环保大环,推动大循环;每完成一次循环,解决一批质量问题,产品质量和工作质量都会达到一个新水平,并要不断循环,不断上升(如图 10-3 所示)。

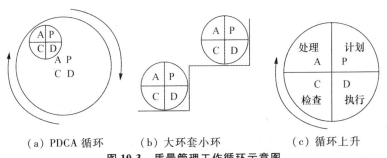

(a) PDCA 循环　　(b) 大环套小环　　(c) 循环上升

图 10-3　质量管理工作循环示意图

PDCA循环实际上是有效进行任何一项工作的合乎逻辑的工作程序。在质量管理中,PDCA循环得到了广泛的应用,并取得了很好的效果,因此,有人称PDCA循环是质量管理的基本方法。在解决问题过程中,常常不是一次PDCA循环就能够完成的,需要将PDCA循环持续下去。每经过一个循环,质量就会达到一个更高的水平,体现了质量管理持续改进的原则。

质量改进是质量管理的重要内容,企业要提高顾客的满意程度,就必须不断地开展质量改进。一方面,出现了问题就应该立即采取纠正措施;另一方面,通过寻找改进的机会,可预防问题的出现。同时,持续的质量改进是质量管理的基本内容,也是ISO 9000:2008中描述的质量管理八项基本原则之一。

质量改进致力于增强满足质量要求的能力。具体地讲,质量改进就是通过采取各种有效措施,提高产品、过程或体系满足质量要求的能力,使质量达到更高的水平。质量改进活动是一个过程,按照PDCA循环,逐步进行,实现质量水平的提升。

> **【参考知识10-3】** 质量改进的定量实现技术——质量机能展开
>
> 质量机能展开(Quality Function Deployment, QFD)于20世纪70年代初起源于日本的三菱重工,由日本质量管理大师赤尾洋二(Yoji Akao)和水野滋(Shigeru Mizuno)提出,旨在时刻确保产品设计满足顾客需求和价值。QFD产生于日本,发展于美国,并在全球得到广泛应用,现在已经成为一种重要的质量设计技术。
>
> 为了适应市场竞争,必须以顾客需求为导向进行产品开发。QFD的基本原理就是用"质量屋"的形式,量化分析顾客需求与工程措施间的关系度,经数据分析处理后找出对满足顾客需求贡献最大的工程措施,即关键措施,从而指导设计人员抓住主要矛盾,开展稳定性优化设计,开发出满足顾客需求的产品。
>
> 质量机能展开是把顾客对产品的需求进行多层次的演绎分析,转化为产品的设计要求、零部件特性、工艺要求、生产要求的质量工程工具,用来指导产品的质量设计和质量保证。QFD是开展6σ必须应用的最重要的方法之一。在概念设计、优化设计和验证阶段,QFD也可以发挥辅助的作用。

第三节 质量管理常用的统计控制方法

统计质量管理方法是进行质量控制的有效工具,自1924年美国的休哈特(W. A. Shewhtar)提出控制图以来,统计质量控制方法有了很大发展,出现了很多种方法。这些方法可大致分为以下三类:

(1)高级统计管理方法,包括高级实验计划法、多变量解析法。这些方法主要用于复杂的工程解析和质量解析,而且要借助于计算机手段,通常只是专业人员使用。

(2)中级统计管理方法,包括抽样调查方法、抽样检验方法、官能检查方法、实验计划法等。这些方法不需要企业全体人员都掌握,主要是有关技术人员和质量管理部门的人使用。

(3)常用统计管理方法,又称初级统计管理方法,主要包括调查表、数据分层法、排列图、因果分析图、直方图、控制图与散布图等,即所谓"质量管理七种工具"。日本著名的质量管理专家石川馨认为,企业内95%的质量管理问题,可通过企业上上下下全体人员活用这七种工具而得到解决。全面质量管理的推行,也离不开企业各级、各部门人员对这些工具的掌握。七种方法简介如下。

一、调查表

调查表也称核对表、检查表、统计分析表,是用来系统地收集数据和累积数据,并对资料进行粗略的整理和简单分析的统计图表。主要用于记录(记录原始数据,便于报告)、调查(调查原因、纠正措施)、日常管理(如设备检查、安全检查),如表10-1所示。

表10-1 铸造不良产品情况检查表

项目	铸造质量不良		收集人	×××	日期	2015.07.18
地点	质检科		记录人	×××	班次	全部
不良分类	废品数	2015年1—6月				
	1月	2月	3月	4月	5月	6月	合计
欠铸	224	258	356	353	332	223	1 746
冷隔	240	256	283	272	245	241	1 537
小砂眼	151	165	178	168	144	107	913
粘砂	75	80	90	94	82	72	493
其他	14	18	27	23	16	32	130
合计	704	777	934	910	819	675	4 819

二、数据分层法

数据分层法是指按照一定的类别或者标志,把收集到的数据加以分类整理的一种方法,如表10-2所示。通过数据分层把错综复杂的影响质量的因素分析清楚。分层的依据视数据的使用目的而定,如加工者、原材料、设备、时间、加工方法、检测手段、缺陷项目等。

表10-2 某工厂按材料缺陷量对其不同供应商进行分层

供应商	缺陷数	缺陷率
供应商 A	6	6%
供应商 B	2	2%
供应商 C	12	12%
供应商 D	9	9%

数据分层法通常和直方图法、排列图法、散布图法等其他质量管理中的统计方法联合使用。

三、排列图

排列图又称主次因素分析图或帕累托图,由意大利经济学家帕累托(Pareto)在统计社会财富分布状况时首创。美国质量管理专家朱兰将其引入了质量管理的领域,成为寻找影响产品质量主要因素的一种有效工具。

排列图直观地表现出了影响产品质量的"关键的少数和次要的多数"的因素,便于找出影响产品质量的主要问题,以确定质量改进的关键项目。图10-4为排列图分析实例。

如图 10-4 所示，排列图由两个纵坐标、一个横坐标、几个顺序排列的直方块和一条累计百分率曲线所组成。左边的纵坐标表示频数，右边的纵坐标表示频率；横坐标表示影响产品质量的因素或项目，按频数大小从左到右依次排列；各直方块宽度相等，高度对应于该因素或项目的频数；累计百分率曲线表示各影响因素影响程度比重的累计百分率，也叫帕累托曲线。通常在分析时，可以将各种因素分为三类：A 类，累计频率在 80% 以内的诸因素，为主要因素；B 类，累计频率在 80%—90% 的诸因素，为有影响的因素；C 类，累计频率在 90%—100% 的诸因素，为次要因素。其中，A 类因素为质量改进的主要项目。

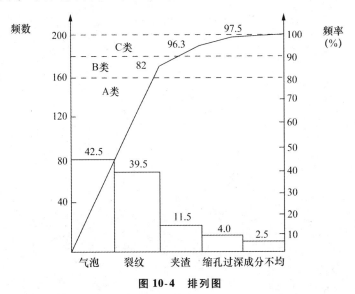

图 10-4　排列图

四、因果分析图

因果分析图又称树枝图、鱼刺图等，是表示质量特性与原因的关系的图。它主要用于寻找质量问题产生的原因，即整理和分析产生质量问题的因素及各因素之间及其与质量问题之间的因果关系。

如图 10-5 所示，因果分析图中的主干箭头指向质量问题，主干枝上的大枝、中枝、小枝、细

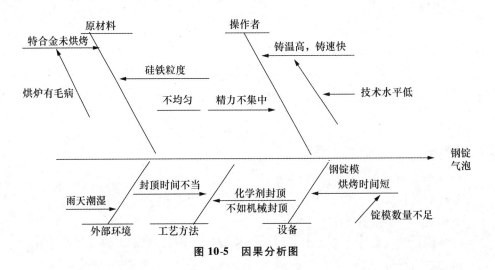

图 10-5　因果分析图

枝等依次对应表示产生质量问题的大原因、中原因、小原因、更小原因等,它们依次由粗至细、从大到小,构成了一幅层层展开的系统图。因果图可以帮助我们通过层层深入的方法,简便地从影响质量的大量因素中理出头绪,逐步把主要、关键、具体的原因找出来,从而明确所要采取的措施。

五、直方图

直方图法是通过对测定或收集来的数据进行加工整理,找出统计规律,来判断和预测生产过程质量和不合格品率的一种常用的工具。它可用来分析产品质量的分布状况,常用于定期报告质量状况、分析质量分散原因、测量工序能力、估计工序不合格品率等。通常的绘制方法如下:

（1）收集 n 个数据（$n \geq 50$）。
（2）找出数据中的最大值 x_L、最小值 x_S。
（3）确定数据的分组数 k（参考:$n=50—100,k=7;n=101—200,k=8;n=201—250,k=9;n>250,k=10—20$）,也有人用 $k=1+1.31\ln n$ 计算组数,n 一般取奇数。
（4）确定组距 h。$h=(x_L-x_S)/k$,按最后一位有效数取整。
（5）确定组界值。将 x_S 减去最后一位有效数的 1/2 作为第一组的下界值,加上组距后成为第一组的上界值和第二组的下界值,依次得到各组的组界,最后一组应包含 x_L。
（6）统计各组频数。将各组组界依次列入频数表中,把数据计入各组,计算频数。
（7）作直方图。以分组号为横坐标,频数为纵坐标,作成直方图,如图 10-6 所示。

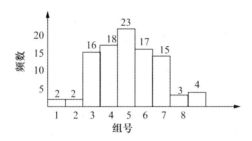

图 10-6 直方图

直方图是从形态的角度,通过产品质量的分布反映工序的精度状况。通常先看图形本身的形状是否正常（如表 10-3 所示）,再与公差（标准）做对比,做出大致判断。

表 10-3 直方图形状分析

类型	分析
a. 正常型	以中间为峰,像左右对称分布,符合正态分布状态

(续表)

类型	分析
b. 偏态型 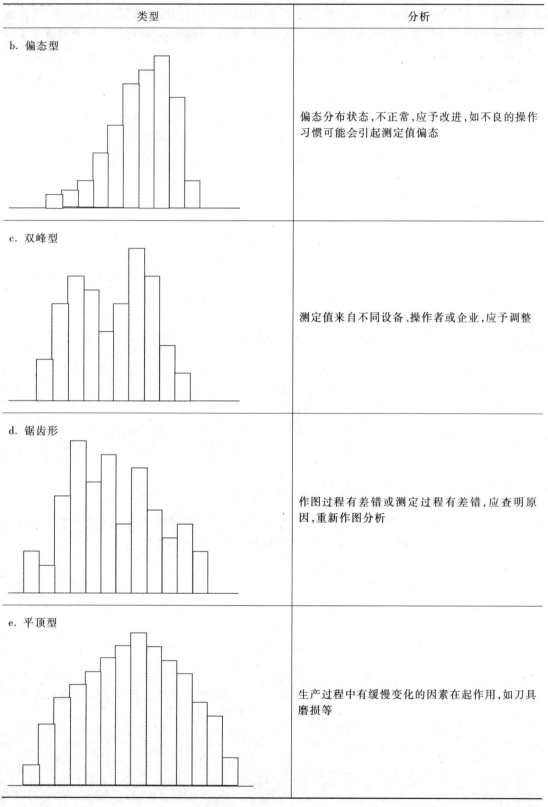	偏态分布状态,不正常,应予改进,如不良的操作习惯可能会引起测定值偏态
c. 双峰型	测定值来自不同设备、操作者或企业,应予调整
d. 锯齿形	作图过程有差错或测定过程有差错,应查明原因,重新作图分析
e. 平顶型	生产过程中有缓慢变化的因素在起作用,如刀具磨损等

(续表)

类型	分析
f. 孤岛型 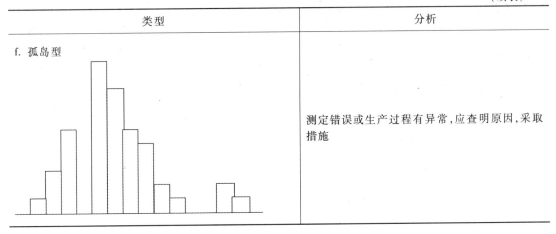	测定错误或生产过程有异常,应查明原因,采取措施

六、控制图

控制图又称管理图,是一种有控制界限的图,用来区分引起质量波动的原因是偶然的还是系统的。它可以提供系统原因存在的信息,从而判断生产过程是否处于受控状态。控制图的基本形式如图 10-7 所示。

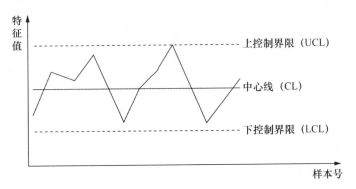

图 10-7　控制图

控制图上一般有三条线:中心线(CL)、上控制界限(UCL)和下控制界限(LCL)。一般把被控制的特征值用点描在图上,如果点全部落在上下控制线内,而且点的排列没有缺陷(如成链、倾向、靠近控制线、有周期性等),那么就表示质量数据的差异是由于偶然性因素引起的,整个生产处于控制状态;否则就认为生产过程存在异常原因,必须查出予以消除,使生产过程恢复正常。因此,控制图可以起到报警和预防出现大批废品的作用。控制图的控制界限就是判明生产过程是否存在异常原因的判断基准。通常把中心线定在被控制的统计量的期望值 $E(x)$ 上,用"三倍标准差法"来确定控制界限。这样的控制图叫作 3σ 控制图,是休哈特最早提出的控制图。

根据数据的类型,控制图可以分为两类:计量值控制图和计数值控制图。计量值控制图一般适用于以长度、强度、纯度等为控制对象的场合,属于这类的控制图有单值控制图、平均值—极差控制图、平均值—标准差控制图、中位数—极差控制图、单值—移动极差控制图。计数值控制图以质量特性为控制对象,属于这类的控制图有不合格品数控制图、不合格品率控制图、缺陷数控制图、单位缺陷数控制图。

七、散布图

散布图又称相关图、简易相关分析法,是判断两个变量之间是否存在相关关系的分布状态图形。可以利用散布图分析研究两种因素的数据之间的关系,进而控制影响产品质量的相关因素。其分布形状及分析如表10-4所示。

表10-4 散布图典型形状分析

图形	x与y的关系	图形	x与y的关系
	强正相关: x变大时,y也变大		弱负相关: x变小时,y大致变小
	强负相关: x变大时,y变小		不相关: x与y无任何规律性关系
	弱正相关: x变大时,y大致变大		非线性相关: x与y之间不是线性关系

以上方法通常被称为质量管理的"老七种工具"。随着企业生产发展以及科学技术的进步,运筹学、系统工程、行为科学等方法被引入了质量管理中。在生产实践中,又逐渐形成了关联图法、系统图法、矩阵图法、亲和图法(KJ法)、矩阵数据分析法、过程决策程序法(PDPC法)和矢线图法(被称为"新七种工具")等一些质量管理方法。在未来的质量管理中,随着科学技术与人们理念的进步,必然还会出现更多的、更为高效的质量管理方法与工具。

第四节 质量管理体系

质量管理需要采用一种系统的方式进行。经过长期的实践和总结,人们将这种系统的方式发展成为质量管理体系。企业质量管理的一个重要任务就是根据质量目标不断地健全、完善质量管理体系,从而提高企业的质量管理水平。

一、质量管理体系的内涵

质量管理体系是企业为实施质量管理所需的组织结构、职责、程序、过程和资源有机组成的一个整体,是质量管理的组织保证。质量管理体系是由若干要素构成的,企业质量管理体系的设计和实施受到多方面的影响,其结构和要素没有固定模式。以下两种体系结构,分别从不同的角度描述了质量管理体系要素间的相互联系与相互作用。

1. 要素树结构

质量管理体系是由若干要素构成的,既包括领导职责与质量管理职能、质量机构的设置、各机构的质量职能、职责以及它们之间的纵向与横向关系、质量工作网络和质量信息传递与反馈等,也包括人力资源与物质资源等硬件要素,如人才资源与技能、生产工艺设备、检验与试验设备以及计量器具等(如图10-8所示)。

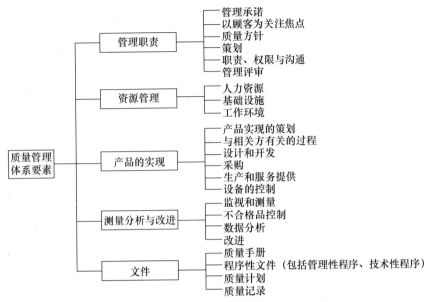

图10-8 质量管理体系要素树结构及分类

质量管理体系的要素树结构清晰地刻画出各个要素的层次结构,但对于要素间的相互作用和内在联系没有全面展示。

2. 以过程为基础的质量管理体系模式

GB/T 19001-2008/ISO 9001:2008 提出了以过程为基础的质量管理体系模式,从过程的角度展示了质量管理体系四大要素间的相互作用和内在联系(如图10-9所示)。该标准鼓励在建立、实施质量管理体系时采用过程方法,通过满足顾客要求,增强顾客满意。在质量管理体系中应用过程方法时,强调以下方面的重要性:

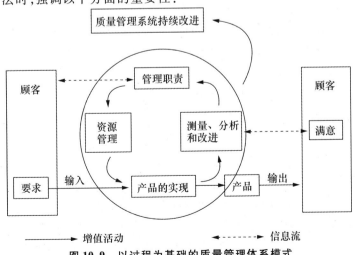

图10-9 以过程为基础的质量管理体系模式

(1) 理解和满足顾客要求；
(2) 需要从增值的角度考虑过程；
(3) 获得过程绩效和有效性的结果；
(4) 在客观测量的基础上，持续改进过程。

该图反映了在确定输入要求时，相关方起着重要作用，尤其顾客起着特别重要的作用，要求组织对顾客关于组织是否已满足其要求的感受信息进行评价。但是，这种结构模式没有详细地反映各个过程，无法说明四大要素的进一步分解及各自的组成。

二、ISO 9000 质量管理体系

ISO（国际标准化组织）于 1970 年成立了认证委员会（CERTICO），后更名为合格评定委员会（CASCO），从技术角度协调各国的认证制度，促进各国认证机构的合作和交流。ISO 9000 质量管理和质量保证标准系列，是认证中对供方质量体系做出评估的国际性标准，供各国及国际间认证选择使用。

1980 年，ISO 正式批准成立了"质量管理和质量保证技术委员会"，即 ISO/TC 176，并着手建立国际化的质量管理体系标准。ISO/TC 176 适应国际经济交流和国际市场竞争的需要，在总结各国质量保证制度的基础上，于 1987 年颁布了 ISO 9000 质量管理和质量保证系列标准，即 ISO 9000 系列标准，包括：

> ISO 9000 质量管理和质量保证标准——选择和使用指南；
> ISO 9001 质量体系——设计/开发、生产、安装和服务的质量保证模式；
> ISO 9002 质量体系——生产和安装的质量保证模式；
> ISO 9003 质量体系——最终检验和试验的质量保证模式；
> ISO 9004 质量管理和质量体系要素——指南。

该系列标准是质量管理和质量保证标准中的主体标准，共包括"标准选用、质量体系和质量管理"三类五项标准。该五项标准的诞生是世界范围内质量管理和质量保证工作的一个新纪元。由于该标准吸收了国际上先进的质量管理理念，采用 PDCA 循环的质量哲学思想，对于产品和服务的供需双方具有很强的实践性和指导性，对推动世界各国工业企业的质量管理和供需双方的质量保证、促进国际贸易交往起到了很好的作用。所以，标准一经问世，立即得到世界各国的普遍欢迎，到目前为止世界已有 170 多个国家和地区直接采用或等同转为相应的国家标准。我国于 1992 年等同采用了 ISO 9000 系列标准，发布为 GB/T 19000 系列标准。

随着国际贸易发展的需要和标准实施中出现的问题，特别是服务业在世界经济中所占的比例越来越大，ISO/TC176 根据发展的需要不断进行修订和更新，先后发布了 1994 版、2000 版和 2008 版 ISO 9000 系列标准。2008 版 ISO 9000 系列标准由一系列关于质量管理的标准、指南、技术规范、技术报告、小册子和网络文件组成。其中由四项密切相关的质量管理体系标准构成了 ISO 9000:2008 系列标准的核心标准，如表 10-5 所示。

表 10-5　ISO 9000:2008 核心标准构成

核心标准	ISO 9000:2005 质量管理体系——基础和术语
	ISO 9001:2008 质量管理体系——要求
	ISO 9004:2009 质量管理体系——业绩改进指南
	ISO 19011:2002 质量和（或）环境管理体系审核指南

ISO 组织在 2008 年版的 ISO 9000 系列标准之后,适时地进行版本的升级与优化。2015 年 ISO 组织发布了《ISO 9001:2015 质量管理体系——要求》,增强其同其他 ISO 管理体系标准的兼容性和符合性,强化了风险方面的内容,更加适用于服务型组织。目前《ISO 9001:2015 质量管理体系——要求》是认证机构审核的依据标准,也是想进行认证的企业需要满足的标准。

三、卓越绩效模式概述

卓越绩效模式是 20 世纪 80 年代后期美国创建的一种世界级企业成功的管理模式,其核心是强化组织的顾客满意意识和创新活动,追求卓越的经营绩效。该模式提供了对企业的过程和经营绩效的评估框架,通过评估可以识别企业的改进机会,加速企业追求卓越的历程。卓越绩效模式已经得到美国企业界和管理界的公认,世界各国许多企业和组织纷纷引入实施,其中施乐公司、通用公司、微软公司、摩托罗拉公司等世界级企业都是运用卓越绩效模式取得出色经营结果的典范。2001 年起,中国质量协会参照美国质量奖设立了"全国质量管理奖"。2004 年 8 月 30 日,在参考国外质量奖评价准则和我国企业质量管理实践经验的基础上,国家质检总局和中国标准化管理委员会联合颁布了 GB/T 19580《卓越绩效评价准则》国家标准,这标志着卓越绩效模式在我国的推广进入了一个新的阶段。

卓越绩效评价准则包括:领导,战略,顾客与市场,资源,过程管理,测量、分析与改进,经营结果。其中,前六个类目是有关过程的要求,称为过程类条目;第七个类目是有关结果的,称为结果类条目。过程的输出就是结果,结果由过程取得。

GB/Z 19579《卓越绩效评价准则实施指南》的附录 A 中,提出了卓越绩效评价准则的框架模型图,如图 10-10 所示。

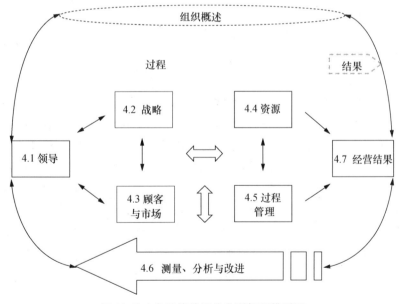

图 10-10 卓越绩效评价准则框架模型图

对于一个组织的经营管理系统来说,"领导"决定和控制着组织前进的方向。"领导""战略""顾客与市场"构成"领导作用"三角,是驱动性的;"资源""过程管理""经营结果"构成"资源、过程和结果"三角,是从动性的;而"测量、分析与改进"犹如链接两个三角的"链条",转动着改进与创新的 PDCA 之轮,不断提升组织的整体经营绩效和竞争能力。图 10-10 中,每个三角中的小箭头表示了各类目之间的相互作用;中间的双向粗箭头表示"领导"密切关注着"经营结果",并通过对经营结果的绩效评价来改进领导系统;;下方的双向粗箭头以及左、右下方的细箭头表示"测量、分析与改进"贯穿其他所有类目中,并相互作用。

七个类目细分为 22 个条目,设定总分为 1 000 分,条款的具体内容和分值如表 10-6 所示。

表 10-6 卓越绩效评价准则条款要求及赋分值

七大类目	具体细分条目	权重
GB/T 19580《卓越绩效评价准则》		
1. 领导	组织的领导(60 分);社会责任(40 分)	100 分
2. 战略	战略制定(40 分);战略部署(40 分)	80 分
3. 顾客与市场	顾客和市场的了解(40 分);顾客关系满意(50 分)	90 分
4. 资源	人力资源(40 分);财务资源(10 分);基础设施(20 分);信息(20 分);技术(20 分);相关方关系(10 分)	120 分
5. 过程管理	价值创造过程(70 分);支持过程(40 分)	110 分
6. 测量、分析与改进	测量与分析(40 分);信息和知识的管理(30 分);改进(30 分)	100 分
7. 经营结果	顾客与市场的结果(120 分);财务结果(80 分);资源结果(80 分);过程有效性结果(70 分);组织的治理和社会责任结果(50 分)	400 分

卓越绩效准则体现的是大质量的概念,以让所有相关方满意为目的,是一个以结果为导向的经营管理系统。卓越的经营结果,是在重要的利益相关方、长短期目标之间平衡的结果,是依靠组织有效的领导、战略、顾客导向、科学的资源配置、过程管理获得的有竞争力的、环境友好的结果,并通过绩效改进机制的建立,追求组织的长期成功。

四、质量认证

1. 质量认证的定义

质量认证也称为合格认证。关于合格认证,国际标准化组织先后给出了三个定义:ISO/IEC 指南 2-1983《标准化、认证与试验室认可的一般术语及其定义》将合格认证定义为:"用合格证书或合格标志的方法,证明某一产品或服务符合特定的标准或技术规范的活动。"ISO/IEC 指南 2-1986 将合格认证的定义改为:"由可以充分信任的第三方证实某一经鉴定的产品或服务符合特定标准或规范性文件的活动。"ISO/IEC 指南 2-1991 对"认证"一词做了以下定义:"第三方依据程序对产品、过程或服务符合规定的要求给予书面保证。"

由此可见,所谓"认证"就是根据相应的标准和有关的技术规范对企业的某一产品或服务进行试验或检查,如果该产品或服务符合这些标准或技术规范,则发给该企业有关该产品的认证合格证书,允许该产品出厂时使用合格标志,以证明该产品或服务符合相应的标准或技术规范。

此外,还有质量体系认证。所谓质量体系认证,是指对供方的质量体系进行的第三方评定和注册的活动,目的在于通过评定和事后监督来证明供方质量体系符合并满足需方对该体系规定的要求,对供方的质量管理能力予以独立的证实。供方是指对产品或服务负责,并能确保质量保证实施的一方。制造厂、分包商、进口商、组装厂商、服务机构等都可称为供方。

习惯上,把产品质量认证和质量体系认证通称为质量认证。总之,质量认证是指认证机构证明产品、过程或管理体系符合相关技术法规或者标准的合格评定活动。

2. 质量认证的特点

从上述定义可以看出,质量认证具有以下特点:

(1) 质量认证的对象是产品、过程和质量管理体系。这里所指的产品,按照 ISO 8402-1994 中对产品所做的定义"产品包括服务、硬件、流程性材料、软件或其组合",因而服务已包括在产品的含义之中。关于过程,ISO 8402-1994 的定义是:"把输入转化成输出的一组相关联的资源和活动。"在质量认证中,对于"过程"的认证可理解为:产品形成过程中某些专业独立性较强的工艺、计算、检测、试验等过程,如锻造、铸造、焊接、热处理、表面处理、无损检测、大型试验、复杂计算等。

(2) 认证工作的基础是标准。认证是以标准或技术规范为准则的。认证的基础是标准,没有标准就不能进行认证。标准包括基础标准、产品标准、试验方法标准、检验方法标准、安全和环境保护标准以及管理标准等。ISO 9000 质量管理和质量保证标准系列,是认证中对供方质量体系做出评估的国际性标准,供各国及国际间认证选择使用。

(3) 质量认证活动是由第三方进行的。质量认证的最大特点是第三方进行的活动。所谓第三方,是指独立于第一方(制造厂、卖方、供方)和第二方(用户、买方、需方)之外的一方。第三方与第一、二方之间应没有直接的经济利害关系,体现公正性和客观性。

(4) 认证合格的证明方式可以采用合格证书和认证标志。合格证书和认证标志通常由第三方认证机构颁发和规定。世界上第一个认证标志是 1903 年英国工程标准委员会创制的,用于证明符合"BS"(英国标准)要求的标志。我国现在使用的"方圆标志"、"长城标志"、"PRC 标志"都是产品质量认证合格的标志。单独进行质量体系认证合格的企、事业单位,只发认证合格证书,产品上不做合格标志。

(5) 质量认证可分为自愿性认证和强制性认证。一般情况下,质量管理体系认证、产品合格认证是自愿的,而产品的安全认证和市场准入认证是强制性的。例如,欧盟的"CE"认证标志和我国的"CCC"认证标志属于强制性的产品认证标志;我国 2002 年开始的粮油等食品的质量安全市场准入制度(QS 制度)认证也属于强制性认证,没有按照国家规定加贴 QS 标志的食品,政府将不允许其进入市场。我国的方圆合格标志属于自愿性产品认证标志,绿色食品认证、有机食品认证等也属于自愿性的产品质量认证。

3. 质量认证的作用

质量管理体系认证之所以在各个国家得到广泛的推行,是因为其具有三大方面的作用:

(1) 从用户和消费者的角度看,质量认证能够帮助他们鉴别和判断组织(企业)的质量保证能力,确保购买到优质满意的产品。第三方的 ISO 9000 认证可使众多的第二方节省审核的精力和费用。

(2) 从组织(企业)的角度看,质量认证可以帮助组织加强内部质量管理,提高产品质量保证能力,提高市场竞争能力,避免外部对组织的重复检查与评定。ISO 9000 质量体系认证是消除国际贸易壁垒的主要途径,有利于企业产品走向国际市场,有利于企业有效地避免产品责任。

(3) 从政府的角度看,质量管理体系认证可以促进市场的质量竞争,引导组织加强内部质量管理,稳定和提高产品质量,帮助组织提高质量竞争能力,有利于国际间的经济合作和技术交流,能够维护用户和消费者的权益并避免因重复检查和评定给社会造成的浪费。

【思考题】

1. 简述质量的概念及其内涵的变迁历程。
2. 什么是质量管理？它包括哪些活动？
3. 什么是朱兰"螺旋曲线"？
4. 克劳斯比的"零缺陷"观点的主要内容是什么？
5. 质量管理经历了哪几个发展阶段？
6. 什么是全面质量管理？请简述全面质量管理的特点。
7. 何谓质量管理体系？质量管理体系包括哪几个方面的内容？
8. PDCA 循环的含义是什么？它具有哪些特点？
9. 质量管理常用的统计控制方法有哪些？它们各自的作用如何？
10. 什么是 ISO 9000 族标准？它是如何构成的？
11. 什么是质量认证？它有什么特点？
12. 质量认证有何作用？
13. 随机抽取 50 根钢丝，测定它们的抗拉强度，获得如表中所示的数据：

抗拉强度数据　　　　　　　　　　　　　　　　　　　　单位：kg/mm

28.3	27.5	27.7	29.1	28.7	29.0	28.4	30.9	27.4	28.3
24.8	28.5	30.5	27.1	28.7	28.8	27.8	29.9	27.7	27.9
26.3	26.8	28.1	26.9	29.0	27.5	25.3	26.3	26.5	27.9
29.8	28.2	26.5	29.9	27.7	29.5	28.0	29.4	27.0	27.3
28.6	28.2	26.8	29.7	29.4	28.3	26.0	28.9	27.8	27.4

试编制频数分布表，制作频数直方图并进行分析。

14. 下面记录了 36 块钢板产生质量问题的原因：

线性伤痕	折痕	皱纹	线性伤痕	线性伤痕	线性伤痕
折痕	皱纹	轧压划痕	划痕	重皮	线性划痕
重皮	折痕	线性伤痕	折痕	线性伤痕	皱纹
折痕	线性伤痕	轧压划痕	耳子	线性伤痕	皱纹
折痕	线性伤痕	皱纹	折痕	折痕	线性伤痕
皱纹	划痕	线性伤痕	线性伤痕	扎压划痕	折痕

试做排列图，并指出产生质量问题的主要因素。

【案例】

大众速腾汽车"断轴"事件的背后

大众汽车一直以来都是德国的象征与骄傲，大众进入中国以来，分别与一汽集团和上汽集团合资成立了一汽—大众和上海大众。大众作为德系车的代表品牌过去在中国市场一直具有良好的口碑，南北两家大众凭借德国大众精湛的制造工艺和先进的汽车技术，又迎合了国人对于汽车的需求，迅速成为中国乘用车市场的领头羊和行业的标杆。但是，2014 年以来的一汽—大众速腾汽车"断轴"事件把这样一家标杆企业推到了风口浪尖，众多速腾车主走上了维权的道路,这让大众汽车在国人心目中的质量形象和信誉严重受损,品牌影响力大大降低。

一、一汽—大众汽车简介

一汽—大众汽车公司是1991年由中国第一汽车集团公司和德国大众汽车股份公司、奥迪汽车股份公司及大众汽车(中国)投资有限公司合资经营的大型轿车生产企业,是我国第一个按经济规模起步建设的现代化轿车工业基地,使我国轿车工业进入了大规模生产的新时期。1998年,一汽—大众正式通过ISO 9001质量体系认证;2002年,一汽—大众通过ISO 9001(2002版)标准认证,并荣获ISO 14001环境管理体系认证证书。目前公司经营的汽车品牌包括大众(捷达、宝来、高尔夫、速腾、迈腾、CC)和奥迪(A4L、A6L、Q3、Q5、A3)。2014年一汽—大众共销售新车1 742 788辆,较2013年同比增长14.18%,继2008年夺得国内乘用车企业销量冠军后,时隔6年再次登顶。

二、一汽—大众速腾汽车"断轴"事件

一汽—大众速腾汽车曾因为设计合理、技术成熟、制造用料上乘而成为国内乘用车的标杆。2012年3月7日,一汽大众新速腾上市。新速腾将原有老速腾的后悬挂由多连杆式独立悬架换为扭力梁式非独立悬架。厂商解释为非独立悬架更有利于扩展车辆的后部空间,提高乘坐舒适性。社会普遍认为速腾换装实为减配,一时引起了不小的争议。也正是因为此次配置的改变,有关采用"扭力梁式非独立悬架"结构的新速腾"断轴"的投诉和新闻开始增多,社会的质疑声越来越大。2012年年底,有车主曝光速腾车发生后悬架断裂。

2014年7月22日,一汽—大众汽车有限公司在其官方微博发出声明:速腾的后悬架问题属于极个别案例,并非设计和制造过程中出现的批量问题,请广大消费者放心。但是该解释并未获得速腾车主的认可。

2014年8月14日,国家质检总局执法督查司表示,正式启动对一汽—大众新速腾后轴纵臂断裂问题的缺陷调查。

2014年10月15日,一汽—大众向国家质检总局备案了召回计划,自2015年2月2日起,在中国召回2011年5月至2014年5月生产的新速腾汽车和2012年4月24日至2013年7月17日生产的甲壳虫汽车。

2014年10月17日,一汽—大众发布公告,宣布将在中国召回56.36万辆新速腾和1.74万辆进口甲壳虫。公告内容还显示在少数情况下,这些装配了耦合杆式后悬架的新速腾和甲壳虫,如果侧后方或者后方曾经受到过冲击,则有可能导致耦合杆式后悬架纵臂弯曲。如果这个缺陷没有被及时发现并修理,会导致耦合杆式后悬架纵臂意外断裂,可能使车辆在行驶中失去操控。本次召回的解决方案是在后轴纵臂上安装金属衬板。

速腾车主对于本次召回的处理方案表示不接受,认为这根本无法解决问题,因为一旦出现断轴现象,特别是在高速行驶中,一块金属衬板根本无法起到保护作用。而一汽—大众表示,如后轴纵臂发生断裂,金属衬板可以保证车辆的行驶稳定性,并会发出持续的警示性噪音。至此,大众新速腾汽车"断轴"事件愈演愈烈,一时间速腾车主维权成为社会热议的话题。根据中国汽车质量网显示,至2014年10月,关于一汽—大众新速腾的投诉共有3 000余例,其中关于其后悬挂的投诉有近2 000例,据不完全统计,速腾车主维权的QQ群已达上百个,成员共有10 000余名。之后更大规模的速腾车主维权活动频频发生。

2015年9月11日,国家质检总局针对一汽—大众新速腾汽车耦合杆式后轴纵臂断裂问题的缺陷调查报告正式出炉,确认速腾汽车耦合杆式后轴纵臂构成缺陷,加装衬板的召回措施仍存在风险。质检总局责成一汽—大众继续召回,提高召回完成率,持续加强对加装衬板后的

车辆进行监测,并采取进一步措施,消除安全风险。

大众速腾汽车"断轴"事件仍旧未有一个明确的、可以让社会满意的解决方案,事件仍在演变,同时大众汽车的品牌形象受到极大影响。大众汽车一时间的销量受到极大影响,据统计,4月份一汽—大众销量约为13.22万辆,同比下滑16.9%;而5月份前三周,一汽—大众的销量仅有6万辆,出现同比45.7%的断崖式下滑。

三、"断轴"事件原因

从国际大环境来看,汽车行业成为拉动全球经济增长的重要力量,各国竞相发展汽车业。老牌厂商不断扩大规模,新的汽车厂商犹如雨后春笋般出现,导致全球汽车市场竞争进一步加剧。汽车厂商为了谋求生存,就必须追求更高利润,除了进行技术的升级改进和加强内部管理之外,降低原材料和零配件成本也成为各汽车厂商挤压利润的重要途径。近年来不少汽车厂商以各种名目,过度地减少或降低汽车配置,甚至以舒适性来遮盖汽车安全性的缺陷来博得车主的青睐,这些都导致了汽车整体质量的下降。一汽—大众以扭力梁结构代替独立悬架结构是一种成本的节约,但也是安全的漏洞。

从国内环境来看,目前我国汽车产业正如日中天、蓬勃发展,而在汽车生产方面的质量监管问题却日益突出。有关部门的监管不及时、监管不到位使得一些降低成本而忽视质量的厂商有了可乘之机。如何建立及时、高效的汽车生产质量监管体系成为亟须解决的现实问题,质量监管应该在汽车的设计、生产、销售、售后等各个环节都应存在和发挥作用。本次大众速腾"断轴"事件的发生,反映了监管不到位所带来的严重后果。

在国内汽车市场逐渐由增量市场转为存量市场的背景下,一汽—大众想要获得更大的生存空间,通过减配来压缩成本成为一条自然而然的选择。但是这也反映出一汽—大众管理意识的落后,一味追逐降低成本,却忽视了质量与安全,反而以空间增大的噱头作为营销重点,最终导致在汽车配置上的不合理,酿成了速腾汽车"断轴"事件。

正是速腾"断轴"事件,大众汽车的标杆形象受到了重创,其汽车销量大幅下滑反映了一汽—大众发展的疲态。在这次"断轴"事件的背后,有着太多让人深思的问题。

(资料来源:根据网络上相关资料整理)

思考题:

1. 结合案例资料和个人知识积累,讨论一汽—大众速腾汽车"断轴"事件反映了该企业质量管理方面存在什么问题。

2. 一汽—大众速腾汽车"断轴"事件对一汽—大众公司来说是一场企业危机,它反映了企业质量管理体系的溃败,您赞同此说法吗?为什么?

3. 结合一汽—大众速腾汽车"断轴"事件,讨论企业加强质量管理的意义。

第十一章 安全管理

【学习要点】
◆ 现代安全管理
◆ 五种事故致因理论
◆ 企业安全生产管理
◆ 危险源辨识与安全评价
◆ 企业应急预案
◆ 职业健康安全管理体系简介

安全是人类生存与发展的永恒主题,社会发展越文明,人们越重视安全。随着时代的发展,安全生产成为人们极为关注的大事。重视安全生产管理,保护国家财产和人民生命的安全,是现代企业义不容辞的责任,也是保证企业健康运行的重要前提。

第一节 安全管理概述

一、安全的有关概念

1. 安全与危险

安全与危险是人们对生产、生活中是否可能遭受健康损害和人身伤亡的综合认识,两者是相对的。安全泛指没有危险、不受威胁和不出事故的状态。按照安全系统工程的观点,安全是指人们在生产、生活乃至一切活动的过程与结果中,都不发生人身伤害、物资损失或环境破坏的状态。

危险与安全相对,它是指人们在生产、生活乃至一切活动的过程与结果中,可能造成人员伤害、财产损失或环境破坏等意外事故的现有或潜在状态。危险是人们对事物的具体认识,必须指明具体对象,如危险环境、危险物质、危险人员等。为了定量评价和比较危险的大小,一般用危险度(也称风险或风险度,Risk)来表示危险的程度。在安全生产活动中,危险度用生产系统中事故发生的可能性与严重性给出,即:

$$R = f(F, C)$$

式中,R 为危险度;F 为发生事故的可能性;C 为发生事故的严重性。

安全与危险是相对的,当危险性低于某种程度时,人们就认为是安全的。安全与危险的这种相对性可以用下式来表达:

$$S = 1 - R$$

式中,S 为安全度;R 为危险度。

2. 事故与职业病

事故是指在生产活动中发生的非正常事件,它可能导致人员死亡、疾病(这里的疾病指的是职业病或与职业有关的疾病)、伤害或财产的损失。因此,事故应包括两个方面,即非正常发生的事件以及由此而导致的后果。事故的种类一般从两个角度划分。

(1)以人为中心考察事故的后果,可将事故分为伤亡事故和一般事故。伤亡事故是人体生理机能部分或全部丧失的事故。我国习惯上将企业职工在生产区域中发生的与生产有关的伤亡事故(包括急性中毒)称为工伤事故。一般事故亦称无伤害事故,是指人身没有受到伤害或受伤轻微,停工短暂或与人的生理机能障碍无关的事故。对于既没有造成人员伤害,也没有造成物质损失的事故,称之为未遂事故。

(2)从事故的性质来看,可以将事故分为责任事故和非责任事故。责任事故是指本来可以预防、控制或避免,但由于人的原因没有提前采取措施从而造成的事故。责任事故大多数是由于职工不服从管理,违反规章制度造成的;或者管理者瞎指挥,强令工人违章冒险作业而发生人身伤亡或造成严重后果的事故。非责任事故包括自然灾害和技术事故。自然灾害主要指地震、洪水、泥石流等。技术事故是指由于科学技术水平的限制,安全防范知识和技术条件、设备设施达不到应有的水平和性能而发生的无法避免的事故。

职业病是由于职业毒害引起的疾病。在生产劳动中,工人长期从事某种职业的劳动,由于未能及时预防和消除生产作业环境中对身体机能有不良影响的因素,以致这些因素对人体健康产生一定的毒害作用,这种毒害称为职业毒害。

二、安全管理概述

1. 安全管理的含义

安全管理是人类在各种生产活动中,按照安全科学所揭示的客观规律,对生产活动中的安全问题进行计划、组织、指挥、控制和协调等一系列活动的总称。

现代安全管理体现了系统安全的基本思想,以消除人的不安全行为与物的不安全状态为中心,以危险源辨识、评价和控制为管理工作的基本任务,其重要特征是强调以人为核心的安全管理。企业要不断改善劳动生产条件,控制危险源,提高企业安全生产水平。从企业全局考虑,把管理重点放在危险源控制的整体效应上,实行全员、全过程、全方位的安全管理,使企业满足安全生产的要求。

2. 安全管理的特征

安全管理具有长期性、预防性、全员性、重要性及动态性的基本特性。

(1)长期性。安全管理活动贯穿于一切生产活动之中,是一项经常性、长期性的工作。从宏观角度来衡量,在人类生产领域中,随着科学的发展以及新技术的应用,会不断出现新的安全技术问题,而人们对安全问题的认识也会进一步深化,更加体现出安全管理活动的长期性和艰巨性。

(2)预防性。安全管理活动的任务是保护职工的人身安全和身心健康,保障设备财产不遭受损失,为职工创造一个良好的工作环境。因此,预防为主是其立足点。搞好预防性工作,不仅体现在采取一系列技术措施及管理措施上,还体现在将预防为主的观念灌输到安全教育活动中。

(3) 全员性。企业全体员工参与安全管理活动可以有力地保障企业进行安全生产,降低事故率。其中,事故率是一个综合性的指标,事故率的高低体现了企业的综合管理水平以及企业员工安全素质的高低,而不仅仅是安全管理人员的事情。因此,企业全体员工参与安全管理活动是安全管理工作的基础。

(4) 重要性。安全问题之所以重要,就在于它遍及生产活动过程的每一个角落,同时又牵系千千万万个家庭。一起重大事故,不仅使企业遭受经济损失,还会在广大职工心灵上蒙上一层阴影。而良好的安全生产环境和秩序,则有利于提高企业的经济效益,保证广大职工安居乐业。因此,安全管理十分重要,它与企业的经济效益直接挂钩。

(5) 动态性。安全生产是一个动态的过程,生产系统、生产要素、生产人员等都处在一个动态变化的系统中。因此,安全管理活动不是一个静态的过程,安全管理的对象、流程、体系等应该根据生产和技术的变化而不断变化,才能从根本上有效遏制安全事故的发生。

三、现代安全管理的基本观念

实现安全管理现代化不仅是社会主义建设的需要,也是企业管理改革的重要组成部分。安全管理现代化不仅包括管理体制、管理组织、管理手段和管理方法的变革,还有极为重要的一条就是安全观念的转变。以下是安全管理现代化过程中的几个基本观念:

1. 科学的观念

安全不是常识,而是一门科学,这是一种观念的转变。目前,安全科学已得到社会的广泛承认,并在社会主义建设中发挥着越来越大的作用。那种"当领导的平时多念一念,安全员在现场多跑一跑,操作时多注意一点,就不会出大乱子"的安全观念已经被证明难以适应生产的发展。安全生产必须尊重科学,按客观规律办事。

2. 系统的观念

所谓系统的观点,是指运用系统工程的原理和方法研究与解决生产活动中的安全问题。其基本思想就是从系统的整体出发,将研究对象放在系统中去分析和研究。着重从整体与部分、部分之间的相互联系和相互制约中综合考虑,以达到最佳处理效果。其最大的特点就是把相互之间具有有机联系的各要素看成一个整体,采用系统的观点去解决安全问题。

3. 预防的观念

时代的发展,要求从一开始就树立不允许发生事故的观念。海因里希认为98%的事故可以预防,杜邦安全管理体系甚至认为"一切事故都是可预防的"。因此,在安全生产和安全管理活动中,应该牢固树立预防事故的观念。

4. 发展的观念

事物是在不断向前发展的,人类社会随着生产力的发展也在不断前进,安全管理工作随着企业管理的进步而不断完善,吸收了许多新观念、新思想和新方法,并在生产实践中得到了应用和改进,并且反过来促进安全管理的新发展。

第二节 事故致因理论

事故致因理论是用来阐明事故发生机理、防止事故发生的理论。人们研究了大量伤亡事故发生情况后发现,伤亡事故的发生不是一个孤立的事件。尽管伤亡事故可能发生在某个瞬间,却是一系列互为因果的原因事件相继发生的结果。由于人们对事故的原因认识存在差异,从而形成了不同的事故致因理论。

一、海因里希事故因果连锁论

海因里希事故因果连锁论是应用多米诺骨牌原理来阐述事故因果关系的理论。最初,海因里希把工业伤害事故的发生、发展过程描述为四种因果连锁关系:

（1）人员伤亡的发生是事故的结果;

（2）事故的发生由人的不安全行为或(和)物的不安全状态所引起;

（3）人的不安全行为、物的不安全状态由人的缺点所造成;

（4）人的缺点由不良环境所诱发,或者由先天的遗传因素所决定。

随后,海因里希提出了事故因果连锁过程包含五种要素:

（1）遗传及社会环境。遗传因素及社会环境是造成人性格缺点的原因,是因果链上的基本因素。遗传因素可能造成鲁莽、固执等不良性格;社会环境可能助长性格上缺点的发展。

（2）人的缺点。人的缺点是使人产生不安全行为或造成物的不安全状态的原因,包括鲁莽、固执、过激、轻率等性格上先天的缺点,以及缺乏安全生产知识和技能等后天的缺点。

（3）人的不安全行为或物的不安全状态。人的不安全行为或物的不安全状态是指那些曾经引起过事故,或可能引起事故的人的行为,或机械、物质的状态,它们是造成事故的直接原因。例如,在起重机的吊臂下停留,不发信号就启动机器,工作时间打闹等都属于人的不安全行为;没有防护的传动齿轮,裸露的带电体,或照明不良等属于物的不安全状态。

（4）事故。事故是一种由于物体、物质或放射线等对人体发生作用,使人员受到或可能受到伤害的、出乎意料的失去控制的事件。

（5）伤害。伤害即直接由事故产生的人身伤害。

海因里希用多米诺骨牌来形象地描述这种事故因果连锁关系,如图11-1所示。在多米诺骨牌系列中,一张骨牌被碰倒了,则将发生连锁反应,其余的几张骨牌相继被碰倒。如果移去连锁中的一张骨牌,则连锁被破坏,事故过程被中止。

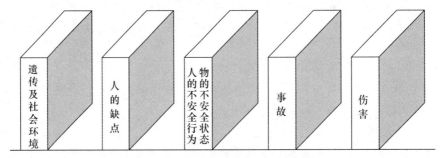

图 11-1　海因里希事故因果连锁五因素

海因里希认为:人的不安全行为是事故发生的主要直接原因,根据海因里希的调查得出,88%的事故是由人的不安全行为造成的,10%是由于物的不安全状态造成的(部分物的不安全状态由人的不安全行为引起),还有2%是由于不可控因素造成的。因此,该理论强调企业安全管理工作的中心就是要移去事故连锁中的一块骨牌来防止人的不安全行为或消除物的不安全状态,从而中断事故连锁的进程,避免伤亡事故的发生。

二、博德管理失误连锁论

海因里希事故连锁理论在当时的学术界引起了轰动,随后许多人对此理论进行改进研究,其中最成功的是博德(Frank Bird)提出的管理失误连锁理论。博德认为事故的本质原因在于管理的缺陷(控制不足),用多米诺骨牌描述博得的管理失误连锁理论,如图11-2所示。博德的管理失误连锁理论与海因里希的理论相似,事故因果连锁过程同样包括五个因素。

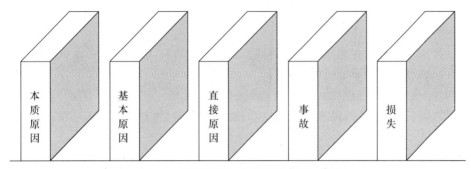

图 11-2　博德的管理失误因果连锁示意图

(1) 本质原因。安全管理不到位是事故的本质原因。对于大多数工业企业来说,由于各种原因,完全依靠工程技术措施预防事故既不经济也不现实。只有通过完善安全管理工作,才能防止事故的发生。企业管理者必须认识到,只要生产没有实现本质安全化,就有发生事故及伤害的可能性,因此,安全管理是企业管理的重要一环。

(2) 基本原因。要从根本上预防事故,必须查明事故的基本原因,并针对基本原因采取相应的对策。基本原因包括个人原因及工作条件方面的原因。个人原因包括缺乏安全知识或技能、行为动机不正确、身体上或精神上的问题。工作条件方面的原因包括安全操作规程不健全、设备、材料不合格,以及粉尘、湿度、气体、温度、噪声、照明、工作场地状况等环境因素。

(3) 直接原因。人的不安全行为或物的不安全状态是事故的直接原因。这类原因在安全管理中必须重点加以追究。在实际工作中,不能停留在这种表面现象上,而要追究其背后隐藏的管理缺陷,并采取有效的控制措施,从源头上杜绝事故的发生。

(4) 事故。博德从能量的观点把事故看作人的身体或构筑物、设备与超过其阈值的能量的接触,或人体与妨碍正常生理活动的物质的接触。因此,防止事故就是防止接触。为了防止事故的发生,可以通过改进装备、材料及设施防止能量释放,或者通过培训来提高工人识别和回避危险的能力,佩带个人防护用具等防止接触的措施来实现。

(5) 损失。人员伤害和财物损坏统称为损失。在许多情况下,可以采取恰当的应急救护措施使事故造成的损失最大限度地减少。

博德事故因果理论认为事故的根本原因在于管理的缺陷,这一理论与当前我国工业生产中安全管理工作的实践比较一致,对于发展我国企业事故致因理论具有较强的借鉴意义。

三、轨迹交叉论

轨迹交叉论是强调人的不安全行为和物的不安全状态相互作用的事故致因理论。该理论认为,在事故发展进程中,人的因素的运动轨迹与物的因素的运动轨迹的交点,就是事故发生时的时间和空间。也就是说,一旦人的不安全行为与物的不安全状态相遇(两者发生于同一时间、同一空间),就会在此时间、空间发生事故。

按照事故因果连锁论,事故的发生、发展过程可以描述为:基本原因—间接原因—直接原因—事故—伤害。从事物发展运动的角度,这样的过程可以被形容为事故致因因素导致事故的运动轨迹。如果分别从人的因素和物的因素两方面考虑,则人的因素的运动轨迹是:

(1) 遗传、社会环境或管理缺陷。

(2) 由于(1)造成的心理、生理上的弱点,安全意识低下,缺乏安全知识及技能等缺点。

(3) 人的不安全行为。

而物的因素的运动轨迹是:

(1) 设计、制造缺陷,如利用有缺陷的或不合要求的材料,设计计算错误或结构不合理,错误的加工方法或操作失误等造成的缺陷。

(2) 使用、维修保养过程中潜在的或显现的故障、毛病。机械设备等随着使用时间的延长,由于磨损、老化、腐蚀等原因容易发生故障;超负荷运转、维修保养不良等都会导致物的不安全状态。

(3) 物的不安全状态。

人的因素的运动轨迹与物的因素的运动轨迹的交点,即人的不安全行为与物的不安全状态同时、同地出现,将会发生事故,如图11-3所示。

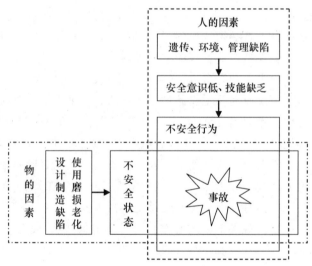

图 11-3 轨迹交叉论

值得注意的是,在许多情况下人的因素与物的因素又互为因果。例如,有时物的不安全状态诱发了人的不安全行为,而人的不安全行为又促进了物的不安全状态的发展,或导致新的不安全状态出现。因而,实际的事故并非简单地按照上述的人、物两条轨迹进行,而是呈现非常复杂的因果关系。轨迹交叉论作为一种事故致因理论,强调人的因素和物的因素在事故致因中占有同样重要的地位。按照该理论,可以通过避免人与物两种因素运动轨迹交叉,即避免人的不安全行为和物的不安全状态同时、同地出现,来预防事故的发生。

现代安全观念认为,机械设备在人们规定的约束条件下运转,自由度较少,而人的行为受思想的支配和心理、生理条件的影响,从而有较大的自由度,因此在控制如何避免人与物(机械、设备等)两运动轨迹交叉的工作中,控制物的运动较易,而控制人的行为较难。所以,应该改进生产工艺、设备,设置有效的安全防护装置,根除生产过程中的危险条件,使得工人即使产生了不安全行为也不会造成事故。这也是现代工业生产过程的本质安全观念。

但是,即使采取了工程技术措施,减少、控制了不安全因素,仍然要通过教育、训练和制定规章制度来规范人的行为,避免不安全行为的发生。因此,为了有效地防止事故发生,必须同时采取措施消除人的不安全行为和物的不安全状态。

四、能量转移论

能量转移论成功地阐述了生物(人)受到伤害的原因,指明了伤害事故传播的形式,为辨识系统的危险性、制定防护措施、控制事故的发生提供了依据。该理论成果已成为许多更为全面、系统的事故致因理论的基本组成部分。

1961年古布森(Gibson)提出了"事故是一种不正常的或不希望的能量转移"的观点,1966年美国运输部国家安全局局长哈登(Haddon)引申了这个观点,提出根据有关能量对伤害事故加以分类的方法。他把伤害分为两大类:第一类是人体受到超过其抵抗能力的各种形式的能量而受到的伤害(见表11-1);第二类是人体与外界的正常能量交换受到干扰而发生的伤害(见表11-2)。

表11-1 第一类伤害

施加的能量类型	产生的原发性损伤	原因分析
机械能	移位、撕裂、破裂和压榨,主要损及组织	由于运动物体和下落物体冲撞造成的损伤,由于运动的身体冲撞正在运动的或相对静止的物体造成的损伤,以及卷入、夹入、摩擦、滑倒等造成的损伤
热能	炎症、凝固、烧焦和焚化,伤及身体任何层次	火灾、灼烫造成第一度、第二度、第三度烧伤
电能	干扰神经、肌肉功能以及凝固、烧焦和焚化,伤及身体任何层次	触电造成电击、电伤,电磁场伤害,雷击
辐射能	细胞和亚细胞成分与功能的破坏	放射性物质作用造成的伤害
化学能	伤害一般要根据每一种或每一组的具体物质而定	动物性和植物性毒素引起的急性中毒,化学烧伤,某些元素、化合物、有机物在足够剂量时产生的多种类型的伤害

表11-2 第二类伤害

影响能量交换的类型	产生的损伤或障碍的种类	范围分析
氧的利用	生理损害、组织或全身死亡	全身——由机械因素或化学因素引起的窒息(例如溺水、一氧化碳中毒和氰化氢中毒);局部——血管性意外
热能	生理损害、组织或全身死亡	由于体温调节障碍产生的损伤、冻伤、冻死

各种不同形式的能量是工业生产的重要动力,但一旦能量产生逆流,与人体接触,就有可能导致伤害。哈登认为,在一定条件下,某种形式的能量逆流于人体能否导致伤害,造成伤害事故,应取决于:人接触能量的大小、接触时间与频率、力的集中程度。由此,他提出预防能量转移的安全技术措施——设置屏障树(即防护系统),并认为屏障设置越早,效果越好。

五、事故综合原因论

我国的安全专家在事故致因理论上的综合研究方兴未艾。普遍认为，事故的发生绝不是偶然事件，而是多种因素综合造成的结果，是社会因素、管理因素和生产中危险因素被偶然事件触发而形成的伤亡和损失事件。综合论在我国是较为受重视的事故致因理论。这种模式的结构如图 11-4 所示。

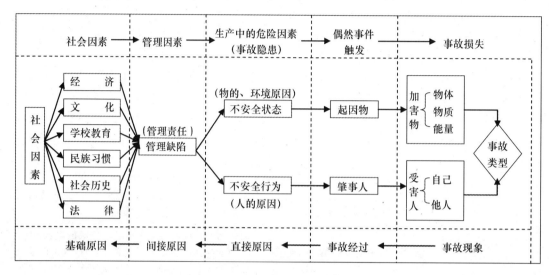

图 11-4　事故综合原因论模型

事故的直接原因是指物或者环境的不安全状态（条件）和人的不安全行为（动作）。这些物质的、环境的以及人的原因构成了生产中的危险因素（或称为事故隐患）。间接原因是指管理缺陷、管理因素和管理责任。造成事故间接原因的因素称为基础原因，包括经济、文化、学校教育、民族习惯、社会历史、法律等。偶然事件触发是指由于起因物和肇事人的作用，造成一定类型的事故和伤害的过程。事故的发生过程是由"社会因素"产生"管理因素"，进一步产生"生产中的危险因素"，通过偶然事件触发而发生的伤亡和损失。调查事故的过程应当通过事故现象，查询事故经过，进而依次了解其直接原因、间接原因和基础原因。

显然，这个理论综合地考虑了各种事故现象和因素，因而比较正确，有利于各种事故的分析、预防和处理，是当今世界上最为流行的理论。美国、日本和我国都主张按这种模式分析事故。

第三节　企业安全管理

安全管理是现代企业管理的一个重要组成部分。企业生产过程中发生伤亡事故，既给受伤害者本人及亲友带来痛苦和不幸，也给企业生产带来巨大的损失。因此，以实现安全生产、避免伤亡事故为目的的安全管理，与企业的生产运作管理、质量管理等各项管理工作一样，是企业运行管理的一项重要职能。

一、企业安全管理的基本内容

管理的基本问题就是"管什么"和"怎么管"的问题。前者是指管理的对象范畴，后者是管理的体系、制度和方法范畴。据此可以构建现代企业安全管理工作的内容体系，如图 11-5 所示。

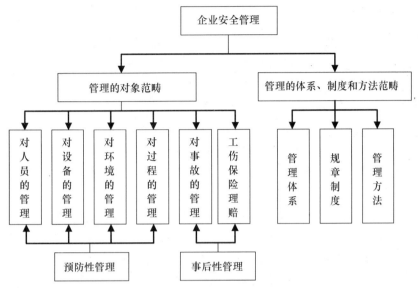

图 11-5　企业安全管理工作内容组成

1. 面向对象的企业安全管理工作内容

从管理对象来看，企业安全管理工作的主要内容包括对人员、设备、环境、生产过程的管理，也包括对事故的处理和工伤保险理赔等方面的管理。对人员、设备、环境、生产过程等一般采用预防性管理，对事故、工伤理赔只能采取事后性管理。

（1）预防性管理就是以预防事故为中心所进行的管理活动。由于事故的直接原因是物的不安全状态和人的不安全行为，因此预防性管理的核心是控制人的不安全行为和消除物的不安全状态。

（2）事后性管理就是出了事故以后的管理，包括事故管理和办理工伤保险理赔过程的管理。事故管理主要是事故报告，包括事故的调查、分析、处理，事故的统计分析与报表等。工伤保险的管理主要是对参加工伤保险的职工办理工伤理赔过程的管理工作，包括工伤的认定、劳动能力的鉴定、评残、补偿金的理赔办理等。

2. 企业安全管理的体系、制度和方法

（1）企业安全管理体系。"怎么管"的问题实际就是企业应建立什么样的安全管理体系和制度，采用什么方法进行管理。目前，我国已经颁布 GB/T 28001-2011 安全管理体系，规定安全管理体系的构成要素包括职业安全卫生方针、计划、实施与运行、检查与纠正措施、管理评审等内容。GB/T 28001-2011 安全管理体系是企业进行安全管理的主要依据。

（2）企业安全生产规章制度。企业安全生产规章制度是保障企业安全生产运行的规章制度，还可以保护职工人身安全与健康以及企业财产安全，是国家安全生产法律、法规的延伸。企业应根据国家法律、法规，结合企业实际，建立健全各类安全生产规章制度。

（3）安全管理的方法。方法是解决问题所采用的程序、技术、模式、方式等的综合。通过长期的研究与实践，人们已经提出了许多有效的安全管理方法、风险分析、安全评价、安全预警等方法。

总之，现代企业的安全管理实质上就是对生产活动中的人、物、环境的预防性管理，所需建立的管理体系、管理制度和所采用的管理方法都是为了充分地调动人的积极性,更好地对生产中的人、物、环境进行有效管理。

二、企业安全管理模式

企业安全管理模式是对企业安全生产的内涵、过程、目标、手段的描述,这是一种概念模型。由于企业的类型越来越多,组织管理结构形式多种多样,安全管理模式也层出不穷。目前,我国工业界的企业现有安全管理模式可分为以下三种类型:

1. 对象化的安全管理模式

对象化的安全管理模式包括以"人为中心"的安全管理模式和以"管理为中心"的安全管理模式。

(1) 以"人为中心"的企业安全管理模式,其基本内涵是把管理的核心对象集中于生产作业人员,即安全管理应该建立在研究人的心理、生理素质的基础上,以纠正人的不安全行为、控制人的误操作作为安全管理的目标。这种模式的典型代表有马鞍山钢铁公司的"三不伤害"活动(不伤害自己,不伤害他人,不被他人伤害);上海浦东钢铁公司的"安全人"管理模式;长城特殊钢厂的"人基严"模式(人为中心,基本功、基层工作、基层建设,严字当头、从严治厂)等。这些安全管理方式都是以人为中心的管理模式的体现。

(2) 以"管理为中心"的企业安全管理模式,其理念是"一切事故都来源于管理缺陷"。因此,现今的安全管理模式既要吸收经典安全管理的精华,又要提炼本企业安全生产的经验,而且要运用现代化安全管理的理论。目前,这类管理模式占绝大多数,比较著名的有:1989年创立的鞍钢"0123"管理模式,即以零事故为目标,以一把手负责制为核心的安全生产责任制为保证,以标准化作业、安全标准化班组建设为基础,以全员教育、全面管理、全线预防为对策。

2. 程序化的安全管理模式

程序化的安全管理模式包括事后型的安全管理模式和预防型的安全管理模式。

(1) 事后型的安全管理模式,是一种被动的管理模式,即在事故或灾难发生后进行亡羊补牢,以避免同类事故再发生的一种管理方式。其步骤如图 11-6 所示。

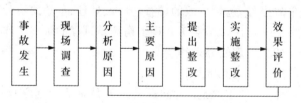

图 11-6 事后型安全管理模式

(2) 预防型的安全管理模式,是一种主动、积极地采取措施、预防事故或灾难发生的模式,是现代安全管理的主要模式。其基本的技术步骤如图 11-7 所示。

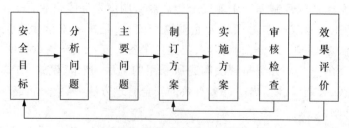

图 11-7 预防型安全管理模式

3. 企业综合安全管理模式

企业综合安全管理模式旨在摸索一种综合性的对各工业企业都具有指导性的标准方法。各企业可根据本企业生产特点对其内容稍加修改即可使用。企业综合安全管理模式是在新的经济运行机制下提出来的,其思想无论是人身伤亡事故,还是财产损失事故;无论是交通事故,还是生产事故,甚至火灾或治安案件,都对人类造成危害和损害。这些人们不期望的现象,无论从根源、过程还是后果,都有共同的特点和规律,企业对其进行防范和控制,也都有共同的对策和手段。因此,把企业的生产安全、交通安全、消防、治安、环保等专业进行综合管理,对于提高企业的综合管理效率和降低管理成本有着重要的作用。为此,建立"大安全"的综合安全管理模式是未来企业安全管理的发展趋势。

三、企业安全管理的组织结构

不同行业、不同规模的企业,安全管理的组织结构也不完全相同,如图11-8所示。企业安全管理的组织结构一般是一个网络结构,主要由三大系统构成管理网络:安全工作指挥系统、安全检查系统和安全监督系统。

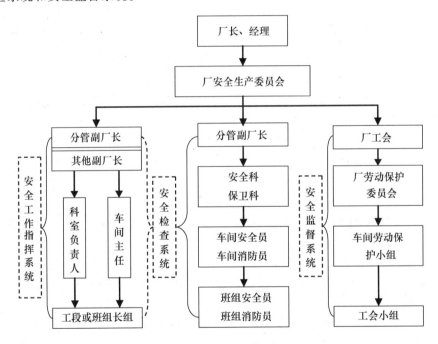

图11-8　企业安全管理的组织网络

1. 安全工作指挥系统

该系统由厂长或经理委托一名副厂长或副经理(通常为分管生产的)负责,对职能科室负责人、车间主任、工段长或班组长实行纵向领导,确保企业职业安全卫生计划、目标的有效落实与实施。

2. 安全检查系统

安全检查系统是负责实施职业安全卫生管理体系中"检查与纠正措施"环节各项任务的重要组织,该系统的主体由分管副厂长、安全科、保卫科、车间安全员、车间消防员、班组安全员、班组消防员组成。另外,安全工作指挥系统也兼有安全检查的职责。实际工作中,一些职能部门是双重职责。

3. 安全监督系统

安全监督系统主要是由工会组成的安全防线。有的企业则采取党、政、工、团共同形成的安全防线。

四、企业安全规章制度

安全规章制度是安全生产法律、法规的延伸,是保证安全生产、保障员工人身安全和健康以及财产安全的各种标准和规范。企业应根据国家法律法规,结合实际,建立健全各类安全生产规章制度。

1. 安全生产管理制度

企业的安全生产管理制度可根据管理对象的不同划分为以下四类:

(1)综合安全管理制度,包括安全生产总则、安全生产责任制、安全技术措施管理、安全教育、安全检查、安全奖惩、"三同时"审批、安全检修管理、事故隐患管理与监控、事故管理、安全用火管理、承包合同安全管理、安全值班等规章制度。

(2)安全技术管理制度,包括特种作业管理、危险作业审批、危险设备管理、危险场所管理、易燃易爆有毒有害物品管理、厂区交通运输管理、防火制度以及各生产岗位、各工种的安全操作规程等。

(3)职业卫生管理制度,包括职业卫生管理、有毒有害物质监测、职业病、职业中毒管理。

(4)其他有关管理制度,如女工保护制度、劳动保护用品、保健食品、员工身体检查等。

2. 安全操作规程

安全操作规程是生产过程中指导工人进行安全作业的依据,是企业实现安全生产的基础。在建立、健全安全生产管理制度的同时,企业还必须建立、健全各项安全操作规程,主要包括以下几个方面的规程:

(1)每种产品生产的工艺规程和安全技术规程;

(2)各生产岗位的安全操作法,包括开停车、出货、包装、转换、装卸、运载以及紧急事故处理等操作的安全操作方法;

(3)生产设备、装置的安全检修规程;

(4)各通用工种的安全操作规程,如管工、钳工、铆工、锻工、焊工、木工、铸造工、电工、运输工等的安全操作规程;

(5)专门作业的安全规程,如锅炉、压力容器安全管理规程,气瓶、液化气体气瓶、溶解乙炔气瓶等容器的充装、使用和储运的安全技术规程,易燃液体装卸罐安全操作规程,铁路槽车、汽车槽车、槽船运输安全技术规程等。

五、企业安全管理的新理念

随着科技的发展和时代的进步,围绕安全生产这个企业共同关注的主题,不同地区、不同国家、不同行业在生产实践中都积累了大量的经验,也形成了一些全新的安全生产理念。

1. 倡导"以人为本、尊重人权",而不是"一不怕苦、二不怕死"

以人为本指的是无论做什么事都要从有利于人着想,发展生产、搞经济建设也不例外。生命对于任何人只有一次,人人都需要珍惜生命、关注健康。过去的战争年代里,曾经提倡"一不怕苦、二不怕死",那是特定条件下为了取得战争胜利而应发扬的革命精神。如今的和平建设时期,应该提倡"紧急避险、自救互救",尽量在生产和经济活动中避免发生事故,减少人员伤亡,不做无谓的牺牲。

2. 安全关系到"人权",不是"安全为了生产",而是"安全保障人权"

人作为社会的一员,应该享有最基本的诸如生存权、劳动权和享受社会福利等权利。过去的口号是"生产必须安全、安全为了生产",但这不符合"以人为本、尊重人权"的原则,现在已改为"生产必须安全、安全保障人权"。

3. 企业安全、社会稳定,是经济社会发展的基础

生产经营单位是社会细胞中为国家创造物质财富的基本细胞,保障它们的良好运转是国家肌体健康发育的基础,而加强安全生产管理正是保障我国建设和实现现代化强国的重要措施之一。如果企业遏止不住特大事故,社会稳定就难以保障,社会、经济健康发展的基础就不牢固。

4. "工作的安全性"已经成为人们择业和提高职业生活质量的重要因素

年轻人在择业时会尽量回避那些易燃易爆、有毒有害或者其他安全系数很低的岗位;父母出于对子女人身安全的考虑也不愿意让子女去从事这些安全系数很低的工作。因而,"工作的安全性"将是人们择业时考虑的重要因素。

5. "安全第一"的真正含义

《安全生产法》明确规定"安全第一、预防为主"。虽然"安全第一"的口号已经响遍了全世界,但许多企业并不是也不可能把安全放在第一位。这是经济发展的内在规律所决定的,即企业活动是以"经济利益最大化"为原则,发展生产、创造优质名牌、提高经济效益。安全之所以特别受到强调,一是"尊重人权"越来越成为人们的道德理念,二是"安全是正效益、事故是负效益"的事实越来越成为企业家们的共识。

第四节 危险源辨识与安全评价

危险源辨识与风险评价是企业安全管理工作的主要内容。企业通过对生产现场、辅助生产环节、作业工序等危险源进行辨识、评价、控制,可以有效地控制企业生产中的各项风险,提高企业的安全管理水平。

一、危险源的基本概念

1. 危险源的概念

危险源是指可能导致伤害或疾病、财产损失、工作环境破坏或这些情况组合的根源或状态。因此,各种事故致因都是危险源。

2. 危险源的分类

事故致因的种类繁多。根据 GB/T 13816-92《生产过程危险和危害因素分类与代码》的规定,生产过程中的危险源有六类:

(1) 物理性危险源,如设备、设施缺陷,防护缺陷,电危害,噪声危害,振动危害,电磁辐射,标志缺陷,其他物理性危险因素与危害因素;

(2) 化学性危险源,如易燃易爆性物质、自燃性物质、有毒物质、腐蚀性物质等;

(3) 生物性危险源,如致病微生物(细菌、病毒、其他致病微生物)、传染病媒介物、致害动物、致害植物、其他生物性危险因素与危害因素;

(4) 人的心理、生理危险源,如负荷超限(体力负荷超限、听力负荷超限)、健康状况异常,从事禁忌作业,心理异常(情绪异常、冒险心理),辨识功能缺陷(感知延迟、辨识错误、其他辨识功能缺陷),其他心理、生理性危险因素与危害因素。

(5) 人的行为性危险源,如指挥错误(指挥失误、违章指挥、其他指挥失误),操作失误(误操作、违章作业、其他操作失误),监护失误,以及其他错误;

(6) 自然危险源,如洪水、泥石流、山体滑坡、危岩危石、雷电、地震等。

根据危险源在事故发生中的作用,可将其划分为两大类:第一类危险源是生产过程中存在的、可能发生意外释放的能量(能源或能量载体)或危险物质;第二类危险源是导致能量或危险物质约束或限制措施破坏或失效、故障的各种因素。第一类危险源是伤亡事故发生的能量主体,决定事故后果的严重程度;第二类危险源是第一类危险源造成事故的必要条件,决定事故发生的可能性。一起伤亡事故的发生往往是两类危险源共同作用的结果。

二、危险源的辨识

1. 危险源辨识的概念

危险源辨识是指发现、识别系统中危险源的工作。危险源辨识是危险性评价和危险源控制的基础,是构成系统安全工程的基本内容之一。

2. 危险源辨识的内容

在进行危险、有害因素识别时,要全面、有序地进行,防止出现漏项。应辨识的主要部位为厂址、总平面布置、道路运输、建构筑物、生产工艺过程、物流、主要设备装置、有害作业部位(粉尘、毒物、噪声、振动、辐射、高温、低温等)和管理设施、事故应急抢救设施及辅助生产生活卫生设施等。识别的过程实际上就是系统安全分析的过程。

3. 危险源辨识的方法

常用的危险源辨识方法有直观经验分析方法和系统安全分析方法。一般根据分析对象的性质、特点、寿命的不同阶段和分析人员的知识、经验和习惯来判定选用哪种辨识方法。

(1) 直观经验分析方法适用于有可供参考先例、有以往经验可以借鉴的系统。其具体方法分为对照、经验法和类比方法。对照、经验法是对照有关标准、法规、检查表或依靠分析人员的观察分析能力,借助于经验和判断能力对评价对象的危险、有害因素进行分析的方法。类比方法是利用相同或相似工程系统或作业条件的经验和劳动安全卫生的统计资料来类推、分析评价对象的危险、有害因素的方法。直观经验分析法有其固有的缺陷,不能应用在没有可供参考先例的新开发系统。

(2) 系统安全分析方法,是指应用系统安全工程评价方法中的某些方法进行危险、有害因素的辨识,常用于复杂、没有事故经验的新开发系统。常用的系统安全分析方法有事件树、事故树等。

三、安全评价

安全评价是综合运用安全系统工程的原理和方法,对拟建或已有工程、系统可能存在的危险性及其可能产生的后果进行全面分析和度量,并根据可能导致的事故风险的大小,提出相应的安全对策措施,以达到工程和系统安全的过程。安全评价应贯穿于工程、系统的设计、建设、运行和退出整个生命周期的各个阶段。对工程、系统进行安全评价既是企业、生产经营单位搞好安全生产的重要保证,也是政府安全监督管理的需要。

1. 安全评价的内容

安全评价是一个利用安全系统工程原理和方法识别和评价系统、工程存在的风险的过程，这一过程包括危险、有害因素识别及危险和危害程度评价两部分。危险、有害因素识别的目的在于识别危险来源；危险和危害程度评价的目的在于确定危险源的危险性、危险程度，对危险源应采取的控制措施，以及采取控制措施后其仍然存在的危险性可被接受的程度。

在实际的安全评价过程中，这两个方面是不能分开、孤立进行的，而是相互交叉、相互重叠于整个评价工作中。安全评价的基本内容如图11-9所示。

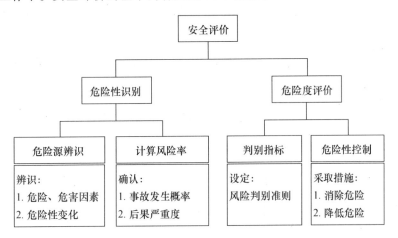

图11-9 安全评价的基本内容

随着现代科学技术的发展，在安全技术领域里，已由以往主要研究、处理那些已经发生和必然发生的事件，发展为主要研究、处理那些还没有发生但有可能发生的事件，并把这种事件发生的可能性具体化为一个数量指标，计算事故发生的概率，划分危险等级，制定安全标准和对策措施，并对其进行综合比较和评价，从中选择最佳的方案，预防事故的发生。

安全评价通过危险性识别及危险度评价，客观地描述系统的危险程度，指导人们预先采取相应措施，从而降低系统的危险性。

2. 安全评价的类型

根据工程、系统生命周期和评价的目的，通常将安全评价分为安全预评价、安全验收评价、安全现状评价和专项安全评价四类。实际它是三大类，即安全预评价、安全验收评价、安全现状评价，专项安全评价应属安全现状评价的一种，属于政府在特定的时期内进行专项整治时开展的评价。

（1）安全预评价。安全预评价是在项目建设前，根据建设项目可行性研究报告的内容，应用安全评价的原理和方法对系统（工程、项目）中存在的危险、有害因素及危险性进行预测性评价，分析和预测该建设项目可能存在的危险、有害因素的种类和程度，提出合理、可行的安全对策措施及建议，以及指导建设项目的初步设计。

（2）安全验收评价。安全验收评价是在建设项目竣工验收之前、试生产运行正常之后，通过对建设项目的设施、设备、装置实际运行状况及管理状况的安全评价，查找该建设项目投产后存在的危险、有害因素，确定其程度，提出合理、可行的安全对策及建议。安全验收评价通过对系统存在的危险和有害因素进行定性和定量的评价，判断系统在安全上的符合性和配套安全设施的有效性，从而做出评价结论并提出补救或补偿措施，以促进项目实现系统安全。

(3)安全现状评价。安全现状评价是针对系统、工程的(某一个生产经营单位总体或局部的生产经营活动的)安全现状进行的安全评价,通过评价查找其存在的危险、有害因素,确定危险程度,提出合理、可行的安全对策及建议。评价形成的现状综合评价报告的内容应纳入生产经营单位安全隐患整改和安全管理计划,并按计划加以实施和检查。

(4)专项安全评价。专项安全评价是根据政府有关管理部门的要求进行的,是对专项安全问题进行的专题安全分析评价,如危险化学品专项安全评价、煤矿专项安全评价等。专项安全评价一般是针对某一项活动或场所,目的是查找其存在的危险、有害因素,确定其程度,提出合理、可行的安全对策及建议。如果生产经营单位是生产或储存、销售剧毒化学品的企业,评价所形成的专项安全评价报告则是上级主管部门批准其获得或保持生产经营营业执照所要求的文件之一。

3. 安全评价程序

安全评价程序主要包括:准备阶段,危险、有害因素识别与分析,定性、定量评价,提出安全对策措施,形成安全评价结论及建议,编制安全评价报告等,如图11-10所示。

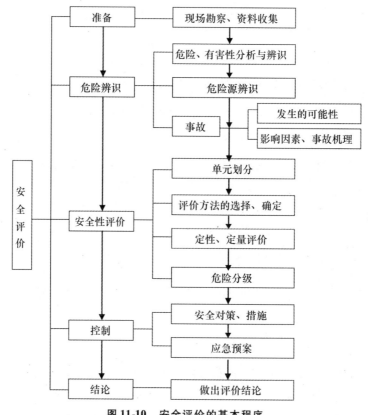

图11-10 安全评价的基本程序

(1)准备阶段。明确被评价对象和范围,备齐有关安全评价所需的设备、工具,收集国内外相关法律法规、技术标准及工程、系统的技术资料。

(2)危险、有害因素识别与分析。根据被评价的工程、系统的情况,识别和分析危险、有害因素,确定危险、有害因素存在的部位、存在的方式、事故发生的途径及其变化的规律。

(3)定性、定量评价。在危险、有害因素识别和分析的基础上,划分评价单元,选择合理的评价方法,对工程、系统发生事故的可能性和严重程度进行定性、定量评价。

（4）安全对策措施。根据定性、定量评价结果，提出消除或减弱危险、有害因素的技术和管理措施。

（5）评价结论及建议。简要地列出主要危险、有害因素的评价结果，指出工程、系统应重点防范的重大危险因素，明确生产经营者应重视的重要安全措施。

（6）安全评价报告的编制。依据安全评价的结果编制相应的安全评价报告。安全评价报告是安全评价过程的具体体现和概括性总结；是评价对象完善自身安全管理、应用安全技术等方面的重要参考资料；是由第三方出具的技术性咨询文件，可为政府安全生产管理、安全监察部门、行业主管部门等相关单位对评价对象的安全行为进行法律法规、标准、行政规章、规范的符合性判别所用；是评价对象实现安全运行的技术性指导文件。

4. 安全评价方法

安全评价方法按照评价结果的量化程度可以分为定性安全评价方法和定量安全评价方法。定性安全评价方法主要是根据经验和直观判断能力对生产系统的工艺设备、设施、环境、人员和管理等方面的状况进行定性的分析，得出一些定性的安全评价的指标，如事故类别和导致事故发生的因素以及是否达到了某项安全指标等。典型的定性安全评价方法有安全检查表、故障类型和影响分析、LEC法（作业条件危险性评价法）、专家现场询问观察法、危险可操作性研究等。

定量安全评价方法是运用基于大量的实验结果和广泛的事故统计分析资料而获得的指标或规律（数学模型），对生产系统的工艺设备、设施、环境、人员和管理等方面的状况进行定量的计算，得出一些定量的安全评价指标，如事故发生的概率、事故的破坏范围、危险的程度、事故致因因素与事故的关联度或重要度等。典型的定量安全评价方法有概率风险评价法、破坏范围评价法、危险指数评价法。下面介绍几种常用的安全评价方法：

（1）安全检查表法。安全检查表（Safety Checklist Analysis，SCA）是依据相关的标准、规范，运用安全系统工程的方法，发现系统以及工艺设备、操作管理、组织措施中的各种不安全因素，然后确定检查项目，把检查项目按类别编制成表格，以提问或现场观察方式确定各检查项目的状况，填入表格对应项上，从而对系统进行安全评价。

（2）预先危险分析法。预先危险分析（Preliminary Hazard Analysis，PHA）又称初步危险分析，是在新系统设计或者已有系统改造之前，特别是在方案设计阶段和选址阶段，对系统存在的危险因素类别、危险因素出现的条件以及其可能造成的事故后果等进行概略的分析，尽可能评价出潜在的危险性和找出预防、改正和补救措施，来消除或控制危险因素。预先危险分析法的过程如图11-11所示。

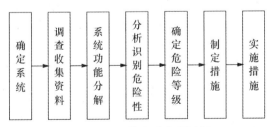

图11-11 预先危险分析过程

预先危险分析法将危险性划分为四个等级：① 安全的，暂时不会引发事故，可以忽略；② 临界的，有导致事故的可能性，事故处于发生与不发生的边缘状态，可能造成人员伤亡系统损害,应该采取措施予以控制;③危险的,可能导致事故发生,造成人员伤亡和系统损坏,必须立即采取防范措施进行控制;④灾难性的,会导致事故发生,造成人员重大伤亡及系统严重破坏,必须予以果断排除并进行重点防范。

(3) 危险与可操作性研究。危险与可操作性研究(Hazard and Operability Analysis, HAZOP)是英国帝国化学工业公司于1974年开发的,它应用系统工程的方法审查新设计或已有工厂的生产工艺和工程总图,以评价因为装置、设备的个别部分的误操作或机械故障引起的潜在危险,并评价其对整个工厂的影响。该方法主要适用于化工企业或类似于化工企业的系统。危险与可操作性研究在进行化工生产工艺过程的评价时,分析对象的主体为工业设备,并且该方法需要由一些相关领域的专家组成的小组采用头脑风暴法来完成。该方法的基本过程是以关键词为引导,寻找系统中工艺过程或状态的偏差,然后再进一步分析造成该变化的原因、可能的后果,并有针对性地提出必要的预防对策措施。危险与可操作性研究的具体步骤如图11-12所示。

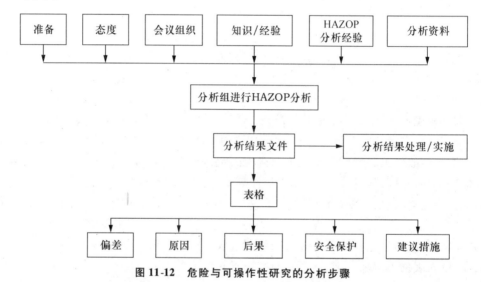

图11-12 危险与可操作性研究的分析步骤

(4) 事故树分析法。事故树分析法(Fault Tree Analysis,FTA)是于1961年由美国贝尔电话研究所的维森(H. A. Watson)创造的。它采用演义推理方法,将事故因果关系形象地描述为一种有方向的"树":把系统可能发生或已发生的事故(称为顶事件)作为分析起点,用树形图将导致事故原因的事件按因果逻辑关系逐层列出,然后通过对其进行定性或定量的分析,找出事故发生的主要原因,为确定安全对策提供可靠的依据,以达到预测与预防事故发生的目的。

FTA法具有形象、清晰、逻辑性强的特点,它能对各种系统的危险性进行识别评价,既适用于定性分析,得出事故发生的可能途径,又能进行定量分析,得出系统发生事故的概率。1978年,天津东方化工厂首先将该方法用于高氯酸生产过程中的危险性分析,对减少和预防事故的发生取得了明显的效果。之后其他化工、冶金、机械、航空等企业普遍推广和应用此法。

(5) 事件树分析。事件树分析(Event Tree Analysis,ETA)的理论基础是决策论。它是一种从原因到结果的自上而下的分析方法。从一个初始事件开始,交替考虑其结果的两种可能性(成功或失败),然后再以这两种可能性作为新的初始事件,如此继续分析下去,直到找到最后的结果。因此,ETA是一种归纳逻辑树图,能够看到事故发生的动态发展过程,提供事故后果。

在事件树中,事故的发生是若干事件按时间顺序相继出现的结果,每一个初始事件都可能导致事故的发生,但初始事件向前发展的每一步都会受到安全防护措施、操作人员的工作方式、安全管理及其他条件的制约。因此,每一阶段都有两种可能性结果,即达到既定目标的"成功"和达不到目标的"失败"。

ETA 从事故的初始事件开始,途径原因事件到结果事件为止,每一事件都按成功和失败两种状态进行分析。成功或失败的分叉称为歧点,用树枝的上分支作为成功事件,下分支作为失败事件,按照事件发展顺序不断延续分析直至最后结果,最终形成一个在水平方向横向展开的树形图。

第五节 企业应急预案

为提高安全管理能力、降低紧急事故造成的损失,企业必须制订应急预案。应急预案又称应急计划,是针对可能的重大事故或灾害,为保证迅速、准确、有效地开展应急与救援行动、降低事故损失而预先制订的有关计划或方案。它明确了在突发事故发生之前、发生过程中以及刚刚结束之后,有关谁负责做什么、何时做以及相应的策略和资源准备等内容。

一、应急预案的内容及主要作用

1. 企业应急预案的内容

企业应急预案的内容主要包括生产经营单位概况、组织机构和职责、预防预警、应急响应、保障措施、培训与演习等。其中,重点内容有下列几项:

(1) 概述。概述是为了便于管理人员的理解,简要介绍应急预案的概况,包括:预案的目标、应急管理方针,预案的权威性和核心人员的职责,潜在的紧急情况,应急响应行动地点等。

(2) 危险分析。这是"生产经营单位概况"中需要重点说明的一项内容,需说明的内容有:本单位可能导致重大人员伤亡、财产损失、环境破坏的各种危险因素;本单位一旦发生危险事故,哪些位置和环节容易受到破坏和影响;重大事故发生时,对本单位内部或外部造成破坏(或伤害)的可能性,以及这些破坏(或伤害)可能导致的严重程度;本单位针对存在的风险及隐患所采取的综合治理措施。

(3) 预防预警。明确发生事故预警后的内部及外部通报、沟通程序。生产经营单位不仅要建立内部的预警和通报程序,还要明确向上级主管部门报告事故信息的流程和内容,以及当事故波及周边社会时向地方政府和社会公众及相关单位通报事故信息的方式和程序。

(4) 保障措施。主要包括通信与信息保障、应急队伍保障、应急装备保障和经费保障四项保障内容。

(5) 关键路线、标识和图纸。这项内容容易被忽视和遗忘,但在实际的应急处置操作中却极为重要。主要有下列几项内容:警报系统分布及覆盖范围;重要防护目标一览表、分布图;疏散路线、重要地点等的标识;相关平面布置图纸、救援力量的分布图纸等。

(6) 署名页。这是预案格式中的一项要求,生产经营单位内部有关应急单位负责人为承诺履行应急预案中自己的职责,在署名页里签署姓名,以显示承诺和决心。

2. 应急预案的主要作用

应急预案是开展及时、有序和有效事故救援工作的行动指南,在企业安全管理中具有重要

作用和地位,具体表现在:

(1) 应急预案明确了应急救援的范围和体系,使应急准备和应急管理不再是无据可依、无章可循,尤其是培训和演习工作的开展。

(2) 制订应急预案有利于做出及时的应急响应,降低事故后果。

(3) 成为各类突发重大事故的应急基础。通过编制基本应急预案,可保证应急预案足够的灵活性,对那些事先无法预料到的突发事件或事故,也可以起到基本的应急指导作用,成为开展应急救援的"底线"。在此基础上,可以针对特定危害编制专项应急预案,有针对性地制定应急措施、进行专项应急准备和演习。

(4) 当发生超过应急能力的重大事故时,便于与上级应急部门的协调。

(5) 有利于提高风险防范意识。

二、应急预案的编制

一般地,编制预案可分为五个基本步骤:

1. 成立应急预案编制小组

编制预案工作,首先是企业领导对安全生产有高度负责的态度,有把防范事故的关口前移的要求和决心,支持并投入资源来制订事故应急预案。其次,选择参与预案编制人员,组成预案编制队伍。预案编制人员来自不同部门、不同专业领域,除参与预案制订外,还要参加将来的预案讨论和修订、评审工作,同时又是预案实施中有重要作用和影响的人员。预案编制人员应包括安全、环保、消防、治安保卫、物资供应、生产调度、车辆运输、通信联络、工程抢险抢修等部门单位的代表。最后,预案编制组成人员确定后,应明确编制负责人,制订编制计划,指定执笔人员,保证整个预案编制工作按计划实施。

2. 危险分析和应急能力评估

危险分析包括危害识别和风险分析两个步骤:第一,将可能存在的重大危险因素识别出来,作为下一步风险分析的目标;第二,根据危险因素辨识结果进行风险分析,分析紧急情况的可能性和对组织的潜在影响。

依据危险分析的结果,对已有的应急资源和应急能力进行评估,明确应急救援的需求和不足,采取不同的对策措施。应急资源包括应急人员、设备(设施)、装备和物资等;应急能力包括人员的技术、经验和接受的培训等。应当在评价与潜在危险相适应的资源和能力基础上,选择最现实、最有效的应急对策。

3. 编制应急预案

根据组织风险与应急能力现状,按照法律、法规和本单位相关规定编制应急预案。如是大型企业,预案可以根据组织内部责任主体或影响范围分级编制,把预案进一步细化为分厂级、车间级(应急措施)来编制或控制,以提高预案的针对性、条理性和有效性。

4. 应急预案的评审与发布

为保证应急预案科学性、合理性和有效性,预案编制完成后,应组织各级各类管理人员、应急响应人员和预案编制人员,对编制的预案进行充分的讨论和评审,广泛收集意见或建议,经修改充实后报批。

预案经批准实施后,企业应通过多种途径广泛宣传、培训,让相关人员了解和掌握如何启动紧急情况警报系统、如何自我防护、如何安全疏散人群等基本操作,使预案有广泛的群众基础。特别重要的是,应急响应核心人员家中应备份应急预案。

5. 应急预案的实施

实施应急预案不能单纯理解为对预案的培训或演习。应急预案经批准实施生效后，就融入企业的整体活动，是企业管理工作的一部分。机构调整、人员变动、生产装置、设施等条件和资源的变化都会带来应急预案内容的变动，这点必须引起高度重视。否则，错误的预案造成错误的指挥，不仅影响应急救援行动，还存在扩大事故危害的风险。实施预案的主要工作有：

（1）融入企业整体活动。应急预案必须成为公司文化的一部分。创造机会建立职工应急意识；培训和教育职工；测试应急程序；动员各级管理人员、各部门和社区参与应急策划；将应急管理工作变成日常工作的一部分。

（2）培训。所有在企业工作或来访人员都应接受培训，包括定期组织员工讨论会或评审会、技术培训、应急响应设备的使用、疏散演习、全面演习等，组织演习时应重视演习记录和评价，以利于应急预案的修订与完善。根据培训对象不同，可以选择不同的培训方式和内容。

（3）确保应急救援器材完好备用。对于正常情况下不常使用而在紧急状态下必不可少的救援物资，如空气呼吸器、氧气呼吸器和应急照明灯等器材随时处于备用状态。救援物资不仅要齐备，还要定位存放，定期检测，有专人负责管理。

（4）预案的评审与修订。企业的应急预案每年至少要评审一次。除了年度评审之外，某些特定时间还应开展评审和修订，如每次培训和演习之后、每次紧急情况发生之后、人员或职责发生变动之后、企业的布局和设施发生变化之后、政策和程序发生变化之后。

第六节 职业健康安全管理体系简介

职业健康安全管理体系（Occupational Health and Safety Management System，OHSMS）是20世纪80年代后期国际上兴起的现代安全生产管理模式，它与ISO 9000和ISO 14000等标准体系一并被称为"后工业化时代的管理方法"。

一、职业健康安全管理体系的产生和发展

随着经济社会的快速发展，与生产活动密切相关的职业健康及安全问题越来越受到人们的关注。20世纪80年代以来，西方发达国家开展了职业健康安全管理体系的研究和实施。所谓职业健康安全管理体系，是由一系列标准构成的一套系统，它表达了一种对企业职业健康与安全进行控制的思想，也给出了按照这种思想进行管理的一整套方法。

1999年，英国标准协会、爱尔兰标准局、南非标准局、挪威船级社等13个组织联合制定了职业健康安全评价系列标准（Occupational Health and Safety Assessment Series 18000，简称OHSAS 18000），即OHSAS 18001和OHSAS 18002，成为国际上普遍采用的职业健康与安全管理体系认证标准。

OHSAS 18001《职业健康安全管理体系——规范》规定了职业健康安全管理体系的要求，可用于内部职业健康安全管理，也可作为认证依据。OHSAS 18002《职业健康安全管理体系——实施指南》为建立和实施职业健康安全管理体系、加强该体系与其他体系的协调提供了可操作的建议和指导，也向组织提供了如何有效地改进或保持职业健康安全管理体系的建议。但OHSAS 18002不能作为认证的依据。

为提高我国安全生产水平，也为了符合WTO规则的要求，促进贸易发展，国家质量监督检验检疫总局于2001年7月决定由国家认证认可监督管理委员会和国家标准化管理委员会组

织专家,参照 OHSAS 18000 制定了 GB/T 28001-2001《职业健康安全管理体系——规范》和 GB/T 28002-2001《职业健康安全管理体系指南》,后经修订于 2011 年 12 月 30 日正式颁布 GB/T 28001-2011《职业健康安全管理体系——要求》。该系列标准的制定采纳了 ISO 9000 和 ISO 14000 的成功经验和管理思想,并考虑了三者的兼容性,对于企业全面提高自身管理水平、创造更好的经济效益和社会效益起到了积极作用。

二、职业健康安全管理体系的基本原理

（1）系统原理。职业健康安全管理体系是由一系列标准构筑的一套系统,它以系统安全的思想为基础,管理的核心是系统中导致事故的根源,即危险源,强调通过危险源辨识、风险评价和风险控制来达到控制事故的目的。

（2）PDCA 循环。职业健康安全管理体系采用了系统化管理的 PDCA 循环模式(如图 11-13 所示),要求从方针制定、管理策划、实施与运行、检查与纠正措施到管理评审等各个环节来持续提高管理水平和管理业绩。

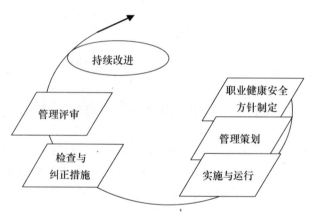

图 11-13 职业健康安全管理体系运行模式

（3）预防控制为主。危险源辨识、风险评价和风险控制是职业健康安全管理体系的核心。实施有效的危险源辨识、风险评价和控制,可以预防事故发生并对生产作业的全过程进行控制。首先对目前的作业和生产过程进行分析评价,并在此基础上进行职业健康安全管理体系策划,对各种预知的风险因素做到事前控制,对各种潜在的事故制定应急程序,努力使损失最小化。

（4）全过程控制。职业健康安全管理体系引进了系统和过程的概念,把职业健康安全管理作为一项系统工程,从分析可能造成危害的因素入手,根据不同的情况采取相应的解决办法。全过程的职业健康安全管理包括决策、设计、采购、生产过程及辅助过程、售后服务、建立 OHSAS 信息系统和全员参与机制等。

（5）持续改进。同 ISO 9000 族标准和 ISO 14000 系列标准一样,职业健康安全管理体系要求组织在职业健康安全管理方面不断提高,确保体系具有持续的适用性、充分性和有效性。

三、OHSMS 标准与 ISO 9000、ISO 14000 系列标准的联系与区别

ISO 9000 是 ISO 发布的质量管理与质量保证系列标准,ISO 14000 是该组织发布的环境管理体系系列标准。OHSMS 标准虽然不是由 ISO 发布的,但在国际上也被广泛采用。三者都是

现代企业综合管理体系的有机组成部分。

1. 相同点

OHSMS 标准与 ISO 9000 族标准、ISO 14000 系列标准在一定程度上是相通的,具有良好的兼容性。

（1）都是推荐采用的管理性质的标准。

（2）都遵循相同的管理系统原理。

（3）在结构和内容上是相似的。例如,承诺、方针和目标的相容性;强调过程控制和生产现场控制;都是通过 PDCA 管理模式实现可持续性改进。

2. 不同点

OHSMS 标准与 ISO 9000 族标准、ISO 14000 系列标准在应用目的、控制对象等方面存在不同之处,如表 11-3 所示。

表 11-3　OHSMS、ISO 14000 及 ISO 9000 的区别

内容	OHSMS	ISO 14000	ISO 9000
目的	满足劳动者及相关方的需求	满足社会和相关方的需求	满足顾客的需求
控制对象	危险源	环境因素	质量因素
控制范围	在人员活动场所内的所有活动、设施及产品	生产、生产和服务及产品生命周期内的环境管理活动、服务及产品	产品实现过程的质量管理活动
效果与收益	改善劳动作业条件,降低人员伤亡、职业病危害和财产损失的风险	降低污染、降低消耗、改善环境、节约资源	规范管理、提高产品质量,增强顾客满意度

四、实施职业健康安全管理体系标准的意义

职业健康安全管理体系标准是一个管理性标准,目的是使组织通过管理的手段控制职业健康安全风险。该标准可以为组织提供如下帮助:

（1）通过建立管理体系,完善管理手段,全面规范、改进组织职业健康安全管理,减少职业健康安全风险,保障员工的健康与生命安全,提高工作效率。

（2）有助于推动职业健康安全法规和制度的贯彻执行,满足法律法规的要求。

（3）证实组织具有对职业健康安全的管理能力或具备认证的条件。

（4）有助于消除产品及服务在国内外贸易活动中的非关税贸易壁垒。

（5）改善与政府、员工及社区的公共关系,帮助组织树立良好的社会形象。

（6）有助于提高组织的综合竞争力,实现组织的管理方针和目标等。

【思考题】

1. 现代安全管理有哪些特征?
2. 事故致因理论有哪些?简述各自的主要思想。
3. 企业安全生产管理的基本内容有哪些?
4. 我国工业企业现有的安全管理模式主要有哪些类型?
5. 什么是危险源?危险源辨识的内容有哪些?

6. 简述安全评价的目的与内容。
7. 企业应急预案的内容包括哪些？主要作用是什么？
8. 简述编制企业应急预案的一般步骤。
9. 阐述职业健康安全管理体系的基本原理。
10. 结合实际谈谈你对企业安全生产管理的认识。

【案例】

宝钢的安全管理模式

宝钢的安全管理模式是在吸取了日本新日铁和国内外安全管理有关经验的基础上，结合自身的实践，自1991年立题，经过对安全工作的7年时间研究取得发展后初步定型的。

宝钢的安全管理模式简写为FPBTC，具体含义是：F, First Aim（一流目标）；P, Two Pillars（二根支柱）；B, Three Bases（三个基础）；T, Total Controll（四全管理）；C, Countermeaure（五项对策）。内容如图11-14所示。

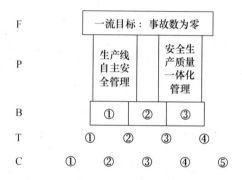

宝钢"FPBTC"安全管理模式图

上图中，B：① 安全标准化作业；② 作业长为中心的班组建设；③ 设备点检定修。T：① 全员；② 全面；③ 全过程；④ 全方位。C：① 综合安全管理；② 安全检查；③ 危险源评价与检测；④ 安全信息网络；⑤ 现代化管理方法。

宝钢安全管理模式特别注重工艺设备安全化和标准化作业，显然这是消除人的不安全行为和某些物的不安全状态的重要途径。尽管宝钢的工艺设备水平较高，但是该模式仍强调了设备故障的预防性点检定修制，使企业每时每刻抓紧安全工程技术措施，始终保持物的安全状态，从而奠定了安全的物质基础。

同时，宝钢在工厂的生产准备和投产初期就吸取了日本新日铁公司的制度和经验，率先严格实施标准化作业，制定了各种完整、详尽的技术标准、作业标准和管理标准，并以条例形式把其固定下来，保证了人在作业中的规范行为，有助于降低事故率。但在实践中如何检查设备和人员的状况呢？宝钢采取了"安全诊断法"这一计量方法，把各种可能发生事故的现象按作业行动、作业方法和设备环境分成三大类，每类又按危险程度分成ABC三级（每查出一项，依次为5点、3点、1点），然后按下列公式计算出指摘度和指摘点：

$$指摘度 = 指摘件数 / 检查诊断件数 \times 100\%$$

$$指摘点 = 指摘点数 / 检查诊断件数$$

其中,指摘件数表示检查和评价中的不安全行为和不安全因素;检查诊断件数表示检查和评价的内容;指摘点数按 ABC 总点数相加。

计算结果可以画成统计表格,使人们对企业安全管理状况一目了然,以此采取适当措施。

宝钢安全管理模式将现代化系统安全管理及安全的综合管理方法进行了概括和提高,创造了许多定性与定量相结合的计量方法,使模式具有科学性、系统性、超前性和预防性的特点。因此,在当前形势下,对各个企业都具有一定的借鉴作用。

(资料来源:http://www.docin.com/p-115531592.html)

思考题:
1. 我国工业企业现有的安全管理模式可分为哪几种类型?
2. 宝钢安全管理模式对各企业有何借鉴作用?有哪些不足之处?

第四篇
经营战略篇

第十二章 企业战略管理

【学习要点】
- ◆ 企业战略的概念及特征
- ◆ 战略管理的过程
- ◆ 企业战略的类型
- ◆ 战略制定的方法

管理大师彼得·德鲁克说:"战略管理并不是一系列的诀窍,也不是什么技术,它是一种分析型思维以及利用资源采取的行动。"由于外部经营环境的改变和企业间竞争的加剧,企业的生存和发展面临更严峻的挑战,企业战略管理正是在这种背景下得到企业的广泛重视,成为解决企业生存和长远发展问题的关键所在。

第一节 企业战略管理概述

一、企业战略的概念及特征

1. 战略

战略一词原是军事术语,其本义是指基于对战争全局的分析而做出的谋划。也有的兵书认为,"战略是在地图上进行战争的艺术,它所研究的对象是整个战场",而在"地面上实际调动军队和作战的艺术就是战术"。战略对于战争的意义在于它可以帮助决策者掌握战争全局的动态,运筹帷幄之中,决胜千里之外。现在,战略的概念有了更广泛的应用,它表示对一件事情的总体谋划和部署。

2. 企业战略

企业战略的概念国内外学者有很多定义和解释。美国著名管理学者安索夫(I. Ansoft)在1965年发表的《企业战略论》一书中认为:企业战略是贯穿于企业经营与产品和市场之间的一条"共同经营主线",它决定着企业所从事的或者计划在将来要从事的经营业务的基本性质。这条"共同经营主线"由四个要素构成:产品和市场范围、成长方向、竞争优势和协同效应。产品和市场范围是指企业所生产的产品和竞争所在的市场;成长方向是指企业计划对其产品和市场范围进行变动的方向;竞争优势是指那些可以使企业处于有力竞争地位的产品和市场的特性;协同作用是指企业内部联合协作可以达到的效果,即整体大于部分之和的效应。

美国哈佛大学商学院教授安德鲁斯(K. Andrews)认为,企业战略是企业的目标、意图或目的,以及为达到这些目的而制定的主要方针和计划。这是企业战略概念的广义含义,即企业战略应包括企业希望实现的目标以及为实现这些目标而采取的手段。而安索夫的企业战略定义可以认为是企业战略概念的狭义含义,即企业战略只包括为实现企业目标而采取的手段。

著名的企业史学家艾尔弗雷德·钱德勒(A. Chandler)将战略定义为"确定企业基本的长远目标和为了实现这些目标所采取的相应措施、行动以及必要的资源分配"。全球管理界享有盛誉的管理学大师亨利·明茨伯格则认为,在生产经营活动中,人们在不同的场合以不同的方式赋予企业战略不同的内涵,说明人们可以根据需要接受各种不同的战略定义。明茨伯格借鉴市场营销学中四要素(4Ps)的提法,从五个不同的方面对企业战略加以规范阐述,即计划(Plan)、计谋(Ploy)、模式(Pattern)、定位(Position)和观念(Perspective)构成了企业战略的5P。

尽管企业战略的定义多种多样,对企业来说,不同的定义只不过是从不同的角度对战略加以阐述而已。总之,企业战略是指企业根据环境的变化、本身的资源和实力,确定适合企业发展的经营领域和长远目标,以及为实现这些目标所采取的相应措施、行动和必要的资源分配。

3. 企业战略的特征

(1) 全局性。企业战略是以企业全局为研究对象,根据企业的总体发展需要而制定,它规定了企业的总体目标与行为,追求的是企业的整体最优性。它是指导企业一切活动的总规则。企业战略的全局性特点决定了高层管理者在企业战略制定、实施中的重要作用。

(2) 系统性。立足全局和长远发展,企业战略确立了愿景目标,并围绕愿景目标设立阶段目标,以及实现各阶段目标的经营策略,从而构成了一个环环相扣的战略目标体系。从组织关系的角度看,企业战略是由决策层战略、事业单位战略、职能部门战略三个层级构成的一个整体。

(3) 长远性。企业的战略立足于未来,对较长时期内企业的生存和发展问题进行通盘谋划,从而决定企业当前的行动。凡是为适应环境的变化所确定的、长期基本不变的目标和实现目标的行动方案,都是企业战略。而那种针对当前形式、灵活适应短期变化、解决具体基本问题的方法都是企业战术。企业战略要实现战略与战术的有机统一。

(4) 风险性。企业做出任何一项决策都存在风险,战略决策也不例外。市场研究深入,行业发展趋势预测准确,设立的愿景目标客观,各战略阶段人、财、物等资源调配得当,战略形态选择科学,制定的战略就能引导企业健康、快速的发展。反之,仅凭个人主观判断市场,设立目标不科学或对行业的发展趋势预测存在偏差,制定的战略就会产生管理误导,甚至给企业带来破产的风险。客观来讲,外部环境的复杂多变是导致企业战略风险的一个重要原因。

二、企业战略管理过程

企业战略管理是企业确定其使命,根据组织外部环境和内部条件设定企业的战略目标,为保证目标的正确落实进行谋划,并依靠企业内部能力将这种谋划和决策付诸实施,以及在实施过程中进行控制的一个动态管理过程。企业战略管理是一个动态的过程,任何一个组成部分的变化都会导致其他部分甚至全部的变化。

战略管理过程一般包括:明确企业使命和愿景、战略分析、战略选择、战略实施、战略评估与控制几个阶段,如图12-1所示。

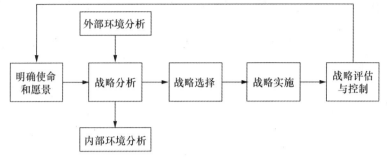

图 12-1　战略管理流程

图 12-1 给出了战略管理的流程,战略管理的动态性要求企业定期评估环境中的机会与威胁以及自身的优势与劣势,以改进企业战略管理的效果,必要时甚至改变企业的战略。一般来说,企业会结合年度、季度定期经营例会或专题会议讨论企业的环境变化、战略执行情况,调整长短期经营目标及战略措施等。

1. 明确使命和愿景

使命(Mission)是企业存在的基础和原因。企业使命揭示了企业区别于其他企业而存在的原因或目的,即企业应满足何种社会需要,从根本上回答了"企业的业务是什么"及企业存在的根本价值。企业愿景(Vision)是企业发展的一幅未来蓝图,是企业前进的方向,意欲占领的业务领域和计划发展的能力。

企业的使命与愿景既互相联系,又有所区别。使命是企业存在的理由和价值,即回答为谁创造价值,以及创造什么样的价值。简单来说,使命就是必须做的事情、一定要完成的任务。由于企业的使命一般涉及多方利益,各方利益的主次轻重必须在使命陈述中明确。如果不明确,当各方利益发生冲突时,就会无所适从。愿景告诉人们企业将做成什么样子,是对企业未来发展的一种期望和描述。愿景就像企业在大海远航的灯塔,只有清晰地描述企业的愿景,社会公众、公司员工和合作伙伴才能对企业有更为清晰的认识。一个美好的愿景能够激发人们发自内心的感召力量,激发人们强大的凝聚力和向心力。

2. 战略分析

战略分析是通过对企业的战略环境进行分析与评价,来预测企业未来发展的趋势,以及这些趋势对企业造成的影响。其目的是明确企业的战略地位。战略环境分析包括企业外部环境分析与企业内部环境分析。通过外部环境分析,看到企业面临的机会和威胁;通过内部环境分析,认清企业自身的优势与劣势。

(1) 外部环境分析。企业外部环境是指存在于企业外部,并影响企业经营活动及其发展的各种客观因素与力量,可以分为宏观环境和行业环境。宏观环境,顾名思义,包括那些在社会环境中影响到企业的各种因素,它是从大的范围着眼,处于企业面临的各种环境的最外围。宏观环境分析包括对政治法律因素、经济因素、社会文化因素、技术因素和全球化因素等要素的分析。行业环境分析是探索企业所在行业的长期盈利能力和发现影响产业吸引力的因素,一般涉及以下因素:市场规模、市场竞争的范围、市场结构、产业在寿命周期中所处的阶段、产业的竞争态势、产业中产品工艺和技术的革新速度等。

(2) 内部环境分析。内部环境存在于企业内部,由处于组织内部的要素所构成。内部环境分析的主要任务就是从对企业内部要素的分析中归纳出若干能够影响企业未来发展的关键战略要素,即企业内部的优势与劣势。分析内部环境是战略分析的一项重要内容。研究和经验表明,企业的优势与劣势以及它的组织能力,比外部环境更能决定自身的绩效。内部环境分析主要涉及企业资源与能力、企业价值链、企业核心竞争力等方面。

3. 战略选择

战略选择是企业决策者通过对若干种可供选择的战略方案进行比较和优选,从中选择一种最适于企业现状并富有挑战性的战略方案的过程。它需要综合考虑实施战略方案所付出的成本、所能获得的收益及风险程度,以及企业的竞争优势、市场机会等因素。

4. 战略实施

战略实施是指为实现企业战略目标而对战略规划的执行。一个企业的战略方案确定后,必须通过具体化的实际行动才能实现战略目标。一般来说,可从三个方面推进一个战略的实施:其一是制定职能策略,如生产策略、研究与开发策略、市场营销策略、财务策略等,在这些职能策略中要能够体现出策略的推进步骤、采取措施以及时间安排等;其二是构建企业的组织机构,以使组织能够适应所采取的战略,为战略实施提供一个有利的组织环境;其三是要使领导者的素质及能力与所执行的战略相匹配,即挑选合适的企业高层管理者来贯彻既定的战略方案。

5. 战略评估与控制

在战略实施过程中,为了实现既定的战略目标,必须对战略的实施进行评估与控制。这是将企业实际业绩与预定的战略目标进行比较的过程。这一过程为管理者提供必要的反馈,根据评价结果和需要采取纠正措施,并适时进行战略调整。

第二节 企业战略的类型

企业战略是多层次的,有公司层次、事业层次和职能层次的战略,如图12-2所示。公司层次战略也就是企业总体战略,所关注的是如何通过配置、构造和协调公司在多个市场上的活动来创造价值。事业层次的战略即竞争战略,所要解决的是如何在一个具体的、可以识别的市场上取得竞争优势;职能层次的战略即职能战略,是要落实如何在各自的职能领域采取有效的行动以实现总体战略与竞争战略的战略部署。

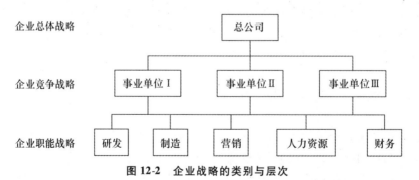

图12-2 企业战略的类别与层次

一、企业总体战略

企业总体战略是指为实现企业总体目标,对企业未来发展方向做出的长期性和总体性规划,确定企业在未来的事业中如何配置人、财、物等资源,决定做什么和如何做。它是统筹各项分战略的全局性指导纲领,是企业最高管理层指导和控制企业的一切行为的最高行动纲领。

企业总体战略从经营方向上可以分为稳定型战略、增长型战略和紧缩型战略三种。

（一）稳定型战略

稳定型战略的特征为基本不进行重大的变革。这种战略的一般做法包括：通过提供基本相同的产品和服务，持续不断地服务于同样的客户，保持市场份额，维持公司的投资回报率。其具有如下特点：

（1）企业满足于过去的经济效益水平，继续追求与过去相同或相似的经济效益目标；

（2）企业准备继续用基本相同的产品或服务为原有的顾客服务；

（3）在战略期内，每年所期望取得的绩效按大体相同的比率增长。

当企业遇到以下情景时会采用稳定型战略：① 当外部环境较好时，行业内部或相关行业市场需求增长，但企业由于自身资源不够充分而采取以局部市场为目标的稳定型战略；② 当外部环境较为稳定时，资源较为充足的企业与资源相对稀缺的企业都应当采用稳定型战略；③ 当外部环境较为不利，资源丰富的企业可以采用一定的稳定型战略。

稳定型战略的实施可以避免因战略改变引起的企业在资源分配、组织结构、管理技能等方面的变动，保持战略的连续性，维持企业的平稳发展，风险较小。但是，采用这种战略，企业可能一味追求稳定，导致企业墨守成规、因循守旧，丧失快速发展的机会。

（二）增长型战略

增长型战略又称发展战略，是一种使企业在现有的基础水平上向更高一级的目标发展的战略。它以发展为导向，引导企业不断地开发新的产品，开拓新的市场，采用新的生产方式和管理方法，以扩大企业的产销规模，提高企业的竞争地位，增强企业的竞争实力。

采用增长型战略的企业，其发展应立足于创新，定期地开发新产品、新市场、新工艺及老产品的新用途，这样往往可以获得高于行业平均利润率的收益。常用的增长型战略可以划分为三类，即密集性增长战略、一体化增长战略和多样化战略。

（三）紧缩型战略

紧缩型战略也称防御战略。与发展战略不同，它不是寻求企业规模的扩张，而是通过调整来缩减企业的经营规模，是企业从目前的战略经营领域收缩或撤退的一种经营战略。当企业遇到以下情景时会采用紧缩型战略：① 外界环境变化，如经济衰退、产业进入衰退期、对企业产品或服务的需求减少，企业预测到或已经感知到了外界环境对企业经营的不利性；② 企业出现重大的内部问题，如产品滞销、财务状况恶化、投资已明显无法收回等，造成企业竞争地位虚弱、经营状况恶化；③ 企业为了谋求更好的发展机会，使有限的资源分配到更有效的使用场合。紧缩型战略一般包括抽资转向战略、调整战略、放弃战略和清算战略等。

二、企业竞争战略

企业竞争战略属于事业部战略，它是在企业总体战略指导之下，在某一特定经营领域的战略。这一战略主要是针对不断变化的外部环境，在既定的经营领域里有效地竞争。

在市场竞争中创造和充分利用竞争优势对于企业来说是至关重要的。竞争战略的目的是通过比竞争对手更好地满足顾客需求，使企业能够赢得某种竞争优势，从而将竞争对手击败。美国学者波特（M. E. Porter）在其 1980 年出版的《竞争战略》一书中指出：在与五种竞争力抗争中，有三种提供成功机会的基本战略方法，即成本领先战略、差异化战略和目标集聚战略，如图 12-3 所示。

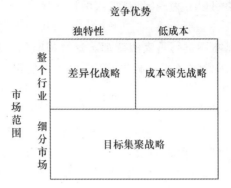

图 12-3 三种企业基本竞争战略

1. 成本领先战略

成本领先战略又称低成本战略,其战略思想是企业力争以最低的总成本取得行业中的领先地位,并采用一系列的方针实现这一基本目标。

成本领先战略的优点是,在与竞争对手的竞争中,企业具有进行价格战的良好条件,即企业可以利用低价格从竞争对手中夺取市场,扩大销售量,增加市场占有率。因而低成本企业在同行业中享有最高的利润。成本领先战略的缺点,首先是投资较大,因为企业必须具备先进的生产设备,才能高效率地进行生产,以保证较高的劳动生产率;其次,把过多的注意力集中于低成本战略,可能导致企业忽视顾客需求特性和需求趋势的变化,忽视顾客对产品差异的兴趣,忽视顾客对价格敏感性的降低,这就使企业很容易被采用产品差异化战略的竞争对手所击败;另外,由于企业集中大量投资于现有技术及现有设备,因而,对新技术的采用及技术创新反应迟钝。

2. 差异化战略

差异化战略,又称产品差异化战略、别具一格战略、差别化战略等,其指导思想是企业提供的产品与服务在行业中具有与众不同的特色,这种特色可以表现在产品、设计、技术特性、产品品牌、产品形象、服务方式、销售方式等手段的某一方面,也可以同时表现在几个方面。差异化战略应该是顾客感受到的、对其有实际价值的产品或服务的独特性。

差异化战略的优点是,利用了顾客对其特色的注意和信任,由此对产品价格的敏感程度降低,可以使企业避开激烈的竞争,在特定领域形成独家经营的市场,使其他企业在短时间内难以追赶,以此来保持市场领先的地位。相应地,差异化战略也有其自身的缺点。要保持产品的差异化,往往要以成本的提高为代价,因为实施这一战略要增加设计和研究开发费用,企业要把产品的特色放在第一位,产品差异化所取得的利润中有很大一部分被产品成本的提高所抵消;另外,由于特色产品的价格较高,很难拥有较大的销售量。因此,该战略不可能迅速提高市场占有率。

使企业产品形成差异化的方法有以下两种:一是使产品的内在因素产生差异化;另一种是使产品的外在因素产生差异化。内在因素的差异化是指企业在产品性能、设计、质量及附加功能等方面与竞争对手相区别,使产品别具一格,开创独特的市场。外在因素的差异化是要创造良好的商品形象,即要充分地利用产品的定价、商标、包装、销售渠道以及促销手段等方法,使其与竞争对手在营销组合方面形成差异化。

3. 目标集聚战略

目标集聚战略，又称集中型或专业化战略。该战略通过满足特定消费群体的特殊消费需求，或集中服务于某一有限的区域市场，以此来建立企业的竞争优势及市场地位。目标集聚战略最突出的特征是，企业专门服务于总体市场中的一部分，也就是对某一类型的顾客或某一地区性市场做密集型的经营。

目标集聚战略包括三种具体形式：一是产品类型的专业化，即企业集中全部资源来生产经营特定的产品系列中的一种产品；二是顾客类型的专业化，即企业只为某种类型的顾客提供产品和服务；三是地理区域的专业化，即企业产品经营范围仅局限于某一特定的地区。

这种战略的优点在于企业能够控制一定的产品势力范围，在此势力范围内，其他竞争者不易与之竞争，因此其竞争优势地位较为稳定；同时，其经营目标集中，管理简单方便，可以集中使用企业所拥有的资源要素，有条件深入研究，以至于精通有关的专门技术。但这一战略也存在一定的缺点，当市场发生变化，技术创新或新的替代品出现时，该产品的需求下降，企业将受到严重的冲击。

三种基本竞争战略侧重点各有不同，企业应以自身实际情况为出发点，选择合适的战略。综合来看，目标集聚战略不过是成本领先战略和差异化战略的具体应用。实质上，竞争战略只有成本领先战略和差异化战略两种，两者之间的具体运用如图12-4所示。

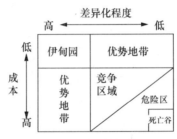

图12-4 竞争战略分析图

三、企业职能战略

企业职能战略是总体战略和竞争战略在各专业职能方面的具体化，它是企业内主要职能部门的短期战略计划。职能战略描述了在执行企业总体战略和经营单位战略的过程中，企业中的每一职能部门所采用的方法和手段，可以使各职能部门的管理人员更加清楚地认识到本职能部门在实施企业总体战略中的责任和要求。这一层次战略的重点是提高企业资源的利用效率，使企业资源的利用效率最大化。职能层次的战略可分为营销战略、人力资源战略、财务战略、生产战略、研究与开发战略等。

职能战略是为企业总体战略和竞争战略服务的，所以必须与企业总体战略和竞争战略相配合。比如，企业竞争战略确立了差异化的发展方向，要培养创新的核心能力，企业的人力资源战略就必须体现对创新的鼓励；要重视培训，鼓励学习；把创新贡献纳入考核指标体系；在薪酬方面加强对各种创新的奖励。

职能战略在几个方面不同于企业总体战略和竞争战略：首先，职能战略的时间跨度要较企业总体战略短得多；其次，职能战略要较企业总体战略更具体和专门化，且具有行动导向性，企业总体战略只是给出企业发展的一般方向，而职能战略必须指明比较具体的方向；最后，职能战略的制定需要较低层管理人员的积极参与。事实上,在制定阶段吸收较低层管理人员的意见,对成功地实施职能战略是非常重要的。

从实施意义上讲,只有在各专业职能充分探讨的基础上制定出职能战略之后,公司总体战略才得以形成,因为它涉及战略在各专业经营职能之间如何展开以形成战略体系,也涉及各职能如何利用所分配的资源及其利用的效果,以保证战略的实施。所以,职能战略不明确,公司战略仅仅是一个空中楼阁。

第三节 战略管理的方法和工具

一、战略制定的方法

战略制定过程包括战略分析(宏观环境分析、行业竞争环境分析、企业内部条件分析)和战略选择。对于宏观环境的分析常用的是 PEST 分析法,行业竞争环境分析用到的方法有波特"五力模型"、行业价值链分析、行业生命周期分析、企业战略群分析等,对内部条件分析常用的方法有关键成功因素、BCG 矩阵、SWOT 分析、价值链分析、GE 矩阵等方法;战略选择常用的方法有战略地位与行动评价(SPACE)矩阵、定量战略计划矩阵(QSPM)等。本书着重介绍如下几种战略分析方法。

1. PEST 分析法

PEST 分析模型从政治法律(Political)、经济(Economic)、社会文化(Social)、技术(Technological)角度分析环境变化对企业的影响。这些环境因素往往直接或间接作用于在某一地域内的企业,同时这些因素之间又相互影响,如图 12-5 所示。

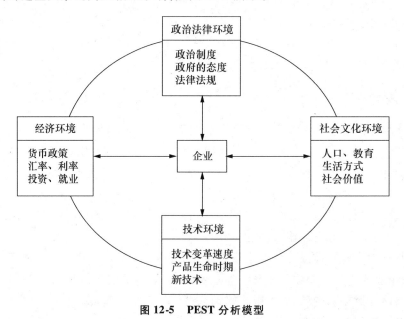

图 12-5　PEST 分析模型

(1)政治法律环境。政治环境主要包括政治制度与体制、政局、政府的态度等;法律环境主要包括政府制定的法律、法规等。

(2)经济环境。构成经济环境的关键要素包括 GDP、利率水平、财政货币政策、通货膨胀、失业率水平、居民可支配收入水平、汇率、能源供给成本、市场机制、市场需求等。

(3) 社会文化环境。人口环境和文化背景是影响企业战略制定的最主要的两个社会文化环境因素。人口环境主要包括人口规模、年龄结构、人口分布、种族结构以及收入分布等因素。文化因素则包括社会各主流阶层的价值观等。

(4) 技术环境。技术环境不仅包括发明,而且还包括与企业市场有关的新技术、新工艺、新材料的出现和发展趋势以及应用背景等。

企业要根据自己的生产经营特点,对那些影响企业发展的主要因素进行系统的分析。

2. 五力模型

五力模型是指迈克尔·波特教授在《竞争优势》一书中提出的"五种竞争力模型"。波特教授认为,一个产业存在着五种基本的竞争力量:潜在竞争者进入的能力、行业内现有竞争者的竞争能力、替代品的替代能力、购买者的讨价还价能力、供应者的讨价还价能力。五力模型可以有效地分析企业所面临的竞争环境,对企业战略的制定具有深远的影响,如图12-6所示。

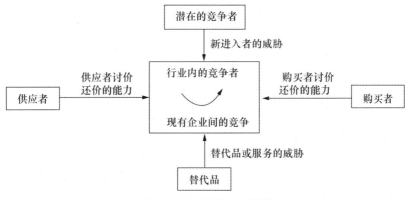

图 12-6 波特的五力模型

(1) 潜在竞争者的威胁。一旦潜在的竞争者进入某个行业,必然会带来新的生产能力,并占有一定的市场份额,从而导致行业现有产品或服务市场份额发生变化,削弱原有企业的获利能力。

(2) 行业内现有竞争者的竞争。现有竞争者之间的竞争一般包括价格战、广告战、研发新产品和增加售后服务等。通常引起企业间激烈竞争的因素有:市场趋于成熟,产品需求增长缓慢;竞争者企图采用降价等手段促销;固定成本或库存成本居高不下;产品差异化不明显或缺乏行业转换成本。

(3) 替代品的威胁。替代品是指那些与行业产品具有相同或类似功能的产品,如糖精从功能上可以替代糖,飞机可能被火车替代等,从而在它们之间产生相互竞争行为,这种源自替代品的竞争会以各种形式影响行业中现有企业的竞争战略。

(4) 购买者的讨价还价能力。购买者能够强行压低价格,或要求更高的质量或更多的服务。例如,在集中购买或大量购买、产品标准化程度高、购买者的转换成本低等情况下,购买者具有较强的讨价还价能力。

(5) 供应者的讨价还价能力。供应者通过提高价格或降低产品的质量来威胁行业中现有企业的盈利能力与产品竞争力。例如,供应者的产品存在差异化致使购买者转换成本较高等情况下,供应者具有较强的讨价还价能力。

3. SWOT 分析法

SWOT 分析法是一种简单而有效的战略分析方法,它通过对企业内部的各种主要优势因素(Strengths,S)与劣势因素(Weaknesses,W)的分析,以及对外部环境的机会因素(Opportunities,O)与威胁因素(Threats,T)的调查,按照一定的次序以矩阵形式排列,运用系统分析的思想,把各种因素相互匹配加以分析,从中得出相应的结论。运用 SWOT 分析,有利于企业对所处情景进行全面、系统、准确的研究和认识,有助于企业选择和制订恰当的战略计划。

SWOT 分析法是建立在企业的内部能力和外部资源良好匹配的基础上。因此,SWOT 分析法的核心就在于战略的"匹配",即根据企业的优势、劣势及外部环境的机会、威胁设计出 SO 战略、WO 战略、ST 战略和 WT 战略(见表 12-1),以此合理利用内部条件和外部环境,使企业在行业中取得有利的地位。

表 12-1　SWOT 分析与应用

外部环境分析 \ 内部资源分析	企业优势（Strengths）	企业劣势（Weaknesses）
市场机会（Opportunities）	SO 战略	WO 战略
市场威胁（Threats）	ST 战略	WT 战略

(1) SO(优势—机会)战略:企业具有很好的内部优势与众多的外部机会,一般采取增长型战略,开拓新产品和新市场以增加产量等。

(2) WO(劣势—机会)战略:企业面临巨大的外部机会,却受到内部劣势的限制,应采取转向型战略,在弥补和消除内部劣势的同时,最大限度地利用外部环境带来的机会。

(3) ST(优势—威胁)战略:企业拥有内部优势而存在外部威胁,应采取多元化战略,以分散风险,寻求新的发展机会。

(4) WT(劣势—威胁)战略:企业内忧外患,不应也没有实力采取扩张战略,适合实施比较保守的防御型战略,以避开外部威胁并消除内部劣势。

通过 SWOT 分析,企业可以了解内部条件和外部环境的共同作用,明确自身的战略地位,并明确企业可能采取的战略类型,为企业决策者提供清晰的决策思路。

4. BCG 矩阵分析法

BCG 矩阵(波士顿矩阵)分析法是第一个广泛应用的业务组合矩阵,是美国波士顿咨询公司(Boston Consulting Group)首创的一种规划企业产品业务组合的工具。

采用 BCG 矩阵分析法能够帮助企业分析多元化业务组合的问题,将企业有限的资源有效地分配到合理的业务中去,以保证企业收益,使企业在激烈的竞争中取胜。

在 BCG 矩阵图中,相对市场占有率和产业增长率是决定企业内每个经营单位战略选择的依据。将这两个因素分为高低两档次,就可以划出四个象限的矩阵。横坐标表示相对市场占有率,通常以 0.5 为界限,表明企业的市场份额为本产业领先企业的一半;纵坐标表示产业增长率,通常以 10% 作为产业增长率高低的分界点。BCG 矩阵法将一个企业的业务分成四种类型:问号、明星、现金牛和瘦狗。企业的所有经营单位都可列入矩阵象限中,并依据所处的地位采取不同的战略,如图 12-7 所示。

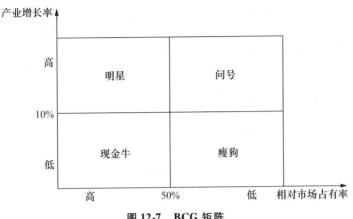

图 12-7　BCG 矩阵

(1) 问号——高增长率、低市场占有率

问号业务说明市场前景好、业务发展快,但是企业目前的市场占有率低。这往往是一个企业的新业务,通常对资金的需求量大而资金创造能力小。只有那些符合企业长远发展目标、企业具备资源优势、能够增强企业核心竞争力的业务才可以采用扩张型战略,追加投资,使之转变成明星业务;而对于剩下的问号业务单位应采取收缩和放弃型战略。

(2) 明星——高增长率,高市场占有率

明星业务具有较强的竞争力,有进一步的发展机会。这是由问号业务继续投资发展起来的,可以视为高速成长市场中的领导者,它将成为企业未来的现金牛业务。明星业务应该得到大量投资以保持或加强其主导地位,企业可以采取市场渗透、市场开发、产品开发等扩张型战略,将这一优势延伸到整个产业链,还可以采取合资经营的战略,加强对这一业务的控制。

(3) 现金牛——增长缓慢,高市场占有率

现金牛业务具有较强的竞争优势,也是企业现金的主要来源,应尽可能长时期保持其优势地位。企业的现金牛业务享有规模经济和高边际利润的优势,往往被用来支付账款并支持其他三种需要大量现金的业务,尤其是明星类业务,因而无须继续加大对这些业务的投入。

(4) 瘦狗——增长缓慢,低市场占有率

瘦狗业务既不能成为企业资金的来源,又无发展前途,是业务组合中最无价值的业务,应该采取收缩战略或剥离与清算战略。

5. 价值链分析法

价值链分析法(Value Chain Analysis)是一种将企业在向顾客提供产品过程中的一系列活动分为在战略上相互关联的活动类,从而理解企业的成本变化以及变化的原因的方法。它是由美国哈佛学院著名战略学家迈克尔·波特(M. E. Porter)提出。波特认为,企业的生产是一个创造价值的过程,企业内外价值增加的活动可以划分为基本活动和支持性活动两大类。其中,基本活动涉及企业生产、销售、进料后勤、发货后勤、售后服务等活动,支持性活动涉及人事、财务、计划、研究与开发、采购等,用于支持企业的基本活动,基本活动和支持性活动构成了企业的价值链,如图 12-8 所示。

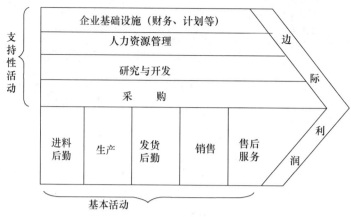

图 12-8　企业基本价值链

不同的企业参与的价值活动中,并不是每个环节都创造价值,实际上只有某些特定的价值活动才真正创造价值,这些真正创造价值的经营活动就是价值链上的"战略环节"。企业要保持的竞争优势,实际上就是企业在价值链中某些特定的战略环节上的优势,它既可以来源于价值活动所涉及的市场范围的调整,也可以来源于企业间协调或合用价值链所带来的最优化效益。

价值链分析为企业对现实及潜在的优势与劣势进行内部分析提供了有效的指导方法,从而可以根据组织自身的资源状态选择合适的战略,塑造与保持企业的核心竞争力。

二、战略实施的方法

战略实施是战略制定的继承,它要求将选定的战略加以细化,并将战略的构想转化为战略的实际行动,在此过程中应当借助平衡计分卡、目标管理等方法,本书着重介绍平衡计分卡。

平衡计分卡(The Balanced Score Card,BSC)是由哈佛商学院教授罗伯特·卡普兰(Robert Kaplan)和复兴方案企业总裁戴维·诺顿(David Norton)在对美国 12 家优秀企业为期一年研究后创建的一套绩效评价体系,后来在实践中扩展为一种战略管理工具。

平衡计分卡以企业战略为导向,寻找能够驱动战略成功的关键成功因素(Critical Success Factors,CSF),并建立与关键成功因素具有密切联系的关键绩效指标体系(Key Performance Indicators,KPI),通过关键绩效指标的跟踪监测,衡量战略实施过程的状态并采取必要的修正措施,以实现战略的成功实施及绩效的持续增长。关键绩效指标的确立需要注意如下几个方面:(1)选择什么样的指标;(2)指标值的确定;(3)指标的分解;(4)指标体系要保持持续运转。

平衡计分卡要求企业从四个不同维度来衡量绩效,即财务维度、顾客维度、内部流程维度、创新与学习维度,见图 12-9。

(1)财务维度。财务维度的目标是解决"股东如何看待企业"这一类问题,通过描述已经发生的事实,告诉企业管理者他们的努力是否对企业的经济收益产生了积极的作用。因此,财务维度是其他三个维度的出发点和归宿。财务指标通常包括销售额、利润额、资产利用率等。

(2)顾客维度。顾客维度的目标是解决"顾客如何看待企业"这一类问题。通过顾客的眼睛来看一个企业,从时间(交货周期)、质量、性能、服务和成本等几个方面关注市场份额以及顾客的需求和满意程度。顾客维度体现了企业对外界变化的反映。顾客指标包括送货准时

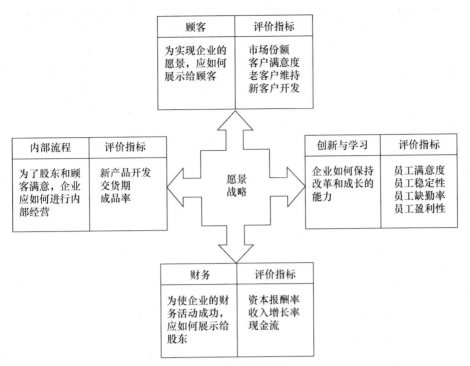

图 12-9 平衡计分卡

率、顾客满意度、产品退货率、合同取消数等。

（3）内部流程维度。内部流程维度的目标是解决"企业擅长什么"这一类问题，报告企业内部效率，关注导致企业整体绩效更好的过程、决策和行动，特别是对顾客满意度有重要影响的企业流程，如生产率、生产周期、成本、合格品率、新产品开发速度、出勤率等。内部流程是企业改善其经营业绩的重点。

（4）创新与学习维度。创新与学习维度的目标是解决"企业是在进步吗"这一类问题，将注意力引向企业未来成功的基础。创新与学习维度指标涉及员工的能力、信息系统的能力、激励、授权与相互配合等。

平衡计分卡的关键是建立指标与战略和愿景之间的联系，同时，各维度间也不是孤立的而是互相联系的，在平衡计分卡的使用过程中要特别注意策略背后的因果关系。在平衡计分卡的四个维度中，创新与学习维度为设定其他三个维度的宏大目标提供了基础架构，是驱使平衡计分卡其他三个维度获得卓越成果的动力。通过创新与学习，企业员工技能上升，生产率改进，员工满意度也得到提升，这使得企业内部流程得到改善，作业品质得到提升，作业时间得以精简，顾客满意度上升。企业内部流程的改善能使企业生产出来的产品更方便、快捷地送达顾客手中，提高了顾客忠诚度，而这一切最终在财务维度上的表现就是财务指标的改善。

【参考知识12-1】 战 略 地 图

　　战略地图(Strategy Map)由罗伯特·卡普兰和戴维·诺顿提出的。
　　战略地图通过明晰平衡计分卡的四个层面目标之间的因果关系和层层递进关系,描绘出企业的战略。它提供了一个描述战略的统一方法,使战略目标和各项指标可以被建立和管理。战略地图使企业关键关系可视化,明晰了创造预期产出结果的因果关系,包括企业如何将人员积极性和资源(包括无形资产)转变为有形产出;让员工明了其工作和企业整体目标间的关系,使员工在追求企业目标下的协同工作成为可能。
　　战略地图是在平衡计分卡的基础上发展而来的,与平衡计分卡相比,它增加了两个层次的东西:一是颗粒层,每一个层面下都可以分解为很多要素;二是动态的层面,也就是说战略地图是动态的,可以结合战略规划过程来绘制。战略地图将平衡计分卡在战略管理中的地位又向上提升了一大步。

【思考题】
1. 简述企业战略的概念与特征。
2. 简述企业战略管理的一般过程。
3. 什么是企业的使命和愿景?
4. 战略分析的主要内容包括哪些?
5. 企业总体战略的类型有哪些?
6. 简述三种竞争战略的逻辑以及战略风险。
7. 试用波特的五力模型分析某企业的行业竞争力。
8. 简述BCG矩阵的基本原理。
9. 试用SWOT分析法来分析你自己的职业生涯,并制定规划。
10. 平衡计分卡包括哪四个方面?每个方面是如何评估的?

【案例】

海尔战略发展

　　海尔秉承锐意进取的海尔文化,不拘泥于现有的家电行业的产品与服务形式,在工作中不断求新求变,积极拓展业务新领域,开辟现代生活解决方案的新思路、新技术、新产品、新服务,从1984年引进德国利勃海尔电冰箱生产技术成立的青岛电冰箱总厂的基础上发展成为国际特大型企业。在海尔三十多年的高速发展中,最主要的就是创新。在海尔的创新体系中,战略创新起着关键作用。根据企业所处不同阶段以及企业内外部环境的变化,海尔适时地制定并调整自己的发展战略。

名牌战略发展阶段(1984—1991):要么不干,要干就干第一
　　别的企业上产量,而海尔扑下身子抓质量,实施全面质量管理,7年时间只做一个冰箱产品,凭借差异化的质量赢得竞争优势,为未来的发展奠定了坚实的管理基础。

多元化战略发展阶段(1991—1998):海尔文化激活"休克鱼"
　　海尔的创新是以"海尔文化激活休克鱼"思路先后兼并了国内十八家企业,使企业在多元化经营与规模扩张方面获得成功。海尔在国内率先推出星级服务体系,凭借差异化的服务赢得竞争优势。这一阶段,海尔开始实行OEC管理法,这一管理法也成为海尔创新的基石。

国际化战略发展阶段(1998—2005):走出国门,出口创牌

海尔提出"走出去、走进去、走上去"的"三步走"战略,以"先难后易"的思路,首先进入发达国家创名牌,再以高屋建瓴之势进入发展中国家,逐渐在海外建立起设计、制造、营销的"三位一体"本土化模式,搭建起了一个国际化企业的框架。

全球化品牌战略发展阶段(2005—2012):整合全球资源,创全球化品牌

"国际化"是以企业自身的资源去创造国际品牌,而"全球化"是将全球的资源为我所用,创造本土化主流品牌,是质的不同。因此,海尔抓住互联网时代的机遇,整合全球的研发、制造、营销资源,创全球化品牌。这一阶段,海尔探索的互联网时代创造顾客的商业模式就是"人单合一双赢"模式。

网络化战略发展阶段(2012—2019):网络化的市场,网络化的企业

其基础和运行体现在网络化上,主要是两部分:网络化的市场和网络化的企业。网络化市场里,用户网络化、营销体系也网络化,网络化的企业可归纳为三个"无":企业无边界,即平台型团队,按单聚散;管理无领导,即动态优化的人单自推动;供应链无尺度,即大规模定制,按需设计,按需制造,按需配送。

(资料来源:http://www.haier.net/cn/about_haier/strategy/)

思考题:

1. 谈谈海尔的发展与战略发展的关系。
2. 海尔战略的核心内容是什么?
3. 结合案例,谈谈创新与战略的关系。

第十三章 市场营销

【学习要点】
- ◆ 市场营销的基本概念
- ◆ 现代市场营销观念
- ◆ 市场营销环境分析
- ◆ 目标市场营销战略
- ◆ 市场营销组合

市场营销学是市场经济发展到较高阶段的产物。随着市场不断扩大,竞争不断加剧、环境不断变化,企业处于一个全新的、动态变化的环境里,面对更加挑剔、成熟、分散和多样化的顾客群体,市场营销逐渐成为企业的一项核心职能,成为企业获取和保持竞争优势的主要途径。

第一节 市场营销概述

市场营销学是系统地研究市场营销活动规律性的一门科学。研究市场营销学,要在明确市场、市场营销和市场营销观念的基础上,进一步探索企业开展市场营销活动的基本策略和方法。

一、市场的概念

任何企业都与市场存在着千丝万缕的联系。市场不仅是企业生产经营活动的起点和终点,也是联系生产和消费的纽带。市场营销学是站在企业或卖方的角度来理解市场含义的:市场是某种产品的所有购买者的需求总和。它必须具备三个要素,用公式来表示为:

市场 = 人口 + 购买力 + 购买欲望

市场的这三个因素是相互制约、缺一不可的,只有三者结合起来才能构成现实的市场,才能决定市场的规模和容量。例如,一个国家或地区人口众多,但收入很低,购买力有限,则不能构成容量很大的市场;又如,购买力虽然很大,但人口很少,也不能成为很大的市场。只有人口既多,购买力又强,才能成为一个有潜力的大市场。但是,如果产品不适合需要,不能引起人们的购买欲望,对销售者来说,仍然不能成为现实的市场。所以,市场是由具有一定购买力和购买欲望的人组成的,是上述三个因素的统一。

二、市场营销的核心概念

市场营销是市场经济和现代化大生产的产物,其概念随着企业市场营销的实践而不断发展与深化。美国市场营销协会于2013年7月审核通过的定义:市场营销是在创造、沟通、传播和交换产品中,为顾客、客户、合作伙伴以及整个社会带来价值的一系列活动、过程和体系。市场营销可理解为企业通过市场交换满足顾客需求、实现企业目标所进行的全面的、综合的经营活动。

对现代企业而言,其利润和其他经营目标能否实现,能否在激烈的竞争条件下生存与发展,最终取决于其产品是否得到了消费者的认可。从这个意义上来说,市场营销的全部活动都必须围绕着满足消费者需求、更好地为消费者服务这个中心展开。为此,管理者应该掌握以下核心概念。

1. 需要、欲望和需求

人们的需要和欲望是市场营销活动的出发点。需要是指人们感受到的匮乏状态,如人们为了生存,会有食物、衣服、房屋等生理需要及安全、归属感、尊重和自我实现等心理需要。市场营销者不能创造这些需要,只能适应它们。欲望是指人类需要经由文化和个性塑造后所采取的具体形式。比如,中国人需要食物,欲望是想要得到米饭;法国人需要食物,欲望是得到面包;美国人需要食物,欲望则是得到汉堡。市场营销者能够影响消费者的欲望,如建议消费者购买某种产品。当有购买力做后盾时,欲望就转化成了需求,即需求是指对有能力购买的某个具体产品的欲望。

将需要、欲望和需求加以区分,其重要意义就在于阐明这样一个事实,即市场营销者并不创造需要;需要存在于市场营销活动出现之前;市场营销者连同社会上的其他因素,只是影响了人们的欲望,并试图向人们指出何种特定产品可以满足其特定需要,进而通过使产品富有吸引力、适应消费者的支付能力且使之容易得到来影响需求。

2. 产品

人们用产品来满足其需要和欲望。因此,可将产品表述为提供给市场并能满足人类某种需要或欲望的任何东西。产品包括有形与无形的、可触摸与不可触摸的。无论有形物品还是无形物品,都是为了满足人们的需要。例如,人们买洗衣机不是为了得到多大体积的箱子,而是为了得到洗涤服务,满足洁衣的需要。再如,当我们看到某消费者在市场上寻找钻头时,以一般人的眼光来看,这个人的需要似乎就是"钻头"这种产品;但以市场营销者的眼光去看,这个人的需要并不是"钻头",而是打一个"洞"。那么企业也许就能创造出一种比钻头打得更快、更好,更便宜的打洞工具,对顾客需要的这种洞察力能使企业生产出更具竞争力的产品。许多生产者关心产品甚于关心产品所满足的需要,这是错误的,是营销近视症的表现。

3. 价值、成本与满意

消费者通常面对众多可以满足某种特定欲望的产品和服务,他们如何在这些产品和服务中做出选择呢?消费者做出购买选择的依据是他们对各种产品和服务所提供的价值的理解。

价值是指产品满足人们需要的能力。成本是指人们在购买产品中付出的货币、时间及精力的总和。顾客满意取决于产品的感知使用效果,这种感知使用效果与顾客期望有密切关系。如果产品的感知使用效果低于顾客的期望,他们就不满意;如果产品的感知使用效果等于顾客的期望,他们就满意;如果产品的感知使用效果高于顾客的期望,他们就会非常高兴。顾客在决定购买之前,要综合考虑每种产品的价值和成本,从中选出性价比最优的产品。需要指出的是,顾客常常并不是很精确地分析某种产品的价值和成本,而是根据他们的感知价值行事。

4. 交换、交易和关系

交换通常是指人们在等价基础上的商品交换,即以物换物。交换是人们用来获得所需之物的方法之一,双方的需求在交换中得到满足。交易是指买卖双方的价值交换行为。交易以货币或服务为媒介,物物交换不能算在内。在营销活动中,企业会与消费者、供应商、分销商、竞争者、政府机构及其他公众发生长期的互动关系。为了避免顾客品牌忠诚不稳、回头客少等不足,便产生了关系营销。关系营销的核心是建立和发展与这些公众的良好关系,使有关各方实现各自的目的。

5. 市场营销者

市场营销者是指积极主动地向他人寻求资源,并愿意用某种有价之物做交换的人,可以是卖方,也可以是买方。谁更积极、主动地寻求交换,谁就是营销者。如果买卖双方都在积极寻求交换,那么双方都称为营销者,并把这种情况称为相互市场营销。

【参考知识 13-1】 顾客让渡价值

顾客让渡价值(Customer Delivered Value)是指顾客购买总价值(Total Customer Value)和顾客购买总成本(Total Customer Cost)之间的差额。顾客购买总价值是指顾客购买某一产品与服务所期望获得的一组利益,它包括产品价值、服务价值、人员价值和形象价值等。顾客购买总成本是指顾客为购买某一产品所耗费的时间、精神、体力以及所支付的货币资金等,因此,顾客总成本包括货币成本、时间成本、精神成本和体力成本等。由于顾客在购买产品时,总希望把有关成本包括货币、时间、精神和体力等降到最低限度,而同时又希望从中获得更多的实际利益,以使自己的需要得到最大限度的满足,因此,顾客在选购产品时,往往从价值与成本两个方面进行比较分析,从中选择出价值最高、成本最低即"顾客让渡价值"最大的产品作为优先选购的对象。

1. 顾客购买总价值的构成

(1) 产品价值:产品包含核心产品(主要利益)、形式产品(包装、品牌、花色、式样)和附加产品(保证、安装、送货、维修)三个层次的内容。与此相对应,产品的价值也包含内在价值(即核心产品的价值)、外在价值(即形式产品的价值)和附加价值(即附加产品的价值)三个层次。

产品价值一般由产品利益、产品功能和产品特性三大板块组成。其中,产品利益代表顾客购买产品的基本利益取向,产品功能则指产品满足顾客利益取向的方法和手段,产品特性是由产品的品质、材料、品种与式样等组成的产品特殊性,它们是顾客选购产品的基本依据之一。

(2) 服务价值:伴随产品实体的出售,企业向顾客提供的各种附加服务,包括产品介绍、送货、安装、调试、维修、技术培训、产品保证等所产生的价值。

(3) 人员价值:企业员工的知识水平、业务能力、工作质量、应变能力等所产生的价值。

(4) 形象价值:企业及其产品在社会公众中形成的总体形象所产生的价值。包括企业的产品、包装、商标、工作场所等所构成的有形形象所产生的价值,公司及其员工的经营行为、服务态度、作风等行为形象所产生的价值,以及企业的价值观念、管理哲学等理念形象所产生的价值等。

2．顾客购买总成本的构成
(1) 货币成本：顾客购买产品的货币支出。
(2) 时间成本：顾客为购买产品所耗费的时间。
(3) 精力成本：顾客购买产品时，在精神、体力方面的耗费与支出。

三、市场营销观念的演进

企业经营观念是企业的哲学，是企业经营活动的指导思想，是企业如何看待并管理企业、顾客和社会三者之间利益关系的重要依据。企业经营观念随着生产力的进步和市场形势的变化而不断发展和演变，大致经历了以生产为中心→以产品为中心→以推销为中心→以顾客为中心的转变，前后形成了五种观念。

1．生产观念

生产观念是指导企业经营行为的最古老的观念之一。这种观念不是从市场需求出发，而是从企业生产出发。其主要表现是"我生产什么，就卖什么"。生产观念认为，消费者喜欢那些可以随处买得到而且价格低廉的产品，只要定价合理的产品无须努力推销即可售出。生产观念是在卖方市场条件下产生的，这时市场中的商品本质上供小于求，表现却是供大于求，即处于相对过剩状态。这是因为商品价格昂贵，超过人们的支付能力，无法形成现实有效的需求。因此，企业应致力于提高生产效率、扩大生产，降低成本以扩展市场。美国汽车大王亨利·福特曾宣称："不管顾客需要什么颜色的汽车，我只有一种黑色的"，就是生产观念的典型表现。显然，生产观念是一种重生产、轻市场营销的企业经营哲学。

2．产品观念

产品观念的基本观点是顾客喜欢质量高、功能多和具有特色的产品，并愿意付更多的钱。为此，企业只要不断改进产品，生产出优质产品，顾客就会找上门来。酒香不怕巷子深。在产品观念指导下，企业的运营核心是提高产品质量和性能。产品观念关注产品质量，更贴近消费者的需求，比生产观念多了一层竞争的色彩，所以它比生产观念要先进一些。但是，产品观念以企业的产品为中心，注意力没有放在市场需要上，在市场营销管理中容易缺乏远见，只看到自己的产品质量好，看不到市场需求在变化，致使企业经营陷入困境。

3．推销观念

随着生产力的进一步发展，产品生产出现过剩，买方市场逐渐形成，生产观念和产品观念已经不能适应企业的需要，推销观念由此产生。推销观念认为，如果任其自然的话，消费者通常不会大量购买某一品牌的产品，企业为了把产品销售出去，就必须积极地进行各种促销活动。在推销观念指导下，企业通常把工作的重点放在广告和推销方面，努力向现实顾客和潜在顾客展示本企业产品，促其购买。由于推销观念的基本出发点是企业的既有产品，所以它在本质上同生产观念有相似之处，即生产什么就推销什么。

4．市场营销观念

市场营销观念认为，实现组织目标的关键在于比竞争对手更好地了解目标顾客的需要和欲望，并使顾客感到满意。这一观念与其他营销观念有着本质的区别，它把企业活动的中心由企业内部转向了企业外部，把消费者的利益放到了企业思考和处理问题过程中第一重要的位置上。与以产品为中心的"制造—销售"哲学不同，市场营销观念是以顾客为中心的"感知—

反应"哲学。其任务不是为产品发现合适的顾客,而是为顾客发现恰当的产品。推销观念采用由内而外的视角。它以工厂为起点,关注公司现有的产品,进行大量的推销和促销。它主要致力于吸引顾客,追求短期的销售,而很少关心谁买以及为什么买。而市场营销观念采用由外而内的视角,以正确界定的市场为起点,关注顾客的需要,整合所有影响顾客的市场营销活动;在顾客价值和满意的基础上,与合适的顾客建立持久的关系并产生利润。在市场营销观念指导下,顾客导向和创造价值是通往销售和利润的必由之路。图13-1比较了推销观念和市场营销观念。

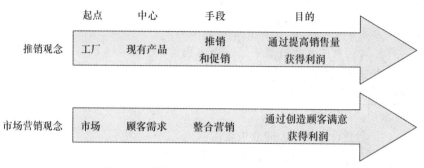

图 13-1　推销观念和市场营销观念的比较

5. 社会营销观念

社会营销观念是对市场营销观念的修改和补充,其基本观点是将企业利润、顾客需求和社会长远的整体利益统一起来。社会营销观念产生于20世纪70年代西方资本主义出现能源短缺、通货膨胀、失业增加、环境污染严重、消费者保护运动盛行的形势下。因为市场营销观念回避了消费者需要、消费者利益和长期社会福利之间隐含着冲突的现实。社会营销观念认为,市场营销应该以维持或改善消费者和社会福利的方式向顾客递送价值。这要求可持续的市场营销,即承担社会和环境责任的市场营销,强调满足顾客和企业需求的同时也保护或增强后代满足需求的能力。社会营销观念要求市场营销者在制定市场营销政策时,要统筹兼顾企业利润、消费者需要的满足和社会利益三方面(见图13-2)。

图 13-2　社会营销观念的基本要素

上述五种企业经营观念的产生和存在都有其历史背景和必然性。现代企业为了求得生存和发展,必须树立具有现代意识的市场营销观念和社会营销观念。但是,必须指出的是,由于诸多因素的制约,当今企业并非都树立了现代营销观念。事实上,还有许多企业仍然以产品观念及推销观念为导向。

四、市场营销方式的发展

随着社会的不断变化和发展,市场营销的方式也随之不断发展和变化。营销方式即指营销过程中可以使用的方法。在互联网未充分被广大用户使用时,营销方式包括服务营销、体验营销、知识营销、情感营销、教育营销、差异化营销、直销等。随着互联网及移动通信的快速发展,营销方式发生了深刻变化,包括微博营销、微信营销、体验式微营销、O2O立体营销等。

1. 微博营销

微博营销是指通过微博平台为商家、个人等创造价值而执行的一种营销方式,也是指商家或个人通过微博平台发现并满足用户的各类需求的商业行为方式。

2. 微信营销

微信营销是网络经济时代企业营销模式的一种创新,是伴随着微信的火热而兴起的一种网络营销方式。微信不存在距离的限制,用户注册微信后,可与周围同样注册的"朋友"形成一种联系,用户订阅自己所需的信息,商家通过提供用户需要的信息推广自己的产品,从而实现点对点的营销,比较突出的如体验式微营销。

3. 体验式微营销

体验式微营销以用户体验为主,以移动互联网为主要沟通平台,配合传统网络媒体和大众媒体,通过有策略、可管理、持续性的O2O线上线下互动沟通,建立和转化、强化顾客关系,实现客户价值的一系列过程。体验式微营销站在消费者的感官(Sense)、情感(Feel)、思考(Think)、行动(Act)、关联(Relate)五个方面,重新定义、设计营销的思考方式。

此种思考方式突破传统上"理性消费者"的假设,认为消费者消费时是理性与感性兼具的,消费者在消费前、消费时、消费后的体验才是研究消费者行为与企业品牌经营的关键。体验式微营销以微博、微电影、微信、微视、微生活、微电子商务等为新媒体代表形式,为企业或个人达成传统广告推广形式之外的低成本传播提供了可能。

4. O2O立体营销

O2O立体营销是基于线上(Online)、线下(Offline)的全媒体深度整合营销,以提升品牌价值转化为导向,运用信息系统移动化,帮助品牌企业打造全方位渠道的立体营销网络,并根据市场大数据分析制定出一整套完善的多维度立体互动营销模式,从而实现大型品牌企业以营销效果为全方位视角,针对受众需求进行多层次分类,选择性地运用报纸、杂志、广播、电视、音像、电影、出版、网络、移动在内的各类传播渠道,以文字、图片、声音、视频、触碰等多元化的形式进行深度互动融合,涵盖视、听、光、形象、触觉等人们接受资讯的全部感官,对受众进行全视角、立体式的营销覆盖,帮助企业打造多渠道、多层次、多元化、多维度、全方位的立体营销网络。

五、营销环境的概念

企业营销环境(Marketing Environment)是指在企业营销活动之外,能够影响营销部门建立并保持与目标顾客良好关系的能力的各种因素和力量。营销环境既能够提供机遇,也能造成威胁。因此,持续地监视和适应变化的市场营销环境,是制定企业营销战略的基础。

营销环境的内容比较广泛,可以根据不同的标志加以分类。基于不同的观点,营销学者提出了各具特色的对环境分析的方法,科特勒将营销环境划分为微观环境和宏观环境。微观环境是指与企业紧密相连、直接影响企业营销能力的各种参与者。从企业营销系统的角度看,包括供应商、企业内部门、营销中介、顾客、竞争者以及社会公众。宏观环境指影响微观环境的一系列巨大的社会力量,主要是人口、经济、政治法律、科学技术、社会文化及自然生态等因素。微观环境与宏观环境之间并不是并列关系,而是主从关系,微观营销环境受制于宏观营销环境,微观环境中所有的因素都要受宏观环境中各种力量的影响。宏观环境因素与微观环境因素共同构成多因素、多层次、多变的企业市场营销环境的综合体。市场营销环境如图 13-3 所示。

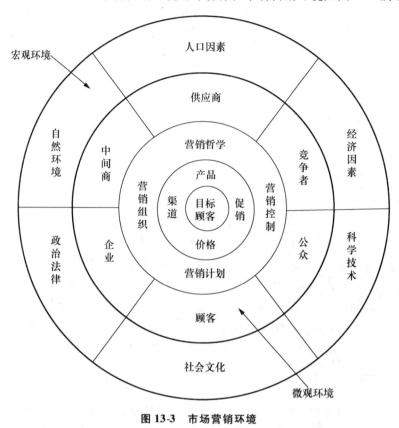

图 13-3　市场营销环境

六、市场营销过程

市场营销过程是企业识别、分析、研究、选择和发掘市场营销机会,以实现企业任务和目标的管理过程。一般包括以下四个步骤:

1. 分析市场机会

市场营销是通过满足顾客需求进而实现企业目标的经营活动。分析外部环境、发现市场机会是营销工作的出发点。市场上一切未满足的需求都是市场机会,但能否成为企业的营销机会,还要看企业的目标和资源。因此,营销人员必须广泛收集市场信息,进行专门的调查研究,利用一切调研手段识别未满足的需要和新的市场机会,并对已发现的市场机会进行分析评估,从中选出对本企业最适合的营销机会。同时,还要注意发现环境威胁,并采取有效的应变准备,减少不利的营销因素可能带来的损失。

2. 选择目标市场

企业选定了符合自身目标和资源的营销机会后,还要对市场容量和市场结构进行进一步分析,确定市场范围,这是因为消费者对同一类产品的需求总是存在差异的。为了提高产品对顾客需求的适应能力,企业要把总体市场划分为几个主要的细分市场,对这些细分市场分别做出评价,结合企业自身的特点和优势,选择一个或多个细分子市场作为本企业的目标市场,为特定的目标市场提供专门的产品和服务。企业还要对产品进行市场定位,通过市场定位帮助目标顾客将本企业的产品和其他竞争对手的产品区别开来,树立与众不同的形象。市场定位的实质就是确定产品在顾客心目中的适当位置并留下值得购买的印象,以便吸引更多的顾客,取得在目标市场的竞争优势。

3. 确定市场营销组合

在选定目标市场后,就要确定市场营销组合策略,综合运用企业可控的营销变量实现营销战略规划的目标。营销组合中所包含的可控因素很多,可以概括为4P,即产品(Product)、价格(Price)、地点(Place)、促销(Promotion)这四个基本因素。产品策略是对生产什么产品进行决策,包括新产品开发决策、产品组合决策、产品生命周期阶段决策、品牌决策、包装决策等。价格策略包括新产品定价决策、一般价格决策、价格调整决策等。地点即分销策略,是对企业如何把产品传送到顾客手中的决策,包括渠道模式决策、经销商选择决策、渠道管理决策、物流决策等。促销策略是对促进和影响人们购买行为的各种手段的决策,包括人员推销决策、广告决策、营业推广决策、公共关系决策等。

4. 实施和控制市场营销活动

市场营销管理过程的最后步骤是对营销活动的具体管理,它包括营销计划的组织、实施和控制。在营销计划的执行过程中,可能会出现一些意想不到的问题,因此需要一个控制系统来保证营销目标的实现。营销控制主要有年度计划控制、盈利能力控制、效率控制和战略控制等。市场营销计划的制订只是营销工作的开始,更重要的工作是计划的实施与控制。

第二节 市 场 调 查

在中国市场国际化和国内市场竞争白热化的背景下,不少企业都在苦苦探索赢得市场的秘诀,在营销大师科特勒的眼中,中国营销界目前并不缺少优秀的营销人员和营销机构,缺少的是企业对市场调研的重视和大量优秀的市场调研人员。由此可见,市场调查对企业成功的重要性是不容忽视的。

一、市场调查的概念、内容及作用

市场调查的实践活动随着商品生产和商品交换的发展很早就产生了,但直到20世纪30年代世界经济危机爆发,企业才认识到做好市场调查的重要性,市场调查才作为一门方法论科学应运而生。

1. 市场调查的概念

对于市场调查的概念,国内外有不同的解释,但一般有狭义与广义之分。狭义的市场调查是以科学的方法和手段收集消费者对产品的购买情况,包括对商品的购买、消费动机等购买活动的调查。广义的市场调查是以科学的方法收集产品从生产者到消费者手中的一切与市场销售有关的资料,并进行研究分析的过程。广义的市场调查将调查范围从消费和流通领域拓展到生产领域,包括产前调查、产中调查、产后和售后调查。

2. 市场调查的内容

市场调查是市场营销活动的起点,它通过一定的科学方法对市场进行了解和把握,在调查活动中收集、整理、分析市场信息,掌握市场发展变化的规律和趋势,为企业进行市场预测和决策提供可靠的数据和资料,从而帮助企业确立正确的发展战略。市场调查的内容很多,具体包括:

(1) 市场环境调查,主要包括经济环境、政治环境、社会文化环境、科学环境和自然地理环境等。具体的调查内容可以是市场的购买力水平、经济结构、国家的方针、政策和法律法规、风俗习惯、科学发展动态、气候等各种影响市场营销的因素。

(2) 市场需求调查,主要包括消费者需求量调查、消费者收入调查、消费结构调查、消费者行为调查,包括消费者为什么购买、购买什么、购买数量、购买频率、购买时间、购买方式、购买习惯、购买偏好和购买后的评价等。

(3) 市场供给调查,主要包括产品生产能力调查、产品实体调查等,具体为某一产品市场可以提供的产品数量、质量、功能、型号、品牌等,以及生产企业的供应情况等。

(4) 市场营销因素调查,主要包括产品、价格、渠道和促销的调查。产品的调查主要有了解市场上新产品开发、设计、消费者使用、消费者评价、产品生命周期阶段、产品组合等情况。产品的价格调查主要有了解消费者对价格的接受情况,对价格策略的反应等。渠道调查主要包括了解渠道的结构、中间商的情况、消费者对中间商的满意情况等。促销活动调查主要包括各种促销活动的效果,如广告实施的效果、人员推销的效果、营业推广的效果和对外宣传的市场反应等。

(5) 市场竞争情况调查,主要包括对竞争企业的调查和分析,了解同类企业的产品、价格等方面的情况以及他们采取的竞争手段和策略,通过调查帮助企业确定其竞争策略。

3. 市场调查的作用

(1) 为企业提供市场信息。市场是企业研究的中心,根据市场的状况而制定的营销策略决定了企业的经营方向和目标,它的正确与否直接关系到企业的成功与失败。市场调查有利于为企业的决策和调整策略提供客观依据。

(2) 有利于企业发现市场机会,开拓新市场。任何企业不会在现有市场上永远保持销售旺势。要想扩大影响,继续盈利,就不能把希望只寄托在一个有限的产品和特定的地区范围内。这就需要通过市场调查了解顾客当前的需要和满足程度,并了解顾客尚不能明确表述出的潜在市场的需要,为企业制定行之有效的市场开发战略提供重要的依据。

(3) 有利于准确地进行市场定位,更好地满足顾客的需要,增强竞争力。知己知彼是每一个企业应对市场竞争的有效办法,要在竞争中取胜,就必须掌握竞争对手的经营策略、产品优势、经营力量、促销手段及未来的发展意图等。显然市场调查对竞争结果的意义十分重大。

(4) 帮助企业打造核心竞争力。普拉哈拉德和哈默将核心竞争力界定为"企业组织中集体学习的能力,尤其是那些企业组织中能够协调不同生产技能和整合各种技术的能力"。通过对市场进行调查,发现市场空缺和市场机会,树立企业的核心竞争力。

(5) 帮助企业制定并改进市场营销策略。企业的新产品如何进入市场,企业如何树立并保持品牌形象,需要以市场调查为基础制定市场营销策略。通过对市场进行调查,可以发现现在的市场营销策略的不足之处,及时改进和调整营销策略。

二、市场调查的方法

市场调查的方法大体上可分为文案调查方法和实地调查方法两大类。

1. 文案调查方法

所谓文案调查方法,又称间接调查方法,是指通过查阅、收集历史和现实的各种资料,并经过甄别、统计分析得到的调查者想得到的各类资料的一种调查方法。文案调查对文案资料的要求包括全面性、针对性、真实性以及时间性。

2. 实地调查方法

实地调查方法主要有观察法、实验法、访问法和问卷法四种。

(1) 观察法,是社会调查和市场调查研究的最基本的方法。它是由调查人员根据调查研究的对象,利用眼睛、耳朵等感官以直接观察的方式对其进行考察并搜集资料。

(2) 实验法,由调查人员跟进调查的要求,用实验的方式将调查对象控制在特定的环境条件下,对其进行观察以获得相应的信息。控制对象可以是产品的价格、品质、包装等,在可控制的条件下观察市场现象,揭示在自然条件下不易发生的市场规律,这种方法主要用于市场销售实验和消费者使用实验。

(3) 访问法,可以分为结构式访问、无结构式访问和集体访问。结构式访问是实现设计好的、有一定结构的问卷的访问。调查人员要按照事先设计好的调查表或访问提纲进行访问,要以相同的提问方式和记录方式进行访问。提问的语气和态度也要尽可能地保持一致。无结构式访问没有统一问卷,是调查人员与被访问者自由交谈的访问。它可以根据调查的内容进行广泛的交流,如对商品的价格进行交谈,了解被调查者对价格的看法。集体访问是通过集体座谈的方式听取被访问者的想法,收集信息资料,可以分为专家集体访问和消费者集体访问。

(4) 问卷法,是通过设计调查问卷,让被调查者填写调查表的方式获得所调查对象的信息。在调查中将调查的资料设计成问卷后,让接受调查对象将自己的意见或答案填入问卷中。在一般进行的实地调查中,以问卷法采用最广。

三、市场调查的步骤

市场调查是由一系列收集和分析市场数据的步骤组成,一般按如下程序进行:

1. 确定问题与假设

由于市场调查的主要目的是收集与分析资料,以帮助企业更好地做出决策,因此调查的第一步就要求决策人员和调查人员认真地确定和商定研究的目标,以便限定调查的范围,并用将来调查所得出的资料来检验所做的假设是否成立,写出调查报告。

2. 确定并收集所需资料

确定问题和假设之后,下一步就应决定收集哪些资料,这与调查的目标有关。同时,要求制定一个收集所需信息的最有效方式,包括数据来源、调查方法、调查工具、抽样计划及接触方法;采用何种方式收集资料,这与所需资料的性质有关,它包括实验法、观察法和询问法等。

3. 设计调查方案

一个完善的市场调查方案一般包括以下几个方面的内容:调查目的要求、调查对象、调查内容、调查表、调查地区范围、样本的抽取以及调查方法的选取。

4. 抽样设计

在调查设计阶段就应决定抽样对象是谁,这就提出抽样设计问题。首先,究竟是概率抽样还是非概率抽样,这具体要视该调查所要求的准确程度而定。概率抽样的估计准确性较高,且可估计抽样误差,从统计效率来说,自然以概率抽样为好。不过从经济观点来看,非概率抽样设计简单,可节省时间与费用。其次,一个必须决定的问题是样本数目,而这又需考虑到统计与经济效率问题。

5．组织实地调查

市场调查的各项工作准备完成后，就可以开始进行实地调查，做好实地调查的组织领导工作及实地调查的协调、控制工作。

6．数据收集与分析

数据收集必须通过调查员来完成，调查员的素质会影响到调查结果的正确性。资料收集后，应检查所有答案，不完整的答案应考虑剔除，或者再询问该应答者，以求填补资料空缺。

数据分析应将分析结果编成统计表或统计图，方便读者了解分析结果，并可从统计资料中看出与第一步确定问题假设之间的关系；还可运用相关分析、回归分析等一些统计方法来进行数据分析。

7．调查报告

市场调查的最后一步是编写调查报告。一般而言，调查报告可分为两类：专门性报告和通俗性报告。专门性报告的读者是对整个调查设计、分析方法、研究结果以及各类统计表感兴趣者，他们对市场调查的技术已有所了解。而通俗性报告的读者的主要兴趣在于听取市场调查专家的建议，例如一些企业的最高决策者。

【参考知识 13-2】 市场调查表

市场调查表是指调查者根据调查目的与要求，设计出由一系列问题、备选答案及说明等组成的向被调查者搜集资料的一种工具。市场调查表广泛应用于统计学、经济学、管理学、社会学、心理学等领域，它是市场调查收集资料的基本工具之一。标准化的市场调查表有利于准确、迅速、高效地对这些数据进行处理分析。

市场调查表的设计是市场调查中的重要环节，它的基本结构包括起始部分、过滤部分、主体部分以及背景部分。

市场调查表的设计应遵循功能性原则、可靠性原则、效率原则以及可维护性原则。

第三节　市场细分与目标市场选择

市场细分是现代市场营销的重要基石，没有市场细分就没有目标市场选择，也就不存在目标市场营销。而市场细分之所以能够成立，在于消费者所处的自然环境、社会环境以及受教育程度等因素的不同，导致在购买心理、购买行为等诸多方面存在差异性。

一、市场细分

1．市场细分的含义及作用

所谓市场细分，又叫市场细分化，是指企业在市场调查的基础上，根据顾客对产品的不同需求以及购买习惯和购买行为的差异，将整个市场划分成若干个子市场的过程。它从消费者需求的差异性出发，从中寻找具有共同消费特点的消费者组成一个细分市场。在同一细分市场中，顾客的需求相同或者可以被认为是相同的，可以用相同的产品满足；在不同细分市场之间，顾客的需求有较大差异，一般需要用不同的产品满足。

市场细分在营销实践中起着重要的作用，通过市场细分可以使企业发掘新的市场机会，找到目前市场上的空白点,形成新的富有吸引力的目标市场;在市场细分基础上,企业可以扬长避短,充分合理地利用现有资源,提高企业的综合竞争能力;市场细分还有助于满足不断变化、千差万别的社会需求。

2. 市场细分的依据

市场细分的依据是顾客需求的差异性,造成顾客需求差异性的因素就是市场细分变量。市场细分变量有很多,通常分为两大类:一是识别变量,如消费者的年龄、性别或组织市场的行业类型、组织规模等,识别变量用于识别顾客的身份,即回答"为谁服务"的问题;二是行为变量,如反应特征、购买时机、使用情景、利益等,行为变量揭示顾客的行为方式或诉求的利益,即回答"如何服务"的问题。市场细分的主要变量及示例如表13-1所示。

表13-1 市场细分的主要变量及示例

类别	识别变量		行为变量	
	变量	示例	变量	示例
消费者市场	年龄、性别	男性、女性	使用情景	家庭、聚会
	收入、教育	高、中、低	品牌忠诚度	忠诚、游离
	地域位置	城镇、农村	个人偏好	时尚、实用
	气候条件	热带、温带	信息能力	固执、主动
	生活方式	朴素、时髦	决策机制	复杂、简单
组织市场	行业类型	机械、软件	决策标准	性能、经济
	组织规模	大、中、小	决策者偏好	伦理、社会
	管理模式	集权、分权	影响因素	组织文化、购买对象
	发展阶段	成长、成熟	决策机制	复杂、简单

在实践中,识别变量和行为变量必须同时使用,只有这样才能既知道顾客是谁,同时也知道他们寻求什么以及是如何寻求的,企业也才能据此提供符合顾客需求的产品及确定提供产品的方式。

二、细分市场的评估

并不是所有的细分市场对企业都是有意义的或值得去经营的,因此必须确定各细分市场的有效性。只有对有效细分市场进行评估和特征描述,才能从中选择将某些细分市场作为企业的目标市场。对细分市场的评估,可以从细分市场的吸引力和竞争性两个方面进行分析。

1. 吸引力

细分市场的吸引力主要体现为细分市场所具备的需求量和营利性,这可以从能否达到一定的经济规模、细分市场未来的增长潜力、细分市场的投资回报及存在的风险情况等几个方面进行评估。

2. 竞争性

细分市场的竞争性评估是指对细分市场的竞争状态或竞争强度做出评价。决定细分市场竞争状态的因素主要有卖方密度、成本构成、产品差异、转换成本、进入障碍和退出障碍。

按照市场吸收力和竞争性的要求,一个有效的、理想的细分市场特征和衡量指标如表13-2所示。

表 13-2　细分市场特征和衡量指标

特征	衡量指标
增长潜力	市场规模大,生命周期处于引入或成长阶段
进入(退出)障碍	早期进入,投资少,资产的可转移性或可变性强
经济规模	累积销售量高,随着销量的增长成本明显下降
竞争性	市场份额高,竞争强度低
投资回报	利润率高,投资回报期短
风险	稳定性高,失败的概率低
反应差异性	有明显区别于其他细分市场的行为特征

三、目标市场的选择

评估不同的细分市场之后,企业就可以着手进行目标市场的选择。所谓目标市场,就是企业决定要进入的那一个或几个细分市场。目标市场选择的本质是不同细分市场和企业资源之间的匹配,企业应该选择一个或几个既有发展前景又是企业资源所能支撑的细分市场作为企业的目标市场,使企业有能力通过向目标市场提供优秀的产品或服务实现企业目标。

企业选择目标市场时,一般有三种基本策略。

1. 无差异目标市场策略

无差异目标市场策略是指企业不进行市场细分,而是把整体市场作为目标市场。企业只考虑市场需求的共性,忽略其差异性。企业为整个市场设计生产单一产品,实行单一的市场营销方案和策略,来迎合顾客的共性需求,如图 13-4 所示。美国可口可乐公司就是实施这种策略的典范。

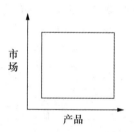

图 13-4　无差异目标市场策略

2. 差异性目标市场策略

差异性目标市场策略是指企业将整体市场细分后,决定同时为两个或两个以上的细分市场服务,为每个选定的目标市场设计开发不同的产品,制定不同的营销策略,以满足不同的顾客需求。

根据产品与市场的特点,差异性目标市场策略具体有以下几种类型(如图 13-5 所示):

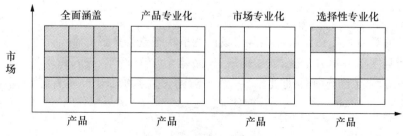

图 13-5　差异性目标市场策略

(1) 完全差异性市场策略,即全面覆盖,企业将整体市场细分后的每一个细分市场都作为目标市场,并为各目标市场生产和提供不同的产品,分别满足不同目标顾客的需求。

(2) 产品专业化策略,即企业只生产经营某种产品,满足不同消费群体的需要。例如,企业生产空调,满足居民家庭需要、单位办公室和宾馆的需要。

(3) 市场专业化策略,即企业生产经营各种产品,满足某一消费者群体的需要。例如,为儿童市场提供各种服装。

(4) 选择性专业化策略,即企业在市场细分的基础上,有选择地放弃部分细分市场,选取若干有利的细分市场作为目标市场,满足不同消费者的需求。

3. 集中性目标市场策略

集中性目标市场策略又称产品—市场专业化策略。企业在整体市场细分后,由于受到资源等的限制,选取一个或少数几个细分市场作为企业的目标市场,制定单一的市场营销方案和策略,实行高度专业化的生产与营销,以便在选定的细分市场上占有较大的市场份额,如图13-6所示。

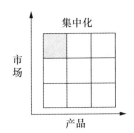

图13-6 集中性目标市场策略

上述三种目标市场选择策略各有利弊,如表13-3所示。

表13-3 三种基本策略的比较

特点	无差异目标市场策略	差异性目标市场策略	集中性目标市场策略
优点	品种少,适合大批量生产,具有规模经济,成本较低	市场广阔,适应性强,有利于扩大销售量,增强竞争	节省费用,有利于提高产品和企业知名度
缺点	应变能力差,依赖性强,风险较大	经营管理水平要求高,生产成本、存货成本、促销成本增加	目标市场依赖性太大,风险大
适用	同质性产品或新产品	生产、经营的差异性较大及多品种生产的企业,资源雄厚的企业	资源有限的中小企业

四、市场定位

市场定位又称产品定位或竞争性定位,是指企业根据竞争者产品在市场上的地位、企业的条件及顾客对产品属性的重视程度,塑造企业产品与众不同的市场形象并传递给目标顾客,以求在顾客心目中形成对产品的偏好,从而在目标市场中占据有力的竞争地位。

市场定位的实质就是使企业的产品在目标市场的众多相同产品中脱颖而出,在顾客心目中产生值得购买的印象,以便吸引更多的顾客购买产品。

1. 市场定位的步骤

市场定位的关键是企业要设法在自己的产品上找出比竞争者的产品更具有竞争优势的特性。因此,市场定位可以看成是一个企业明确其潜在竞争优势、选择相对的竞争优势、有效地向市场传播企业独特竞争优势的过程。市场定位一般包括三个步骤:

(1) 分析目标市场的现状,识别可能的竞争优势。通过分析竞争对手的产品定位、目标市场上顾客需求的满足程度以及潜在顾客的真正需要,企业就可以从中把握和确定自己的潜在竞争优势在哪里,企业应该及能够做什么。

(2) 选择合适的竞争优势,对目标市场初步定位。竞争优势是企业能够胜过竞争对手的能力。这种能力既可以是现有的,也可以是潜在的。选择竞争优势实际上就是一个企业与竞争者各方面相比较的过程。比较的指标应是一个完整的体系,只有这样才能准确地选择相对竞争优势。通常的方法是分析、比较企业与竞争者在经营管理、技术开发、采购、生产、市场营销、财务和产品等七个方面究竟哪些是强项,哪些是弱项,借此选出最适合本企业的优势项目,以初步确定企业在目标市场上所处的位置。

(3) 传播和显示选定的市场定位。这一步骤的主要任务是企业要通过一系列的宣传促销活动,将其独特的竞争优势准确传播给潜在顾客,并在顾客心目中留下深刻印象。为此,企业首先应使目标顾客了解、知道、熟悉、认同、喜欢和偏爱本企业的市场定位,在顾客心目中建立与该定位相一致的形象。其次,企业通过各种努力强化目标顾客形象、保持目标顾客的了解、稳定目标顾客的态度和加深目标顾客的感情来巩固与市场相一致的形象。

企业应注意目标顾客对其市场定位理解出现的偏差或由于企业市场定位宣传上的失误而造成的目标顾客模糊、混乱和误会,及时纠正与市场定位不一致的形象。企业的产品在市场上定位即使很恰当,但在竞争态势变动、消费者需求或偏好发生变化的情况下还应考虑重新定位。

2. 市场定位方式

(1) 从参与竞争的角度,企业进行市场定位的方式有竞争性定位与回避性定位。

竞争性定位,也称迎头定位,是指企业选择靠近现有竞争者的市场位置,即与市场上占支配地位、实力最强或较强的竞争对手发生正面竞争,争夺相同的顾客。由于竞争对手强大,这一竞争过程往往相当引人注目,企业及其产品能较快地为消费者所了解,达到树立市场形象的目的。这种策略可能引发激烈的市场竞争,具有较大的风险。因此,企业必须知己知彼,了解市场容量,正确判定自己的资源和能力是否比竞争者强,或者能不能平分秋色。

回避性定位,也称避强定位,是指企业回避与目标市场上强有力的竞争者的直接对抗,而在市场空白位置满足顾客需求,即生产目标市场上没有而顾客需要的,或市场上有但不能很好地满足顾客需要的产品。这种策略可使企业迅速在市场上站稳脚跟,并在消费者心中树立起一定形象。这种做法风险较小,成功率较高,常为多数企业所采用。

(2) 从顾客需求角度,企业还可为产品进一步定位,即在顾客心目中建立起有吸引力、独特的产品形象,主要方式有廉价定位和偏好定位。

廉价定位是指企业以低价为产品定位,在顾客心目中形成本企业产品在同类产品中价格更便宜的印象,吸引对价格敏感的顾客更多地购买,扩大市场销售的定位方式。例如,小米手机、吉利汽车,进入市场采用的就是廉价定位方式。

偏好定位是指企业产品能为顾客提供竞争者产品无法提供的特殊的利益,在顾客心目中建立起本企业产品能最好满足其需求的印象。定位既可以建立在真实的产品特色和产品提供的利益上，也可以建立在顾客对产品的主观认识上，但两者都必须是顾客决定购买考虑的主要因素。例如，冰箱的偏好定位有保鲜、静音、节能、耐用等。

第四节 市场营销组合

市场营销组合是指企业为达到营销目标，对可控的各种因素进行综合应用所形成的一套营销策略组合。企业可控制的营销因素有许多，杰罗姆·麦卡锡（Jerry McCarthy）把这些因素概括为四类：产品（Product）、价格（Price）、渠道（Place）、促销（Promotion），整合这些因素所采取的市场营销策略，简称为4P策略。

一、产品策略

产品是指提供给市场，能够满足人们需要和欲望的任何东西。产品是满足顾客需求的实质性手段，包括实物、服务、空间、主意等，如手表、维修、仓储、咨询等。企业制定营销策略，首先要制定企业的产品策略，即企业提供什么样的产品或服务去满足消费者的需求。产品策略在整个营销要素组合中居于核心地位，价格、渠道和促销在某种意义上都是产品的组成部分，服务于产品。

（一）整体产品的概念

整体产品是指人们向市场提供的、能够满足消费者或用户某种需求的任何有形物品和无形服务的总和。整体产品的概念由三个基本层次组成，即核心产品（又称实质产品）、形式产品和附加产品（又称延伸产品），如图13-7所示。

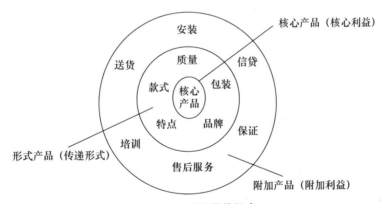

图13-7 产品整体概念

核心产品规定产品的核心利益，是顾客真正要买的东西，如顾客购买洗衣机，不是要一台能转动的机器，而是要洗衣机的洁衣功能。因此，产品首先必须能够满足顾客对产品的功能上的需要。形式产品是核心产品满足顾客需要得以实现的传递形式，是扩大化了的核心产品，也是一种实质性的东西，它由五个因素所构成：产品的质量、款式、特点、品牌及包装。顾客通过形式产品的诸因素形成对产品的印象和做出购买决定。同时，形式产品能够从精神上带给顾客满足。附加产品是顾客购买产品时得到的附加利益，包括安装、维修、培训、送货、信贷、保证、售后服务等。

在现代营销环境下，企业销售的不仅仅是单纯的功能，而是产品整体概念下的一个系统。在竞争日益激烈的市场中，扩大延伸产品，即产品给顾客带来更多的附加利益，已经成为企业市场竞争的重要手段。没有产品整体概念,就不能正确贯彻现代营销观念;忽视消费者对产品的多层次的需求,就不可能获得经营上的成功。

(二) 产品生命周期及各阶段的营销策略

1. 产品生命周期的概念

产品生命周期是指产品从进入市场开始到被市场淘汰退出市场的过程,包括导入期、成长期、成熟期和衰退期。新产品进入市场,标志着产品生命周期的开始;产品退出市场,不再在市场销售,标志着产品生命周期的结束。这一过程可用一条曲线来表示,该曲线被称为产品生命周期曲线,如图13-8所示。

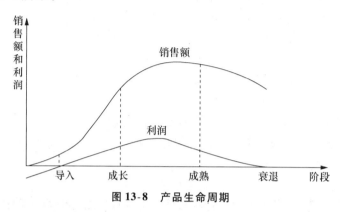

图 13-8 产品生命周期

2. 产品各生命周期的营销策略

产品生命周期的不同阶段具有不同特征,对处于不同阶段的产品应采取不同的营销策略。企业可根据产品所处生命周期阶段的特点,制定和采取相应的营销组合策略,实现营销的阶段性目标。

(1) 导入期一般是指新产品被引入市场、销售缓慢增长的阶段。企业在导入期通过建立或利用已有的渠道分销新产品,营销组合的重点在价格和促销两方面,目的是吸引顾客尽快接受新产品,缩短新产品的导入期。依据顾客对产品的了解程度、价格需求弹性、产品的独占性、潜在的竞争威胁、市场容量和规模经济等不同,有四种策略选择,即:高价格、高促销费用的快速掠夺策略;高价格、低促销费用的缓慢掠夺策略;低价格、高促销费用的快速渗透策略;低价格、低促销费用的缓慢渗透策略。

(2) 成长期一般是指新产品试销取得成功以后,转入成批生产和扩大市场销售的阶段。成长期市场迅速扩大,企业营销策略目标是领先或至少跟上市场扩张的速度,提高或保持市场份额。这一时期营销策略的重点是要突出一个"快"字,它是企业产品发展的黄金阶段,企业在这一时期应抓住机会,迅速扩大生产能力,采取改善产品品质、进入新的细分市场或分销渠道、改变广告宣传的重点、培养顾客品牌偏好等营销策略,以取得最大的经济效益。

(3) 成熟期一般是指产品进入大批量生产,而在市场上处于竞争最激烈的阶段。成熟期市场需求达到饱和,销售增长率趋近于零,销售和利润将达到最高峰,是企业获得最大回报的时期。这一阶段营销的目的是尽量延长成熟期。企业在产品成熟期可以选择市场改进、产品改进和营销组合改进策略。

(4) 衰退期一般是指产品市场寿命已逐渐老化,转入更新换代时期。衰退期顾客的消费习惯发生变化,销售量急剧下降,利润也在不断下降;市场竞争突出地表现为价格竞争,产品价格不断下跌。产品衰退期的营销目标是尽量降低顾客需求转移对企业经营的冲击。企业可以依据产品在市场中的地位有针对性地采取以下几种策略：① 维持策略，即保持原有目标市场和营销组合，直到这种产品完全退出市场为止；② 集中策略，即把资源集中在最有优势的细分市场、渠道和产品项目上，收缩市场，为企业赢得尽可能多的利润，缩短产品退出市场的时间；③ 榨取策略，即对产品尽可能减少投入，主要是停止广告、减少推销人员等，增加近期利润；④ 放弃策略，即对衰退期产品停止生产或转移给他人。

随着老产品衰退逐渐退出市场，企业必须适时地研发、推出新产品，用新产品占领并扩大市场，给企业带来稳定甚至更大的收益。

（三）产品组合策略

任何产品在市场上都有生命周期，企业不能长期只经营一种产品，往往要同时经营多种产品。这就要求企业科学地进行产品组合，以有效地分配企业的有限资源，取得尽可能大且稳定的经济效益。所谓产品组合，也称产品的各色品种集合，是指一个企业在一定时期内生产经营的全部产品线、产品项目的组合。产品线是指密切相关的满足同类需求的一组产品。产品项目是企业在其产品目录上列出的每一种产品，是产品线中的个别产品。例如，某企业生产冰箱、空调、洗衣机，则该企业有三条产品线，在冰箱产品线内有双开门、三开门、分体、一体等各种产品项目。

衡量企业产品组合状况有三个重要指标：宽度、深度和关联度。宽度是指企业拥有的产品线的数量；深度是指各种产品线中不同规格、型号的产品项目的数量；关联度是指各种产品线之间在用途、生产条件、销售渠道或其他方面存在的关联程度。关联度越大，营销成本相对就越低。

产品组合决策是制定其他各项决策的基础。根据具体情况，企业可采取的产品组合策略主要有：

1. 扩大产品组合

主要包括增加产品组合的宽度和延伸产品组合的深度。前者是指在原产品组合中增加产品线，扩大经营范围；后者是指在原有产品线内增加新产品项目，即延伸产品线。当企业预测现有产品线的销售额和盈利率在未来可能下降时，就须考虑在现有产品组合中增加新的产品线，或延伸其中有发展潜力的产品线。

2. 缩减产品组合

市场繁荣时，较宽的产品组合会为企业带来更多的盈利机会。但是在市场不景气或原料、能源供应紧张时，缩减产品线反而能使总利润上升。因为剔除那些获利小的产品线或产品项目，企业可以集中力量发展获利多的产品线和产品项目。

3. 淘汰产品组合

缩减产品组合的极限就是淘汰产品组合，企业彻底放弃原有的产品线和产品项目，转型到新的生产经营领域。

（四）品牌和包装策略

品牌、包装都是产品整体概念中的重要组成部分，也是产品策略中的重要决策。

1. 品牌策略

品牌是用来识别产品的某一名词、符号、文字、数字、标记及其组合。其基本功能是把不同企业生产的产品区别开，使竞争者之间的产品不发生混淆。品牌包括品牌名称和品牌标记。品牌名称是指品牌中可以用语言称呼或念出来的部分；而品牌标记可以识别和认知，但不能用语言称呼或念出来。

品牌在市场营销中发挥着重要作用。品牌是区别同类产品的标志,它表明了产品的特性,有利于企业进行宣传推广,在消费者心中树立起形象。良好的品牌有助于顾客建立品牌偏好,吸引更多忠诚顾客。因此,品牌策略是企业的重要竞争策略之一,品牌策略主要有:

(1) 使用品牌策略与不使用品牌策略。一般来讲,品牌可以起到很好的促销作用,但并非所有的产品都必须使用品牌。通常,原料产品、产品特色与厂商无关的产品、临时一次性出售的产品,以及生产简单、价格低、选择性不大且消费者在购买习惯上不认品牌的产品可以不使用品牌。

(2) 统一品牌策略和个别品牌策略。统一品牌策略是企业把自己生产的全部产品都用同一个品牌,形成一个品牌系列。运用统一品牌策略有助于建立品牌信誉,可以带动许多产品的销售,同时也可显示企业的实力,树立良好的企业形象,有助于新产品进入目标市场。个别品牌是企业对各种产品分别采用不同的品牌。个别品牌策略的主要优点在于:不会因为某一品牌产品信誉下降而承担较大的风险;有利于新产品树立最佳品牌,有利于新产品和优质产品的推广;可以发展多种产品线和产品项目,开拓更广阔的市场。

2. 包装策略

包装是指便于产品销售和传播信息的容器或包装材料,以及与此相关的一系列设计活动。在现代市场营销观念中,以保护产品为主的传统包装观念已被突破。包装作为传递产品信息的一种重要且有效的手段,有着识别、便利、美化、增值、推销的功能。产品包装策略主要有:

(1) 类似包装策略,即企业所有产品的包装在图案、色彩等方面均采用同一形式。这种方法可以降低包装的成本,扩大企业的影响,特别是在推出新产品时,可以利用企业的声誉,使顾客首先从包装上辨认出产品,迅速打开市场。

(2) 组合包装策略,即把若干有关联的产品包装在同一容器中。例如,化妆品的组合包装、节日礼盒包装等,都属于这种包装方法。组合包装不仅能促进消费者的购买,也有利于企业推销产品,特别是推销新产品时,可将其与老产品组合出售,创造条件使消费者接受、试用。

(3) 附赠品包装策略。这种包装的主要方法是在包装物中附赠一些物品,从而引起消费者的购买兴趣,有时还能造成顾客重复购买的意愿。例如,在珍珠霜盒里放一颗珍珠,顾客买了一定数量之后就能串成一根项链。

(4) 再使用包装策略。这种包装物在产品使用完后,还可用在别处。这样,购买者可以得到一种额外的满足,从而激发其购买产品的欲望。如设计精巧的果酱瓶,在果酱吃完后可以作茶杯之用。包装物在继续使用过程中,实际还起了经常性的广告作用,增加了顾客重复购买的可能。

(5) 分组包装策略,即对同一种产品,可以根据顾客的不同需要采用不同级别的包装。如用作礼品,则可以精致地包装;若自己使用,则只需简单包装。此外,对不同等级的产品,也可采用不同包装。高档产品,包装精致些,表示产品的身份;中低档产品,包装简略些,以减少产品成本。

(6) 改变包装策略。当由于某种原因使产品销量下降、市场声誉受损时,企业可以在改进产品质量的同时改变包装的形式,从而以新的产品形象出现在市场,改变产品在消费者心目中的不良地位。这种做法有利于迅速恢复企业声誉,重新扩大市场份额。

二、价格策略

价格是影响市场需求和消费者购买行为的重要因素,是企业开展市场竞争的主要手段之一,并直接影响企业的利润。为此,企业必须了解影响定价的因素、定价目标、定价方法以及定价策略。

（一）影响定价的因素

在定价时必须充分考虑影响和制约产品价格的各种因素,如产品成本、产品的供求状况、消费者心理、竞争状况和政策法律等。

（1）产品成本。企业在生产经营过程中各种费用的总和,是价格构成的基本因素和制定价格的基础。它不仅是企业定价的依据,同时也是制定产品价格的最低界限。从长期看,任何企业的产品价格都必须高于成本费用,只有这样企业才能维持经营和愿意经营。

（2）产品的供求状况。市场具有自发调节供求、调节商品价格的重要功能,市场上的需求和供给状况对产品价格有重要影响。当市场上某种商品供不应求时,价格上涨;供过于求时,价格下降。

（3）竞争状况。价格策略不仅依赖于消费者的反应,而且也依赖于竞争者的反应。一般说来,竞争越激烈,对价格的影响就越大。

（4）营销策略的一致性。首先,产品的特点,如产品的性质、品牌的知名度等将直接影响到企业价格策略的选择;其次,分销渠道对价格策略的影响,分销渠道的长短、宽窄以及分销方式等都是定价应该考虑的重要因素;最后,促销也是影响价格的一个重要因素,促销费用高,产品成本上升,价格也就较高,反之亦然。

（5）法律政策。国家法律和政策对价格决策也有重要的影响。很多国家（包括发达资本主义国家）对企业定价都有程度不同的约束。如我国已制定了《价格法》,对于关系国计民生的重要商品,由国家定价,或实行限价、规定指导价、保护价等,国家适当提高粮食收购价格,控制化肥、农药等生产资料销售价格的上涨,从而调动农民的生产积极性。

（二）定价目标

定价目标即企业通过定价所要达到的主要目的。企业常见的定价目标可分为利润导向型、销量导向型以及竞争导向型三种。

1. 利润导向型目标

（1）利润最大化目标:所有企业共同追求的目标,它可分为短期利润最大化和长期利润最大化两种类型。

（2）满意利润目标:一种使企业经营者和股东（所有者）都感到比较满意、比较适当的利润目标,利润既不是太高也不是太低。

（3）预期投资收益率目标:企业确定的一定投资收益率或资金利润率。产品定价是在成本的基础上加上一定比例的预期收益。企业的预期销量实现了,预期收益也就实现了,这种定价方法也称为成本加成定价。

2. 销量导向型目标

（1）销售收入最大化目标:这种定价目标是在保证一定利润水平的前提下,谋求销售收入的最大化。这是一种常见的定价目标。

（2）保持和扩大市场占有率目标:它是衡量企业经营绩效和市场竞争态势的重要指标。一个企业只有在市场份额逐渐扩大、销量逐渐增加、竞争力逐渐增强的情况下,才有可能得到正常发展。

（3）保持与分销渠道良好关系目标:良好的渠道关系能保证分销渠道畅通、高效,是企业营销成功与否的重要条件。渠道中的每一个成员都追求自身利益的最大化,这就要求企业必须充分研究价格对渠道成员的影响。

3. 竞争导向型目标

（1）避免和应付竞争目标：这种定价目标是在激烈竞争的市场上，企业为了适应竞争的需要而制定的。

（2）保持和稳定价格目标：为了达到保持和稳定价格目标，市场中各企业之间有时候形成一种默契，由行业中的一家企业决定产品的价格，其他企业则相应跟着定价。这种价格形成方式被称为价格领袖模式。

（三）定价方法

影响价格制定的最直接因素有三个：产品成本、市场需求和竞争状况。企业不论采用何种定价方法，都应认真考虑这三种因素。根据企业的具体情况，定价方法可以有所侧重，具体分为成本导向、需求导向和竞争导向三种定价方法。

1. 成本导向定价法

成本导向定价法是一种常见的定价方法，它是以产品成本作为定价基础。企业在产品成本（包括生产成本、管理费用、销售费用等在内的总成本）的基础上，加上企业可以接受的利润额，或乘上一个利润率，便确定了产品的价格。主要有成本加成定价法、盈亏平衡点定价法和变动成本定价法等三种方法。

（1）成本加成定价法，又称"标高定价法""加额法"，是以单位产品全部成本加上按加成比率计算的利润额来确定价格的方法。

$$单位产品价格 = 单位产品成本 \times (1 + 成本加成率)$$

（2）盈亏平衡点定价法，是以企业总成本与总收入保持平衡为依据来确定价格的一种方法。

$$单位产品保本价格 = (固定成本 + 总的变动成本) \div 预计销售量$$

（3）变动成本定价法，又称"增量分析定价法"。其基本原理是，只要产品价格高于单位变动成本，产品的边际收入就大于零，销量增加就能导致总收入的增加，该价格就可以接受。在应用该方法定价时，因只考虑变动成本，不考虑固定成本，在某些情况下，可能会造成企业的亏损，但可以补偿全部变动成本和部分固定成本，减少亏损。该方法为价格制定规定了最低界限。

2. 需求导向定价法

这种定价方法是按照市场需求的强弱情况而制定不同的价格，主要有以下三种方法：

（1）认知价值定价法，也称"感受价值定价法""理解价值定价法"。这种方法以消费者对商品价值的认知和理解程度作为定价的依据，是一种典型的以需求为中心的定价方法。其基本思想是：决定商品价格的关键因素是买方对商品价值的理解水平，而不是卖方的成本。消费者往往根据他们对产品的认识、感受或理解的价值水平，综合对市场行情和同类产品的了解而对价格做出评判。当商品价格水平与消费者对商品价值的理解水平大体一致时，消费者就会接受这种价格；反之，消费者就不会接受这个价格，商品就卖不出去。

（2）需求差异定价法。这种方法根据销售对象、销售地点、销售时间不同而采取不同的价格，是差异化营销策略在价格制定中的体现。例如，对购买整辆车和购买零部件的顾客，分别采用不同的价格；同一产品卖给批发商、零售商或消费者有着不同的价格；不同时段的电话资费不同。

(3) 零售价格定价法,又称"可销价格定价法""倒算价格定价法""反向定价法"。企业根据消费者的购买能力,确定市场零售价格,以此为基础决定出厂价格。这种定价方法不是主要考虑成本,而是重点考虑需求状况。

3. 竞争导向定价法

竞争导向定价法是以市场上主要竞争对手的同类产品的价格为定价依据,并根据竞争态势的变化来调整价格的定价方法。常见的竞争导向定价法主要有随行就市定价法、限制进入定价法和投标竞争定价法三种。

(1) 随行就市定价法,又称流行价格定价法,是指在一个竞争比较激烈的行业或部门中,某个企业根据市场竞争格局,跟随行业或部门中主要竞争者的价格,或各企业的平均价格,或市场上一般采用的价格,来确定自己的产品价格的定价方法。

(2) 限制进入定价法,是指企业的定价低于利润最大化的价格,以达到限制其他企业进入的目的,是垄断和寡头垄断企业经常采用的一种定价方法。

(3) 投标竞争定价法,也称密封投标定价法,是指由投标竞争的方式确定商品价格的方法。一般由招标方(买主)公开招标,投标方(卖主)竞争投标,密封递价,买方择优选定价格。

(四) 定价策略

在确定了基本的定价方法之后,根据实际情况还有许多定价策略可以选择,主要有以下几种:

1. 新产品定价策略

企业在确定新产品的价格时,通常有三种定价策略:掠夺定价、渗透定价和温和定价。

(1) 掠夺定价,又称为撇脂定价、取脂价格策略,是指企业以高价将新产品投入市场,以便在产品市场生命周期的开始阶段取得较大利润,尽快收回成本,然后再逐渐降低价格的策略。

(2) 渗透定价策略,是指企业将其新产品的价格定得相对较低,尽可能地快速打开销路,获得较大的市场占有率的一种定价策略。

(3) 温和定价策略,又称为满意定价策略、君子定价策略,是指企业为了兼容掠夺定价和渗透定价的优点,将价格定在适中水平上的一种价格策略。可达到产品价格能被顾客接受,企业又有一定利润的目的。

2. 心理定价策略

在消费者市场,心理活动是影响消费者购买决策的一个重要因素,合理利用消费者的心理作用是定价取得成功的要素之一。在实际应用中,心理定价策略主要有尾数定价、整数定价、小计量单位定价、声望定价和招徕定价五种形式。

(1) 尾数定价,又称为零数定价、非整数定价。企业利用顾客数字认知的某种心理,以零头数结尾的一种定价策略。消费者通常有零数价格比整数价格便宜、合理的消费心理。

(2) 整数定价。商品的价格以整数结尾的定价策略,常常以偶数特别是以零为结尾。

(3) 小计量单位定价。某些价格高的商品用一般的计量单位表示,会使消费者产生太贵的感觉,抑制消费者的购买。这时可改变计量单位、采用化整为零的方法,用小计量单位来计价。

(4) 声望定价,又称为威望定价,是一种根据产品在消费者心目中的声望和产品的社会地位来确定价格的定价策略。其产品价格比一般商品价格高,可以吸引具有"一分价钱一分货"的心理并想购买名牌产品的顾客。

(5) 招徕定价。招徕定价是指零售商利用消费者的求廉心理,特意将某几种商品的价格定得较低以招徕顾客。

3. 地区性定价策略

地区性定价策略是指企业为其产品在不同地区制定合理的价格。在实际应用中,地区性定价策略主要有原产地定价、统一交货定价、分区定价、基点定价和运费免收定价等。

(1) 原产地定价。运费全部由买方负担。顾客按照厂价购买某种产品,企业只负责将这种产品运到某种运输工具上(如卡车、火车、船舶、飞机),交货后的一切费用和风险都由顾客承担。

(2) 统一交货定价。对不同地区的顾客实行统一价格,没有地区差价。这种定价类似邮局的做法,所以又叫"邮资定价法"。这种定价方式计算方便,远方的顾客愿意购买本企业的产品。

(3) 分区定价。企业把其销售区域分为若干价格区,对于卖给不同价格区顾客的同种商品,分别制定不同的价格。一般来说,价格区与企业的距离越远,价格就越高;反之,价格就越低。

(4) 基点定价。企业设定一个或若干定价基点,以基点与购买地点之间的运费加上基点价格,作为交货价格。具体又分为单基点定价和多基点定价。有些企业为了扩大市场,实行运费免收定价,或与买主共同分担运输费用。运费免收定价虽然减少了卖主的销售净收入,从局部来说是一个损失,但由此可扩大市场和提高销售量。

4. 折扣与让价策略

折扣与让价,是企业为了更有效地吸引顾客,鼓励顾客购买自己的产品,而给予顾客一定比例的价格减让,包括现金折扣、数量折扣、功能折扣和季节折扣等多种形式。

(1) 现金折扣。现金折扣是企业给那些提前付清货款顾客的价格减让,目的是鼓励顾客提前付款,提高资金利用率,减少赊销,减少可能的坏账损失。如顾客在 60 天内必须付清货款,如果在 30 天内付清,则给 1% 折扣。这些折扣来自货币的时间价值。

(2) 数量折扣。数量折扣是对大量购买的让步,这种折扣来自大批量购销所带来的销售、储存和运输费用的降低。数量折扣可分为一次性数量折扣和累积数量折扣,前者指按顾客每次购买的产品数量给予价格折扣;后者指按顾客一定时期内累积购买的产品数量给予价格折扣。累积数量折扣鼓励顾客长期购买,有利于与顾客建立长期的关系。而一次性数量折扣主要是鼓励顾客增大每次购买产品的数量,因为这样可以降低企业的成本费用,增加盈利。

(3) 功能折扣。功能折扣是指生产企业按中间商在产品流通过程中所承担的不同职能,给予不同的价格减让。例如,商品市场零售价为 100 元,零售商的销售加成率(毛利率)为 30%,批发商的销售加成率为 10%,则零售商的进价为 $100 \times (1-30\%) = 70$(元),批发商进价为 $70 \times (1-10\%) = 63$(元)。生产企业给零售商、批发商的价格必须不同,批发商进价要低于零售商的进价,才能保证在商品流通中执行不同功能的不同类型的中间商各得其所。当分销渠道成员多承担一些诸如存货、促销、送货、维修等功能时,生产商可以而且应当向经销商提供更多的价格折扣。

(4) 季节折扣。季节折扣是企业向那些购买非时令产品或服务的购买者提供的一种价格补偿,采用季节折扣可以促进淡季购买,使企业的生产保持稳定。

5. 产品组合定价策略

产品组合定价策略是指对相关产品按一定的毛利率联合定价,即根据产品之间的相互联系，在制定产品价格时价格之间也就应当保持相应的关系。常见的产品组合定价策略有：

（1）产品线定价。根据产品线内不同规格、型号、质量的产品，顾客的不同需求和竞争者产品的情况，确定不同的价格。

（2）互补产品定价。互补产品指需要配套使用的产品，如剃须刀架和刀片、照相机与胶卷、计算器的硬件和软件等。企业对互补产品定价，常常把主要产品的价格定得低一些，而将其互补使用的产品价格定得高一些，借此获取利润。

（3）副产品定价。某些行业，如肉类加工、石油化工等，在企业生产过程中会生成副产品。若副产品价值高，能为企业带来收入，则主要产品价格在必要的时候可定得低一些，以提高产品的竞争力。若副产品价值低、处理费用高，则主要产品的定价必须考虑副产品的处理费用。

（4）产品系列定价。企业经常将其生产和经营的产品组合在一起，制定一个成套产品的价格。成套产品的价格低于分别购买其中每一件产品的价格总和。这种定价策略就是产品系列定价策略。

三、渠道策略

满足消费者的市场需求，不仅要有适宜的商品和适宜的价格，还必须要有适宜的通道送达消费者手中。因此，企业必须选择合适的渠道以实现产品从生产者到顾客的转移。

（一）分销渠道的概念

所谓分销渠道，是指产品或服务从生产者向消费者转移的过程中，所经过的由各中间环节联结而成的路径。一个企业往往生产多种产品，面对成千上万的顾客，企业没有能力把产品直接送到每一个消费者手中，只有通过一定的分销渠道才能在适当的时间、地点、以适当的价格供应给用户，从而满足市场需要，实现企业的营销目标。

产品在从生产领域向消费领域转移的过程中，一般要发生两种形式的运动：一种是做买卖结果的价值形式的运动，是产品所有权的一次或多次转让，使产品相应从一个所有者转移到另一个所有者，直到消费者手中，这是商流；另一种是伴随商流可能发生的产品实体的空间转移，这是物流。本章侧重于商流部分。

（二）中间商及其类型

中间商是专门从事商品渠道经营活动的企业或个人，它们的基本职能是作为生产和消费之间的媒介，促成商品交换。中间商包括多种类型，按其销售过程中是否拥有商品的所有权，分为经销商和代理商；按其在渠道过程中所起的作用，可以分为批发商和零售商。

（三）分销渠道的类型及选择

在选择和决定分销渠道之前，先要确定分销渠道的类型。分销渠道主要有以下几种类型：

1. 直接渠道和间接渠道

按照产品从企业流向消费者（用户）手中的过程是否有中间商介入，可以把营销渠道分为直接渠道和间接渠道。

（1）直接渠道，也称直接式分销渠道。生产者不经过中间商，而将产品直接供应给消费者或用户。运用直销策略，可及时将产品投入市场，以减少产品损耗、变质等损失；可以减少中间环节，企业将独占全部利润；有助于加强售前、售后服务工作；同消费者直接接触，可随时听取消费者对于产品的改进意见，有利于改善企业的经营管理。但是，实现直销策略需要大量的直销人员，销售成本也很高。

（2）间接渠道，也称间接式分销渠道。生产者利用中间商来销售自己的产品，即在生产者和消费者之间有中间商的介入。企业直接面对中间商，可简化交易工作，可以将采购、运输和销售商品等实际业务部分地转移给中间商，企业则集中力量组织生产。更重要的是，中间商丰富的市场营销经验、与顾客间广泛而密切的联系以及对市场情况及顾客需求的深入了解，可以帮助企业最大限度地促进销售。

2. 长渠道和短渠道

在产品从生产者流向消费者（用户）的过程中，所经历的中间环节的多少称为渠道的长度。中间环节越多，渠道越长；反之，则越短。

渠道的长短只是相对而言，各有利弊。同种产品，由于市场地理位置的远近不同，也就需要长渠道或短渠道；同种产品，市场远近相似的情况下，中间商规模大小的不同也影响渠道长短。如通过大型零售商销售，渠道可相对较短；通过小型零售店销售，渠道可能较长。销售渠道越短，企业保留的商业责任越多；销售渠道越长，转移给中间商的商业责任也就越多。企业应从实际出发，分析主客观条件，衡量自己的销售能力，选择适当的策略。

3. 宽渠道和窄渠道

产品在从生产者流向消费者（用户）的过程中，每一中间层次上中间商数目的多少称为渠道的宽度。同一层次上中间商越多，则渠道越宽，竞争就激烈，市场覆盖密度就越高。根据同一层次上中间商的多少，又可分为独家分销、密集性分销和选择性分销。

（1）独家分销。企业在某一地区仅选择一家中间商经营销售其产品。

（2）密集性分销。企业利用尽可能多的批发商、零售商、网点推销其产品。

（3）选择性分销。这是介于独家分销与密集性分销之间的一种形式，就是选择有限几家符合条件的中间商经销本企业的商品。

影响企业分销渠道选择的因素十分复杂，包括时间因素、竞争因素、中间商因素和环境因素。企业在决定采取何种渠道之前，必须对所有相关的因素进行系统分析，深入的研究，从中筛选出最佳的分销渠道。同时，通过对分销渠道施加影响和控制，实现以较少的费用和最快的速度转移商品实体的目标，从而使企业、中间商及消费者之间均呈现良性竞争关系，保证消费者满意。一般而言，购买者人数少、次数少、间隔时间长、单位购买次数金额大等，适合建立直接、短、窄的渠道；而购买人数众多、购买间隔时间短且购买人数分散等，适合使用间接、相对较长、较宽的渠道策略。

（四）分销渠道的管理

渠道确定后，生产商必须随时掌握渠道的运行情况，对渠道成员实施激励和控制，了解成员的不同需要，并要随着时间的变化，对渠道进行必要的调整以保证其稳定运行与良好发展。这些任务构成了分销渠道管理的主要任务。

1. 加强对经销商的有效管理

（1）甄选与评估。选择经销商时要广泛收集有关经销商的声誉、市场经验、产品知识、合作意愿、市场范围和服务水平等方面的信息，确定审核和比较的标准。比较的标准包括：经销商的营销理念和合作意愿、市场覆盖范围、声誉、历史经验、产品组合情况、财务状况、促销能力和对其业务员的管理能力。

（2）沟通。沟通是保证渠道畅通的一个很重要的条件。因此，如何促成渠道成员之间的相互理解、相互信赖乃至紧密合作，是分销渠道管理中的一个重要方面。沟通可以分为信息沟通和人际沟通两种形式。

（3）激励。经常激励经销商可以提高他们的积极性，对经销商的激励可以分为直接激励和间接激励。直接激励包括制定严格的返利政策、价格折扣和开展促销活动；间接激励包括培训经销商和向经销商提供营销支持。

（4）约束。对于经销商的销售额统计、增长率、销售目标做一个详尽的统计整理，以考核经销商的业务能力，并作为制定奖惩政策的依据。

2. 加强对渠道的有效控制

产品营销中的渠道控制是企业构建分销渠道系统的重要组成部分，它可以解决企业产品上市初期渠道不畅、销售费用过大等困难，同时也能解决需要密集分销的产品在市场网络建设中的不足等问题。另外，对于分销渠道中出现的冲突也能起到预先控制的作用，所以分销渠道的控制对于企业的产品销售起着重要作用。渠道控制主要从以下方面进行：

（1）渠道长度控制。尽可能地减少中间环节，必要时可采取直销形式，减少产品在流通过程中停留的时间和费用，提高渠道效率。

（2）成本控制。对渠道进行成本效益分析，尽可能减少渠道费用，提高渠道的经济效益。

（3）人员控制。不管采用什么样的渠道，对销售人员的素质都有一定的要求，对销售人员的招聘、培训、考核、激励、监督等管理工作是渠道控制的主要内容。

（4）区域控制。不少企业在选择分销渠道时，对区域控制采取顺其自然的态度，出现经销商跨地区销售，引起渠道冲突。这些问题如不能及时处理，就会导致经销商队伍涣散、与企业合作减少、整个销售网络处于极不稳定的状况。区域控制要求被选择的经销商严格遵守分销条款，并及时处理跨地区分销现象。

（5）价格控制。经销商为了争夺市场，往往采取低价竞争的方式，这种以低价为特征的恶性竞争的结果是使经销商元气大伤，最终脱离原来的业务，所以供应商对价格的监控是渠道控制的主要内容之一。

（6）物流控制。随着产品销售量的增加，畅通的物流周转是渠道控制的主要内容，企业首先要考虑产品的运输问题，善于利用运输公司的物流网络节省费用；其次，要考虑周转仓库的设置，与经销商合作建立周转仓库是很好的办法；最后，需要考虑产品配送中心，而健全的信息管理系统是配送中心的关键。

3. 加强对分销渠道的创新

渠道变革的最终目的是"成本下降，效率提高"，这可以通过减少流通环节，统购分销，产品集中出货，加快库存和资金周转率来实现。根据当前市场变化，对分销渠道资源进行有效的整合，实施分销渠道的创新势在必行。

首先是分销渠道模式的多元化。分销渠道模式的多样化，一是指企业渠道模式的多元化，这样不仅能分散风险，而且还能提高产品的市场占有率；二是指分销产品结构的多元化，即在同一渠道中实现对多种相关产品的分销以提高渠道的利用效率，因而需要实现分销渠道的整合。

其次是分销渠道结构上的扁平化和重心下移。扁平化即主要通过尽量减少分销渠道的环节，便于实现厂家与消费者进行更直接、更快捷和更准确的沟通，并有助于生产企业对分销渠道的管控，减少冲突及降低不稳定性，并在降低成本费用、提高渠道运作效率的基础上，获得企业竞争优势和渠道利润空间。而重心下移包括由经销商向零售终端市场下移和由大城市向地区、县级市场下移，使厂家更有效地沟通和监控市场，获得市场的主动权。

最后是分销渠道信息化，即在有形的渠道网络中融入无形的互联网络。在互联网基础上建立的分销渠道网络,能更好地满足新经济时代的个性化、互动化和高速化的要求。

四、促销策略

促销是企业营销组合的第四个因素,也是在买方市场条件下打开市场的"金钥匙"。现代经济中,竞争激烈,新产品层出不穷,企业仅有优良产品、极具吸引力的价格和合适的分销渠道是不够的,还必须积极地与顾客进行有效的信息沟通,适时促销,激发顾客的购买意愿,推动顾客的购买行为。

（一）促销的概念

促销又叫销售促进,是企业向消费者或用户传递企业产品信息,树立企业产品形象,唤起顾客对产品的需求,从而开拓市场的活动过程。促销可分为人员促销和非人员促销两种方式。人员促销是指企业使用推销人员向顾客传递信息,实现销售的促销方式,主要适合于顾客少、比较集中的情况。非人员促销是企业利用媒体向顾客传递信息,实现销售的促销方式,包括广告、营业推广和公共关系等,主要适合于顾客多、分散广的情况。企业通常会采用促销组合策略,即将人员与非人员促销结合起来运用。

（二）促销目标

促销目标是企业通过促销活动期望得到的顾客反应。企业的促销过程就是与顾客进行信息沟通的过程,通过信息沟通,企业能够影响顾客对本企业产品的态度,最终推动顾客完成购买。顾客的购买要经历一个对产品的心理变化过程。企业不能期望初次接触本企业产品信息的顾客立即购买产品。企业通常是根据顾客目前的购买心理状态确立促销目标,使顾客从目前的心理准备阶段进入更接近购买的心理状态。

根据顾客对产品的了解和喜爱程度,企业的具体促销目标有知晓、认识、喜爱、偏好、确信、购买。知晓指企业通过向目标受众传递所售商品品牌名称的信息,使目标受众知道该促销商品品牌名称。认识指企业通过向目标受众传递所售商品的信息,使目标受众全面地了解该促销商品。喜爱指企业传递有关信息,使目标受众对促销商品产生喜爱。偏好指企业传递有关信息,使目标受众在竞争品中对促销商品产生偏好,即更喜爱该促销产品,在购买中会优先考虑。确信指企业传递有关信息,使目标受众相信购买该促销商品是正确的选择,做出购买该产品的决定。购买指企业传递促销产品销售的信息,推动目标受众尽快购买该促销商品。

（三）促销组合

1. 促销组合的含义

促销组合是企业根据促销的需要,对人员推销、公共关系、营业推广及广告等各种促销方式的选择和综合运用。促销组合由四种主要促销工具组成：

（1）广告,是指企业以付费的形式,通过媒体传播有关产品或企业信息,实现产品销售的促销活动。广告是一种高度大众化的信息传递方式。广告促销的形式主要有：电视广告、广播广告、电影广告、印刷品广告等,是促销消费品的主要方式。

（2）营业推广,又称销售推广,是指企业运用各种短期诱因,鼓励购买或销售产品的促销活动。营业推广是一种能在短期内提高产品销售量的促销方式,其形式主要有：赠送样品、赠券、试用产品、有奖销售、展销会、折让交易、竞赛、现场陈列和表演、赠送印花等。

（3）公共关系,指企业通过与公众进行积极的沟通,树立起良好的企业形象,进而实现销售的促销活动。公共关系的形式主要有：新闻宣传、记者招待会、研讨会、演讲、产品咨询、参与和赞助社会公益活动等。

(4)人员推销,是企业的推销人员通过与顾客面对面接触,以实现销售的促销活动。人员推销是工业品的主要促销方式。其基本形式有三种:第一,上门推销。由推销人员携带产品样品、说明书和订单走访顾客的推销方式。第二,柜台推销。在商店中设置固定柜台接待顾客的推销方式。第三,会议推销。利用各种会议向与会人员推销产品的方式,如展览会、交易会、专业研讨会等。

2. 制定促销组合应考虑的因素

制定促销组合包括选择促销工具和为各促销工具分配促销预算。各企业促销组合差异很大,既表现在使用的促销工具方面,也表现在投入的促销费用方面。企业在制定促销组合时,要考虑的因素主要有:

(1)产品类型。消费品的主要促销工具是广告,这是因为消费者市场的最终顾客多而分散,广告在沟通信息方面具有突出的成本优势。人员推销主要用于对中间商的促销和高档消费品的促销。产业用品的主要促销工具是人员推销,这是因为产业市场的最终顾客少而集中,人员推销沟通信息,实现销售更有成本优势。同时,产业产品的广告有助于企业推销人员的工作。

(2)促销目标。通常不同的促销工具实现相同的促销目标,其成本效益是不同的;相同的促销工具实现不同的促销目标,其成本效益也是不同的,对不同的促销目标,需采取不同的促销组合。如促销目标是建立知晓和促进了解,则广告和公共关系的效益更好,人员推销次之;而当促销目标是建立信任和实现销售,人员推销和营业推广的效益较高。

(3)推进与拉近策略。企业实现销售的总策略是推进策略还是拉近策略,对促销组合有重大影响,直接影响促销工具的选择和促销预算的分配。推进策略是指企业把产品推销给批发商,再由批发商推销给零售商,接着由零售商把产品推销给消费者。这种策略以人员推销和适当的营业推广为主。拉近策略是指企业利用广告、公共关系对最终顾客进行促销,激发消费者的购买行为,从渠道下游向上游引发购买的连锁反应:消费者向中间商购买,中间商向企业购买。

(4)产品所处生命周期阶段。产品在不同的生命周期阶段,其促销目标通常是不同的。在导入期,顾客对产品不认识、不了解,需要广泛宣传,提高产品的知名度,广告和公共关系市场覆盖面广,成本效益最优,同时辅以营业推广和人员推销。在成长期,广告以形成顾客对产品的偏好为主。在成熟期,因为多数顾客已了解产品,营业推广成为消费品促销最有效的工具。在衰退期,促销预算降至最低限度,有少许营业推广、广告和人员推销。

产品在生命周期各阶段的促销组合如表13-4所示。

表13-4 产品生命周期各阶段促销组合

产品生命周期	促销重点	主要促销工具
导入期	介绍、认知	广告、人员推销、营业推广
成长期	扩大影响、增加兴趣	广告及所有工具
成熟期	形成品牌偏好	营业推广、广告、公共关系
衰退期	增强信任和偏爱的坚持	营业推广、广告

(5)市场性质。目标市场集中或不同类型的潜在顾客数量不多,人员推销的作用就会得到充分发挥,而且能够把一些广告费用省下来。如果销售市场的范围广阔,分散于全国各地,或不同类型的潜在顾客数量很多,就应以广告宣传为主,大量采用人员推销则无法适应广泛的

市场需求。

(6) 企业情况。一般情况下,小型企业资金力量弱,支付大量的广告费用比较困难,应该以人员推销为主;大型企业有规模效应,产品数量多,资金雄厚,有能力使用大量广告向广泛的消费者施加影响,所以就应该以广告促销为主,人员推销为辅。

【参考知识 13-3】 4C 营销理论与 4R 营销理论

4P 理论为企业的营销活动提供了基础框架。然而,4P 是站在企业的立场而不是客户立场上的,从而不能满足新的以客户为导向的市场营销理念。随着市场竞争日趋激烈,4P 理论越来越受到挑战,由此又出现了 4C、4R 理论。

4C 营销理论是由美国营销专家劳特朋(Lauterborn)教授在 1990 年提出的,它以消费者需求为导向,重新设定了市场营销组合的四个基本要素:消费者(Consumer)、成本(Cost)、便利(Convenience)和沟通(Communication)。它强调企业首先应该把追求顾客满意放在第一位,其次是努力降低顾客的购买成本,然后要充分注意到顾客购买过程中的便利性,而不是从企业的角度来决定销售渠道策略,最后还应以消费者为中心实施有效的营销沟通。

4R 营销理论是由美国学者唐·舒尔茨在 4C 营销理论的基础上提出的新营销理论。4R 分别指代关联(Relevance)、反应(Reaction)、关系(Relationship)和回报(Reward)。该营销理论认为,随着市场的发展,企业需要从更高层次上以更有效的方式在企业与顾客之间建立起有别于传统的新型的主动性关系。

【思考题】

1. 怎样理解市场和市场营销的概念?
2. 简述市场营销观念的演变过程。
3. 现代市场营销观念与传统的营销观念相比较,最大的区别是什么?
4. 简述市场营销的一般过程。
5. 简述市场调查的内容及作用
6. 什么是市场细分? 市场细分的目的是什么?
7. 什么是目标市场? 目标市场战略有哪些? 各有怎样的特点?
8. 什么是市场定位? 主要有哪些方式?
9. 市场营销组合的四个要素是什么?
10. 产品生命周期各阶段的特点是什么?
11. 什么是产品组合策略? 它有哪些类型? 其选择依据是什么?
12. 简述各种定价方法及其内容。
13. 影响分销渠道选择的因素有哪些?
14. 什么是促销? 怎样制定促销政策?
15. 结合实际探讨企业应如何开展促销活动?

【案例】

从营销角度看同仁堂的利与弊

2009年1—4月份,北京同仁堂集团实现销售收入36.6亿元,同比增长12.93%;实现利润3.62亿元,同比增长15.73%,销售和利润连续12年保持双位数增长。同仁堂对外预测,有望在2009年实现销售收入100亿元、利税14.5亿元,继续保持销售收入和实现利润在全国同行业第一。

同仁堂作为拥有340年历史、中国中药四大传统品牌之首的龙头企业,在全球经济低迷、中国经济不确定中实现逆势增长,非常令人振奋,值得庆贺。中药作为中华民族的非物质文化传统,历史悠久,但是中国的中药产业却非常稚嫩年轻,一些新兴的中药企业没有历史但是发展强劲,大有后来居上之势。优异的产品品质、厚重的历史积淀而形成的品牌是同仁堂的最大优势,而在当今市场条件下披荆斩棘的营销一直是同仁堂的短板。下面着重从品牌、营销的角度谈谈同仁堂的不足,怎样在今天奠定明天的胜局。

一、同仁堂传统有余,创新作为不多;局限自身,为行业贡献不足

过去30年中国企业的发展和成功,在很大程度上是因为承接了改革开放释放出来的巨大消费能量,是被中国经济的飞速发展强劲地拉动着,是抓住机遇大干快上的成功。在过去的30年,同仁堂集团将"同仁堂"品牌的历史积淀与消费能量释放相对接,抓住机遇,获得了先人一步的发展。比如,2000年同仁堂二次融资,将同仁堂股份有限公司分拆出1亿元优质资产,组建北京同仁堂科技发展股份有限公司并在香港上市等。上述工作做得早,产生了"先者生存""优势富集"效应,同仁堂从中获益匪浅。但是,同仁堂传统有余,在技术创新、产品创新、营销创新、品牌创新上作为不多;局限自身,在引领全行业的创新发展上贡献不足,没有起到老大的行业领衔和示范带头作用。

二、品牌规划无高度,吃历史的老本,吃品牌大锅饭

同仁堂集团各公司出品的产品,全部都用"同仁堂"品牌。这种做法在同行品牌不发达、专一品牌不强大时是可行的。但是现在,当定位和专一品牌手段在中药企业广泛应用时,同仁堂这种做法的弊端越来越显现出来。

同仁堂共有药品800多种,常用的有400多种,是当今世界上拥有品种最多的制药企业之一。浩繁的品种都在吃"同仁堂"一个品牌的大锅饭,"同仁堂"三个字被高度稀释。品牌感召力下降。

同仁堂在集团内部对"同仁堂"品牌的使用管理上是非常严格的,没有出现严重损害品牌的事件发生,这个做法值得肯定。但是,这只是守业的做法。当竞争对手的品牌崛起后,"同仁堂"品牌像个老母鸡,她对产品越来越照顾不过来。现在,同仁堂品牌在不断地被透支,品牌透支的上一个阶段是,在许多原来具有优势的产品市场的相对地位下降,而整体销售收入还在增长。

同仁堂集团应该从战略的高度,从现在开始进行品牌规划:什么产品直接使用"同仁堂"品牌,什么产品要创立新品牌,什么产品必须与"同仁堂"切断联系,另立门户。

三、对品类资源重视不够,渐失老大地位

品类是一种稀缺的战略资源,一个企业的经营业绩、在行业中的地位,一定是本企业的产品在品类中通过销售业绩名列前茅来实现和显示的。因为你不可能发现有一个企业,其每个产品在市场上都排不上号,却能在企业整体经营上业绩卓著。就像一个学生每门功课都不出色,他不可能在总分榜中位居前列一样。

同仁堂还有一些品类资源正在被竞争对手挤占,而这些品类全是市场容量大、利润相对较高的品类。现在,同仁堂只在安宫牛黄丸、牛黄清心丸、大活络丸等少数王牌品种中和低利润产品的感冒清热颗粒、牛黄解毒片市场中有一些优势,显然同仁堂在大品类的阵地上步步败退。

一个企业,一个老大企业,只有在所经营的大品类市场中独占鳌头,才会在行业中拥有地位。同仁堂集团要高度重视品类资源,在所瞄准的品类中做老大!老大企业更要在大品类中有作为!

四、营销理念、体系不够健全、科学和先进,活力不够

同仁堂常常笼罩着神秘的光环,含蓄低调,似乎内敛沉稳,但是换另一种眼光看,得出的结论却是不够活跃和积极,保守谨慎,闯劲不足;身为国内最知名的中药品牌,中药行业的龙头,近年来业绩增长率不稳定,常常低于其他同类上市公司。在营销体系上追根溯源,同仁堂有浓重的传统国企风格,现代营销体系不够健全、科学和先进,活力不够。出台的营销策略和战术像墙头草,左右摇摆。

1. 营销政策不对路,同仁堂在营销主导力上薄弱。同仁堂的主打产品是与经销商合作,实行首席品种经销制度,简单省事。主要是依靠品牌、自然增长的被动式营销。在营销上,同仁堂没有根据自身的资源和每个产品的市场状况设计并形成体系。现在执行的一些办法看起来有些偏执和单一。对所有产品一律实行现款现货制度,保证了回款,影响了市场占有率,是简单粗放的表现。

2. 销售队伍战斗力不强。政策和策略确定之后,人就是决定性的因素。同仁堂像许多国企一样,原来公司总有一个庞大的应收账款,这是事情的表象,其真正原因归根到底是体系不科学,销售队伍的战斗力不强。后来同仁堂一律实行现款现货,此举有点因噎废食的味道,不仅影响了销售业绩和市场占有率,还掩盖了营销政策生硬粗放、人员老化、战斗力不强这个深层次的问题。

3. 对先进的营销传播手段运用不足。在不传播不占位的当代营销传播条件下,同仁堂在大众媒体上的曝光率与它在行业中的老大地位不匹配。更没有看到同仁堂的哪个产品是运用包括定位、广告、公关等手段在内的整合营销传播手段在市场中快速成功的。同仁堂的创新产品没有一个成为享誉全国的名牌产品。

同仁堂现在的战略定位大而无当。国家某研究中心协助同仁堂做出了定位:以现代中药为核心,发展生命健康产业,使同仁堂逐步成为国际知名的中医药集团。这个大而全的定位等于没有定位,并不能帮助同仁堂在市场竞争中获得优势。

(资料来源:http://www.rztong.com.cn)

思考题:

1. 同仁堂集团品牌战略存在什么问题?
2. 试述同仁堂集团营销战略的利与弊。
3. 讨论并提出相关的改进措施。

第十四章 企业文化

【学习要点】
- ◆ 企业文化的概念与内容
- ◆ 企业文化的特征与作用
- ◆ 企业文化的影响因素
- ◆ 企业文化的建设步骤
- ◆ 企业文化与社会责任

随着时代的发展,企业之间的竞争已不局限于产品竞争,而是上升到企业文化的竞争。企业文化对企业的生存和发展具有十分重要的意义,优秀的企业文化有助于企业核心竞争力的形成,从而提高企业绩效。在知识经济和经济全球化的今天,企业文化的建设已经成为企业竞争力的重要组成部分。

第一节 企业文化概述

一、企业文化的内涵

文化在《辞海》中的解释为人类社会历史实践过程中所创造的精神财富和物质财富的总和。因此,文化谈不上有和无的问题,但它有优劣之分。优劣之分是由社会道德价值体系所决定的,而不是由个人主观意向所决定的。企业文化作为文化的子系统,同样也谈不上有和无的问题,有企业就有企业文化。然而,企业文化建设却存在自觉和不自觉的区别。

企业文化作为一种管理理念产生于20世纪70年代末80年代初。第二次世界大战之后日本经济从废墟中迅速崛起,仅仅三十多年就对美国乃至西欧的经济形成了挑战。面对日本的汽车、录像机和其他很多产品压倒美国货,美国人感到非常困惑,大量美国专家、学者和企业家纷纷到日本考察、研究日本成功的奥秘。《Z理论》的作者,美国日裔学者威廉·大内(William Ouchi)在对日本企业深入调查的基础上,最早系统地研究了企业文化现象。80年代初,美国管理学者通过比较研究,发现日本的成功在于其出色地将现代技术和管理方法与本国文化结合起来,有效地调动了人的积极性,发挥了集体的力量,从而认识到美国过分重视"理性"管理的缺陷,发现了日本企业管理与美国企业管理最大的不同在于前者重视企业文化的塑造。

这些理论很快引起了各国管理界的注意,掀起了研究和运用文化的热潮。美国哈佛大学教授特伦斯·迪尔(Terrence E. Deal)和麦肯锡咨询公司顾问阿伦·肯尼迪(Allan A. Kennedy)在其著名的《企业文化》一书中指出:"企业文化由价值观、神话、英雄和象征凝聚而成,这些价值观、神话、英雄和象征对公司的员工具有重大的意义。"

在我国,许多学者的认识也有很大差异。一种看法认为,企业文化是个复合概念,由显性文化与隐性文化两部分组成。显性文化也称外显文化,指的是文化设施、文化教育、技术培训和文娱活动等;隐性文化也称内隐文化,是企业文化的内层结构,是企业生产经营过程中的各种价值观念、群体意识、道德规范、工作态度、行为取向和生活观念,或指这些内容融合而成的风貌或企业精神。另一种看法认为,企业文化是一种观念形态的文化,是一个企业长期形成的一种稳定的文化观念和历史传统以及特有的精神风格。也有人从广义与狭义两个角度来分别定义,狭义的企业文化是指以企业价值观为核心的企业意识形态,包括价值观、企业精神、道德规范、行为准则等;广义的企业文化则是包括企业的物质文化和非物质文化的总和。这和把企业文化分为"硬件"和"软件"或"显性层"和"隐性层"的观点没有太大的差别。

可见,企业文化概念具有很大的弹性,其内涵与外延有时可以非常广泛,大到无所不包,有时又可以十分具体,细致到某个事物。总之,企业文化就是处于一定经济社会文化背景下的企业在长期发展过程中,逐步生成和发展起来的、日趋稳定的、独特的价值观,以及以此为核心而形成的行为规范、道德准则、群体意识、风俗习惯、规章制度和外显形象等内容的总和。其中价值观是企业文化的核心。

二、企业文化的构成

企业文化可以分为理念文化、制度文化、行为文化和物质文化四个层次。这四个层次之间相互联系、相互作用,由表及里构成一个完整的文化系统,对企业经营活动的各个方面发挥着作用。企业文化结构如图14-1所示。

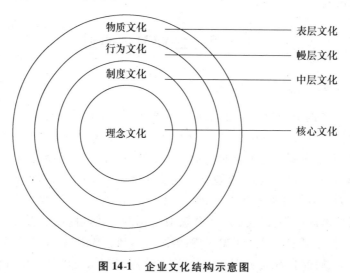

图14-1 企业文化结构示意图

1. 理念文化

企业理念文化,即精神层面的企业文化,是企业在生产经营过程中,长期受一定的社会文化背景、意识形态影响而形成的一种文化观念和精神成果,是企业文化的核心。通常包括企业使命、愿景、核心价值观、企业精神等内容。

理念文化制约着企业文化的中层、幔层和表层文化,决定其他文化的变化和发展方向。企业的生产经营行为如何,企业制定什么样的规章制度,企业员工表现出什么样的行为,归根到底受制于企业的理念文化。

(1) 企业使命。企业使命是指企业所担当的经济角色和社会责任,是企业存在的目的和理由。企业使命描述了所从事的业务领域,以及企业所承诺的责任和义务,即回答我们干什么和为什么干的问题。崇高、明确、富有感召力的使命不仅为企业指明了方向,而且使企业的每一位成员明确了工作的真正意义,激发出内心深处的动机。华为公司以"聚焦客户关注的挑战和压力,提供有竞争力的通信解决方案和服务,持续为客户创造最大价值"为其使命,描述了华为存在的价值,承担并努力实现的责任。迪斯尼"让人们快乐"用简单明确的词语向客户表明了公司的价值。

(2) 企业愿景。企业愿景是企业对未来的展望,是企业实现整体发展方向和目的的理想状态。企业愿景由企业内部的成员所制定,描绘企业的发展蓝图,是对"我们代表什么"、"我们希望成为怎样的企业"的持久性回答和承诺。企业愿景不同于一般的短期目标,它更为笼统地描绘了企业的前进方向,组织图谋,体现出宏伟、振奋、清晰和可实现性的特点。企业愿景不断地激励着企业奋勇向前,拼搏向上。联想集团"未来的联想应该是高科技的联想、服务的联想、国际化的联想"的愿景就展现了联想整体发展方向和目的的理想状态。格力集团"缔造全球领先的空调企业,成就格力百年的世界品牌"也体现了格力发展的整体方向。

(3) 企业核心价值观。企业的核心价值观是企业长期坚持的基本信仰和价值取向,是指导企业行为的基本原则。围绕核心价值观,很多企业都会建立一套自己的价值观体系,从各方面决定着组织对内外各种关系和自身行为的思考、判断和决策。随着组织内外环境的变化,组织价值观体系中的许多内容可能需要相应改变,但是只有核心价值观往往会持久不变,长期、深刻地影响着企业的生存和发展。它强调企业的社会责任感及其在社会生活中的存在价值,并以此把企业与职工凝聚在一起。

国内外经营成功的企业都很注重企业核心价值观的塑造,并要求企业员工自觉推崇和尊重企业的价值观。例如,联想的核心价值观是服务客户、精准求实、诚信共享、创业创新。通过服务客户、为客户创造价值,为客户提供全方位的服务,让客户获得超出期望的满意。精益求精,努力探求做事规律,不断总结做事方法,夯实管理基础,来实现联想公司的价值观。成功企业的经验证明,积极向上的企业价值观能使员工把维护企业利益、促进企业发展看成最有意义的工作,使企业的外部适应能力和内部协调能力得到加强,企业也由此获得成功和发展。

(4) 企业精神。企业精神是现代意识与企业个性相结合的一种群体意识。每个企业都有各具特色的企业精神,它往往以简洁而富有哲理的语言形式加以概括,通常通过厂歌、厂训、厂规、厂徽、厂服等形式表达出来。

企业精神源于企业生产经营的实践。随着经营实践的发展,企业逐渐提炼出指导企业运作的哲学思想,成为企业家倡导并以决策和组织实施等手段所强化的主导意识。企业精神集中反映了企业家的事业追求、企业经营的主攻方向以及调动员工积极性的基本指导思想。它能较深刻地反映企业的个性特征和在管理上的影响,促进企业发展。

2. 制度文化

企业制度文化是具有本企业特色的各种规章制度、道德规范和职工行为准则的总称。它是一种约束企业和员工行为的规范性文化。企业制度文化是精神文化和物质文化的中介,制度文化既是行为文化的固定形式,又是塑造精神文化的主要机制和载体。正是由于制度文化的这种中介和传递功能,才把精神文化和物质文化有机地结合成一个整体。企业制度文化主要包括企业领导体制、企业组织结构和企业管理制度三个方面。

(1) 企业领导体制。企业领导体制是企业领导方式、领导结构、领导制度的总称。现代企业应该实行分权管理制,让企业的领导权在董事会、经理和监视会三者之间分配。三者之间必须权责分明、权力制衡,有效贯彻民主集中原则,避免相互扯皮造成的管理低效率以及由于权力过于集中造成的决策失误。

(2) 企业组织结构。企业组织结构是指企业为了有效实现企业目标而筹划建立的企业内部各组成部分及其相互关系。如果把企业视为一个生物有机体,那么组织结构就是这个有机体的骨骼。因此,组织结构是否适应企业生产经营管理的要求,对企业生存和发展有很大的影响。不同的企业文化,有着不同组织结构。影响企业组织结构的因素不仅包括企业制度文化中的领导体制,还包括企业文化中的企业环境、企业目标、企业生产技术及企业员工的思想文化素质等。

(3) 企业管理制度。企业管理制度是企业为求得最大效益,在生产管理实践活动中制定的各种带有强制性的,并能保障一定权利的各项规定或条例,包括企业的人事制度、生产管理制度、民主管理制度等一切规章制度。企业管理制度是实现企业目标的有力措施和手段,也是维护员工共同利益的有效措施。因此,企业各项管理制度,是企业进行正常的生产经营管理所必需的,是企业发展强有力的保证。

3. 行为文化

企业的行为文化是指企业员工在生产经营、娱乐生活中产生的活动文化。它包括在企业经营、教育宣传、人际关系活动、文娱体育等活动中产生的文化现象。它是企业经营作风、精神面貌、人际关系的动态体现,也折射出企业精神和企业的价值观。

从人员结构划分,企业行为包括企业家行为和企业员工行为。

(1) 企业家行为。企业的行为文化主要是企业家导向的,它深深地烙上了企业家的个性、志趣情操、精神状态、思维方式和目标追求,企业家行为是企业行为文化的核心。优秀的企业领导者会创造、倡导、塑造、维护自己或创业者们构架的具有强势力量的企业文化,并通过自己的行为不断对员工和企业施加积极的影响力。

阿里巴巴创始人马云身上坚持梦想、敢于担当的企业家精神,就在 2002 年互联网泡沫危机的时候,鼓励了企业员工共同应对危机。当时,马云的口号是"成为最后一个倒下的人。即使跪着,我也得最后倒下"。而且马云坚信,"我困难,有人比我更困难;我难过,对手比我更难过;谁能熬得住,谁就赢。放弃是最大的失败,永远不要放弃自己的信心,永远不要放弃当第一的梦想"。就是凭借着这样的企业家精神,阿里巴巴成功渡过难关,逐渐在互联网行业中做强。

(2) 员工行为。企业员工是企业的主体,企业员工的群体行为决定企业整体的精神风貌和企业文明的程度,企业员工群体行为的塑造是企业文化建设的重要组成部分。

沃尔玛员工身上所散发出来的企业文化,吸引并影响了一批又一批的顾客,无论任何顾客,只要进入任何一家"沃尔玛",接待员、售货员、收款员都会笑容可掬,主动向顾客致意,顾客能时时感受到宾至如归的家庭温馨感。

4. 物质文化

物质文化是物质层面上的企业文化,是企业员工创造的产品和各种物质设施等所构成的器物文化。它是表层的企业文化，是企业文化在物质上的外显，即企业文化的外在表现和物质载体，主要包括企业产品结构和外表款色、企业劳动环境和员工休息娱乐环境、员工的文化设施以及厂容厂貌标识等。

外层的物质文化是企业员工的理想、价值观、精神面貌的具体反映，它是企业文化的最外层，集中表现了一个现代企业在社会上的外在形象，主要体现在以下几类：

（1）企业的产品。企业生产的产品和提供的服务是企业生产的经营成果，它是企业物质文化的首要内容。企业不仅通过有目的的具体劳动，把意识中的许多表象变为具有实际效用的物品，更重要的是在这一过程中，不时地按照一种文化心理来塑造自己的产品，使产品的使用价值从一开始就蕴含着一定的文化价值。"可口可乐"流线型的字体、永远不变的红色，给人以深刻的印象；持续的宣传，也使可口可乐成为美国的文化和精神的代表。所有这些共同构成的可口可乐整体形象，使其"挡不住的感觉"深深扎根在人们的心中。

（2）企业名称和企业象征物。企业名称和企业象征物都是企业文化的可视性象征之一，能充分体现出企业的文化个性，显示出企业的文化风格。例如，中国的银行建筑风格大体一致——坚实、牢固、宏大，银行门口塑的都是威风凛凛的雄狮。这些都是根源于中华民族传统的文化习俗，在老百姓的心里，认为这是最牢靠的地方，给他们一种可信之感。

（3）生产资料。物质文化载体中的生产资料包括建筑物、厂房厂景、机器工具、设备设施、原料燃料等。这些都是企业直接生产力的实体，是企业进行生产经营活动的物质基础。世界最大的啤酒公司安海莎啤酒公司，工厂环境优美，厂房布局合理、清洁明亮，当公司员工或宾客置身其中时，对其产品的信任感便油然而生。

三、企业文化的特征

对于企业文化的特征有许多不同的概括和描述，这反映了人们对企业文化本质的认识处于一个不断深化的过程中。其中，以下几项特征是较为重要的。

1. 客观性

企业文化是在一个企业建立和发展的过程中形成的，与企业相伴而生、如影随形。有企业就有企业文化，这是不以人的意志为转移的客观规律。无论人们承认与否、喜欢与否，也无论被人们感知到多少、认识到什么程度，企业文化都会对每一名企业成员的行为产生一定影响，从而影响着企业的发展变化。特别是企业理念要素，尽管人们看不见、摸不着，却往往会潜移默化地影响企业成员的思考、判断和言行。企业文化是客观存在的这种特征，被称为客观性。

2. 差异性

世界上没有完全相同的两片树叶，也没有任何两个人的个性会完全相同。同样，任何两个企业也不会有完全相同的企业文化。企业文化的这种差异性，是由于企业的特殊性，即不同企业的使命和社会职责不完全相同、企业建立和发展的过程不完全相同、企业规模和企业成员不同等因素决定的。企业文化的差异性决定了企业文化建设要从企业自身的历史和现实出发，并紧密结合企业未来发展目标，在遵循企业文化发展普遍规律的基础上，注重发现和突出文化个性，体现个性特色，绝不能照抄照搬其他国家、其他行业或其他企业的文化。

3. 无形性

无形性也称为隐藏性。特定的企业文化，特别是它的理念层看不见、摸不着，但是会对企业成员的行为产生潜移默化的作用。企业中的个体和群体，会自觉或不自觉地受到企业文化的影响。在企业稳定运转的情况下，有时人们很难感受到自己所处的文化环境，往往只有当企业的内外环境发生较大改变,或者企业成员到了另外一个企业中时,才能比较明显地感受到原来企业的文化特点。企业文化对人的影响是无形的、隐性的,往往只有在对比和变化中才能感受到它的内涵和价值。

4. 稳定性

企业文化的形成是一个长期的过程,一旦形成就具有相对稳定性,相对来说不容易变动。这种稳定性是因为在企业的内外环境发生变化时,企业成员的认知和行为往往会有一个滞后,有时甚至在相当长的时间内不能同步发生变化。企业文化改变时,通常最容易也是最先改变的往往是外在的物质层要素,然后是中间层次的制度行为层要素,最后才是内在的理念层要素。改变企业成员根深蒂固的思想观念和长期养成的某些行为习惯,有时需要很长时间。特别是企业成员的群体性理念和行为,就更加难以改变。稳定性表明企业文化的改变不是一朝一夕之功,需要时间的积淀。

5. 可塑性

作为一种文化,企业文化具有一定的稳定性;但作为一种管理手段,它又是可塑的,是继承上的扬弃。企业文化的形成不仅受传统和历史的影响,也要依靠人们的能动创造。特别是在社会运行机制发生重大变革和企业自身发生重大变化的阶段,企业文化会得到不断挖掘、改进、整理和概括。优秀的企业文化大都是人为塑造出来的。国际经济的一体化倾向和人们交往的增多,使得这种可塑性越来越大。我们可以看到,美国的麦当劳在世界各地的连锁分支机构都按照同一种经营模式来管理,并且能较好地生存下去,它们成功地塑造了独特的文化氛围。

四、企业文化的作用

所有企业都有企业文化,而企业文化又有优劣之分。优秀的企业文化能够营造良好的企业环境,提高员工的文化素养和道德水准,对内能够形成凝聚力、向心力和约束力,形成企业发展不可或缺的精神力量和道德规范;对外能够形成吸引力、竞争力,维持企业生存,促进企业发展。劣质的企业文化降低竞争力,阻碍企业发展,缩短企业生命周期。企业文化对企业发展的积极作用主要有以下几个方面:

(1) 导向作用。企业文化对企业的领导者和职工起引导作用。企业文化就像一个无形的指挥棒,让员工自觉地按照企业要求去做事。企业核心价值观与企业精神发挥着无形的导向功能,能够为企业和员工提供经营哲学和价值观念的指导,让员工自发地去遵从。

(2) 凝聚作用。优秀的企业文化会向员工提供一种共同的、先进的价值观。这种价值观形成了共同的目标和理想,员工把企业看成一个命运共同体,把本职工作看成实现共同目标的重要组成部分,从而企业员工凝聚在一起,形成一股强大的合力,使广大员工同心同德地为企业的发展贡献力量。

(3) 激励作用。优秀的企业文化所形成的文化氛围和价值导向是一种精神激励,无形中对员工起着激励和鼓舞的作用。良好的工作氛围能够调动与激发职工的积极性、主动性和创造性,还能让员工享受工作的愉悦;相反,如果在一个相互扯皮、钩心斗角的企业里工作,员工自然就享受不到和谐和快乐,反而会产生消极的心理。

(4) 约束作用。企业文化本身具有规范作用,是一种无形的"软"约束力。企业文化内在的价值观念、道德规范和行为准则等,能让员工明白什么样的行为是正确的,哪些不该做、不能做,它使企业成员不仅仅重视自我利益,更考虑到企业的利益。企业文化能帮助员工在实践中及时调整自己的行为,提高工作中的自觉性、主动性和自我约束。

(5) 辐射作用。企业文化关系到企业的公众形象、公众态度、公众舆论和品牌美誉度。企业文化不仅在企业内部发挥作用,对企业员工产生影响,而且能通过传播媒体、公共关系活动等各种渠道对社会产生影响,向社会辐射。企业文化的传播对树立企业在公众中的形象有很大帮助,优秀的企业文化对社会发展也有很大的影响。

(6) 调适作用。调适就是调整和适应。企业文化是企业在管理实践的过程中,在寻求企业变革和发展中形成的一种新型管理思想和管理方式。企业各部门之间、员工之间,由于各种原因难免会产生一些矛盾;企业与环境、顾客、社会以及其他企业之间也会存在不协调、不适应之处,这都需要进行调整和适应。企业哲学和企业道德规范使经营者和普通员工能科学地处理这些矛盾,自觉地约束自己。完美的企业形象就是进行这些调节的结果。

(7) 引力作用。优秀的企业文化在稳定人才和吸引人才方面起着很大作用,对于合作伙伴如客户、供应商、消费者以及社会大众同样具有吸引力。如果条件相同,没有人不愿意去一个更好的企业工作,也没有哪一个客户不愿意和更好的企业合作。

企业文化能够为企业带来积极作用,有时候也会带来一定的制约作用,主要体现在以下三个方面:

(1) 对企业创新和变革的阻碍。在不断发展、变化的环境中,组织内部必然会产生一种变革和创新的客观要求,当企业文化及核心价值观与这种创新要求不相符并产生矛盾时,企业文化固有的稳定性和惯性就变成了企业创新和变革的障碍。对于许多具有强文化的企业来说,过去导致成功的措施如果与环境变化的要求不一致,就有可能阻碍企业发展。

(2) 对多样化的阻碍。由于民族、性别、道德观等差异的存在,新聘员工与企业中大多数老员工会产生矛盾。强文化限定了企业可以接受的价值观与行为方式的范围,给新成员施加了较大的压力,使其服从企业文化,从而削减了不同背景的员工所带来的独特优势,降低了他们能给企业带来多种选择上的优势,可能会成为企业发展的一个束缚。

(3) 对企业兼并和收购的阻碍。企业文化具有相对稳定性和排异性,两种不同的企业在兼并、收购后面临着文化融合、沟通的难题,使得新的企业文化同原有的企业文化之间出现摩擦和碰撞。企业文化不相容会给兼并和收购工作带来很大障碍。

企业文化的各项功能综合地发生作用,对企业行为的影响是无形的、持久的。各个功能对管理的侧重点不同,通过有机的组合来达到整体效应。管理者在构筑本企业文化体系时,要考虑其相应的功能体系,从而有的放矢地进行企业文化建设和管理,使之适合本企业的需要。

第二节 企业文化建设

一、企业文化的影响因素

为了给企业文化的建设和创新提供准确的线索,需要对企业文化的形成和演变进行系统分析,寻求影响企业文化的主要因素。概括而言,影响企业文化塑造和演变的因素主要有以下三个方面:

1. 产业特色

目前,世界公认的四大产业为农业、制造业、服务业和创新产业,这四大产业的特性有着非常明显的差别。以制造业和创新业为例。制造业以体力和技艺、机械加工能力和管理组合作为生产力的主体,大部分生产都是透明的、外在的,劳动强度和技术熟练程度都可以量化到每个人,科学与理性是管理的主要特性,产品主要满足人们的物质生活需要。而创新业的产业特性与制造业的产业特性迥然不同。它主要以知识、智慧和思维方法合成生产力的主体,高素质的个人始终在团体能力之上,脑力劳动决定了创新的过程基本上都是在"黑箱"中进行的,劳动的强度、思维的速度和敏捷性根本无法量化,只有外化为具体的产品我们才能间接感受到它的存在,产品也主要满足人们的精神需要。因此,制造业的企业需要塑造一种以"管"为主,强调服从、纪律、集体和严格的企业文化;与此形成鲜明对比的是,创新业的企业则需要塑造一种以"理"为主,以弹性工作制和人性化环境为依托,能够充分显示人的个性和创造力的企业文化。

2. 社会文化

社会文化主要包括民族文化和区域文化两个部分。民族文化是几千年沉淀下来的具有民族特色的民族价值观、民族道德和其他行为准则。每个民族都有自己的文化模式,民族的发展历史、传统观念、价值观念、语言行为等都是独一无二的。区域文化产生于特定的地理环境,地理环境作用于人的生产、生活方式,并通过生产和生活方式影响到人的气质、习俗和价值观念。

社会文化对企业文化特色的影响主要是通过构成企业组织的成员个体为纽带来实现的。作为特定环境内的社会成员,在其创办或进入企业之前,他们在该环境内成长、生活的过程中已不可避免地受到该环境的社会文化的影响。进入企业后,必然将这些长久以来接受的社会文化带入企业。所以,企业在确定企业文化的内容并选择企业文化管理的方法时,必须发掘、重视整个社会文化对企业文化特色的影响,并在企业文化的内容及管理方法等方面体现这些影响。比如,我国民族文化中的"和为贵""以义制利""民生在勤"等思想已深深植根于普通中国人的头脑中,对企业员工的价值体系、行为准则等产生了深远影响。

3. 企业家文化

不同的企业家有着不同的精神世界追求、不同的管理艺术风格,这往往是企业文化独特性的来源之一。首先,企业的经营哲学、经营宗旨等关系企业文化核心内涵的问题从一开始就是由企业家的价值体系、知识、胸怀和情操决定的。不同的企业家对于把企业办成什么样子、企业的最高追求目标是什么、企业把什么作为最高信条或行为准则等问题有着截然不同的观点。其次,企业文化的内容、管理方法与企业家的管理风格有着密切关系。处于同一产业的不同企业,由于企业家的不同,企业文化的价值观、行为准则往往会存在比较大的差异。比如,张瑞敏为海尔设立的价值观为"日事日毕,日清日高""否定自我,创造市场""真诚到永远"。而松下幸之助所设立的是"发展企业,贡献社会"的价值观。最后,企业家在选择企业文化管理方法时,往往也会把自己的个性、气质、个人偏好等性格因素融入企业文化中来。因此,一个企业在确定企业文化的内容、选择企业文化管理方法时,必须选择具备相应价值体系、管理风格、个性、气质等特征的企业家。

二、企业文化建设的步骤

企业文化建设是指有意识地培育优良文化、克服不良文化、完善企业文化的过程。企业文化建设是一项系统工程。由于人的心理因素的多变性和外部环境的动荡,价值观念的培养是一个微妙且具有柔性的心理过程,并没有统一的标准模式可以遵循,要因时因地采用不同的办法来进行。但是作为一项管理活动,现代企业文化建设还是可以归纳出一定的步骤和方法。

这些步骤并非要求机械地套用,只是能使得企业文化的建设沿着更为有效的道路进行。现代企业文化建设大致可以分为四个步骤。

1. 企业发展战略的制定

企业文化建设的首要任务是确定组织的使命和愿景,并在此基础上明确未来一定时期内所要达到的目标以及为实现目标而采取的基本策略,包括要进入的业务领域和在竞争中与竞争对手的相对位置等。这是企业文化系统建设的前提和基础。

企业发展战略应包含企业文化建设的内容,同时企业文化建设应符合企业发展战略的要求。

2. 企业价值观念的提炼与设计

企业文化建设的第二个步骤是企业价值观念的提炼与设计。以企业战略为依据,提炼、设计企业文化系统的核心内容——企业价值观念和企业精神,为企业文化的建设设定基本框架和努力方向。

合理有效的文化内核一般不会自发地产生,必须科学设计、审慎抉择。企业文化价值观体系要结合自身的性质、规模、技术特点、人员构成等因素,从企业实际出发来进行提炼。不结合本企业特点、千篇一律的企业价值观念和企业精神没有任何价值和生命力。另外,企业文化是企业全部或大多数成员所共有的信念和期望的模式。因此,企业价值观念和企业精神的提炼需要注意以下两点:一是领导作用。企业文化是"旗手文化",领导者的文化素养、对企业文化建设的认知度,对企业核心文化的构架起着重要作用,决定着企业的个性。因此,领导在企业文化建设中处于核心地位,应担任企业文化管理建设的负责人,对企业文化建设全面负责。二是全员参与。企业的文化管理是通过组织内各职能部门各层次各岗位人员来实施的,企业文化对组织中每个成员都会产生影响,只有把企业领导者的战略思考、主导作用与广大员工参与的基础、主体作用相结合,才能真正创造出有生命的企业文化,才能真正使企业文化成为领导者和员工共有的精神家园。

3. 企业文化显性层的建设

企业价值观体系确定以后,就是具体的企业文化的树立了。这包括显性层和隐性层两方面的建设。显性层文化主要指物质层和制度层,包括硬件设施和环境因素等方面,可为精神层的建设做准备。企业文化显性层的建设与一般的管理活动并无多大差别,相对来说较为简单。它包括制定相应的规章制度、行为准则,导入企业形象识别系统,如设计企业旗帜、徽章、歌曲、陈列,建造一定的硬件设施(文娱体育场所、职工教育中心等)。显性层能够为隐性层的建设提供物质上的保证,所以必须认真地规划和组织建设,以便更好地实现员工价值观念的培育。

4. 企业文化深层观念的深入和渗透

这是企业文化隐性层面即精神层面的建设,主要是向企业员工导入和渗透企业文化深层的价值观念,这是整个建设中最为重要的部分。在全体员工中培育企业文化核心观念的途径主要有:对全体员工进行企业文化培训;树立和培养典型人物;以企业文化理念与价值观为导向制定管理制度;礼节和仪式的安排与设计、张贴宣传企业文化的标语、企业创业发展史陈列室等。精神层确立相对显性层的建设来说,是一个漫长的过程,因此在企业文化建设的总过程中,一般把显性层的建设放在隐性层的前面。但事实上,两者可能是同时进行的。

现代企业的竞争已从表面上的产品竞争转向更深层次的文化理念的竞争。企业文化在未来将成为决定企业兴衰的关键因素。因此,我们要高度重视企业文化建设,尤其要建设优秀的企业文化。在企业文化建设中一定要避免两种错误倾向:一种是缺乏理论判断的自然主义倾向。认为企业文化是企业在长期生产经营活动中自然形成的,企业没办法、也不该进行人为策划、设计、建设,结果导致企业文化建设"无作为",缺乏明确的理念指导;另一种是缺乏实证分析的主观主义倾向。认为企业文化是根据领导者的意图人为策划、设计出来的,结果导致企业文化建设形式主义,盲目效法其他企业文化建设,缺乏特色和个性。

企业可以通过企业识别系统(Corporate Identity System,CIS)的建立来塑造、推广企业文化。

三、企业文化定位

企业文化定位是企业根据发展历程、发展战略、人员构成、目前管理方面需要解决的突出问题等现状进行调查研究,对企业文化中的某些要素进行重点培植和设计,从而树立起具有自身独特个性、有别于其他企业的独特形象和位置的企业战略活动。

企业文化定位是企业文化建设的重要环节。只有通过准确的文化定位,才能提炼出最具价值的有别于其他企业的文化要素,最终构建出独具特色的企业文化,避免出现企业文化大同小异的现象。如果企业文化定位不准,那么企业苦心营造的企业文化不但不能起到预期的作用,反而会将企业引入经营误区,甚至会导致企业走向衰亡。

1. 企业文化定位的主要内容

企业文化定位大体包括三个方面的内容:一是调查研究影响企业文化的外部因素和内部因素,如社会经济文化背景、企业经营目标、价值观等,以确认企业文化建设的优势和特点所在;二是选择自己最具特色的或比较有个性特点的文化要素加以重点培育和规划、设计,并确定适当的企业文化定位战略;三是选择恰当的方式把企业文化定位的观念或要素融入员工的思想中并准确地传播给社会公众。这些观念(要素)既可以是物质方面的,也可以是心理或精神方面的,还可以是行为方面的,或者几个方面兼而有之。

2. 企业文化定位的基本着眼点

(1)企业所在行业特征。不同的行业体现出不同的经营环境和经营特点。这种差别正是进行企业文化定位的着力点和着眼点。例如,制造业与销售业会反映出两种截然不同的经营取向和从业行为:制造业通常强调的是物质手段,如技术与品质等"硬"的方面的要求,而销售业则偏重于服务与公共关系等"软"的方面;在经营哲学上,制造商倡导精益求精、严谨务实、一丝不苟的理念和工作态度,而销售商则推崇察言观色、投其所好的技巧和技能;在管理上,制造商推行的是严格控制,而销售商则力求灵活机动;在用人上,制造商要求的是技术精湛、操作熟练、专业知识丰富的人才,而销售商则希望获得头脑灵活、了解顾客心理、懂得推销策略的人才。企业文化定位必须着眼于这些由于行业属性不同而带来的若干差别,并加以筛选和设计,从而制定出符合其行业特征的企业文化建设思路和基本框架。

(2)人力资本。随着社会的发展、技术的进步,特别是由于劳动者素质的提高,劳动者在企业中已不再是一个普通的劳动者,而是日益作为人力资本发挥着越来越重要的作用。在以业主制为主导的时代,企业文化主要定位于资本所有者,体现的是"资本雇佣劳动"的价值观。而在现代企业中,企业人力资本所有者(经营者和员工)与资本所有者(股东)在企业中的地位已发生了重大变化,人力资本对企业的影响越来越大,甚至起着决定性的作用。只有资本所有者所要求的文化与劳动者的文化相一致,才能促进企业发展。所以现代企业文化的定位应以人为其载体。

（3）企业的个性特征。任何企业都是共性与个性的统一，共性是企业生存的基础，个性则是企业发展的本源。在竞争激烈的市场中，企业个性强弱决定了企业生命周期的长短，所以任何一个有活力的企业都具有独特鲜明的个性。但是一种个性的形成需要长时间的培养，不是一蹴而就的。所以企业文化定位必须着眼于培养企业的独特个性。

（4）消费文化。企业是否能发展、壮大在于其是否能不断满足消费者的需求。消费文化和企业文化在新的经济条件下交流、交汇、交融的趋势日益明显，以消费文化来指导和构建企业文化、组织结构、营销策略、战略管理，甚至是生产运作已成为企业发展的一个重要思路。因此，研究和倡导科学、有效的消费文化是构建企业文化的一个重要着眼点，目的就是要以市场为导向，实现企业与市场的一种人性化结合和良性互动。消费者越来越重视时间、便捷、专业、可靠的特点，导致了戴尔直销模式的产生，最终导致了戴尔的巨大成功。可见，着眼于消费文化构建企业文化是形成企业持久竞争优势与实现企业可持续发展的有效途径。

四、领导者在企业文化建设中的作用

企业家在企业中不仅对企业的经营管理起主导作用，相应地，对企业的经营哲学、企业精神、企业价值观等也都能施加较大的影响。领导者的价值观是企业文化的灵魂，决定了企业文化建设的基调。领导者的示范作用关系到企业文化建设的成败。因此，要建设强有力的企业文化，首要的因素是企业家。作为企业的领导人，企业家在企业文化建设中起着至关重要的作用。大凡成功的企业都有优秀的企业文化，而企业家是其最主要的缔造者。他缔造、倡导、管理企业文化，他的价值观决定了企业文化的基调，他的观念创新带动企业文化的更新，他的素质的不断完善将促进优秀企业文化的形成。企业的领导者一个人扮演着多个角色，如图14-2所示。

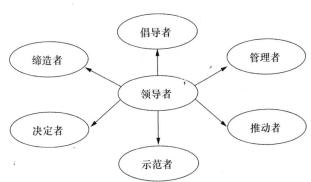

图14-2　领导者在企业文化建设中的角色

五、全面推行实施企业文化

全面推行实施企业文化就是要让企业文化由虚入实，使价值理念落地生根，在企业内部推进文化建设，在企业外部传播文化形象，充分发挥企业文化在企业经营管理中的核心作用。通常包括以下几方面：

1. 宣贯企业文化

一是细化企业文化宣贯的目标和计划。企业应运用各种符号传播符合本企业特色的优秀企业文化，使其深入人心，达到影响企业内部员工和外部人员的思想和行为的目的。二是注重企业文化宣贯的方式和方法。传统的企业文化的宣贯方式有口号、标语、横幅等。此外，还有

宣传栏、制度牌、电视、广播、报纸等。随着信息技术的发展,企业文化的宣贯已打破了原有的传统方式,互联网等新兴媒体发挥着越来越重要的作用。

2. 塑造企业形象

企业形象是指公众对由企业内在特点所决定的外在表现的总体印象和评价。在现代市场经济中,企业形象是一种无形的资产和宝贵的财富,良好的企业形象对于企业来说是一笔重要的无形资产,它能够为该企业的产品或服务创造出一种消费信心,从而提高企业的竞争力,得到消费者的信任。一般来讲,塑造企业形象主要从企业理念、产品形象、企业家形象、员工素质等几个方面入手:首先,树立科学的企业理念,包括企业目标、企业哲学、企业精神等;其次,打造优质的品牌形象;再次,突出企业家形象;最后,提高员工素质。

3. 开展丰富多彩的文化活动

企业文化活动是指企业根据经营、发展的需要,结合企业员工的需要和特点,所开展的各种文化活动。比如,学习培训、技术革新、创新创效、劳动竞赛、专题讨论、形势任务教育、运动会、文艺演出、合理化建议征集、职工风采展示、事故演练等活动的举办,可以为员工增长知识、提高素质、体现价值、展现才华、增强竞争、创新进取搭建平台,为企业统一思想、凝聚力量、弘扬文化、营造和谐、创造效益、促进发展起到积极的推动作用。

第三节 企业文化与社会责任

企业文化是现代西方企业管理中产生的概念。随着市场竞争的日益激烈,企业文化问题特别是企业社会责任问题,越来越多地受到广大企业和社会各界的关注。

一、社会责任的内涵

关于企业社会责任的思考始于20世纪20年代的西方国家,原因是当时资本不断扩张引起了贫富差距、劳资冲突等一系列社会问题。1924年,美国的谢尔顿首次提出了企业社会责任(Corporate Social Responsibility,CSR)的概念。此后,企业社会责任问题受到人们的日益关注,并成为企业伦理的重要内容。

对于企业社会责任的定义,目前尚未形成一致的看法。诺贝尔经济学奖获得者米尔顿·弗里德曼于1970年在《纽约时代》杂志上把CSR定义为:"一个企业的社会责任是指依照所有者或股东的期望管理公司事务,在遵守社会基本准则,即法律和道德规范的前提下,创造尽可能多的利润。"目前,国际上普遍认同的CSR理念是:企业在创造利润、对股东利益负责的同时,还要承担对员工、社会和环境的责任,包括遵守商业道德、生产安全、职业健康、保护劳动者合法权益及资源等。

除了雇主和雇员方面的责任外,企业应尽的社会责任主要有公众责任、社区责任、环境责任等。企业要切实履行社会责任,就要树立诚信、守法、公正的企业形象,向社会提供物质产品和服务,依法纳税和缴纳各项基金,维护消费者的合法权益,为社会积累财富,按照科学发展观和循环经济的要求组织生产,主动承担对自然环境、对社会各利益相关者的义务,支持和赞助社会公益事业,扶贫济困,救助灾害,帮助残疾人和社会弱势群体。同时,企业要选择有效的发展模式,如循环经济模式、产业带动模式、技术创新模式、污染防治模式、产品(服务)责任模式等,以缓解与不同利益群体的冲突,减少对经济发展的负面影响。

1999年1月,在瑞士达沃斯世界经济论坛上,联合国时任秘书长安南提出了《全球协议》,

并于 2000 年 7 月在联合国总部正式启动。该协议号召公司遵守在人权、劳工标准和环境方面的九项基本原则，其内容是：(1) 企业应支持并尊重国际公认的各项人权；(2) 绝不参与任何模式和践踏人权的行为；(3) 企业应支持结社自由，承认劳资双方就工资等问题谈判的权利；(4) 消除各种形式的强制性劳动；(5) 有效禁止童工；(6) 杜绝任何在用工和行业方面的歧视行为；(7) 企业应对环境挑战未雨绸缪；(8) 主动增加对环保所承担的责任；(9) 鼓励无害环境科技的发展与推广。以上也可以看作国际社会对企业社会责任内涵的一种共识。

现在，国际上兴起了一个新的贸易门槛——SA 8000，即社会责任标准。这是全球首个道德规范国际标准，它的宗旨是确保供应商所供应的产品都符合社会责任标准的要求。其起因是美欧发达国家为遏制发展中国家提高竞争力的手段和途径，特别是防止廉价的劳动密集型产品制造国用其大量廉价产品冲击发达国家市场，在政府首肯和支持下由民间组织提出，并出现了由民间壁垒走向政府壁垒的趋势。SA 8000 标准的要求包括：(1) 童工；(2) 强迫性劳工；(3) 健康与安全；(4) 组织工会的自由与集体谈判的权利；(5) 歧视；(6) 惩戒性措施；(7) 工作时间；(8) 工资；(9) 管理体系。要应对 SA 8000 标准等国际贸易壁垒的挑战，只能依靠企业增强和切实履行社会责任。

二、依托企业文化塑造社会责任

文化是企业之魂，企业核心价值观是企业文化之根，而企业社会责任是企业文化的重要组成部分。企业家要在经营管理中不断塑造社会责任，使其成为全体员工的行为准则。塑造企业伦理，可以依托企业文化建设，从三个角度入手，即理念、制度和行为(见表 14-1)。

表 14-1 塑造社会责任的三个角度

角度	内容
理念引导	以德经商、诚信为本、以义取利、正直公正、敬业报国
制度规范	流程制度、督导制度、奖惩制度、考核制度、民主参与制度
行为约束	领导者行为规范、员工行为规范、服务规范、礼仪规范

1. 理念引导

国外学者尤里其(Ulrich)和蒂勒曼(Thieleman)做过一个商业伦理的调查，询问经理人如何看待商业伦理的作用，85% 的人都认为"健康的伦理观，从长远看就是良好的商业"。企业经营者的价值观导向，直接决定着企业文化的走向。企业家在描述企业核心价值观时，是否以国家兴旺、社会繁荣为己任，反映出企业家的精神境界和企业责任水平。成功的例子如四川长虹提出的"以产业报国，以中华民族繁荣昌盛为己任"，既塑造了品牌形象，又反映了企业对社会担负的光荣义务，成为凝聚员工斗志的强大精神力量。

成功的企业家都把企业责任放在企业文化的重要地位，比如以德经商、诚信为本、以义取利等。北京西单商场以"引领消费，回报社会"为宗旨，张瑞敏提出"顾客永远是对的"，中国农业银行以"诚信立业"为核心理念，这些企业理念都凸显了企业责任在该企业文化中的重要地位。

2. 制度规范

是否具有符合社会责任的规范流程，也是检查企业责任建设的标准。作为守法组织，应把法律条款内化为企业行为准则，用严格的规章消灭不法行为。例如，《招标法》的条款可以转化为一套相互监督的招标工作流程；《环境保护法》的规定可以转化为生产作业规范。

对于企业应当担负的社会责任在一些标准中也有所体现，ISO 14000 是实施贸易的"绿色通行证"，旨在督促企业建立环境管理体系，以减少各项活动所造成的环境污染，节约资源，改善环境质量，促进企业和社会的可持续发展；职业安全卫生管理体系 ISO 18000 是一种对企业的职业安全卫生工作进行控制的战略及方法；职业健康安全管理体系 GB 28001 提出了对职业健康安全管理体系的要求，旨在使一个组织能够控制职业健康安全风险并改进其绩效；GB 28001 旨在使其所有要求都能够纳入任何一个环境管理体系，其应用程度取决于诸如组织的环境方针、活动、产品和服务的性质、运行场所和条件等因素。

企业可以建立一套社会责任督导制度，比如成立督查小组，定期和不定期督查，引进外援为企业严格把关。同时，对相关问题进行明确规定，如什么情况算是利用职权接受馈赠以及如何惩罚，主管不得以未直接参与为由推卸责任，主管督导不利处以连带责任，等等。通过职代会等民主参与制度，可以进一步强化对社会责任的监督和控制。道德规则的履行需要正反两方面的强化，一套科学、公正的考核制度和惩恶扬善的奖惩制度是必不可少的。作为企业责任的强化手段，考核奖励制度不仅是事后强化措施，还是所有员工的行动指南。人们信奉的道德标准会因为对模范执行者的奖励和对触犯者的惩罚而得以强化。

企业在履行社会责任的同时，要分清企业责任范畴的三个层次。对于公共安全相关领域，如产品生产、产品原料、产品质量等，企业必须做到认真负责。对于公共道德范畴，企业应该尽量做到道德范畴内的诚信守法。对于企业公共支持方面的社会责任，企业应考虑自身情况，自觉自愿地主动承担。

3. 行为约束

心理学研究发现，评价一个人的受信任程度可以有五个维度：正直、忠实、一贯性、能力和开放，其中最重要的是正直。成功的企业家往往能够运用正确的观念，引导员工做出正确的行为。世界 500 强企业的创始人和领导者们大都强调员工的正直和诚实。通用公司的领袖韦尔奇，明确提出全体员工要以正义为师，他在选拔管理人员时的第一个条件就是正直。如此重视员工的行为，是因为只有员工有了卓越的表现，企业才会走向辉煌。

企业经营者可以从制定行为规范入手，将社会责任外化为员工的责任行为，包括制定领导者行为规范、员工行为规范、服务规范、礼仪规范、人际关系规范等方面，约束员工的责任行为。在世界 500 强企业的公司条例中，有许多关于个人行为的规定，比如对有伤风化者、胁迫行为者给予重罚。美国约 80% 的大公司制定了正规的伦理规则，其中 44% 的公司还为员工提供道德培训。企业家还要对个人行为进行连续性反馈，发现违背企业社会责任的行为要及时纠正。一旦员工发生不符合社会责任的行为，其损害远不止是利润，很可能是多年积累的企业形象在一夜之间化为乌有。

【思考题】

1. 什么是企业文化？包括哪些内容？
2. 简述企业文化的特征和作用。
3. 影响企业文化塑造和演变的因素有哪些？
4. 简述企业文化建设的一般步骤。
5. 如何进行企业文化定位？
6. 谈谈领导者在企业文化建设中的重要作用。
7. 试举例说明企业责任的重要作用。

8. 简述社会责任的内涵。
9. 如何塑造企业社会责任？

【案例】

中建五局——重塑文化，打造软实力

中国建筑第五工程局有限公司（以下简称中建五局）是世界500强企业、中国最具国际竞争力的建筑地产集团——中国建筑工程总公司的成员企业。

1977年，中建五局成立后，内部构成单位几次变动，直到1988年才稳定下来。由于成员单位来源各异，全局一直没有形成统一的文化，内部凝聚力不强。20世纪90年代后期，中建五局陷入困境，至21世纪初跌至谷底，内部凸现"信心丢失、信用缺失、人和迷失"问题。2002年中建总公司的审计报告有这样一段记载："该企业（指中建五局）1.6万名职工中，在岗职工4876人，离退休职工4870人，下岗等其他职工5555人。全局营业额仅为26.9亿元，合同额为22.3亿元。企业的报表利润总额为-1575万元，不良资产达4.8亿元。拖欠职工工资2个多亿，有的公司拖欠工资达48个月。下属16家二级单位中有11家亏损，每年亏损几千万元……"2002年中建总公司一位领导到中建五局调研后沉重地说："一片悲观失望的情绪笼罩在五局上空。"

2002年，中建五局新一届领导班子认真分析了五局陷入困境的内外因素，一致认为，企业信用文化建设既是企业适应外部监管的客观需要，也是企业自身发展的必然要求，更是维护市场生态的理性选择。据此，他们决定把更新经营理念、培育信用文化作为重新打开市场大门的金钥匙，因此，中建五局大刀阔斧地进行了一系列改革。面对企业突出存在的"信心丢失、信用缺失、人和迷失"的"三失"现象，有针对性地开展了"信心、信用、人和"三项工程建设，确定了"用3—5年时间扭亏脱困进而做强做大五局，以新的面貌出现在中建大家庭里"的总体战略。

2003年，中建五局局长鲁贵卿带领全局48名中层以上的干部，到井冈山举办学习班，解决企业中层干部的信心问题。他指出，"井冈山精神"的核心就是八个字：坚定信念，敢闯新路。当年毛泽东同志带领360多人上了井冈山，最终使"星星之火"燎原中国。中建五局有参与国家"大三线"建设的辉煌历史，五局的前辈们在极其困难的条件下，与霸权主义争时间、抢速度，硬是在贵州遵义的山沟里为国家建造出第一代军事基地，为我国的国防事业做出了贡献。困难企业在困难的时候一定要看到光明，一定要看到前途。学习"井冈山精神"，一定要有革命激情，一定要有远大目标，一定要树立振兴五局的信心和信念。

2004年，中建五局又到庐山举办干部学习班，解决员工队伍结构问题。同一年，中建五局在继续推行"信心、信用、人和"三项工程建设的同时，提出建设"公开、公平、公正"的制度环境和"和谐、健康、向上"的人际环境，制定并实施了《中建五局关于进一步加强企业文化建设的意见》。

2006年，中建五局总结三项工程建设实践的经验，吸收中华文化、中建文化、湖湘文化的精髓，经过反复研讨、提炼与完善，构建成型了"以信为本、以和为贵"为核心价值观的"信·和"主流文化，以实现"立德、立人、立业，即建筑人类和谐空间，从本质上改进个人及组织的效能"的使命。中建五局"信·和"主流文化的三大来源见下图。

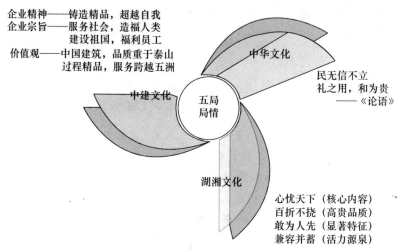

五局"信·和"主流文化三大来源图

2007年,中建五局制定出台了《中建五局"信·和"主流文化建设实施意见》,标志着五局"信·和"主流文化从自发走向自觉,从零散走向系统,从朦胧走向清晰。中建五局通过持续抓好总结提炼、宣贯倡导、领导表率、项目践行、虚实结合、全员参与六个环节(简要说就是"说出来、渗进去、做到位、沉到底")推动文化落地。在多次总结提炼、"信·和"主流文化基本成型后,先后通过组织全员讨论、有奖征集"信·和"文化宣传展板和小故事、举办建局30周年系列活动等形式,创新活动载体,普及"信·和"主流文化。其中,对施工项目这个建筑企业的基本单元,系统策划和组织专项宣贯活动,使"信·和"主流文化贴近生产、贴近经营、贴近管理并进入班组,进入现场。为确保文化与战略匹配,文化支撑战略执行,中建五局根据每年的战略主题,有序开展文化宣贯,将文化逐步渗透到肌体中,溶化到血液里,落实到行动上。

(资料来源:http://www.docin.com(豆丁网))

思考题:

1. 中建五局高层领导在培育企业文化方面所起的作用是什么?
2. 中建五局"信·和"文化对五局扭亏为盈所起的作用是什么?
3. 阐述企业文化建设与企业发展背景之间的关系。
4. 阐述中建五局在文化落地方面的措施。

参考文献

1. 安景文主编.企业管理学.北京:中国标准出版社,2007.
2. 安景文主编.现代企业管理.北京:北京大学出版社,2012.
3. 罗宾斯著.管理学(第九版).孙健敏等译.北京:中国人民大学出版社,2008.
4. 孔茨,韦里克著.管理学(第八版).张晓君等译.北京:经济科学出版社,1998.
5. 琼斯,乔治,希尔著.当代管理学.李建伟等译.北京:人民邮电出版社,2003.
6. 斯通纳,弗里曼,小吉尔伯特著.管理学教程.刘学等译.北京:华夏出版社,2001.
7. 罗宾斯,德森佐,库尔著.管理学:原理与实践.毛蕴诗等译.北京:机械工业出版社,2013.
8. 周三多主编.管理学(第三版).北京:高等教育出版社,2010.
9. 田水承,景国勋.安全管理学.北京:机械工业出版社,2009.
10. 茅渝锋主编.经济学视角与管理学思维.上海:上海三联书店,2011.
11. 王关义等编著.现代企业管理(第二版).北京:清华大学出版社,2008.
12. 安忠,钱克威主编.现代企业管理.天津:天津大学出版社,2002.
13. 由建勋编.现代企业管理.北京:高等教育出版社,2008.
14. 秦现生主编.质量管理学.北京:科学出版社,2002.
15. 徐飞著.战略管理.北京:中国人民大学出版社,2013.
16. 姜真著.现代企业管理.北京:清华大学出版社,2007.
17. 黄恒学,牛洪艳主编.资源管理学.北京:中国经济出版社,2010.
18. 尹秀燕著.企业经营管理.北京:机械工业出版社,2007.
19. 颜秋许著.商业企业经理手册.北京:航空工业出版社,1995.
20. 张亚著.现代企业管理.北京:科学出版社,2004.
21. 赵金先,张立新,姜吉坤主编.管理学原理.北京:经济科学出版社,2011.
22. 张东生著.现代企业管理.北京:机械工业出版社,2005.
23. 司有和编著.企业信息管理学.北京:科学出版社,2011.
24. 孙建军著.信息资源管理概论.南京:东南大学出版社,2005.
25. 黄梯云著.管理信息系统.北京:高等教育出版社,2000.
26. 陈荣秋,马士华等编著.生产运作管理.北京:科学出版社,2005.
27. 陈运涛编著.质量管理.北京:清华大学出版社,2008.
28. 荆新,王化成,刘俊彦著.财务管理学(第七版).北京:中国人民大学出版社,2015.
29. 张国顺著.现代企业安全管理与安全技术.北京:中国广播电视大学出版社,2005.
30. 菲利普·科特勒著.市场营销(第十六版).楼尊译.北京:中国人民大学出版社,2015.
31. 王新玲著.品牌经营策略.北京:经济管理出版社,2002.
32. 崔锦荣,江兰天主编.财务管理学.北京:清华大学出版社,2011.
33. 孙永正主编.管理学.北京:清华大学出版社,2011.

34. 编委会编著.安全科学技术百科全书.北京:中国劳动社会保障出版社,2003.
35. 韩福荣著.现代质量管理学(第三版).北京:机械工业出版社,2013.
36. 毛军权编著.管理经济学基础与应用(第三版),上海:复旦大学出版社,2014.
37. 党继祥等编著.GB/T28001职业健康安全管理体系标准的理解和实施.西安:西北工业大学出版社,2007.
38. 张德,潘文君编著.企业文化(第二版),北京:清华大学出版社,2013.

教师反馈及教辅申请表

　　北京大学出版社本着"教材优先、学术为本"的出版宗旨,竭诚为广大高等院校师生服务。为更有针对性地提供服务,请您认真填写以下表格并经系主任签字盖章后寄回,我们将按照您填写的联系方式免费向您提供相应教辅资料,以及在本书内容更新后及时与您联系邮寄样书等事宜。

书名		书号	978-7-301-	作者	
您的姓名				职称职务	
校/院/系					
您所讲授的课程名称					
每学期学生人数	_____人_____年级			学时	
您准备何时用此书授课					
您的联系地址					
邮政编码		联系电话（必填）			
E-mail（必填）		QQ			
您对本书的建议：				系主任签字 盖章	

我们的联系方式：

北京大学出版社经济与管理图书事业部
北京市海淀区成府路 205 号，100871
联 系 人：徐冰
电　　话：010-62767312 / 62757146
传　　真：010-62556201
电子邮件：em_pup@126.com　　em@pup.cn
Q　　Q：5520 63295
新浪微博：@北京大学出版社经管图书
网　　址：http://www.pup.cn